Manual de Derecho del Trabajo y de la Seguridad Social

Madrid 2014

Daniel Patricio Jiménez

Manual de Derecho del Trabajo y de la Seguridad Social

ESIC
BUSINESS&MARKETINGSCHOOL

Primera edición: *Noviembre 2014*

© ESIC EDITORIAL
Avda. de Valdenigrales, s/n - 28223 Pozuelo de Alarcón (Madrid)
Tel.: 91 452 41 00 - Fax: 91 352 85 34
www.esic.edu/editorial

ISBN: 978-84-1598-657-7
Depósito Legal: M-33166-2014
Cubierta: Gerardo Domínguez
Maquetación: Santiago Díez Escribano

Imprime: Gráficas Dehon
La Morera, 23-25
28850 Torrejón de Ardoz (Madrid)

Impreso en España

Índice

Págs.

Págs.

Parte II
VICISITUDES DEL CONTRATO DE TRABAJO

Prólogo

El presente manual surge con la vocación de servir de instrumento en el estudio de la disciplina de Derecho del Trabajo y de la Seguridad Social. Propósito que no encuentra apoyo en el actual marco normativo, convulso y sujeto a continuos cambios normativos y jurisprudenciales, pero que a la vez evidencia la necesidad de incorporar nuevas aportaciones acordes a la legislación vigente, sin perjuicio de sobrevenir nuevas reformas, que de seguro se sucederán en el tiempo.

Desde el punto de vista académico, la materia tratada se desarrolla con una visión eminentemente práctica, profundizando en aquellas figuras que la realidad de la empresa pone de relieve en el día a día. La obra integra el análisis normativo, el análisis jurisprudencial, así como las aportaciones doctrinales realizadas por los autores más destacados en nuestra disciplina buscando, en todo caso, dotar al lector de una visión global e integrada de las distintas instituciones, bajo una proporcionalidad en el resultado. En este orden de cosas, el presente manual bascula sobre dos partes claramente diferenciadas, cuales son el Derecho del Trabajo y el de la Seguridad Social, estructurándose la primera sobre la distinción entre relaciones individuales y colectivas y analizando en las individuales tres momentos temporales distintos: la construcción del contrato de trabajo, sus vicisitudes y modificaciones y, finalmente, sus formas de extinción.

El actual Plan de Bolonia impone unos periodos académicos muy limitados, lo que obliga al docente a gestionar eficazmente tiempos y recursos, siendo para ello imprescindible tener un material de apoyo que facilite la consecución de los objetivos marcados por las distintas guías académicas. En este orden de cosas, se ha procurado desarrollar las distintas instituciones, apoyándose en modelos de fácil comprensión para el alumno, sin que por ello se ignoren los aspectos técnicos de la materia.

Termino este prólogo dando las gracias a todos aquellos que han colaborado en la realización de la presente obra y en particular a mis alumnos, que con su interés e iniciativas me han trasladado la fuerza necesaria para afrontar el presente reto.

A lo anterior, se aúna el cariño y permanente apoyo recibido por la institución en la que desarrollo mi docencia "ESIC Business & Marketing School", siendo esta obra un resultado más de su ingente actividad a lo largo de sus 50 años de historia.

Daniel Patricio Jiménez

Madrid, 21 octubre 2014

"Todo influjo social debe, por su naturaleza, prestar auxilio a los miembros del cuerpo social, nunca absorberlos y destruirlos".

---

* Pio XI, Quadragesimo Anno. Citado por Martin Brugarola S.J. *Régimen Sindical Cristiano.* Colección abece. Madrid. 1948.

PARTE I

LA RELACIÓN LABORAL

Tema 1

Introducción al Derecho del Trabajo

1. Importancia del Derecho del Trabajo
2. Significado y caracteres del Derecho del Trabajo
3. El Derecho del Trabajo como ciencia
4. El Derecho del Trabajo y la Constitución
5. Derecho del Trabajo y pirámide normativa
6. Derecho Social Europeo y Derecho Internacional del Trabajo

1. Importancia del Derecho del Trabajo

La legislación laboral muestra desde sus orígenes una vocación humanitaria y social. El "Derecho Social", expresión con la que es inicialmente conocido el Derecho del Trabajo, entra pronto en colisión con los denominados derechos "individualistas", de los Códigos del siglo XIX, porque además de regular las relaciones entre individuos iguales, contribuye, en sentido amplio, a una más justa distribución del poder y la riqueza en el sistema social. La naturaleza peculiar del Derecho del Trabajo continúa siendo punto de conflicto con el ordenamiento tradicional en muchos aspectos[1].

El Derecho del Trabajo no puede ser ajeno a las circunstancias económicas y a los fenómenos que dan contenido a las mismas: inversión, consumo, sostenibilidad, distribución de la renta nacional, niveles de empleo, productividad y precios, distribución de la mano de obra entre los distintos sectores productivos, etc., son manifestaciones de lo dicho. Pero la importancia de los fenómenos económicos y el contenido que transciende a nuestra disciplina no pueden ignorar la importancia que las relaciones de trabajo tienen para el ser humano, ni la importancia que asumen para el hombre como sujeto social, resultando un punto de referencia imprescindible en la acción trasformadora del Derecho del Trabajo. De ahí que lentamente se hayan ido incorporado a nuestra

---

1 El trabajo humano consiste en crear utilidad (H. Bergson: *L'evolution créatrice*, París: Universitaires de France, 1948, pág. 297); "trabajo significa la incorporación de la actividad del hombre en un sistema de servicios" (Kwant, R.C. *Filosofía del Trabajo*. Buenos Aires: Carlos Lolhé, 1967, pág. 155); "la producción de riqueza es la función objetiva y primaria del trabajo" (Simon, Y., *Trois leçons sur le travail*. París: s.n., s.a., pág. 23). El trabajo, en efecto, persigue la "transformación de nuestro mundo natural en un mundo en disponibilidad", la conversión de la naturaleza hostil en un "mundo donde nos sentimos cómodos y familiarizados" (Kwuant, R.C. *Filosofía...*, op. cit., pág. 31). "El trabajo transforma el mundo dado por la naturaleza en un mundo humano; ésta es nuestra radical diferencia con el animal" (Jaspers, K., *Origen y meta de la historia*. Madrid, Alianza Editorial, 1981, pág. 117). Un relevante ejemplo de la incidencia de la economía sobre el Derecho del Trabajo, en Cámara Botía, A., "Cambio económico y relaciones de trabajo en el transporte aéreo: la experiencia de los Estados Unidos". En: Revista Española de Derecho del Trabajo, núm. 69, 1995, págs. 53-98. ISSN 0212-6095.

disciplina valores sociales, como la vida digna del trabajador, su bienestar, su adecuada inserción en la sociedad, su protección frente a eventuales contingencias, etc., complementando criterios estrictamente economicistas, como la producción, el beneficio del empresario o la utilidad patrimonial. La adecuación y el correcto dimensionamiento de ambos aspectos cuantitativos y cualitativos son lo que realmente propiciará un modelo de relaciones laborales sostenible y justo.

2. Significado y caracteres del Derecho del Trabajo

Analizar el significado del Derecho del Trabajo es descubrir su contenido, y para ello se hace preciso contemplarlo bajo una doble perspectiva: como conjunto de normas y como conjunto de relaciones:

a) *Como conjunto de normas:*

- Normas del Estado: la Constitución, la ley y los reglamentos laborales.
- Normas pactadas por representación sindical unitaria y asociaciones patronales o empresas: el convenio colectivo.
- Normas consuetudinarias: la costumbre laboral.
- Normas internacionales: UE, OIT, etc.

b) *Como sistema de relaciones:*

- Relaciones laborales básicas: el contrato de trabajo y las relaciones laborales en la empresa.
- Relaciones de empleo.
- Relaciones de la Seguridad Social.
- Relaciones de negociación.
- Relaciones de conflicto.

En cuanto a los caracteres del derecho del trabajo, los podemos concretar en los siguientes:

1) Autonomía del Derecho del Trabajo

El Derecho del Trabajo constituye un sistema autónomo abierto. Ello significa que se constituye como una unidad constituida por un conjunto de relaciones interdependientes entre sus distintas ramas, si bien su carácter abierto provoca la interacción con otros sistemas del derecho respecto a los cuales se establece un influencia recíproca. La autonomía del Derecho del Trabajo se manifiesta en distintos órdenes: normativo, institucional, científico, académico, etc.

2) Identidad del Derecho del Trabajo: derecho público vs derecho privado

Siguiendo a Montoya Melgar[2], si la promulgación del Fuero del Trabajo en 1938 pudo hacer pensar en su carácter público, pronto se reforzó la figura del contrato de trabajo, institución típica derecho privado. Con la promulgación de la Ley de Contrato de Trabajo en 1944, el núcleo esencial de nuestro Derecho del Trabajo siguió siendo de naturaleza privada, si bien con sensibles manifestaciones de intervencionismo estatal, desaparecidas hoy en su mayor parte.

Hoy podemos afirmar que el Derecho del Trabajo no pertenece exclusivamente al derecho público ni exclusivamente al derecho privado, sino que ambos concurren en el mismo[3]. Queda pues integrado tanto por relaciones jurídico-privadas, cuyo exponente máximo es el contrato de trabajo, como por relaciones jurídico-públicas, en las que el Estado figura como garante, administrador y decisor. Es decir, el Derecho del Trabajo se integra de instituciones de derecho privado y, además, de instituciones estrictamente públicas. A las primeras pertenece básicamente, según se ha dicho, el contrato de trabajo (típica vinculación de derecho privado) y a las segundas pertenecería el derecho administrativo sancionador del trabajo, el derecho de la emigración, el derecho de la Seguridad Social, etc.

3) Derecho común y especial

La distinción entre derecho común y derecho especial es tradicional a nivel dogmático. Históricamente dicha diferenciación podía tener sentido en los orígenes del derecho del trabajo, cuando éste tenía por contenido un conjunto de disposiciones protectoras de la mujer, trabajadores menores y algunas reglas sobre accidentes laborales, en donde se denotaba la carencia de un sistema. Lo cierto es que a día de hoy está plenamente superado, supliendo el sistema laboral la insuficiencia regulatoria de las normas civiles en esta materia. Advertir que la invocación al título preliminar del Código Civil "De las normas jurídicas, su aplicación y eficacia", como fundamento para argumentar el carácter común del derecho civil, carece de vigencia actual, ya que no todas las normas contenidas en el Código Civil son derecho civil, siendo así que contiene muchos principios de teoría general del derecho. Lo dicho anteriormente no impide que el Derecho del Trabajo se remita en numerosas ocasiones a conceptos del derecho civil, pero también necesita dirigir su atención con cierta frecuencia a las normas administrativas o a las mercantiles.

3. El Derecho del Trabajo como ciencia

La diversidad y complejidad de los problemas que presenta la materia del trabajo justifica que ésta sea objeto del análisis científico por distintas disciplinas y enfoques,

---

[2] Montoya Melgar, A. *Derecho del Trabajo*. 25ª ed. Madrid: Tecnos, 2004, pág. 43. ISBN 84-309-4169-X.

[3] González Rebollar, H. *Nuevas orientaciones del Derecho*. En: Revista General de Legislación y Jurisprudencia, Tomo 103, 1903, pág. 326. ISSN 0210-8518.

desde la medicina del trabajo o la psicología del trabajo, a otras más próximas, como la sociología o la economía. Estas últimas de indudable necesidad para una correcta comprensión de la realidad laboral.

– *La economía del trabajo*. La economía del trabajo centra su estudio en la organización, funcionamiento y resultados de los mercados laborales, las decisiones de sus participantes y las medidas relacionadas con el empleo y con la remuneración de los recursos de trabajo. Ayuda a comprender las causas y consecuencias de las grandes tendencias socioeconómicas que han tenido lugar en las últimas décadas. Como indica Reynolds[4], es una rama de la ciencia económica que se interesa preferentemente por el trabajo en cuanto factor de la producción, indagando en cuestiones como la oferta y demanda en el mercado de trabajo, los incentivos del trabajo, la determinación de los niveles de salarios, la función de los sindicatos y de la negociación colectiva en el sistema de trabajo.

– *La sociología del trabajo*. La sociología del trabajo investiga las formas de asociación, los ritos, las organizaciones y las técnicas del trabajo, y esto quiere decir también sus estructuras sociales y relaciones de poder. Friedmann[5] pone de relieve cómo la misma se ocupa básicamente del estudio de los grupos humanos constituidos con referencia al trabajo, mientras que las relaciones industriales tienen por objeto el estudio de los aspectos del *comportamiento* en la sociedad industrial, cuyos protagonistas son los trabajadores y sus organizaciones, los empresarios y las suyas, y el poder público.

La ciencia del trabajo difiere de estas ciencias en cuanto que se ocupa ya no del hecho del trabajo, sino, como dice Montoya[6], del "*deber ser del trabajo asalariado*", de las reglas e instituciones con que el derecho disciplina las relaciones laborales. La ciencia del Derecho del Trabajo, como dice este autor, difiere además de otras ciencias por razón de su *método*; el jurista del trabajo ha de servirse del razonamiento jurídico, debiendo precaverse contra posibles tentaciones sociológicas y económicas, a no ser que aúne el saber jurídico y el de la sociología y la economía, lo que no es frecuente, ya que "la coordinación de métodos es una cuestión difícil".

4. El Derecho del Trabajo y la Constitución

A) La constitucionalización del Derecho del Trabajo

La constitucionalización del Derecho Español del Trabajo se produjo al promulgarse la Constitución de 9 de diciembre de 1978, una Constitución que ha sido calificada de "liberal y democrática". Si la Constitución es un sistema de normas fundamentales con vocación de regular el orden de la sociedad estatal, siendo el trabajo humano un

4 Reynolds, Lloyd. G., *Economía laboral y relaciones de trabajo*. México. Ed. Fondo de Cultura Económica, 1984, págs. 19 y ss.
5 Friedmann, G. y Naville, P. *Traité de Sociologie du Travail*. Paris: Armand Colin, 1961, I, pág. 26.
6 Montoya Melgar. Op. cit. pág. 45.

factor determinante en el mismo, se hace necesario que las normas constitucionales se ocupen de fijar los principios básicos de la ordenación jurídica del trabajo. En el derecho comparado encontramos múltiples expresiones y contenidos en la materia objeto de estudio: Constitución francesa, Constitución alemana, etc.

La CE es la norma superior del ordenamiento jurídico *(lex superior)*. De ello se derivan dos consecuencias: 1. Una supremacía formal, pues la CE establece el sistema de fuentes. 2. Una supremacía material, ya que la CE se configura como la norma de superior rango a cualquier otra del sistema normativo. En cuanto a la supremacía formal, la CE es el instrumento definidor de las formas de producción de normas jurídicas. En base a lo expuesto, podemos afirmar, siguiendo a Sara Seira[7], que el derecho al trabajo es una de las bases sobre las que se asienta jurídicamente el modelo laboral de nuestra Constitución, modelo que comprende otras disposiciones constitucionales de carácter fundamental, como son, entre otras, el reconocimiento del papel de los sindicatos (Art. 7 CE), el reconocimiento del derecho de huelga (Art. 28 CE), el reconocimiento de la negociación colectiva y los conflictos colectivos (Art. 37 CE), y la distribución de la renta, la formación profesional y la seguridad e higiene en el trabajo (Art. 40 CE). Todos ellos se estructuran bajo una sistemática que conforma la estructura de las relaciones laborales desde el punto de vista constitucional.

La Constitución de 1978, en lógica consonancia con los principios jurídico-políticos en que se funda el derecho al trabajo, aparece configurada como un derecho "dinámico" que comprende no sólo su reconocimiento formal, sino también y principalmente el deber de los poderes públicos de promover su realización efectiva. Así, el Tribunal Constitucional STC.22/1981, de 2 de junio, establece: "el derecho al trabajo no se agota en la libertad de trabajar, supone también el derecho a un puesto de trabajo y como tal presenta un doble aspecto: individual y colectivo, ambos reconocidos en el artículo 35.1 y 40.1 de nuestra Constitución; en su aspecto individual, se concreta en el igual derecho de todos a un determinado puesto de trabajo, si se cumplen los requisitos necesarios de capacitación y en el derecho a la continuidad y estabilidad en el empleo, es decir, a no ser despedido si no existe una causa justa" (STC 109/2003).

La relación de derechos derivados de las relaciones de trabajo que acoge la Constitución española pueden ser ordenados siguiendo a la doctrina mayoritaria a partir del siguiente esquema básico:

a.1) Derechos laborales de naturaleza o alcance colectivo

a) Derechos relativos a los sujetos sindicales: El derecho de libertad sindical, que comprende el derecho de los trabajadores "a fundar sindicatos y a afiliarse al de su elección, así como el derecho de los sindicatos a formar confederaciones y a fundar organizaciones sindicales internacionales o afiliarse a las mismas". (Art. 7 CE).

---

[7] Congreso de los Diputados. Sinopsis del Art. 35 de la Constitución española. Enero, 2011.

b) Derechos de conflicto: El derecho de *huelga* de los trabajadores "para la defensa de sus intereses", que la ley que regule el ejercicio del mismo haya de establecer "las garantías precisas para asegurar el mantenimiento de los servicios esenciales de la comunidad (Art. 28.2 CE). El derecho de los trabajadores y empresarios a adoptar *medidas de conflicto colectivo*, no obstante las limitaciones que pueda establecer la ley que regule su ejercicio, que deberá incluir en todo caso "las garantías precisas para asegurar el funcionamiento de los servicios esenciales de la comunidad" (Art. 37.2 CE).

c) Derechos de negociación: El derecho a la negociación colectiva laboral entre los representantes de los trabajadores y empresarios, "así como la fuerza vinculante de los convenios" (Art. 37.1 CE).

d) Derechos de participación: El derecho de los trabajadores a la participación en la empresa, cuyas diversas formas promoverán eficazmente los poderes públicos (Art. 129.2 CE).

a.2) Derechos laborales individuales

a) Derechos de los trabajadores, expresivos de condiciones mínimas de trabajo:

- El derecho al trabajo (Art. 35.1 CE).
- El derecho a la libre elección de profesión u oficio (Art. 35.1 CE).
- El derecho a la promoción a través del trabajo (Art. 35.1 CE).
- El derecho a un salario suficiente y a la igualdad salarial entre el hombre y la mujer, "remuneración suficiente para satisfacer sus necesidades y las de su familia, sin que en ningún caso pueda hacerse discriminación por razón de sexo" (Art. 35 CE).
- El derecho a la formación y readaptación profesionales (Art. 40.2 CE).
- El derecho a la seguridad e higiene en el trabajo (Art. 40.2 CE).
- El derecho al descanso necesario, "mediante la limitación de la jornada laboral, las vacaciones periódicas retribuidas y la promoción de centros adecuados" (Art. 40.2 CE).

b) Derechos de protección social de los trabajadores:

- El derecho a una *política orientada al pleno em*pleo por parte de los poderes públicos (Art. 40.1 CE).
- El derecho a la *seguridad social*, es decir a un "régimen público para todos los ciudadanos, que garantice la asistencia y prestaciones sociales suficientes ante situaciones de necesidad, especialmente en caso de desempleo"(Art. 41 CE). La Constitución ratifica la "garantía institucional del sistema de seguridad social" al imponer el "obligado respeto a los rasgos que la hacen reconocible en el estado actual de la conciencia social", lo que lleva aparejado el "carácter público del

mencionado sistema" (SS.TC. 37/1994 y 129/1994) e impide que se pongan en cuestión "los rasgos estructurales de la institución de la seguridad social" (SS. TC. 37/1994 y 206/1997), lo que no es obstáculo para que sean constitucionalmente admisibles, dentro de tales límites, "distintos modelos" de seguridad social (STC. 206/1997).

- Los derechos económicos y sociales de los *trabajadores españoles en el extranjero*, por cuya salvaguardia "el Estado velará especialmente" y "orientará su política hacia su retorno" (Art. 42 CE).
- El derecho a la *protección de los minusválidos*, a través de la realización por los poderes públicos, de "una política de previsión, tratamiento, rehabilitación e integración de los disminuidos físicos, sensoriales y psíquicos, a los que prestarán la atención especializada que requieran y los ampararán especialmente para el disfrute de los derechos que este título otorga a todos los ciudadanos" (Art. 49 CE).

a.3) Derechos laborales inespecíficos

Como dice Palomeque, existen otros derechos constitucionales de carácter general y, por ello, no específicamente laborales, que pueden ser ejercidos por los sujetos en las relaciones de trabajo, adquiriendo un contenido o dimensión laboral sobrevenido. Se produce, así, una "impregnación laboral" de dichos derechos por el ejercicio de los trabajadores asalariados (también por los empresarios) en el ámbito del contrato de trabajo. Dentro de los mismos, a título enunciativo debemos señalar:

- El derecho a la igualdad y no discriminación (Art. 14 y 35.1 CE).
- La libertad ideológica y religiosa (Art. 16.1 CE), sin que nadie pueda ser obligado a declarar sobre su "ideología, religión o creencias" (Art. 16.2 CE).
- El derecho al honor, a la intimidad personal y a la propia imagen (Arts. 18.1 CE) y, en el ámbito de la relación laboral, el derecho de los trabajadores "al respeto de su intimidad y a la consideración debida a su dignidad, comprendida la protección frente a ofensas verbales o físicas de naturaleza sexual" (Art. 4.2 e) CE).
- La libertad de expresión o derecho a "expresar y difundir libremente los pensamientos, ideas y opiniones mediante la palabra, el escrito o cualquier otro medio de producción" (Art. 20.1 a) CE.
- La libertad de información, esto es, el derecho a "comunicar o recibir libremente información veraz por cualquier medio de difusión" (Art. 20.1 d CE).
- El derecho de reunión (Art. 21 CE), regulado específicamente en el ámbito de las relaciones laborales por los Art. 4.1 f) y 77 a 80 ET y 8.1 b) LOLS.
- El derecho a la tutela judicial efectiva (Art. 24 CE), recogido por el ordenamiento jurídico laboral en los Arts. 4.2 g y 65.1 ET, y en la LRJS.

- El derecho a no ser sancionado por acciones u omisiones que en el momento de producirse no constituyan delito, falta o infracción administrativa, según la legislación vigente en aquel momento (Art. 25.1 CE), o principio de legalidad (Art. 9.3 CE).
- El derecho a la educación (Art. 27.1 CE), aun cuando no pueda imponerse al empresario.

B) Garantías constitucionales de las libertades y derechos laborales

Es importante recordar aquí lo enunciado por nuestro Tribunal Constitucional en materia de tutela: "puede resultar singularmente apremiante en el ámbito laboral, en el que la desigual distribución del poder social entre trabajador y empresario y la distinta posición que éstos ocupan en las relaciones laborales elevan en cierto modo el riesgo de eventuales menoscabos de los derechos fundamentales del trabajador" (STC. 129/1989).

A tales efectos, nuestra Constitución arbitra fórmulas para garantizar la efectividad de los derechos y libertades reconocidos en la misma, asegurando así su pleno ejercicio. El Art. 53 CE enumera una la lista o relación de instrumentos específicos de tutela, los cuales los agruparemos bajo tres modalidades: garantías comunes, garantías máximas y garantías medias.

b.1) Garantías comunes (Cap. II. Tít. I)

La totalidad de "los derechos y libertades reconocidos en el capítulo segundo" del título primero de la CE (es decir, incluidos en todas sus secciones), cuentan con las siguientes garantías comunes (Art. 53.1 CE):

a. El principio de vinculación a todos los poderes públicos, reiterándose así, en este plano de la tutela de los derechos constitucionales, la norma general y de más amplio alcance, ya contenida en el artículo 9.1 CE, a tenor de la cual "los ciudadanos y los poderes públicos están sujetos a la Constitución y al resto del ordenamiento jurídico" *principio de constitucionalidad* (STC. 1/1981).

b. *El principio de reserva de ley,* es decir, que "sólo por ley, que en todo caso deberá respetar su contenido esencial, podrá regularse el ejercicio de tales derechos y libertades", requiriéndose ley orgánica (Art. 81.1) CE para el desarrollo de los derechos fundamentales y libertades públicas.

c. La posibilidad de interponer recurso de inconstitucionalidad ante el Tribunal Constitucional contra las "leyes y disposiciones normativas con fuerza de ley" que vulneren la Constitución, y como instrumento de tutela "se tutelarán de acuerdo con lo previsto en el artículo 161.1 a) CE", referencia expresa a la competencia del TC para conocer de los recursos de inconstitucionalidad (Art. 53.1 CE).

b.2) Garantía máxima (Sección 1.ª Cap. II del Tít. I). Derechos fundamentales laborales

En materia laboral, los derechos y libertades merecedores de un tratamiento privilegiado son *la libertad sindical*, para fundar sindicatos y afiliarse a los mismos, la libertad de los sindicatos para formar confederaciones y para fundar organizaciones o afiliarse a ellas y el *derecho a la huelga* de los trabajadores (Art. 28 CE). Idéntica protección reciben los *derechos fundamentales, de proyección general*, a la igualdad (Art. 14 CE), a la libertad ideológica (Art. 16 CE), a la intimidad (Art. 18 CE), a la tutela judicial (Art. 24 CE), etc.

El tratamiento privilegiado consiste en que cualquier ciudadano "podrá recabar la tutela de las libertades y derechos reconocidos en el Art. 14 CE y la sección primera del capítulo segundo" (Art. 53.2 CE), mediante: 1) la protección ante los tribunales ordinarios a través de "un procedimiento basado en los principios de preferencia y sumariedad" (vía judicial), y 2) la protección, en su caso, a través del recurso de amparo ante el Tribunal Constitucional (Art. 161.1.b CE) (vía constitucional). Estando legitimados para interponer el recurso de amparo, además de los interesados, "toda persona natural o jurídica que invoque un interés legítimo", el Defensor del Pueblo y el Ministerio Fiscal.

Al igual que la totalidad de los derechos y libertades reconocidos en el Capítulo segundo del Título Primero de la Constitución cuentan con las garantías comunes, que desarrollamos en el anterior epígrafe.

b.3) Garantía media (Sección 2.ª Cap. II del Tít. I)

La Constitución establece una garantía media en favor del ejercicio de los "derechos fundamentales y libertades públicas" contenidos en la Secc. 2.ª Cap. II del Tít. 1. Es decir, nos referimos al *derecho al trabajo*, a la *libre elección de profesión,* a la *promoción mediante el trabajo,* a la *remuneración suficiente*, a la *negociación colectiva*, a las *medidas de conflicto y libertad de empresa* (Arts. 35.1, 37.1 y 2, Art. 38 CE). Los cuales, además de la protección general, gozan de protección genérica jurisdiccional ante los tribunales ordinarios y por los trámites del procedimiento ordinario. Debiendo advertirse que la no discriminación por razón de sexo goza de máxima protección, por estar dentro del Art. 14 CE "principio genérico de igualdad".

b.4) Principios de la política social y económica (Cap. III del Tít. I)

El Cap. III del Tít. 1 de la Constitución acoge diversos principios rectores de política social y económica. Tales principios consagran básicamente deberes del estado, como el deber de orientar la política de pleno empleo, de velar por la seguridad e higiene en el trabajo, de limitar la jornada laboral, de mantener un sistema de seguridad social, etc. (Art. 53 CE).

5. Derecho del Trabajo y pirámide normativa

A) Leyes orgánicas y leyes ordinarias

Las disposiciones legales del Estado constituyen la primera fuente reguladora de relaciones laborales enumeradas en el Art. 3.1.a ET. La Constitución distingue dos tipos de leyes: las ordinarias y las orgánicas (esta terminología aparece en el Art. 90.1 CE), siendo estas últimas leyes cualificadas tanto en su importancia intrínseca como por el procedimiento de aprobación, modificación, derogación, exigiéndose la mayoría absoluta del Congreso (Art. 81 CE).

Por lo que respecta a la materia jurídico-laboral, dispone la Constitución que habrán de ser desarrollados por *ley orgánica* la libertad sindical y el derecho de huelga (Art. 81.1 CE, en relación con el Art. 28 CE), y por *ley ordinaria*, el Estatuto de los Trabajadores (Art. 35.2 CE), el derecho a la negociación colectiva (Art. 37.1 CE), el derecho a adoptar medidas de conflicto colectivo (Art. 37.2 CE) y la participación de los interesados en la Seguridad Social (Art. 129.1 CE). Paralelamente (Art. 53.1 CE), dispone que el ejercicio de los derechos y libertades reconocidos en el Cap. II del Título I podrán regularse solo por *ley*: derecho al trabajo, derecho a la libre profesión u oficio, a la promoción mediante el trabajo, a la remuneración suficiente, la libertad de empresa y la defensa de la productividad. Sin perjuicio de las remisiones señaladas, la Constitución no recoge una relación de materias sujetas a reserva legal.

B) Decretos legislativos y decretos-leyes

Al margen de la elaboración de las leyes en sentido propio, distinguimos:

a) *Decretos legislativos*: Son una manifestación delegada de la Cortes Generales en el Gobierno, la cual puede adoptar la forma de *leyes de bases* o de *textos refundidos*. La Constitución establece una serie de límites a la delegación, al efecto de no hacer un uso abusivo de la misma, exigiéndose *que la misma sea expresa, sujeta a plazo, sobre materia concreta,* y prohibiéndose *la "subdelegación"* en autoridades distintas (Art. 82.3 CE). Así mismo, la delegación no puede referirse a materias reguladas por ley orgánica.

b) *Decretos leyes*: Esta manifestación legislativa corresponde al Gobierno en casos de extraordinaria y urgente necesidad, teniendo siempre un carácter provisional y limitada respecto a las materias a tratar (por ejemplo, no podrá tener por objeto los derechos y libertades reconocidos en el Título I). En el plazo de treinta días desde su promulgación, las Cortes procederán a su derogación o convalidación, pudiendo tramitarse el decreto ley como proyecto de ley por el procedimiento de urgencia (Art. 86.3 C).

C) Reglamentos

Las disposiciones reglamentarias del Estado aparecen citadas en el Art. 3.1 del ET como fuente reguladora de las relaciones laborales. En el Art. 97 de la CE se dispone la potestad reglamentaria del Gobierno de acuerdo con la Constitución y las leyes; sin embargo, la Constitución no reconoce un ámbito reservado a la potestad reglamentaria del Gobierno.

D) Normas consuetudinarias

Dice el art. 1.1 del Código Civil que las fuentes del ordenamiento jurídico son la ley, la costumbre y los principios generales del derecho, y el art. 1.7 CC que los jueces y tribunales tienen el deber inexcusable de resolver en todo caso los asuntos de que conozcan, ateniéndose al sistema de fuentes establecido. Nuestro Estatuto, en su Art. 3.4, señala: Los usos y costumbres sólo se aplicarán en defecto de disposiciones legales, convencionales o contractuales, a no ser que cuenten con una recepción o remisión expresa.

La llamada "opinio iuris seu necesitatis" es elemento esencial en la norma consuetudinaria; es decir, hace referencia a conductas repetitivas que dan lugar al firme convencimiento social de su carácter vinculante. La costumbre, por tanto, obliga en la medida que los sujetos la sienten como obligatoria; no se trata de simples actos habituales o usuales, y de ahí la distinción entre costumbres y simples usos (STC 2.2.1982).

El Código Civil en su Art. 1.1. dice que los usos jurídicos que no sean meramente interpretativos de una declaración de voluntad, tendrán la consideración de costumbre. Los usos a que se hace referencia en el ámbito laboral son una denominación sinónima de costumbre; en el derecho laboral, siguiendo a Montoya, la separación correcta es la que separa a usos y costumbres y meros usos de empresa, entendiendo –estos últimos– como simples hábitos o prácticas que no crean derecho.

El Código Civil no limita la costumbre al ámbito local; sin embargo, la ordenación que da el ET, siguiendo la LCT, hace referencia a la costumbre local, pero además no se trata de cualquier costumbre, debe ser profesional, lo que implica que la costumbre observada en una profesión no puede ser invocada fuera de ella. Por tanto, podemos resumir como requisitos de la costumbre laboral, además de su licitud, el que ésta sea local y profesional.

La norma puede invocar directamente a la costumbre, por lo que estaríamos ante una costumbre de aplicación directa frente a la costumbre por remisión, que es aquella que se aplica en defecto de ley (Art. 3.4 ET). El juez no tiene la obligación de conocer su existencia; por ello, hay que demostrar la existencia de la misma así como que cumple los requisitos exigidos. Este carácter probatorio recae sobre la parte que alega la existencia de la costumbre. En nuestro Estatuto, se hace expresa referencia a la costumbre, entre otros, en los artículos Art. 20.2 ET: "En el cumplimiento de la obligación de trabajar asumida en el contrato, el trabajador debe al empresario la diligencia y la colaboración en el trabajo que marquen (...) los usos y costumbres"; Art. 29.1 ET: "La liquidación y el pago del salario se harán puntual y documentalmente en la fecha y lugar convenidos o conforme a los usos y costumbres"; Art. 49.1 ET: "El contrato de trabajo se extinguirá: (...) d) Por dimisión del trabajador, debiendo mediar el preaviso que señalen los convenios colectivos o la costumbre del lugar".

E) Normas de las Comunidades Autónomas

La presente organización territorial del Estado supone una descentralización en la potestad normativa. Desde el punto de vista laboral, presenta las siguientes singularidades:

1. *Potestad normativa en materia laboral*: a) El Art. 149.1.7 de la CE atribuye al Estado la competencia exclusiva sobre la legislación laboral, de donde se deriva que las Comunidades Autónomas no podrán introducir ley alguna en el ámbito de lo laboral; b) la Constitución, sin embargo, faculta a las Comunidades Autónomas la posibilidad de dictar normas reglamentarias (Art. 153.c); esto no significa que puedan reglamentar sus propias leyes laborales, sino ejecutar por vía reglamentaria las leyes estatales.

2. *Potestad normativa en materia de seguridad social*: el Estado sólo tiene competencia exclusiva sobre la legislación básica y el régimen económico, por lo que las Comunidades Autónomas están facultades para dictar leyes que desarrollen las bases estatales.

6. Derecho social europeo y Derecho Internacional del Trabajo

A) Derecho social europeo

a.1) Marco de referencia

Por su importancia de presente y futuro, desarrollamos separadamente las fuentes procedentes del espacio social europeo. El derecho social europeo regula las relaciones individuales y colectivas de trabajo y la acción protectora de los regímenes públicos de Seguridad Social que comparten los respectivos sectores del ordenamiento jurídico comunitario.

La adhesión a la Unión Europea (Ley Orgánica 10/1985, de 2 de agosto) se realizó de acuerdo con la previsión de la Constitución, mediante ley orgánica: "celebración de tratados por los que se atribuya a una organización o institución internacionales el ejercicio de competencias derivadas de la Constitución" (Art. 93 CE). Dentro de las normas de derecho comunitario, distinguimos fuentes de derecho originario y de derecho derivado. Las fuentes de derecho originario son los tratados fundacionales[8], sus modificaciones y los tratados de adhesión de los sucesivos miembros de la Unión Europea. Dentro de las fuentes de derecho derivado se encuentran los *actos unilaterales* (Art. 288 del Tratado de Funcionamiento: reglamentos, directivas, decisiones, dictámenes y recomendaciones, y los que no figuran en el precitado artículo: comunicaciones, libros blancos y verdes); junto a los actos unilaterales, estarían los *actos convencionales* (acuerdos internacionales firmados entre la UE y un tercer país u organización, los acuerdos entre Estados miembros y los acuerdos entre instituciones de la UE).

a.2) Competencias

a) Las *competencias exclusivas* (Art. 3 TFUE) de la Unión Europea en materia laboral están limitadas, pues la producción jurídica en este ámbito corresponde principalmente a los Estados miembros. Dichas competencias se centran en las siguientes materias:

- Regulación básica de la libre circulación de trabajadores.
- Establecimiento de las medidas de acompañamiento vinculadas con la libre circulación de personas relativas a los controles en las fronteras exteriores, el asilo y la inmigración (flujos migratorios).

b) *Competencias compartidas*: el Parlamento Europeo y el Consejo pueden adoptar medidas de fomento para respaldar y complementar la acción de los Estados miembros en ciertos ámbitos, como, p.ej., la lucha contra la exclusión social. Además, pueden adoptar los requisitos mínimos a través de directivas relativas únicamente a:

- La salud y la seguridad de los trabajadores.
- Las condiciones laborales.
- La seguridad social y la protección social de los trabajadores (los Estados poseen competencia exclusiva para definir los principios fundamentales de su sistema de seguridad social).

---

[8] Los tratados fundacionales son:

- Tratado constitutivo de la Comunidad Económica Europea (CEE, ahora CE), adoptado en Roma el 25 de marzo de 1957, que entró en vigor el 1 de enero de 1958.
- Tratado constitutivo de la Comunidad Europea de la Energía Atómica (CEEA o EURATOM), adoptado en Roma el 25 de marzo de 1957, que entró en vigor el 1 de enero de 1958.

Las principales modificaciones de los tratados anteriores son:

- El Acta Única Europea, que se firmó en 1986, que entró en vigor el 1 de julio de 1987.
- El Tratado de la Unión Europea, firmado en Maastricht el 7 de febrero de 1992, que entró en vigor el 1 de noviembre de 1993.
- El Tratado de Ámsterdam, por el que se modifica el Tratado de la Unión Europea, los tratados constitutivos de las CCEE y determinados actos conexos, firmado el 2 de octubre de 1997, que entró en vigor el 1 de mayo de 1999.
- El Tratado de Niza, por el que se modifican el Tratado de la Unión Europea, los tratados constitutivos de las CCEE y determinados actos conexos, firmado el 26 de febrero de 2001, que entró en vigor el 1 de febrero de 2003.
- El Tratado de Lisboa, firmado por todos los Estados miembros el 13 de diciembre del 2007.

- La protección de los trabajadores en caso de rescisión de su contrato laboral.
- La información y protección de los trabajadores.
- La representación y la defensa colectiva de los intereses de los trabajadores y empleadores.
- Las condiciones laborales de los trabajadores procedentes de terceros países que se encuentren de modo legal en el territorio de la UE.
- La integración de las personas excluidas del mercado laboral.
- La igualdad de trato entre hombres y mujeres en lo relativo al empleo.

Como hemos señalado, la Unión Europea desempeña estas competencias compartidas en materia laboral mediante directivas, de forma que se deja a los Estados miembros la forma y los medios de alcanzar el resultado obligatorio.

c) Quedan expresamente *fuera* de la *competencia normativa comunitaria* las remuneraciones, el derecho de asociación y sindicación, el derecho de huelga y el derecho de cierre patronal, la armonización de las disposiciones legales y reglamentarias de los Estados miembros respecto de las medidas no financieras de fomento del empleo y de la formación profesional. Sin embargo, hay que matizar, respecto a su alcance, que no es una prohibición absoluta de actuación en el marco del derecho de la Unión, sino una exclusión del uso de los procedimientos diseñados en el Art. 153 TFUE. La prohibición debe entenderse referida únicamente al núcleo duro de las instituciones jurídicas contempladas, a su existencia misma y su regulación central[9], y no a aspectos colaterales.

d) Además, la Unión Europea puede regular, *con unanimidad*, las siguientes materias:

- Seguridad social y protección social de trabajadores.
- Protección de trabajadores en caso de rescisión del contrato laboral.
- Representación y defensa colectiva de los intereses de trabajadores y empresarios.

---

[9] STJCE de 13.09.07, *Del Cerro Alonso*, asunto C 307/05, Rec. 2007, p. I-7109: "Por lo que se refiere más concretamente a la excepción relativa a las 'remuneraciones', establecida en el artículo 137 CE, apartado 5, encuentra su razón de ser en el hecho de que la fijación del nivel de los sueldos entra dentro del ámbito de la autonomía contractual de los interlocutores sociales a nivel nacional y corresponde a la competencia de los Estados miembros en la materia. En estas circunstancias, se ha considerado adecuado, en el estado actual del Derecho comunitario, excluir la fijación del nivel de los salarios de una armonización con arreglo a los artículos 136 CE y siguientes. Así, dicha excepción no puede extenderse a cualquier cuestión que tenga algún tipo de vínculo con la remuneración, so pena de vaciar de gran parte de su contenido a algunos de los ámbitos mencionados en el artículo 137 CE, apartado 1". También, STJ de 10 de junio de 2010, *Bruno y Pettini*, asuntos acumulados C-395/08 y C-396/08, pendiente de publicación en el Repertorio: "Dicha excepción debe interpretarse consiguientemente en el sentido de que se refiere a las medidas que, como las que uniforman todo o parte de los elementos constitutivos de los salarios y/o de su nivel en los Estados miembros o incluso las que establecen un salario mínimo comunitario, suponen una injerencia directa del derecho de la Unión en la determinación de las retribuciones en ésta. Sin embargo, dicha excepción no puede extenderse a cualquier aspecto que guarde alguna relación con la remuneración, si no se quiere privar de gran parte de su contenido a algunos ámbitos contemplados en el artículo 137 CE, apartado 1".

- Condiciones de empleo de nacionales de terceros países que residan en territorio de la Unión.
- Contribuciones financieras dirigidas al fomento del empleo y a la creación de empleo.

La aplicación del derecho comunitario corresponde tanto a los tribunales nacionales, que deberán aplicar la norma comunitaria con preferencia a la norma interna contradictoria, como al TJUE. Como resultado de lo expuesto, conviene recordar que las sentencias del TJUE son vinculantes para todos los Estados miembros, de forma que su interpretación deberá tenerse en cuenta a la hora de aplicar el derecho de la Unión; es decir, los juzgados y tribunales españoles no sólo deberán prestar atención a las sentencias dictadas en cuestiones prejudiciales planteadas por órganos judiciales españoles, sino que también les vinculan el resto de las sentencias que interpreten normas del derecho de la Unión, que deban ser aplicadas directa o indirectamente por los mismos.

a.3) Clases de normas

Los reglamentos: son disposiciones de carácter general, emanadas del Consejo, obligatorias en todas sus partes y directamente aplicables.

Las directivas: se trata de disposiciones de carácter general, emanadas del Consejo, que vinculan a los Estados miembros respecto del resultado a alcanzar, si bien dejan libertad a los Estados respecto a la forma y medios para alcanzarlo. El objetivo es homogeneizar la legislación entre los Estados miembros sobre una determinada materia. Son también normas obligatorias, aunque no son directamente aplicables, sino que necesitan una norma de desarrollo que corresponde a cada Estado.

Mientras que el reglamento es directamente aplicable, la directiva requiere de una norma interna de trasposición, que puede ser una ley o un reglamento, según el rango que requiera en el derecho nacional la materia regulada. En materia laboral, es factible que la trasposición de la directiva se realice por pacto colectivo, exigiéndose a veces a tal efecto la "petición conjunta" de los "interlocutores sociales" (Art. 18 de la Directiva 2000/78, de igualdad de trato en el empleo, entre otros); como referente citar (Asunto C-405/08) STJUE de 11 de febrero de 2010 (petición de decisión prejudicial planteada por el Vestre Landsret-Dinamarca): "...No obstante, cualquier medida adoptada para adaptar el derecho interno a dicha Directiva, sea mediante ley o mediante convenio colectivo, deberá respetar el nivel mínimo de protección previsto en el citado Art. 7".

La gran mayoría de disposiciones laborales de derecho comunitario son directivas de armonización o aproximación de las legislaciones nacionales sobre condiciones de empleo y trabajo[10].

[10] La citada sentencia expone: "*La Directiva 2002/14/CE del Parlamento Europeo y del Consejo, de 11 de marzo de 2002, por la que se establece un marco general relativo a la información y a la consulta de los trabajadores en la Comunidad Europea, debe interpretarse en el sentido de que no se opone a que el Derecho interno se adapte a ella*

En determinados casos, el Tribunal de Justicia de la Unión Europea ha considerado que las directivas pueden tener aplicación directa (STJUE Van Gend en Loos, 5 de febrero de 1963), cuando fijado un plazo para adaptarse al ordenamiento estatal, no lo haya sido, o lo haya sido de forma contraria a la directiva. Para ello se precisa que las mismas contengan una regulación autosuficiente (STJUE, 4 de diciembre de 1974, Van Duyn) y susceptibles de ser aplicadas por los tribunales.

Las decisiones: son actos de carácter individual dirigidos a destinatarios concretos. Son obligatorias en todos sus elementos y tienen aplicación directa.

Las recomendaciones: no tienen carácter obligatorio, tan solo la pretensión de uniformar la política común de los Estados miembros.

B) Derecho Internacional del Trabajo

Finalmente, hay que hacer mención dentro del marco normativo a los tratados internacionales y la Organización Internacional del Trabajo.

Convenios de la Organización Internacional del Trabajo (OIT): La OIT se crea tras la Primera Guerra Mundial. Forman parte de ella los Estados, empresarios y trabajadores, que se reúnen una vez al año en la Conferencia Internacional del Trabajo y entre cuyas funciones se encuentran la aprobación de convenios y el control de la aplicación de los mismos. Los convenios son acuerdos adoptados por la Conferencia, que una vez ratificados por los Estados miembros, quedan obligados por los mismos. Junto con los convenios, la Conferencia puede adoptar las denominadas *"Recomendaciones"*, que son acuerdos que, aunque deben ser sometidos a los Estados, no crean ninguna obligación para los mismos, sino que contienen orientaciones a seguir por los distintos gobiernos.

Tratados internacionales: En cuanto a la eficacia de los tratados internacionales, una vez publicados forman parte del ordenamiento interno y ocupan una posición superior a las leyes, en la medida que sus disposiciones sólo podrán ser derogadas, modificadas o suspendidas en la forma prevista en los propios tratados o de acuerdo con las normas generales del derecho internacional.

---

mediante un convenio colectivo, cuyo efecto sea que una categoría de trabajadores quede incluida en el ámbito de aplicación de ese convenio aun cuando los trabajadores pertenecientes a dicha categoría no estén afiliados a la organización sindical firmante de dicho convenio y su sector de actividad no esté representado por esa organización, siempre que el convenio colectivo garantice a los trabajadores incluidos en su ámbito de aplicación la protección efectiva de los derechos que les concede la citada Directiva".

Tema 2

El trabajador y el ámbito de aplicación del Derecho del Trabajo

1. El trabajador. Análisis del Art. 1 ET
2. Ámbito del Derecho del Trabajo
3. La distinción de la relación laboral de sus figuras afines

1. El trabajador. Análisis del Art. 1 ET

Delimitar el ámbito de la disciplina supone fijar el derecho del trabajo en el marco del ordenamiento jurídico. El Estatuto de los Trabajadores, al igual que el resto del ordenamiento, no define al trabajador ni tampoco sigue la lista enunciativa que utilizó la *Ley de Contrato de Trabajo de 1944*. Conforme a la misma, eran considerados trabajadores los obreros y operarios, especializados o no, en los distintos oficios y profesiones manuales o mecánicas; los que ejercen trabajos triviales ordinarios; los encargados de empresas; los contramaestres y los jefes de taller o de oficinas; los empleados en comercios, bancos, oficinas, contabilidad y gestión, así como los llamados trabajadores intelectuales.

Abandonado el criterio de la Ley de Contrato de Trabajo, el *Estatuto de los Trabajadores* parte de la premisa básica que nos permite completar la definición del concepto, es decir, la persona física que realiza simultáneamente actividad voluntaria, retribuida (Art. 1.1 y 1.3 ET), bajo las notas concurrencia, ajenidad y dependencia. Características, estas últimas, que gozan de una larga tradición legislativa. Así, el Art. l de la Ley de 13.3.1900, sobre trabajo de mujeres y menores, utilizaba ambos criterios, definiendo al patrono: el que "contrate por salario el aprovechamiento de servicios personales (ajenidad) para un trabajo cuya dirección y vigilancia se reserva" (dependencia); o el Art. 3 del Reglamento de la Ley de Descanso Dominical de 1904 (RD 19.4.1905), definiendo el trabajo por cuenta ajena como "el que se realiza por orden de un tercero".

Por todo lo anterior y con base en el Art. 1.1 del ET vigente, podemos definir jurídicamente al trabajador como toda persona física que realiza una actividad de forma *voluntaria, retribuida, dependiente y por cuenta ajena*, excluyéndose "todo trabajo que se efectúe en desarrollo de relación distinta de la que define el apartado 1 de este artículo", apartado 3.g del Art. 1 ET: "Siendo así que la determinación del carácter laboral o no de la relación que une a las partes no es algo que quede a la libre disposición de éstas, sino que es una calificación que debe surgir del contenido real de las prestaciones concertadas y de la concurrencia de los requisitos que legalmente delimitan el tipo contractual"(TSJ de Cataluña 22-05-2008. Rec. 4239/2008; STS 2 de octubre 2012. Rec. 1656/2009)[1]. Siguiendo a De la Villa, hay que precisar que determinadas figuras, aun concurriendo los presupuestos sustantivos, se excluyen de la relación laboral ordinaria por mandato imperativo, de modo que la presencia de todos los presupuestos sustantivos cede ante la exclusión legal (el funcionario público, por ejemplo, no es trabajador sino una causa del artículo 1.3.a) ET), y en otros, dichas figuras se tipifican como relaciones laborales de carácter especial. Así el Art. 2 del ET califica como tales la relación de alta dirección, servicio doméstico, deportistas profesionales, etc., y añade el precepto "Cualquier otro trabajo que sea expresamente declarado como relación laboral de carácter especial por una ley". Lo cierto es que el desarrollo actual del Derecho del Trabajo nos marca una clara tendencia hacia la laboralización de las relaciones y a su equiparación o acomodación; no se ignoran en este sentido los recientes e insistentes esfuerzos doctrinales por incorporar al Derecho del Trabajo diversos tipos de trabajo autónomo; lo cierto es que, aunque éste pueda regirse por ciertas normas laborales (por ejemplo, sobre seguridad y salud en el trabajo), el ámbito característico del Derecho del Trabajo ha sido y es el trabajo dependiente y por cuenta ajena.

Para un correcto tratamiento de la materia, se hace necesario profundizar en las características enunciadas, advirtiendo que dichas notas responden a la exigencia del legislador y a la constante jurisprudencia emanada de los tribunales laborales, basada a su vez en la observación de la realidad socioeconómica del trabajo asalariado.

A) Trabajo personal

El trabajo en la relación laboral conlleva un compromiso personal en la realización del mismo, sin que quepa posibilidad alguna de sustitución de la persona del trabajador. Como dice Gierke, el trabajo es "algo que fluye inseparablemente de la persona". No se incluyen dentro del derecho del trabajo ni las prestaciones a cargo de personas jurídicas, ni aquéllas de carácter fungible; ejemplo de lo dicho es el contrato de mandato, en el que el mandatario puede nombrar un sustituto que le reemplace (Art. 1.721 CC). Esta inseparabilidad entre el trabajo y la persona condiciona un plus de exigencia en la tutela de su libertad y su personalidad.

B) Trabajo voluntario

El trabajo ha de ser prestado voluntariamente. La actividad voluntaria implica actividad humana prestada personal y directamente por persona física, sea manual,

[1] La calificación de los contratos no depende de cómo hayan sido denominados por las partes contratantes, sino de la configuración efectiva de las obligaciones asumidas en el acuerdo contractual y de las prestaciones que constituyen su objeto (SSTS, entre otras muchas, 11-12-1989 y 29-12-1999).

intelectual o mixta (SS.TS. 27 febrero 1963, 17 noviembre 1969 y 20 diciembre 1990). Las instituciones forzosas, como la esclavitud o la servidumbre (la Constitución española prohíbe el trabajo forzoso[2], incluso como modalidad de pena), son la antítesis al principio general de libertad de trabajo consagrado en nuestro texto constitucional, el cual se manifiesta bajo un doble contenido: "libertad" como valor superior del ordenamiento (Art. 1.1 CE)[3] y derecho de la persona (Art. 17.1 CE), y en segundo lugar como "derecho al trabajo y a la libre profesión y oficio" recogido en el (Art. 35.1 CE).

La prestación del trabajo se funda en el previo y libre consentimiento de las partes, de contrario resultaría inválida (Art. 1.1 ET, en relación con los Arts. 1.254, 1.258 y 1.261 del CC). Sin embargo, la libertad está limitada en la medida que se pretenda realizar una prestación laboral con carácter vitalicio (Art. 1.583 CC), ya que estaríamos ante una servidumbre. Lo anterior tiene su correspondencia en la posibilidad de poder desistir en cualquier momento del contrato, sin más obligación que la de preavisar (Art. 49.1.d ET).

Finalmente, advertir que voluntariedad y libertad no se oponen al deber de trabajar impuesto por la Constitución, por cuanto estamos hablando de intereses coincidentes aunque en planos complementarios: "deber social" y "libertad individual"(Art. 35.1 ET).

C) Trabajo por cuenta ajena

La noción legal de "ajenidad" se explica bajo una doble vertiente: ajenidad en los frutos derivados del trabajo y ajenidad en los riesgos por parte del trabajador. Indicios comunes de la nota de ajenidad son, entre otros, la entrega o puesta a disposición del empresario por parte del trabajador de los productos elaborados o de los servicios realizados (STS 31-3-1997), la adopción por parte del empresario –y no del trabajador– de las decisiones concernientes a las relaciones de mercado o de las relaciones con el público, como fijación de precios o tarifas, selección de clientela, indicación de personas a atender (SSTS 15-4-1990 y 29-12-1999), el carácter fijo o periódico de la remuneración del trabajo (STS 20-9-1995) y el cálculo de la retribución o de los principales conceptos de la misma con arreglo a un criterio que guarde una cierta proporción con la actividad prestada, sin el riesgo y sin el lucro especial que caracterizan a la actividad del empresario o al ejercicio libre de las profesiones (STS 23-10-1989).

El concepto jurídico de *riesgo* "hace referencia a la pérdida o destrucción de la cosa, a las consecuencias de éste respecto a la obligación". La celebre afirmación de

---

[2] Lo anterior trae a colación la diferenciación entre trabajos forzosos (los que constituyan imposición injusta, opresiva, inhumana o degradante, etc.) y trabajos obligatorios (para cumplimiento de fines de interés general o en casos de grave riesgo, catástrofe o calamidad pública). Los "trabajos forzados" son contrarios al ordenamiento internacional, (Art. 30.2, 3 y 4 CE) (Convenio núm. 105 OIT).

[3] Art. 4 del Convenio para la Protección de los Derechos Humanos y de las Libertades Fundamentales, de 1950, ratificado por España el 26.9.1979.

Colin y Capitant[4] del contrato de trabajo: "los riesgos son todos para el dueño", se traduce en el plano laboral en la asunción por parte del empresario de los distintos riesgos que puedan presentarse, pero sobre todo el del buen fin de la operación. Estamos realmente ante un debate fundamentalmente civil donde, entre otras aristas, la naturaleza del riesgo y la capacidad de previsión son objeto de controversia doctrinal; a los efectos que aquí interesan, la *ajenidad en los riesgos* se traduce en que el trabajador es responsable de su trabajo y por ello percibe un sueldo, mientras que el empresario corre con los distintos riesgos que puedan presentarse –responsabilidad agravada– y sobre todo los referidos al buen fin de la operación. De lo expuesto no cabe deducir que el trabajador no asuma riesgo, sino que el mismo está delimitado por la funciones que le son encomendadas, mientras que el riesgo del empresario se manifiesta en todos los actos de administración y, en particular, en términos de resultado, que podrá ser positivo o negativo (STS 2 de octubre 2012, Rec. 1656/2009, Sala de lo Civil –referida a un contrato de agencia–[5]).

La ajenidad en los *frutos* pone de manifiesto que los bienes o servicios producidos por el trabajador no le reportan a éste un beneficio económico directo, sino que tal beneficio corresponde al empresario, que a su vez compensa al trabajador en términos de retribución o salario como acreedor del mismo. En términos de utilidad, como argumenta Montoya Melgar[6], es el empresario quien realmente hace suya la utilidad patrimonial del trabajo, percibiendo el precio del servicio pagado por el cliente, una parte del cual se destinará a retribuir al trabajador, el cual en ningún caso actúa por cuenta de un tercero "la utilidad patrimonial del trabajo que se presta y que el empresario hace suya" (TCT 19.7.1988).

D) Trabajo dependiente

La dependencia va más allá de un significado económico (el trabajador está subordinado económicamente al empresario) o técnico (el trabajador depende en la ejecución de su trabajo de las instrucciones técnicas empresariales). En todo caso, la noción de dependencia –como argumenta Sanguineti[7]– resulta ciertamente elástica, circunstancia que ha servido como un soporte conceptual a la tendencia expansiva del Derecho del Trabajo,

---

[4] Colin, A. y Capitant, H. *Curso Elemental de Derecho Civil*. Madrid: Reus, 1955, vol. IV, Reus, pág. 482, cit. por Montalvo Correa, J. *Fundamentos de Derecho del Trabajo*. Madrid: Civitas, 1975, pág. 201. ISBN 84-7398-008-5.

[5] "...El tribunal de instancia resalta con acierto que: la causa económica y jurídica del contrato, con independencia de la denominación que las partes le atribuyan, es la de crear clientela donde falta, aumentar la existente o, al menos, mantenerla, mediante la actuación independiente del agente, vinculado de manera estable y permanente con el empresario por cuya cuenta y encargo realiza las funciones de intermediación propias de este contrato". En este sentido, cabe resaltar que el contrato de agencia tiene por objeto la promoción o conclusión por el agente de actos u operaciones de comercio por cuenta o en interés del principal, sin asumir, salvo pacto en contrario, el riesgo de tales operaciones.

[6] Montoya Melgar, A. *Derecho del Trabajo*. Op. cit. pág. 38.

[7] Sanguineti Raymond, W. *La dependencia y las nuevas realidades económicas y sociales: ¿un criterio en crisis?* En: Temas Laborales, núm. 40, 1996, pág. 53. ISSN 0213-0750.

pues dota a su ámbito de aplicación de una gran permeabilidad a las nuevas necesidades sociales. La dependencia es concebida como requisito de la relación laboral, en tanto en cuanto sea concebida como sometimiento del trabajador a los poderes del empresario; en un sentido amplio y flexible, pensemos en los trabajadores a distancia, en los representantes o en ciertas actividades de mediación. Los indicios más comunes de dependencia en la doctrina jurisprudencial son seguramente la asistencia al centro de trabajo del empleador o al lugar de trabajo designado por éste, así como el sometimiento a horario, misiones, rutas, tiempo de disfrute de vacaciones...; también se utilizan como hechos indiciarios de dependencia, entre otros, el desempeño personal del trabajo (STS 23-10-1989), compatible en determinados servicios con un régimen excepcional de suplencias o sustituciones (STS 20-9-1995), la programación de su actividad, despliegue de órdenes o instrucciones: emails, teléfono, buscas, etc. (SSTS de 15 02-1991, 8-10-1992 y 22-4-1996) y, reverso de lo anterior, la ausencia de organización empresarial propia del trabajador; incorporar la publicidad de la marca en el vestuario, utilizar el anagrama de la empresa, placas, emblemas, y otros usos... acentúan la dependencia como órganos de la empresa a los titulares de la prestación laboral[8]. Sin embargo, en la línea que hemos advertido anteriormente, será imprescindible, además, como afirma De la Villa, "habituarse a que la laboralidad de las relaciones jurídicas de actividad se desprenda de los indicios, tradicionales pero conformados ahora por los nuevos supuestos de producción –aisladamente o combinados para su valoración conjunta– y, particularmente, por las transformaciones que traigan causa en la nueva era digital"[9].

La jurisprudencia que desarrolla esta materia contempla la dependencia como el sometimiento del trabajador al poder de organización y disciplina del empresario o, dicho de otro modo, a la inserción en su circulo organicista y disciplinario. La actividad "dependiente" requiere que el prestador de trabajo ponga a disposición del empleador su propia energía personal (STS. 28 de marzo de 1983), es decir, con sujeción a un "ámbito de organización y dirección extraño" (Art. 1.1 ET), energía que puede ser o no utilizada (Art. 4.2, a) y 30 ET).

El valor delimitador del presupuesto de la dependencia junto con el de ajenidad es fundamental en la determinación de la laboralidad; allí donde otros rasgos se diluyen, estos cobran una especial relevancia (TS/SOC 3.12.1991 y sentencias citadas en ella). Sin embargo, dado su nivel de abstracción, en la resolución de las controversias se

[8] La configuración de las obligaciones y prestaciones del contrato de arrendamiento de servicios regulado en el Código Civil, no es incompatible con la del contrato de trabajo propiamente dicho "al haberse desplazado su regulación, por evolución legislativa, del referido Código a la legislación laboral actualmente vigente" [STS 7-6-1986]: en el contrato de arrendamiento de servicios el esquema de la relación contractual es un genérico intercambio de obligaciones y prestaciones de trabajo con la contrapartida de un "precio" o remuneración de los servicios; en el contrato de trabajo dicho esquema o causa objetiva del tipo contractual es una especie del género anterior que consiste en el intercambio de obligaciones y prestaciones de trabajo dependiente por cuenta ajena a cambio de retribución garantizada; cuando concurren, junto a las notas genéricas de trabajo y retribución, las notas específicas de ajenidad del trabajo y de dependencia en el régimen de ejecución del mismo, nos encontramos ante un contrato de trabajo sometido a la legislación laboral.

[9] De la Villa Gil, L.E. *El concepto de trabajador (en torno al artículo 1.1)*. En: Revista Española de Derecho del Trabajo, núm. 100, Vol. I, 2000, p. 50. ISSN 0212-6095.

recurre con frecuencia para su identificación a hechos indiciarios de uno y otro; estos indicios son unas veces comunes a la generalidad de las actividades o trabajos y otras veces específicos de ciertas actividades laborales o profesionales. De ahí que dichos conceptos jurídicos plateen dificultades aplicativas al traducirlos a casos concretos, por ejemplo en el caso de los corresponsales, filmadores, transportistas, mediadores[10], etc., cuya calificación jurídica ha variado jurisprudencialmente, considerándola "autónoma" en unos casos y "dependiente" en otros.

E) Trabajo retribuido

Excluyéndose los trabajos de buena vecindad o familiares, la retribución se configura como contraprestación al trabajo realizado, cualificando el carácter conmutativo y recíproco del contrato de trabajo. En la actividad retribuida va implícita la profesionalidad de quien la presta, sus conocimientos y experiencia, o dicho de otro modo, su mérito y capacidad.

La actividad "retribuida" exige que el trabajo se preste a cambio de una renta salarial, cuya expresión vital la encontramos en el salario base. Este presupuesto no queda desvirtuado por el impago del salario, ni por la utilidad o inutilidad del resultado perseguido con el trabajo realizado, tampoco por la intención que al retribuirlo persigue el empleador. El salario, en virtud de lo establecido en el Art. 26.1 ET, tampoco se desvirtúa por el pago adicional de determinadas partidas que pudieran tener carácter compensatorio y no remuneratorio; hablamos de conceptos ligados al desgaste de herramienta, mantenimiento del vehículo, prendas de trabajo, etc. (Art. 26.2 ET), ya que dichas cantidades las tienen que soportar los trabajadores como consecuencia de la prestación de trabajo. En este sentido, la STSJ de Madrid de 20 de marzo de 1990, hace referencia a la naturaleza laboral de la relación, aun cuando la empresa le abonaba el vestuario y los gastos necesarios para el desempeño de la actividad de "seguridad".

---

[10] El Art. 3.1 f) del ET excluye de su ámbito de aplicación "la actividad de las personas que intervengan en operaciones mercantiles por cuenta de uno o más empresarios, siempre que queden personalmente obligados a responder del buen fin de la operación, asumiendo el riesgo y ventura de la misma"; declarando encuadradas, en el Derecho del Trabajo, como relaciones laborales especiales (RD 1438/1985, de 1 de agosto), las de "las personas que intervengan en operaciones mercantiles por cuenta de uno o más empresarios sin asumir el riesgo y ventura de aquéllas" (Art. 2.1.f ET). Del análisis de ambos preceptos se deduce que la asunción o no del riesgo de la operación mercantil es el factor determinante de la exclusión o inclusión de la actividad en cuestión en el ámbito del Derecho del Trabajo.
No obstante lo expuesto, nuestro ordenamiento jurídico regula la mediación independiente mediante la Ley 12/1992, de 27 de mayo, sobre Contrato de Agencia, transponiendo con ella a nuestro ordenamiento la Directiva 86/653/CEE, de 18 de diciembre, relativa a la coordinación de los Estados miembros en lo referente a los agentes comerciales independientes. La Ley entiende que el contrato de agencia es aquél por el que "una persona natural o jurídica, denominada agente, se obliga frente a otra de manera continuada o estable a cambio de una remuneración, a promover actos y operaciones de comercio por cuenta ajena, o a promoverlos y concluirlos por cuenta y en nombre ajenos, como intermediario independiente, sin asumir, salvo pacto en contrario, el riesgo y ventura de tales operaciones" (Art. 1 LCA). La *diferencia fundamental entre el representante de comercio y el agente comercial* radica precisamente en la independencia o autonomía, que falta en el primero. Las controversias surgidas en este tipo de contratos corresponderán al orden jurisdiccional civil.

2. Ámbito del Derecho del Trabajo

Si el trabajo cuya prestación da lugar a la aparición de una relación laboral presupone trabajo personal, voluntario, retribuido, dependiente y por cuenta ajena, es evidente que las relaciones fundadas sobre una prestación de trabajo que no reúna todas y cada una de esas condiciones no podrá ser calificada de laboral, esto es, no estará incluida en el ámbito del Estatuto de los Trabajadores.

Sin embargo, la aparente nitidez no es tal, apareciendo zonas grises, como es el caso de los trabajadores transportistas, donde tras una ardua y contradictoria jurisprudencia, amparada en el análisis de los indicios típicos de la relación laboral (compromiso de exclusividad, hojas de ruta, jornada preestablecida, determinación del salario en base a operaciones de recogida y entrega, etc.)[11], se impone la *exclusión por vía legal,* introduciéndose en el Estatuto el *apartado g) párrafo 2*: "A tales efectos se entenderá excluida del ámbito laboral la actividad de las personas prestadoras del servicio de transporte al amparo de autorizaciones administrativas de las que sean titulares, realizada mediante el correspondiente precio, con vehículos comerciales de servicio público cuya propiedad o poder directo de disposición ostenten, aun cuando dichos servicios se realicen de forma continuada para un mismo cargador o comercializador". Apartado que fue objeto de recurso de amparo, planteándose en el mismo la irretroactividad de la norma respecto a situaciones anteriores Art. 9.3 C, así como la vulneración del Art. 14 y 24.1 de la CE; recurso que no prosperó, de conformidad al fallo del (TC de fecha 11.10.1999). No obstante, dicha exclusión opera con carácter limitativo, siendo de aplicación y teniendo plena vigencia los requisitos del Art. 1.1 del ET, en los supuestos que no encajan en el apartado g)[12] (TS de 18 de octubre del 2006).

Sea por razones socio-económicas, sea por razones jurídico-políticas, nuestro Estatuto *excluye de su regulación* los supuestos contemplados en el apartado 3 de su Art. 1. Junto a obvias y naturales exclusiones, como los trabajos por cuenta propia, los amistosos, los familiares no asalariados, los obligatorios, los representantes personalmente obligados a responder del buen fin de la operación o el desarrollo exclusivo de actividad en los órganos societarios, el Estatuto estima oportuno situar al margen

---

[11] Ver SSTS: de 26 de febrero y 26 de junio de 1986; 4 de diciembre de 1987; 2 de febrero y 12 de septiembre de 1988; 20 de octubre, 14 de noviembre, y 22 de diciembre de 1989; 8 de marzo, 6 de noviembre y 12 de diciembre de 1990; 29 de enero de 1991; y más recientemente 19 de diciembre de 2005 y 18 de octubre de 2006.

[12] Considerando en el caso enjuiciado la relación existente entre las partes de laboral, al darse en la misma todos los presupuestos que determinan la atribución de esta calificación conforme al Art. 11, sin que sea de aplicación la exclusión prevista en el párrafo 2 del apartado g), al reconocerse una carga útil inferior a *dos toneladas métricas*, con lo que están exentos de autorización administrativa. El problema ha de situarse, por lo tanto, en la concurrencia o no de los requisitos del Art. 1.1., es decir, ha de estarse a los criterios generales de calificación y, como dice la referida sentencia, el precepto califica como laborales las relaciones que aprecien las notas de ajenidad, dependencia, el carácter retribuido de los servicios prestados y el carácter personal de los mismos. Es menester destacar cómo elementos clásicos de prueba, como el estar dado de alta fiscal, cotizar como autónomo, pago del IVA, etc., son sólo datos formales que no deben llevar necesariamente a la calificación de laboral de la relación, ya que dichos mecanismos en muchas ocasiones se han puesto en marcha para desnaturalizar la relación.

de su regulación determinadas relaciones, pese a reunir todas y cada una de las notas configuradoras del trabajo asalariado. Nos referimos a la relación de servicios de los funcionarios públicos que, dotada de una regulación específica de carácter estatutario o administrativo (Estatuto básico del empleado público, EBEP), se sitúa extramuros de la relación del personal laboral.

Históricamente, la ley laboral ha venido excluyendo de su ámbito de aplicación determinadas relaciones jurídicas cuya "laboralidad" ha sido incesantemente defendida por la doctrina científica y que, finalmente, han obtenido una *regulación laboral especial*. Ejemplo clásico de lo anterior es la denominada relación especial de alta dirección, desarrollada mediante Real Decreto 1382/1985, la cual se define como: "Aquellos trabajadores que ejercitan poderes inherentes a la titularidad jurídica de la empresa, y relativos a los objetivos generales de la misma, con autonomía y propia responsabilidad solo limitadas por los criterios e instrucciones directas emanadas de la persona o de los órganos superiores de gobierno y administración de la entidad que respectivamente ocupe aquella titularidad". (TSJ Madrid de 24 de mayo de 2006). Lo expuesto pone en evidencia que yuxtapuestas a las relaciones ordinarias –fruto de la evolución del Derecho del Trabajo–, aparecen las denominadas *relaciones especiales,* contempladas en el (Art. 2 del ET): personal de alta dirección (ya citado); servicio de hogar familiar; penados en las instituciones penitenciarias; deportistas profesionales; artistas en espectáculos públicos; personas que intervengan en operaciones mercantiles por cuenta de uno o más empresarios sin asumir el riesgo y ventura de aquéllas; trabajadores minusválidos que presten sus servicios en los centros especiales de empleo; estibadores portuarios y cualquier otro trabajo que sea expresamente declarado como relación laboral de carácter especial por una ley.

Es innegable que el Derecho del Trabajo debe estar abierto en su evolución, a una ampliación de su ámbito de aplicación, como lo demuestra la tendencia a incorporar relaciones vetadas a los rasgos de ajenidad y dependencia, como ciertos arrendamientos de servicios y ciertos mandatos. Se debe en definitiva recuperar el carácter social de esta disciplina y dotarla de nuevos marcos de referencia acordes con las demandas actuales, en su obligación como derecho de dar respuesta normativa a las nuevas formulaciones económico-sociales, lo cual redundará en una mayor transparencia y en la elusión de prácticas fraudulentas.

3. La distinción de la relación laboral de sus figuras afines

A) Contrato de sociedad

La naturaleza de cada institución marca una primera diferencia. El contrato de sociedad es evidentemente asociativo, mientras la naturaleza del contrato de trabajo es cambiaria, es decir, salario a cambio de trabajo. De otro lado, dada la igualdad entre los componentes de la sociedad, resulta incompatible con las notas de dependencia y la ajenidad, rasgos definitorios de la relación laboral. Más dudas pueden plantearse respecto a quien aporta su trabajo a una sociedad. Nos referimos al socio industrial, cuya participación consiste en la aportación de trabajo o industria; sin embargo, la aportación se hace en virtud de su título de socio, por lo que se aparta del concepto de trabajador expuesto en el Art. 1 del ET[13].

B) Contrato de aparcería

La regulación contenida en la Ley de Arrendamientos Rústicos 83/1980 de 31 de diciembre, estableció la distinción entre el aparcero civil y el trabajador agrícola remunerado a la parte; sin embargo, la distinción llevada a la práctica resulta compleja. En muchas ocasiones esta figura, dado su carácter aparentemente laboral, ha sido considerada como una relación especial; lo cierto es que para muchos autores se ha producido una laboralización de la figura. En orden a la calificación jurídica de la relación, se deberá tener en cuenta: si la laboralidad del vínculo ha sido pactada, será de aplicación el Estatuto de los Trabajadores; si la condición del aparcero no es la mencionada, habrá de regularse por las normas civiles, salvo los supuestos de simulación que tengan por objeto encubrir una relación laboral[14] (TSJ Cataluña 7781/2012 de 16 de noviembre).

C) Contrato de mandato

Pone en evidencia como criterios básicos de distinción: de un lado, el carácter *intuitu personae* propio de la relación laboral, a diferencia del mandato civil, que admite la sustitución; de otro, el contenido específico de la subordinación en el empleado dependiente, no equivalente a la sumisión del mandatario respecto a las instrucciones del mandante, ya que el mandatario tiene un poder limitado: "su trabajo no es dirigido, sino que es el director de su trabajo". Complementario a lo anterior, pone igualmente de manifiesto las diferencias entre estas dos figuras: la presunción de gratuidad, legalmente establecida en el contrato de mandato, en oposición a la remuneración u onerosidad del contrato de trabajo; o las cautelas del empresario en materia de extinción de la relación de trabajo en contraposición a la facultad de rescisión unilateral incondicionada del mandante.[15]

---

[13] Luján Alcaraz, J., *La contratación privada de servicios y el contrato de trabajo: Contribución al estudio del ámbito subjetivo de aplicación del Derecho del Trabajo*. Madrid: Ministerio de Trabajo y Asuntos Sociales, 1994, pág. 165. ISBN 84-7434-843-9; Sala Franco, T. *Datos para una caracterización material del Derecho del Trabajo*. En: CDT, núm. 0, 1974, pp. 74-75.

[14] Sobre la regulación del trabajo agrícola y su evolución en el derecho español: Cavas Martínez, F., *La regulación legal del trabajo asalariado en la agricultura*. En: RTSS (CEF), núm. 116, 1992, pp. 44 y ss. ISSN: 1138-9532; y *La regulación del trabajo agrícola en el proceso de emergencia, formación y desarrollo del Derecho Español del Trabajo*, REDT, núm. 54, 1992, pp. 521 y ss. ISSN 0212-6095.

[15] Sobre la cuestión, Martínez Girón, J., *La contratación laboral de servicios profesionales*. Santiago de Compostela: Universidad, 1988, pp. 37-43. ISBN 84-7191-435-2; Álvarez Álvarez, J.M., *Derecho Obrero*. Madrid: Reus, 1933, p. 36; García Oviedo, C., *Tratado elemental de Derecho Social*. Madrid: EPESA, 1946, pág. 111; Pérez Leñero, J., *Teoría general del Derecho Español del Trabajo*. Madrid: Espasa Calpe, 1948, pág. 234.

D) Contrato de ejecución de obra

En virtud del artículo 1544 del CC, en el contrato de obra una de las partes se obliga a ejecutar para la otra una obra por un precio cierto. Esta figura se divide en dos modalidades: contrato de empresa o contrata y arrendamiento de obra. En la contrata, la obra es llevada a cabo por una organización empresarial con trabajadores propios; en el arrendamiento de obra, el contratista la realiza personalmente. Sólo el segundo plantea problemas de afinidad con el contrato de trabajo, pues, aun cuando en ambos la causa sea cambiaria, no coinciden, ni en el objeto de las prestaciones intercambiadas, ni en sus presupuestos sustantivos.[16] Como desarrollo de lo dicho, si en el vínculo laboral existe un intercambio de actividad personal por salario, en el de obra existe un resultado previamente pactado por un precio cierto, no reuniendo, además, los caracteres de la ajenidad y la dependencia en sentido jurídico laboral. Dichas notas, y en especial la remuneración, proporcionarán la clave para distinguir ambas figuras, siendo evidente que no habrá contrato de trabajo cuando el fin perseguido en términos de ganancia suponga un lucro o ganancia muy superior a la que se obtendría por el esfuerzo productivo por cuenta ajena.

E) Contrato de arrendamiento de servicios

Se presenta como la figura más difícil de deslindar, dada su doble posición respecto al contrato de trabajo, del que es, a un tiempo, como señalan distintos autores, antecedente histórico y contrafigura. Lo que no debe llevarnos a la conclusión de una oposición entre ambas instituciones; contrafigura hay que entenderla como el uso fraudulento del arrendamiento para evitar la calificación laboral del vínculo. Hablar de fronteras entre ambas instituciones es sumergirnos en un debate infructuoso; prefiero hablar de identidad impropia, cuya calificación final vendrá determinada por el marco jurídico laboral existente en cada momento (lo cual, como hemos advertido, es expansivo) y las circunstancias concurrentes en cada caso concreto.[17]

---

[16] Fanfani, P., *Autonomia e subordinazione: le prestazioni di lavoro nel settore sanitario*. En: Il Diritto del Lavoro, núm. 1, 1988, pág. 54; Solé Resina, J., *Los contratos de servicios y de ejecución de obras: Delimitación jurisprudencial y conceptual de su objeto*. Madrid: Marcial Pons, 1997, págs. 23-24. ISBN 84-7248-452-1.

[17] Molero Manglano, C., *La configuración del contrato de trabajo*. En: Molero Manglano, C. (dir.). *Estructura del contrato de trabajo (Un estudio sobre su configuración, elementos, contenido y extinción)*. Madrid: Dykinson, 1997, pág. 24. ISBN 84-8155-283-6.

En cinco "exiguos y, ya entonces, insuficientes preceptos", Montalvo Correa, J., *Fundamentos del Derecho del Trabajo: formación histórica, ámbito de aplicación, concepto*. Madrid: Civitas, 1975, pág. 251. ISBN 84-7398-008-5.

Tema 3

El contrato de trabajo

1. El contrato de trabajo: naturaleza y estructura
2. Contenido
3. Tipos de contratos

1. El contrato de trabajo: naturaleza y estructura

Por contrato de trabajo se entiende aquel pacto o acuerdo entre trabajador y empresario en virtud del cual el trabajador se compromete, de manera voluntaria, a la realización o prestación de determinados servicios, por cuenta del empresario y dentro de su ámbito de organización y dirección, a cambio de una retribución denominada salario.

A) Vínculo obligacional

Aunque en general se sostiene que el carácter laboral del vínculo no queda desmentido por la amplitud del grado de autonomía que disponga el trabajador en la ejecución de la prestación, lo cierto es que toda relación de servicios que se considere laboral, debe enmarcarse dentro del ámbito de organización y dirección de un empleador denominado empresario. Se trata de un vínculo cuyo contenido, en condiciones ordinarias, estará delimitado con mayor o menor intensidad dentro de una jornada, horario de trabajo, funciones, lugar de prestación y estructura salarial como compensación al trabajo realizado. De no explicitarse en el contrato alguno de estos requisitos, se ajustará a lo que el convenio de aplicación determine en cada caso, teniendo como norma mínima de aplicación el Estatuto de los Trabajadores y disposiciones que pudieran ser de aplicación específica[1].

---

[1] Se conoce por *precontrato* el compromiso formal de las partes de celebrar un contrato de trabajo (TS 23-10-86. Ar. 5889; TS 30-3-95. Ar. 2352). Su incumplimiento no dará derecho a la indemnización prevista en el Estatuto de los Trabajadores para los supuestos de despido, dado que la relación laboral nace con la formalización del contrato, pudiendo, sin embargo, reclamarse los perjuicios producidos por el incumplimiento en base al daño emergente y lucro cesante ocasionado. Ver: Daño emergente y lucro cesante.

B) Elementos esenciales

Su tratamiento nos lleva necesariamente a la teoría general del negocio jurídico, en base a la cual distinguimos:

b.1) Consentimiento

El consentimiento debe ser personal, recíproco y versar sobre los elementos esenciales del contrato. ¿Quiénes pueden celebrar un contrato de trabajo?:

– *El trabajador*. La capacidad (edad) requerida para la celebración de un contrato de trabajo por lo que se refiere a la persona del trabajador está fijada en los dieciséis años. No obstante, en cuanto a la prestación del consentimiento, si el trabajador tiene entre dieciséis y 18 años y no está emancipado, requerirá el consentimiento de sus padres o tutores[2]. Respecto a los trabajadores menores de dieciocho años, realizar las siguientes precisiones: no podrán realizar trabajos nocturnos ni aquellas actividades o puestos de trabajo que el Gobierno declare insalubres, penosos, nocivos o peligrosos, tanto para su salud como para su formación profesional y humana; se prohíbe realizar horas extraordinarias a los menores de dieciocho años; la intervención de los menores de dieciséis años en espectáculos públicos sólo se autorizará en casos excepcionales por la autoridad laboral.

– *El empresario*. Es la persona bajo cuya dirección el trabajador va a prestar sus servicios. Puede ser una persona física, empresario individual, puede ser una persona jurídica (sociedades civiles, mercantiles o industriales, etc. Art. 35.2 y 36 C. Co) o una comunidad de bienes que reciba la prestación de servicios de los trabajadores, así como de las personas contratadas para ser cedidas a empresas usuarias por empresas de trabajo temporal legalmente constituidas (Art. 1.1 ET). El Código Civil, en su Art. 38.1, se ocupa de la capacidad de las personas jurídicas, señalando entre otras facultades la posibilidad de contraer obligaciones; en caso de tratarse de una persona jurídica, ésta estará siempre representada por una persona física, que es con la que se ha de formalizar el contrato.

Se denota en la regulación estatutaria el deseo de dar un contenido amplio al concepto de empresario, reiterando aquí la referencia legal a persona física o jurídica, pudiendo ser en esta última acepción, tanto jurídico pública como jurídico privada. Dentro del elenco de quienes pueden ser empresarios, el Estatuto hace mención expresa, en distintos contenidos de su articulado, al *Grupo de Empresas*. Dada la importancia de esta figura en el contexto actual, considero importante delimitar la misma. Las sociedades que integran el grupo, aun siendo independientes entre sí, actúan con arreglo a criterios de subordinación, que permiten identificar, más allá de aquella pluralidad, una cierta independencia económica, un elemento, una entidad común que las singulariza. Y bajo esta realidad jurídica, se trata de saber quién debe responder cuando

---

[2] En el caso de que sean extranjeros, ver: LO. 4/2000 de 11 de enero (Ley sobre los derechos y libertades de los extranjeros en España y su integración social) y normas de desarrollo.

se han incumplido las obligaciones contraídas respecto al trabajador. El principio general es el de "independencia y no comunicación de responsabilidad entre sociedades integradas en un grupo". Sin embargo, los tribunales proceden a levantar el velo de la personalidad jurídica, extendiendo la responsabilidad empresarial a otras sociedades del grupo cuando concurran determinadas circunstancias: "a) Funcionamiento unitario de las organizaciones de trabajo de las empresas del grupo; b) Prestación de trabajo común, simultánea o sucesiva, en favor de varias de las empresas del grupo; c) Creación de empresas aparentes sin sustento real, con las que se pretende la dispersión o elusión de responsabilidades laborales; y d) Confusión de plantillas, confusión de patrimonios, apariencia externa de unidad empresarial y unidad de dirección" (Sentencia del Tribunal Supremo de 29 de enero de 2014).[3]

Como señala Aurelio Desdentado[4], la "tela de araña" ha sustituido a la "pirámide" como símbolo de la organización empresarial, citando a "Reich". Ciertamente, el cambio de titularidad de empresa cada vez es más frecuente instrumentalizarlo a través de diversas modalidades de descentralización productiva, desde las contratas y subcontratas clásicas hasta las franquicias y ciertas formas "blandas", más o menos legalizadas, de cesión. Sin perseguir aquí hacer un análisis de las instituciones, consideramos conveniente hacer una breve referencia a las contratas y subcontratas, así como al fenómeno sucesorio, por las implicaciones y efectos que tienen en las obligaciones derivadas del contrato, desde el punto de vista de la figura del empresario:

- La ***sucesión de empresas*** es un mecanismo idóneo para la descentralización cuando de lo que se trata es de desagregar una gran empresa preexistente para componer una red a partir de las unidades resultantes. La STS 27.10.1994 (RJ 8531) es ilustrativa de este tipo de procesos. Nuestro estatuto contempla el fenómeno sucesorio en el Art. 44 ET, y en orden a las responsabilidades dimanantes de dicho fenómeno señala: "El cambio de titularidad de una empresa, de un centro de trabajo o de una unidad productiva autónoma no extinguirá por sí mismo la relación laboral, quedando el nuevo empresario subrogado en los derechos y obligaciones laborales y de Seguridad Social del anterior, incluyendo los compromisos de pensiones, en los términos previstos en

---

[3] Como declara la sentencia del Tribunal Supremo de 23 de enero de 2007 (RJ 2007, 1910), para que se declare la responsabilidad solidaria del grupo empresarial es necesario que el actor prestara servicios "indistintamente" para una y otra sociedad. El Tribunal Supremo, en sentencia de 31 de diciembre de 1991 (RJ 1991, 9243), manifiesta: Ante una única relación de trabajo cuyo titular es el grupo en su condición de sujeto real y efectivo de la explotación unitaria, por cuenta de la que prestan servicios los trabajadores, que no pueden diferenciar a cuál de las empresas aportan su actividad... A estas situaciones apuntan lo dispuesto en el artículo 1.2. del Estatuto de los Trabajadores, que califica como empresarios a las "personas físicas y jurídicas" y también a las "comunidades de bienes" "que reciban la prestación de servicios" de los trabajadores asalariados. La responsabilidad solidaria a efectos laborales, característica no de todos pero sí de determinados grupos de empresas, deriva en estos supuestos particulares de prestaciones de trabajo indistintas e indiferenciadas del hecho de que las empresas o sociedades agrupadas asumen la posición de único empleador". SSTS: de 6 de mayo de 1981 (RJ 1981, 2103) y 8 de octubre de 1987; 4 de marzo de 1985 (RJ 1985, 1270) y 7 de diciembre de 1987 (RJ 1987, 8851); 11 de diciembre de 1985 (RJ 1985, 6094), 3 de marzo de 1987 (RJ 1987, 1321), 8 de junio de 1988 (RJ 1988, 5256), 12 de julio de 1988 (RJ 1988, 5802) y 1 de julio de 1989; 19 de noviembre de 1990 (RJ 1990, 8583) y 30 de junio de 1993.

[4] Desdentado Bonete, A., "La sucesión de empresa: Una lectura del nuevo Art. 44 del Estatuto de los Trabajadores". En: Revista del Ministerio de Trabajo y Asuntos Sociales. Nº 38, 2002, Pág. 241. ISSN 1137-5868.

su normativa específica y, en general, cuantas obligaciones en materia de protección social complementaria hubiere adquirido el cedente".

De lo expresado en el artículo citado, existe sucesión de empresa cuando la transmisión afecte a una entidad económica que mantenga su identidad, entendida ésta como un conjunto de medios organizados a fin de llevar a cabo una actividad económica esencial o accesoria (TJCE 11-3-97, C-13/95; 20-11-03, C-340/01; 15-12-05, C-232/04 y 233/04). El Estatuto acoge, por tanto, la reforma comunitaria en la materia, instaurando un concepto, "entidad económica", más material que la simple "actividad empresarial". De ahí que podamos hablar de la concurrencia de dos elementos: a) Subjetivo, que consiste en la sustitución de un empresario por otro sin que sea necesaria la existencia de relaciones contractuales entre ambos, ya que la cesión puede tener lugar a través de un tercero (TJCE 7-3-96, TS 23-10-09, EDJ 271408); b) Objetivo, que supone la entrega de los factores esenciales de la empresa, técnicos, organizativos, etc., o al menos el traspaso de elementos patrimoniales susceptibles de constituir un soporte productivo dotado de autonomía funcional.

En cuanto al ámbito temporal de la responsabilidad –sin perjuicio de lo establecido en la legislación de Seguridad Social– el cedente y el cesionario responderán solidariamente durante tres años de las obligaciones laborales nacidas con anterioridad a la transmisión y que no hubieran sido satisfechas.

• La forma más común de realizar la actividad descentralizadora, es la ***contrata***. Se entiende por contrata cualquier modalidad de contratación, tanto pública como privada, que pasa a ser desempeñada, de modo parcial o total, por una determinada empresa, sociedad, organismo público u otro tipo de entidad, sea cual sea la forma jurídica que adopte (TSJ Madrid 18-12-09, Rec. 518/09). Mediante el Art. 42 del ET, se impone estatutariamente al empresario principal un contenido obligacional respecto a personas con las que no existe vínculo contractual, lo que supone una excepción al principio que limita a las partes, la eficacia de los contratos (CC art. 1257; TS 27-10-94; 17-12-01, EDJ 61280; 16-6-03, EDJ 239086). *Los empresarios que contraten o subcontraten* (Art. 42 ET) con otros la realización de obras o servicios correspondientes a la propia actividad, responderán solidariamente, durante los tres años siguientes a la terminación de su encargo, de las obligaciones referidas a la Seguridad Social contraídas por los contratistas y subcontratistas durante el período de vigencia de la contrata. De las obligaciones de naturaleza salarial contraídas por los contratistas y subcontratistas con sus trabajadores, responderán solidariamente durante el año siguiente a la finalización del encargo.[5] Nótese que el legislador desarrolla la responsabilidad partiendo de la noción de "propia actividad"; el Tribunal Supremo, en unificación de doctrina STS 20 de julio de 2005, entiende: "La noción de 'propia actividad' ha sido ya precisada por la doctrina de la Sala en las sentencias de 18 de enero de 1995 (RJ 1995, 514), 24 de noviembre

[5] No habrá responsabilidad por los actos del contratista cuando la actividad contratada se refiera exclusivamente a la construcción o reparación que pueda contratar un cabeza de familia respecto de su vivienda, así como cuando el propietario de la obra o industria no contrate su realización por razón de una actividad empresarial.

de 1998 (RJ 1998, 10034) y 22 de noviembre de 2002 (RJ 2003, 510), en el sentido de que lo que determina que una actividad sea 'propia' de la empresa es su condición de inherente a su ciclo productivo"[6].

b.2) Causa y objeto

Como argumenta Betti[7], la causa, como en cualquier figura contractual, es la razón práctica (típica), la función económico-social del negocio. La causa del contrato de trabajo se materializa en la equivalencia entre prestación y contraprestación, es decir, en la ecuación trabajo-salario, si bien matizada por el fin social que debe presidir a toda relación laboral; de lo que se deduce que el contrato de trabajo no puede tener una causa ilícita prohibida por la ley, o contraria a las buenas costumbres y al orden público. Lo cierto es que la causa del contrato se podría concretar aún más, definiéndose como la conjunción de voluntades de "disposición" por parte del trabajador y "el interés" perseguido por el empresario, configurando su sinalagma básico, donde se sitúa la parte psicológica del contrato.

El objeto califica a la causa y tiene por contenido todo trabajo u obra que se realice voluntariamente por cuenta y bajo la dependencia del empresario, debiendo reunir como características la de ser lícito, posible y determinado. No podrán ser objeto de la relación laboral aquellas figuras que son ajenas al ámbito regulado por el Estatuto de los Trabajadores y, por tanto, todo trabajo que se efectúe en desarrollo de relación distinta a la definida en su Art. 1, y en particular, por imperativo legal, las expresamente contempladas en el apartado 3 del Art. 1. ET.

b.3) Forma

Este pacto o acuerdo de voluntades se puede celebrar bien de forma verbal, bien por escrito. Aunque el Estatuto apuesta por el principio de libertad de forma, cualquiera

---

6 La sentencia de 24 de noviembre de 1998 señala que en principio caben dos interpretaciones de este concepto: a) la que entiende que propia actividad es la "actividad indispensable", de suerte que integrarán el concepto, además de las que constituyen el ciclo de producción de la empresa, todas aquellas que resulten necesarias para la organización del trabajo; y b) la que únicamente integra en el concepto las actividades inherentes, de modo que sólo las tareas que corresponden al ciclo productivo de la empresa principal se entenderán "propia actividad" de ella. En el primer caso, se incluyen como propias las tareas complementarias. En el segundo, estas labores no "nucleares" quedan excluidas del concepto y, en consecuencia, de la regulación del artículo 42 del Estatuto de los Trabajadores. Pero, como precisa la sentencia citada, recogiendo la doctrina de la sentencia de 18 enero 1995, "si se exige que las obras y servicios que se contratan o subcontratan deben corresponder a la propia actividad empresarial del comitente, es porque el legislador está pensando en una limitación razonable que excluya una interpretación favorable a cualquier clase de actividad empresarial". Es obvio que la primera de las interpretaciones posibles anula el efecto del mandato del artículo 42 del Estatuto de los Trabajadores, que no puede tener otra finalidad que reducir los supuestos de responsabilidad del empresario comitente y, por ello, se concluye que "ha de acogerse la interpretación que entiende que propia actividad de la empresa es la que engloba las obras y servicios nucleares de la comitente".

7 Betti, E. *Teoría general del negocio jurídico*. Granada: Comares, 2001. ISBN 84-8444-225-X.

de las partes podrá exigir que el contrato se formalice por escrito, incluso durante el transcurso de la relación laboral; de hecho, la mayoría de modalidades de contratación exigen la forma escrita.

En base a lo establecido en el Estatuto de los Trabajadores (Art. 8.2 ET, modificado por Ley 12/2001 de 9 de junio; Ley 43/2006 y Ley 3/2012), deberán constar por escrito los contratos de trabajo cuando así lo exija una disposición legal. De no observarse tal exigencia, se presumirá el contrato celebrado por tiempo indefinido y a jornada completa, salvo prueba en contrario, que acredite su naturaleza temporal. Expresamente se exige la forma escrita en el Art. 8.2 del ET:

- Los de prácticas y para la formación y el aprendizaje.
- Los contratos a tiempo parcial, fijo-discontinuo y de relevo (RD. 1991/1984 de 31 de octubre).
- Los contratos de trabajo a distancia.
- Los contratos para la realización de una obra o servicio determinado.
- Los de los trabajadores contratados en España al servicio de empresas españolas en el extranjero.
- Los contratos por tiempo determinado cuya duración sea superior a cuatro semanas.

Cuando la relación laboral tenga una duración superior a cuatro semanas, el empresario deberá informar por escrito al trabajador, en los plazos que se establezcan reglamentariamente (Art. 8.5 ET), sobre los elementos esenciales del contrato y las principales condiciones de ejecución, siempre que tales elementos no figuren en el contrato de trabajo formalizado por escrito. El contenido de la información se incluye en el Real Decreto 1659/1998, de 24 de julio, por el que se desarrolla el Art. 8 ET, apartado 5, de la Ley del Estatuto de los Trabajadores, fijando en su Art. 6 (RD 1659) un plazo general de cumplimiento de *dos meses* desde el inicio de la relación laboral.

El empresario entregará a la representación legal de los trabajadores una copia básica de todos los contratos que deban celebrarse por escrito, a excepción de los contratos de relación laboral especial de alta dirección[8]; el plazo de entrega, de conformidad con el Art. 8.3a), será de diez días desde la formalización del contrato.

---

[8] La Comunicación del contenido del contrato, "copia básica" a los representantes de los trabajadores, deberá omitir los datos del DNI, Nacionalidad, Estado Civil y cualquier otro dato que conforme Ley 1/1982 de 5 de mayo pudiera afectar a la intimidad personal. Respecto a la comunicación de las copias básicas a los Servicios Públicos de Empleo ver: RD 1424/2002 de 27 de diciembre y normativa de desarrollo.

2. Contenido

A) Principio de jerarquía normativa

Atendiendo a su valor imperativo, podemos establecer la siguiente jerarquización, con fundamento en el Art. 3 del ET y con las especificidades que plantea el derecho internacional:

- Constitución.
- Normas de la Unión Europea.
- Tratados y convenios internacionales.
- Leyes nacionales y sus reglamentos.
- Decretos y órdenes ministeriales.
- Convenios colectivos.
- Contrato de trabajo.[9]
- Usos y costumbres locales y profesionales.
- Los principios generales del derecho.

La norma básica es el Texto refundido del Estatuto de los Trabajadores, aprobado por Real Decreto Legislativo 1/1995, de 24 de marzo, que tiene su origen en la Ley 8/1980, de 10 de marzo[10], elaborado por mandato constitucional expreso en base al Art. 35.2 CE: "La ley regulará un Estatuto de los Trabajadores".

Con sujeción al principio de jerarquía normativa, los conflictos originados entre los preceptos de dos o más normas laborales, tanto estatales como pactadas (que deberán respetar en todo caso los mínimos de derecho necesario), se resolverán mediante la aplicación de lo más favorable para el trabajador apreciado en su conjunto y en cómputo anual respecto de los conceptos cuantificables.

B) Duración

El contrato puede celebrarse por tiempo indefinido o por duración determinada.

El contrato de trabajo puede nacer con pretensión de prolongarse en el tiempo, sin establecer un plazo o término final, en cuyo caso nos encontramos con el contrato indefinido o fijo (denominación que a mi juicio es inapropiada por cuanto que fijos sólo son los funcionarios), o, por contra, puede celebrarse habiendo convenido las partes

---

9 Por la voluntad de las partes manifestada en el contrato de trabajo, siendo su objeto lícito y sin que en ningún caso puedan establecerse en perjuicio del trabajador condiciones menos favorables o contrarias a las disposiciones legales y convenios colectivos antes expresados (Art. 3.1.c).

10 CE. Art. 9. Los actos contrarios a las normas prohibitivas o imperativas resultan nulos de pleno derecho.

un plazo de vigencia –término– llegado el cual dicho acuerdo se extingue. Estaremos en este segundo caso ante los contratos de duración determinada, cuya posibilidad de celebración queda limitada a los supuestos y a la concurrencia de los requisitos establecidos por la ley.

C) ¿Qué es el periodo de prueba?

Por periodo de prueba se entiende aquel espacio de tiempo en que se verifica la aptitud del trabajador para el desempeño de un puesto de trabajo determinado. El periodo de prueba tiene carácter facultativo, es decir, no es obligatorio fijarlo en el contrato.

Su establecimiento es por tanto optativo y, de acordarlo, se deberá reflejar por escrito en el contrato. Durante el periodo de prueba el trabajador o empresario pueden dar por concluido el contrato, sin necesidad de alegar causa alguna y sin que nazca para el trabajador derecho a indemnización alguna. No se podrá establecer período de prueba cuando el trabajador haya desempeñado ya las mismas funciones con anterioridad en la empresa, bajo cualquier modalidad de contratación, en cuyo caso sería nulo.

La duración máxima se ajustará a lo establecido en los convenios colectivos de aplicación, y a falta de esta previsión no podrá exceder de seis meses para los técnicos titulados o de dos meses (llegando a los tres meses en empresas de menos de 25 trabajadores) para el resto de los trabajadores. Durante el transcurso de este período (Art. 14 ET):

1. El trabajador tendrá los mismos derechos y obligaciones correspondientes al puesto de trabajo que desempeñe como si fuera de plantilla.
2. En el caso de que se supere el tiempo de prueba, el mismo se computará a efectos de la antigüedad del trabajador.
3. Cabe aplicar periodo de prueba a los contratos de duración determinada.

La situación de incapacidad temporal, riesgo durante el embarazo, maternidad, y adopción o acogimiento, riesgo durante la lactancia y paternidad, que sobrevenga durante el periodo de prueba, interrumpe el cómputo del mismo (siempre que se produzca acuerdo entre ambas partes). Real Decreto-ley 16/2013, de 20 de diciembre, de medidas para favorecer la contratación estable y mejorar la empleabilidad de los trabajadores.

D) Derechos y obligaciones del trabajador

Derechos: Todo trabajador es titular de los derechos fundamentales reconocidos en la Constitución[11]: a la dignidad, a la igualdad, a la no discriminación, a la libre elección

[11] En el marco internacional es referente la Carta de Derechos Humanos Fundamentales de la Unión Europea, proclamada los días 7 y 9 de diciembre de 2000, así como el Tratado por el que se establece una Constitución para Europa. Roma, 29 de octubre de 2004 (Diario Oficial de la Unión Europea de 16 de diciembre de 2004).

de la profesión, oficio, etc.[12] Tales derechos se incorporan al ámbito del contrato de trabajo, sin perjuicio de determinadas adjetivaciones, ya que, como dice nuestro Tribunal Constitucional[13]: "La existencia de una relación laboral condiciona... el ejercicio del derecho –fundamental–...". De otro lado, hay que resaltar cómo la relación laboral introduce derechos típicamente laborales que se explicitan en la libre elección de profesión u oficio, derecho a la libertad sindical, derecho de reunión, adopción de medidas de conflicto colectivo, información, consulta, participación en la empresa (Art. 28.1 CE), derecho a la negociación colectiva y el derecho de huelga. Junto a los mismos, considerados como básicos en el Estatuto, se desarrollan los propios de la relación laboral:

- A la ocupación efectiva[14].
- A la promoción y formación profesional (se incluye expresamente la requerida para la adaptación a las modificaciones operadas en el puesto) y a la no discriminación en el empleo.
- A su integridad física y a una adecuada política de seguridad e higiene.
- Al respeto de su intimidad y a la consideración debida a su dignidad. Comprendida la protección frente al acoso por razón de origen racial o étnico, religión o convicciones, discapacidad, edad u orientación sexual, y frente al acoso sexual y al acoso por razón de sexo.

  Nótese la diferenciación que realiza el legislador distinguiendo entre acoso sexual y acoso por razón de sexo. En el acoso sexual encontramos *comportamientos verbales o físicos de naturaleza sexual*, que tienen el propósito o producen el efecto de atentar contra la dignidad de la persona, en particular cuando se crea un entorno intimidatorio, degradante u ofensivo; por lo tanto, bajo este "tipo" se producen ataques a la libertad sexual de la persona acosada, además de a su integridad o indemnidad, revistiendo mayor gravedad que el acoso por razón de sexo (Art. 7.1 LI)[15]. El acoso por razón de sexo alude a cualquier *comportamiento realizado en función del sexo* de una persona, con el propósito o el efecto de atentar contra su dignidad y crear un entorno intimidatorio, degradante u ofensivo (Art. 7.2 LI) (es decir, hablamos de dos especies dentro del tipo: chantaje sexual y acoso ambiental). En cualquier caso, son hechos que atentan contra la dignidad de la persona trabajadora y suponen siempre una discriminación por razón de sexo,

---

[12] Es de destacar el Art. 35.1 CE: "Todos los españoles tienen el deber de trabajar y el derecho al trabajo, a la libre elección de profesión u oficio, a la promoción a través del trabajo y a una remuneración suficiente para satisfacer sus necesidades y las de su familia, sin que en ningún caso pueda hacerse discriminación por razón de sexo". Como reiteradamente ha puesto de manifiesto la doctrina, se antepone el deber de trabajar al derecho al trabajo; a mi juicio dicha redacción cuando menos no es apropiada y recuerda fórmulas preconstitucionales.

[13] TC 6/1995.

[14] STC 84/2002 de abril.

[15] Gil Ruiz, Juana María y otros, *Acoso sexual y acoso por razón de sexo: actuación de las administraciones públicas y de las empresas*. Barcelona: Generalitat de Catalunya. Centre d'Estudis Juridics y Formació, 2013. Justicia y Societat, núm. 36. ISBN 978-84-3939-065-7.

siendo considerado como falta muy grave por la Ley de Infracciones y Sanciones en el Orden Social (LISOS).

- A la percepción puntual de la remuneración pactada.
- Al ejercicio individual de las acciones derivadas de su contrato de trabajo.
- A cuantos se deriven específicamente de su contrato.

Obligaciones: No cabe duda que hablar de obligaciones del trabajador es hacer referencia al contenido funcional de la prestación, es decir, al grupo profesional al cual el trabajador está adscrito. Y ello porque el trabajador es contratado para realizar una determinada prestación, y dicha *delimitación del objeto del contrato* primariamente se realiza mediante la clasificación profesional. Sobre esta premisa, el Estatuto de los Trabajadores impone en su Art. 5 las siguientes obligaciones:

- Cumplir con las obligaciones concretas de su puesto de trabajo, de conformidad con las reglas de la buena fe y diligencia.
- Observar las medidas de seguridad e higiene que se adopten.
- Cumplir las órdenes e instrucciones del empresario en el ejercicio regular de sus facultades directivas (Art. 20 ET).
- No concurrir con la actividad de la empresa (Art. 21 ET).
- Contribuir a la mejora de la productividad.
- Cuantas se deriven, en su caso, de los respectivos contratos de trabajo. (Por ejemplo, el denominado pacto de permanencia, a través del cual se puede articular que cuando el empresario invierta en la especialización profesional del trabajador, se pueda fijar un plazo de permanencia mínimo, con un máximo de dos años[16]).

3. Tipos de contratos

A) Por tiempo indefinido

Dentro de los contratos de trabajo indefinidos podemos diferenciar el contrato ordinario de aquellos otros que, por dirigirse a determinados colectivos o por establecerse como medida de fomento del empleo, son incentivados por los poderes públicos mediante el establecimiento de determinados beneficios.

La formalización podrá ser escrita o verbal, salvo que la forma escrita venga impuesta legalmente (los acogidos al programa de fomento del empleo y, en todo caso, los contratos a tiempo parcial, fijos discontinuos y de relevo, los de los trabajadores que trabajen a distancia y los contratados en España al servicio de empresas españolas en

[16] Como principio general se prohíbe la concurrencia desleal. Se podrá pactar la plena dedicación o dedicación exclusiva. Para después de finalizado el contrato, se podrá establecer el pacto de no competencia. Art. 21 del ET.

el extranjero). De no formalizarse la forma escrita, cuando sea exigible se presumirá el contrato celebrado por tiempo indefinido y a jornada completa, salvo prueba en contrario, que acredite su naturaleza temporal.

a.1) Contrato de trabajo ordinario por tiempo indefinido

Es aquel que se concierta sin establecer ningún límite por lo que a su duración se refiere. Puede ser escrito o verbal –con las advertencias realizadas–, requiriéndose el registro o la oportuna comunicación, respectivamente, en la Oficina de Empleo dentro de los diez días siguientes a su concertación. Mediante Real Decreto-ley 3/2014, de medidas urgentes para el fomento de empleo y la contratación indefinida, se establecen determinadas reducciones de la base de contingencias comunes en función de la jornada a realizar, siempre que se cumplan determinados requisitos.

a.2) Contratos indefinidos incentivados

Concertados igualmente con una vocación de continuidad, las siguientes modalidades de contratación están dirigidas fundamentalmente a determinados colectivos de trabajadores con dificultades en su integración en el mercado laboral, o establecidas como medida de fomento de la contratación indefinida, siendo requisito común a todos estos contratos la exigencia de que se formalicen por escrito en el modelo oficial y se comunique a la Oficina Pública de Empleo en el plazo de los diez días siguientes a su concertación.

En la actualidad y a título de ejemplo (ya que lejos de reducirse, se están ampliando los supuestos), en un intento de sistematizar y dar simplicidad a la materia, distinguimos:

Personas con discapacidad: Ser trabajador con discapacidad con un grado igual o superior al 33% reconocido como tal por el organismo competente, o pensionistas de la Seguridad Social que tengan reconocida una pensión de incapacidad permanente en el grado de total, absoluta o gran invalidez, o pensionistas de clases pasivas que tengan reconocida una pensión de jubilación o de retiro por incapacidad permanente para el servicio o inutilidad (R. D. 170/2004, de 30 de enero, por el que se modifica el R. D. 1451/83, de 11 de mayo Ley 43/2006, de 29 de diciembre).

Personas con discapacidad en centros especiales de empleo: Las personas que, teniendo reconocida una minusvalía en grado igual o superior al 33% y, como consecuencia de ello, una disminución de su capacidad de trabajo al menos igual o superior a dicho porcentaje, presten sus servicios laborales por cuenta y dentro de la organización de los Centros Especiales de Empleo definidos en el artículo 42 de la Ley de Integración Social de los Minusválidos (Orden Ministerial 16/10/1998).

Personas con discapacidad procedentes de enclaves laborales: Ley 43/2006, de 29 de diciembre.

Trabajadores en situación de exclusión social, y por empresas de inserción: Ley 43/2006, de 29 de diciembre. Ley 44/2007, de 13 de diciembre, en su artículo 2.1 modifica los colectivos de exclusión social (Disposición Final Tercera). Ley 3/2012, de 6 de julio disposición final decimocuarta. Ley 11/2013, de 26 de julio.

Trabajadores que tengan acreditada la condición de víctima de violencia de género, doméstica o víctima del terrorismo: Ley 43/2006, de 29 de diciembre y Disposición final primera del RD 1.917/2008, de 21 de noviembre y Art. 34 de la Ley 29/2011 de 22 de septiembre (víctimas de terrorismo). Ley 3/2012, de 6 de julio, Disposición Final Decimocuarta.

Trabajadores mayores de cincuenta y dos años, beneficiarios de los subsidios de desempleo: Disposición transitoria 5.ª de la Ley 45/2002, de 12 de diciembre, de Medidas Urgentes para la reforma del sistema de protección por desempleo y mejora de la ocupabilidad (salvo apartado 3.3 derogado por el apartado a) de la derogatoria única del Real Decreto-ley 20/2012. Ley 43/2006, de 29 de diciembre. Ley 3/2012, de 6 de julio.

Trabajadores procedentes de una ETT con contrato de primer empleo joven, con contrato para la formación y el aprendizaje o con contrato en prácticas: Ley 11/2013, de 26 de julio. Real Decreto-Ley 16/2013, de 20 de diciembre.[17]

Servicio del hogar familiar: Ley 27/2011, de 1 de agosto, sobre actualización, adecuación y modernización del sistema de Seguridad Social (disposición adicional 39 y disposición transitoria única). Real Decreto 1620/2011, de 14 de noviembre, por el que se regula la relación laboral de carácter especial del servicio de hogar familiar.

Conversión de contrato en prácticas y temporal para el fomento del empleo de personas con discapacidad en indefinido: RD. 1451/83, de 11 de mayo, que regula el empleo selectivo y las medidas de fomento de empleo de trabajadores con discapacidad. R.D. 170/2004, de 30 de enero, por el que se modifica el r. d. 1451/83, de 11 de mayo, ley 43/2006, de 29 de diciembre.

Conversión de contrato en prácticas, de relevo, de sustitución por anticipación de la edad de jubilación y eventual primer empleo en indefinido: Ley 43/2006, de 29 de diciembre. Ley 3/2012, de 6 de julio. Ley 11/2013, de 26 de julio.

De apoyo a los emprendedores: Se realizará por tiempo indefinido, a jornada completa o parcial, con un período de prueba de un año[18]. No se puede establecer periodo

---

[17] **Contrato de puesta a disposición (Ley 14/1994 de 1 de junio).**
El contrato de puesta a disposición es el celebrado entre la empresa de trabajo temporal (ETT) y la empresa cesionaria, teniendo por objeto la cesión del trabajador para prestar sus servicios en la empresa usuaria, a cuyo poder de dirección quedará sometido aquél. Se establece por tanto una relación triangular, donde la laboralidad se pone de manifiesto entre el trabajador y la ETT, no así respecto a la empresa usuaria. La norma ha sido objeto de múltiples modificaciones (Ley 3/2012, de 6 de julio. Ley 11/2013, de 26 de julio. Real Decreto-Ley 16/2013, de 20 de diciembre, entre otras), siendo la más reciente la del Real Decreto-ley 8/2014, de 4 de julio: "De aprobación de medidas urgentes para el crecimiento, la competitividad y la eficiencia".

[18] Curiosa es la sentencia en la que se declara ilegal el periodo de prueba del contrato de emprendedores por contrario a la Carta Social Europea, por ser demasiado prolongado para su finalidad (JS nº 2 de Barcelona, 19-11-2013).

de prueba cuando el trabajador ha desempeñado las mismas funciones en la empresa con anterioridad en cualquier modalidad de contrato. Los trabajadores deberán estar inscritos en la oficina de empleo para tener derecho a bonificaciones.

Respecto a la *empresa contratante* se exigen una serie de requisitos: a) Deberán tener menos de 50 trabajadores en el momento de producirse la contratación. b) No podrá concertar este contrato la empresa que en los seis meses anteriores a la celebración del contrato hubiera realizado decisiones extintivas improcedentes; esta limitación afectará a las extinciones producidas con posterioridad a la entrada en vigor de la ley 3/2012 de 6 de julio. c) Para la aplicación de los incentivos, deberá mantenerse el empleo del trabajador contratado *al menos tres años* desde la fecha del inicio de la relación laboral y asimismo deberá mantenerse el nivel de empleo alcanzado durante al menos un año. En caso de incumplimiento de estas obligaciones, se procederá al reintegro de los incentivos aplicados[19].

Este tipo de contratos goza de exenciones fiscales (Art. 43 del Impuesto de Sociedades) y bonificaciones en la cuota, distinguiendo en éstas según se trate de jóvenes (entre 16 y 30 años) o mayores de 45 años.

Ley 3/2012, de 6 de julio. Real Decreto-Ley 16/2013, de 20 de diciembre. Real Decreto-Ley 3/2014, de 28 de febrero.

Contratación de un joven por microempresas o autónomos. Ley 4/2013 de 22 de febrero (Ley de Emprendedores): Se podrá contratar bajo esta modalidad a jóvenes desempleados inscritos en la Oficina de Empleo *menores de 30 años*, o menores de 35 años si tienen reconocido un grado de discapacidad igual o superior al 33%. Se realizará por tiempo indefinido, en jornada a tiempo completo o parcial.

Podrán hacer uso de este tipo de contrato las empresas, incluidos los trabajadores autónomos, que tengan una *plantilla igual o inferior a nueve trabajadores* (no se explica bien esta modalidad cuando ya existía el de emprendedores). Los requisitos que se le exigen al empresario son: a) No haber tenido vínculo laboral anterior con el trabajador. b) No haber procedido, en los seis meses anteriores a la celebración del contrato, decisiones extintivas improcedentes. c) No haber celebrado con anterioridad otro contrato con estas características, salvo que el contrato se extinguiese por causa no imputable al empresario o por resolución durante el periodo de prueba. d) Debe mantenerse en el empleo al trabajador contratado al menos dieciocho meses desde la fecha de inicio de la relación laboral, salvo que el contrato se extinga por causa no imputable al empresario o por resolución durante el periodo de prueba. e) Debe mantenerse el nivel de empleo alcanzado con el contrato durante, al menos, un año desde la celebración del contrato.

[19] No se considera incumplimiento el despido por causas objetivas o por despido disciplinario –cuando uno u otro sea declarado reconocido como procedente–, la dimisión, muerte, jubilación o incapacidad permanente total o absoluta o gran invalidez del trabajador o por la expiración del tiempo convenido o realización de la obra o servicio objeto del contrato.
Serán de aplicación las previsiones contenidas en la sección 1ª del Capítulo I de la Ley 43/2006, a excepción de lo establecido en el artículo 2.7 y 6.2.

En caso de incumplimiento de esta obligación, se deberá proceder al reintegro de los incentivos[20] (Art. 10, Ley 4/2013).

No se aplicará este contrato en los supuestos siguientes: a) Se concierte con arreglo al Art. 4 de la Ley 3/2012 (indefinido de apoyo a los emprendedores). b) Para trabajos fijos discontinuos, de acuerdo con el artículo 15.8 del Estatuto de los Trabajadores. c) Contratos indefinidos de personas con discapacidad, víctimas de violencia de género, doméstica y del terrorismo y personas en riesgo de exclusión social).

Ley 11 /2013, de 26 de julio. Ley 43/2006, de 29 de diciembre.

Nuevos proyectos de emprendimiento joven, Ley 4/2013 de 22 de febrero: Se podrá contratar de forma indefinida (a jornada completa o parcial) a personas con edad *igual o superior a 45 años* y que cumplan algunos de los requisitos siguientes: a) Ser desempleados, inscritos ininterrumpidamente en la oficina de empleo al menos durante doce meses, en los dieciocho meses anteriores a la contratación. b) Que resulten beneficiarios del programa de recualificación profesional de las personas que agoten su protección por desempleo (PREPARA).

El empresario deberá ser trabajador por cuenta propia o autónomo, menor de 30 años, sin asalariados y que contrate por primera vez desde la entrada en vigor del Real Decreto-Ley 4/2013 (la bonificación, que es del 100%, se aplicará al primer contrato durante doce meses).

Deberá mantener en el empleo al trabajador contratado al menos dieciocho meses desde la fecha de inicio de la relación laboral, salvo que el contrato se extinga por causa no imputable al empresario o por resolución durante el periodo de prueba (en cuyo caso el empresario podrá a realizar una nueva contratación, si bien el periodo total de aplicación de la reducción no podrá exceder, en conjunto, de doce meses).

En el caso de que la contratación de un trabajador pudiera dar lugar simultáneamente a la aplicación de otras bonificaciones o reducciones en las cuotas de la Seguridad Social, sólo podrá aplicarse una de ellas, correspondiendo la opción al beneficiario en el momento de formalizar el alta del trabajador en la Seguridad Social.

Ley 11 /2013, de 26 de julio. Ley 43/2006, de 29 de diciembre.

---

[20] No se considera incumplida la obligación de mantenimiento del empleo cuando el contrato se extinga por causas objetivas o por despido disciplinario, cuando uno u otro sea declarado o reconocido procedente, la dimisión, muerte, jubilación o incapacidad permanente total o absoluta o gran invalidez del trabajador o por expiración del tiempo convenido, o realización de la obra o servicio objeto del contrato, o por resolución durante el periodo de prueba.
Serán de aplicación las previsiones contenidas en la sección 1ª del Capítulo I, de la Ley 43/2006 a excepción del lo establecido en el articulo 2.7 y 6.2.

B. Contratos de duración determinada[21]

b.1) Introducción

El contrato de duración determinada es aquel que tiene como objeto una duración acotada en el tiempo, bien de forma tácita o expresa, en función de la causa que lo sustenta. Los contratos podrán realizarse a jornada completa o parcial, pudiendo como principio general revestir una forma escrita o verbal; si bien, en este último caso, deberá obedecer a una eventualidad por circunstancias de la producción y por una duración no superior a cuatro semanas, en jornada completa. Como en los contratos indefinidos, deberán constar por escrito los acogidos al programa de fomento del empleo y cuando así lo exija una disposición legal y, en todo caso, los de relevo, los contratos para la realización de una obra o servicio determinado, los de los trabajadores que trabajen a distancia y los contratados en España al servicio de empresas españolas en el extranjero. Igualmente, constarán por escrito los contratos por tiempo determinado cuya duración sea superior a cuatro semanas. De no observarse la formalización por escrito cuando sea exigible, el contrato se presumirá celebrado por tiempo indefinido y a jornada completa.

a) Consideraciones generales. Respecto a los contratos con esta naturaleza, deberemos tener en cuenta en su tratamiento los siguientes aspectos:

- Se permite a la *negociación colectiva* establecer requisitos adicionales dirigidos a prevenir los abusos en la utilización sucesiva de la contratación temporal y en aquellos aspectos que no sean de derecho necesario, dentro del ámbito de su aplicación (por ejemplo, duración de los contratos eventuales en los de ámbito superior a la empresa).
- Los trabajadores con contratos temporales y de duración determinada tendrán los *mismos derechos* que los trabajadores con contratos de duración indefinida, sin perjuicio de las particularidades específicas de cada una de las modalidades contractuales.
- Cuando se atribuya a los trabajadores un derecho en función de una previa *antigüedad del trabajador,* ésta deberá computarse según los mismos criterios que para el resto de los trabajadores (cualquiera que sea su modalidad de contratación).
- El empresario deberá *informar* a los trabajadores de la empresa con contratos de duración determinada o temporales, incluidos los contratos formativos, sobre la existencia de puestos de trabajo vacantes, a fin de garantizarles las mismas oportunidades de acceder a puestos permanentes que los demás trabajadores. Esta información podrá facilitarse mediante un anuncio público en un lugar adecuado de la empresa o centro de trabajo.

[21] RDL 5/2001 de 2 de marzo de Medidas Urgentes de Reforma del Mercado de Trabajo.

- Con la reforma del 2010, en los supuestos de expiración del tiempo convenido –excepto *interinidad y contratos formativos*– se incrementa el coste de las indemnizaciones a once días de salario por año trabajado (2014) y doce días de salario por año de servicio (1-1-2015), (Art. 49.1.c ET).
- Pactados con una duración inferior a la máxima legal son susceptibles de ser prorrogados hasta ese tope. Los contratos de duración determinada que tengan establecido plazo máximo de duración, concertados por una duración inferior a la máxima legalmente establecida, se entenderán prorrogados automáticamente hasta dicho plazo cuando no medie denuncia o prórroga expresa y el trabajador continúe prestando servicios (incluidos los de practicas y formación). Expirada dicha duración máxima o realizada la obra o servicio objeto del contrato, si no hubiera denuncia y se continuara en la prestación laboral, el contrato se considerará prorrogado tácitamente por tiempo indefinido.
- Si el contrato de trabajo de duración determinada es superior a un año, la parte del contrato que formule la denuncia está obligada a notificar a la otra la terminación del mismo con una antelación mínima de quince días.
- Deberán formalizarse por escrito en el modelo oficial dispuesto al efecto, constando, entre otros extremos, la especificación de la modalidad contractual de que se trate, la duración del contrato o la identificación de la circunstancia que determina su duración, así como el trabajo a desarrollar.
- El contenido del contrato se comunicará al Servicio Público de Empleo Estatal en el plazo de los diez días siguientes a su concertación, así como sus prórrogas, deban o no formalizarse por escrito.
- Los convenios colectivos deberán establecer medidas para facilitar el acceso efectivo de estos trabajadores a la formación profesional continua, a fin de mejorar su cualificación y favorecer su progresión y movilidad profesionales.
- Los *derechos colectivos* de estos trabajadores se traducen en un triple aspecto: información, representación y negociación colectiva:
  - *Información a los representantes* de los trabajadores de la celebración de estos contratos y sus prórrogas, en un plazo de diez días cuando no exista obligación de entregar la copia básica.
  - *Derecho de representación* garantizado a través de la normativa general.
  - *Negociación colectiva* (identificación de tareas, por ejemplo del contrato de obra).

b) Garantías: En este tipo de contratos se centran los siguientes aspectos:

- Forma escrita, bajo los criterios expuestos anteriormente.
- Información de los representantes legales de los trabajadores.
- Alta y cumplimiento de obligaciones con la Seguridad Social.

- Evitar el fraude de ley.
- Posibilidad de denuncia, como declaración de voluntad de alguna de las partes.

c) Se transforman en indefinidos: Salvo prueba en contrario que acredite su naturaleza temporal por:

- Falta de forma escrita, si así se requiere por disposición legal.
- Falta de alta en la Seguridad Social, si hubiera transcurrido un periodo superior al periodo de prueba. Salvo que de la propia naturaleza de las actividades o de los servicios contratados, se deduzca claramente la duración temporal de los mismos, todo ello sin perjuicio de las demás responsabilidades a que hubiere lugar en derecho.
- Si llegado el término o producida la causa que lo motivó, se continuara realizando la prestación laboral y no se hubiera producido la oportuna denuncia.
- En todo caso, los celebrados en fraude de ley.
- Sin perjuicio de lo dispuesto en el Art. 15 del ET apartados 1.a) (Contrato de obra), 2 (falta de alta en Seguridad Social) y 3 (fraude de ley), los trabajadores que en un periodo de treinta meses hubieran estado contratados durante un plazo superior a veinticuatro meses, con o sin solución de continuidad, para el mismo o diferente puesto de trabajo, con la misma empresa o grupo de empresas, mediante dos o más contratos temporales, sea directamente o a través de su puesta a disposición por empresas de trabajo temporal, con las mismas o diferentes modalidades contractuales de duración determinada, adquirirán la condición de trabajadores fijos.

Lo dispuesto en este apartado *no será de aplicación* a la utilización de los contratos *formativos, de relevo e interinidad*, a los contratos temporales celebrados en el marco de *programas públicos de empleo*, así como a los contratos temporales que sean utilizados por *empresas de inserción* debidamente registradas y el objeto de dichos contratos sea considerado como parte esencial de un itinerario de inserción personalizado (Apartado 5 del Art. 15 ET).[22] Lo expuesto será igualmente de aplicación cuando se produzcan supuestos de sucesión o subrogación empresarial conforme a lo dispuesto legal o convencionalmente.

---

[22] ET Art. 15.5 y modificado por RDL 10/2010 art. 1.dos y tres; Ley 35/2010.
Art. 15.9, en los supuestos previstos en los apartados 1.a) y 5, el empresario deberá facilitar por escrito al trabajador, en los diez días siguientes al cumplimiento de los plazos indicados, un documento justificativo sobre su nueva condición de trabajador fijo de la empresa. En todo caso, el trabajador podrá solicitar por escrito, al Servicio Público de Empleo correspondiente, un certificado de los contratos de duración determinada o temporales celebrados, a los efectos de poder acreditar su condición de trabajador fijo en la empresa. El Servicio Público de Empleo emitirá dicho documento y lo pondrá en conocimiento de la empresa en la que el trabajador preste sus servicios.

b.2) Clasificación

a) Contrato para obra o servicio determinado

Es el que tiene por objeto la realización de una obra o servicio con autonomía propia dentro de lo que es la actividad normal de la empresa, y con una duración que, aunque limitada en el tiempo, es en principio incierta. Si se fijara un término, éste se considerará orientativo, sin que su duración pueda ser superior a tres años, ampliable en doce meses más por convenio colectivo de ámbito sectorial estatal o, en su defecto, por convenios sectoriales de ámbito inferior.

El contrato deberá especificar con claridad y precisión la obra o servicio que constituya su objeto. La duración del contrato será la del tiempo exigido para la realización de la obra o servicio.

Mediante convenio de empresa o superior se puede identificar aquellos trabajos o tareas con sustantividad propia dentro de la actividad normal de la empresa.

b) Contrato eventual por circunstancias de la producción

Para atender exigencias circunstanciales del mercado, acumulación de tareas o exceso de pedidos, aun tratándose de la actividad normal de la empresa. En el contrato deberá constar con precisión y claridad la causa o circunstancia que lo justifique y además el tiempo de su vigencia y el trabajo a desarrollar, que podrá ser a tiempo completo o a tiempo parcial. Se exige forma escrita si la duración del contrato es por tiempo superior a cuatro semanas o se realiza a tiempo parcial.

Su duración máxima será de seis meses dentro de un período de doce meses (desde la aparición de las causas), si bien a través de convenio sectorial colectivo se podrá ampliar, tanto el período de referencia (hasta 18 meses), como la duración máxima del contrato, que en ningún caso podrá exceder de las tres cuartas partes del periodo de referencia legal ni, como máximo, doce meses.

En caso de que el contrato se hubiera concertado por una duración inferior a la máxima legal o convencionalmente establecida, podrá prorrogarse mediante acuerdo de las partes, por única vez, sin que la duración total del contrato pueda exceder de dicha duración máxima.

Por negociación se puede establecer la relación adecuada entre el volumen de esta contratación y la plantilla total de la empresa.

Contrato eventual primer empleo. También podrá concertarse por tiempo determinado, para una primera experiencia profesional, *primer empleo joven*, con un desempleado menor de 30 años (menor de 35 años si tiene reconocido un grado de discapacidad igual o superior al 33%), que no tenga experiencia profesional o que ésta sea inferior a tres meses. La jornada podrá ser a tiempo completo o a tiempo parcial, siendo en este caso como mínimo el 75% de la correspondiente a un trabajador a tiempo completo comparable (con ello, a mi juicio, se desnaturaliza lo previsto con carácter general en el contrato a tiempo parcial); a los efectos anteriores, se entenderá por trabajador a tiempo completo comparable lo establecido en el artículo 12.1 del Estatuto de los Trabajadores. La duración mínima del contrato será de tres meses y su duración máxima de seis meses, salvo lo dispuesto en convenio colectivo, no pudiendo exceder de doce meses.

La transformación a indefinidos de este tipo de contratos dará derecho a las bonificaciones reguladas en el artículo 12 del Real Decreto-Ley 4/2013, de 22 de febrero.

c) Contrato de interinidad

Es el que se celebra con el objeto de sustituir a trabajadores con derecho a reserva del puesto de trabajo (por ejemplo, trabajadores en excedencia) o para cubrir temporalmente un puesto de trabajo durante el proceso de selección o promoción para su cobertura definitiva. Cuando el contrato se realice para cubrir temporalmente un puesto de trabajo durante el proceso de selección o promoción, la duración será la del tiempo que dure el proceso de selección o promoción, sin que pueda ser superior a tres meses, ni pueda celebrarse un nuevo contrato con el mismo objeto, una vez superada dicha duración máxima. En caso de sustitución, la duración del contrato será la del tiempo que dure la ausencia del trabajador sustituido con derecho a reserva del puesto de trabajo.

El contrato (necesariamente por escrito) deberá especificar el carácter de la contratación, su vigencia, indicando la circunstancia que justifica su duración y el trabajo a desarrollar, debiendo identificarse el nombre del trabajador sustituido (o el de otro trabajador de la empresa que pase a desempeñar el puesto de aquel) y la causa de la sustitución. En caso de proceso de selección externa o promoción interna, será necesaria la identificación del puesto de trabajo, cuya cobertura definitiva se producirá tras el proceso de selección externa o promoción interna.

Los empresarios están obligados a comunicar a la oficina pública de empleo, en el plazo de los diez días siguientes a su concertación y en los términos que reglamentariamente se determinen, el contenido de los contratos de trabajo que celebren o las prórrogas de los mismos, deban o no formalizarse por escrito. (Art. 16 ET).

En cuanto a su extinción, además de las causas generales ya señaladas, lo será la reincorporación del trabajador sustituido o el vencimiento del plazo legal o convencionalmente establecido para la reincorporación.

En cuanto a la causa, a título ilustrativo: *Se admiten* cuando se producen supuestos de suspensión del contrato de trabajo: servicio militar o de la prestación social sustitutoria, cargo público, excedencia forzosa; *no se admiten* en supuestos de fuerza mayor, causas económicas y tecnológicas, cierre legal de la empresa, huelga legal, excedencia voluntaria.

Dentro de esta modalidad se distinguen las siguientes **especialidades**:

- Para sustituir al trabajador que esté en situación de excedencia por cuidado de familiares, con reducción de cuotas a la Seguridad Social. Disposición adicional

14.ª del R. D. Legislativo 1/95, de 24 de marzo, modificada por el artículo 17 de la Ley 39/99, de 5 de noviembre.

- Para sustituir a trabajadores en formación por trabajadores beneficiarios de prestaciones por desempleo. Disposición transitoria 6.ª de la Ley 45/2002, de 12 de diciembre.
- Para sustituir a trabajadores durante los periodos de descanso por maternidad, adopción, acogimiento, riesgo durante el embarazo, riesgo durante la lactancia natural o suspensión por paternidad. Ley Orgánica 3/2007, de 22 de marzo.
- Para sustituir bajas por incapacidad temporal de personas con discapacidad. Disposición Adicional 9.ª de la Ley 45/2002, de 12 de diciembre.
- Para sustituir a trabajadoras víctimas de violencia de género. Ley Orgánica 1/2004, de 28 de diciembre, de Medidas de Protección Integral contra la Violencia de Género.

d) De primer empleo joven (ver contrato eventual). Ley 11 /2013, de 26 de julio. Ley 43/2006, de 29 de diciembre.

e) Para trabajadores en situación de exclusión social. Ley 43/2006, de 29 de diciembre. Ley 44/2007, de 13 de diciembre, que en su artículo 2.1 modifica los colectivos de exclusión social (Disposición final tercera). Ley 3/2012, de 6 de julio (Disposición final decimocuarta).

f) Para trabajadores que tengan acreditada por la administración competente la condición de víctima de violencia de género, doméstica o víctima del terrorismo. Ley 43/2006, de 29 de diciembre y Disposición final primera del R.D. 1.917/2008, de 21 de noviembre y Art. 34 de la Ley 29/2011 de 22 de septiembre (victimas de terrorismo). Ley 3/2012, de 6 de julio (Disposición final decimocuarta).

g) Para trabajadores en situación de exclusión social por empresas de inserción. Ley 3/2012, de 6 de julio. Ley 11/2013, de 26 de julio; ***y de Fomento de Empleo en situación de exclusión social por empresas de inserción*** Ley 43/2006, de 29 de diciembre. (Disposición adicional primera). Ley 44/2007, de 13 de diciembre. Artículo 15, modificado por la Disposición adicional duodécima de la Ley 27/2009, de 30 de diciembre (Disposición adicional duodécima). Ley 11/2013, de 26 de julio.

h) Para trabajadores mayores de cincuenta y dos años, beneficiarios de los subsidios por desempleo. Ley 43/2006, de 29 de diciembre. Ley 3/2012, de 6 de julio.

i) En situación de jubilación parcial. Art. 12 ET.

Supone una medida de flexibilización en virtud de la cual se permite el cobro de la pensión con la realización de un trabajo a tiempo parcial, y de ahí que se denomine jubilación flexible. Antes de iniciar esta situación el jubilado deberá comunicar su intención a la entidad gestora.

Dentro de la jubilación parcial podemos distinguir dos situaciones:

a) Jubilación parcial diferida

Requisitos: Haber cumplido la edad ordinaria de jubilación que en cada caso resulte de aplicación (años reales, sin aplicación de coeficientes reductores de la edad de jubilación) y cumplir todos los requisitos para obtener la pensión de jubilación contributiva (período mínimo de cotización: 15 años, de los cuales 2 deberán estar incluidos dentro de los 15 años anteriores al hecho causante).

Pueden *beneficiarse* tanto los trabajadores a tiempo completo como a tiempo parcial.

Reducción de la jornada de trabajo: estará comprendida entre un mínimo de un 25% y un máximo del 50%. La celebración de un contrato de relevo es voluntaria.

Antigüedad en la empresa: No se exige.

b) Jubilación anticipada con contrato de relevo

Esta modalidad se realiza con carácter simultáneo a la celebración de un *contrato de relevo* en los términos previstos en el Art. 12.7 (ET). Los trabajadores a tiempo completo podrán acceder a la jubilación parcial cuando reúnan los siguientes requisitos:

Estar *contratados a jornada completa*. Se asimilan los contratados a tiempo parcial cuyas jornadas, en conjunto, equivalgan en días teóricos a los de un trabajador a tiempo completo comparable, siempre que se reúnan en los distintos empleos los requisitos de antigüedad, reducción de jornada y contratación del relevista.

– *Edad mínima* (sin aplicación de las reducciones de edad de jubilación):

- Si tienen la *condición de "mutualistas"*, 60 años de edad real.
- Si *no* tienen la condición de *mutualistas*, la exigencia de este requisito de edad se aplicará de forma gradual, desde el año 2013 al 2027, en función de los periodos cotizados. Art. 166.2 de la LGSS RDL 5/2013.
- Si no tienen la condición de mutualista y están *afectados por la disposición final 12.2*, 61 años de edad real.

– *Reducción de jornada:*

Estará comprendida entre un mínimo del 25% y un máximo del 50%, o del 75% si el contrato de relevo es a jornada completa y por tiempo indefinido, siempre que se acrediten el resto de requisitos. Dichos porcentajes se entenderán referidos a la jornada de un trabajador a tiempo completo comparable.

En los casos en que resulte de aplicación la disposición final 12.2 (aplicación transitoria de la normativa vigente a 31-12-2012), la reducción de jornada estará comprendida entre un mínimo del 25% y un máximo del 75%, o del 85% si el contrato de relevo es a jornada completa y por tiempo indefinido.

– *Periodo mínimo de cotización:*

- 33 años de cotizaciones efectivas, sin que pueda tenerse en cuenta la parte proporcional de pagas extras. A estos exclusivos efectos, sólo se computará el período de prestación del servicio militar obligatorio o de la prestación social sustitutoria, con el límite máximo de 1 año.
- 30 años de cotizaciones efectivas, sin que pueda tenerse en cuenta la parte proporcional de pagas extras, ni el período de prestación del servicio militar obligatorio o de la prestación social sustitutoria, para quienes resulte de aplicación la disposición final 12.2.
- 25 años, en el supuesto de personas con discapacidad en grado igual o superior al 33%, a partir de 01-01-2013.

– *Antigüedad en la empresa:* Al menos 6 años inmediatamente anteriores a la fecha de la jubilación parcial. A tal efecto, se computará la antigüedad acreditada en la empresa anterior si ha mediado una sucesión de empresa en los términos previstos en el artículo 44 del ET, o en empresas pertenecientes al mismo grupo.

j) Contrato de relevo

Este tipo de contrato se concierta con un trabajador inscrito como desempleado en la correspondiente oficina de empleo o que hubiese concertado con la empresa un contrato de duración determinada para sustituir al trabajador de la empresa que accede a la jubilación parcial. Se celebrará simultáneamente con el contrato a tiempo parcial que se pacte con este último. La duración del contrato de relevo que se celebre como consecuencia de una jubilación parcial tendrá que ser indefinida o, como mínimo, igual al tiempo que falte al trabajador sustituido para alcanzar la edad establecida (Art. 166 apartado 1 de la LGSS) o, transitoriamente, las edades previstas en la disposición transitoria vigésima. También se podrá concertar el contrato de relevo para sustituir a los trabajadores que se jubilen parcialmente después de haber cumplido la edad establecida en el artículo 166.1.a) y en la disposición transitoria vigésima de la Ley General de la Seguridad Social (Art. 12.6 ET).

Puede celebrarse a jornada completa o a tiempo parcial, pero en todo caso la jornada deberá ser como mínimo igual a la reducción de la jornada acordada con el trabajador sustituido entre un 25% y un 50% (excepción del Art. 12.6.p.2). En caso de celebrarse un contrato de relevo a jornada completa y por tiempo indefinido, se podrá ampliar hasta un 75%.

Si al cumplir dicha edad el trabajador jubilado parcialmente continuase en la empresa, el contrato de relevo que se hubiera celebrado por duración determinada podrá prorrogarse mediante acuerdo de las partes por periodos anuales, extinguiéndose, en todo caso, al finalizar el periodo correspondiente al año en el que se produzca la jubilación total del trabajador relevado.

Se formalizará siempre por escrito en modelo oficial, en el que constará necesariamente el nombre, la edad y las circunstancias profesionales del trabajador sustituido. Si el trabajador que comparte su trabajo con el titular del contrato de relevo fuera despedido improcedentemente antes de cumplir la edad de jubilación y no se procediera a su readmisión, la empresa deberá sustituirlo por otro trabajador desempleado o ampliar la duración de la jornada del trabajador con contrato de relevo. En caso de que se produjera el cese del trabajador relevista, el empresario deberá sustituirlo, en el plazo de quince días, por otro trabajador desempleado.

El puesto de trabajo del trabajador relevista podrá ser el mismo o similar que el del trabajador sustituido, entendiendo por tal el desempeño de tareas correspondientes al mismo grupo profesional equivalente. En todo caso, deberá existir una correspondencia entre las bases de cotización de ambos, en los términos previstos en el artículo 166.2 e) de la Ley General de la Seguridad Social.

Mediante negociación colectiva se podrá impulsar la celebración de estos contratos.

k) De investigación, distinguiendo:

• ***Para la realización de un proyecto específico de investigación científica y técnica.*** Artículo 15 del Estatuto de los Trabajadores. Ley 14/2011, de 1 de junio. RD 2720/1998, de 18 de diciembre (BOE de 8 de enero), por el que se desarrolla el artículo 15 del Estatuto de los Trabajadores.

• ***De acceso al sistema español de ciencia, tecnología e innovación.*** Ley 14/2011, de 1 de junio. RD 488/1998, de 27 de marzo. Artículo 11.1 del texto refundido de la Ley del Estatuto de los Trabajadores, aprobado por el RD legislativo 1/1995, de 24 de marzo, según la redacción dada por el Art. 12 la Ley 35/2010, de 17 de septiembre.

• ***Para personal investigador en formación.*** RD 63/2006, de 27 de enero, por el que se aprueba el estatuto del personal investigador en formación.

• ***Predoctoral (personal investigador predoctoral en formación).*** RD 190/1996, de 9 de febrero. Ley 14/2000, de 29 de diciembre, artículo 24 apartado 4. Ley 12/2001, de 9 de julio. RD 782/2001, de 6 de julio.

l) Servicio del hogar familiar

m) Personas con discapacidad y personas con discapacidad en centros especiales de empleo. RD 170/2004, de 30 de enero, por el que se modifica el RD 1451/83, de 11 de mayo. Ley 43/2006, de 29 de diciembre, artículo 2.2 y disposición adicional 1.ª. RD 1368/1985. Ley 13/1982 de Integración Social de Minusválidos –LISMI–. RD 2.273/85 Orden Ministerial 16/10/1998.

n) Otros: De trabajos de interés social, fomento de empleo agrario. RD 939/1997, de 20 de junio. Orden del Ministerio de Trabajo y Asuntos Sociales de 26 de octubre de 1998. ***De menores y jóvenes, en centros de menores sometidos a medidas de internamiento.*** Ley Orgánica 5/2002, de 12 de enero. RD 1774/2004, de 30 de julio. RD

782/2001, de 6 de julio. ***Para penados en instituciones penitenciarias.*** RD 190/1996, de 9 de febrero. Ley 14/2000, de 29 de diciembre, artículo 24 apartado 4. Ley 12/2001, de 9 de julio. RD 782/2001, de 6 de julio.

C) Contratos formativos (RD 488/1998)

Bajo esta denominación se regulan dos contratos temporales:

c.1) Contrato de trabajo en prácticas (Art. 11 ET)[23]

Su finalidad es que el trabajador desarrolle una práctica profesional adecuada conforme a los estudios cursados previamente, por lo que el trabajo a desempeñar ha de ser acorde con su titulación. No se trata únicamente de adquirir experiencia, sino que dicha experiencia incida en los estudios cursados.

La titulación que habilita la concertación de este contrato ha de ser de título universitario o de formación profesional de grado medio o superior, u otros títulos oficiales equivalentes que permitan el ejercicio profesional.

El contrato ha de celebrarse dentro de los cinco años (siete años cuando el contrato se concierte con un trabajador con discapacidad) siguientes a la conclusión de los estudios que dieron lugar al título. Con carácter transitorio, hasta que la tasa de paro no se sitúe por debajo del 15%, para los demandantes de empleo de hasta 30 años, no operará el límite de cinco años desde la finalización de los estudios para suscribir el contrato; si bien esta medida favorece la empleabilidad, desde mi punto de vista desnaturaliza el contrato[24].

La duración del contrato no puede ser inferior a seis meses ni superior a dos años, si bien los convenios colectivos sectoriales pueden determinar otra duración –dentro de estos límites–, atendiendo a las características del sector de la actividad de que se trate. Las situaciones de incapacidad temporal, riesgo durante el embarazo, maternidad, adopción o acogimiento, riesgo durante la lactancia y paternidad interrumpirán el cómputo de la duración del contrato. Si el contrato se ha celebrado por una duración inferior a la máxima legal, cabe la posibilidad de dos prórrogas, no pudiendo ser cada una de ellas inferior a 6 meses ni superar los 2 años. Se podrá establecer, asimismo, un período

---

[23] R. D. 488/98, de 27 de marzo, por el que se desarrolla el artículo 11 del Estatuto de los Trabajadores en materia de contratos formativos.
R. D. 63/2006, de 27 de enero. Ley 35/2010, del 17 de septiembre. Ley 3/2012, de 6 de julio. Ley 11/2013, de 26 de julio.

[24] Los contratos en prácticas pueden ser beneficiarios de incentivos a la contratación cuando se cumplan los requisitos que se exijan por la normativa de aplicación. Cuando el contrato se concierte con un menor de 30 años o menor de 35 si tiene reconocido un grado de discapacidad igual o superior al 33%, se tendrá derecho a una reducción del 50% de la cuota empresarial a la Seguridad Social por contingencias comunes correspondiente al trabajador contratado durante la vigencia del contrato.
En el supuesto en que, de acuerdo con lo dispuesto en el Real Decreto 1543/2011, de 31 de octubre, por el que se regulan las prácticas no laborales, en empresas, y el trabajador estuviese realizando dichas prácticas no laborales en el momento de la concertación del contrato de trabajo en prácticas, la reducción de cuotas será de 75%.

de prueba el cual no podrá ser superior a *un mes* para los contratos en prácticas celebrados con trabajadores que estén en posesión de título de grado medio o de certificado de profesionalidad de nivel 1 o 2, ni a *dos meses* para los contratos en prácticas celebrados con trabajadores que estén en posesión de título de grado superior o de certificado de profesionalidad de nivel 3, salvo lo dispuesto en convenio colectivo.

La retribución será la fijada en convenio colectivo para estos trabajadores, y en su defecto no será inferior al 60% (primer año) o al 75% (segundo año) del salario convenio para otro trabajador del mismo o similar puesto de trabajo, y sin que en ningún caso sea inferior al salario mínimo interprofesional.

A la terminación del contrato, el empresario deberá expedir al trabajador un certificado en el que conste la duración de las prácticas, el puesto o puestos de trabajo ocupados y las principales tareas realizadas en cada uno de ellos.

No se podrá concertar un contrato en prácticas, en base a un certificado de profesionalidad obtenido de un contrato para la formación, que se haya celebrado anteriormente con la misma empresa (dicha previsión *no está en vigor* mientras la tasa de paro no se sitúe por debajo del 15%). Ningún trabajador podrá estar contratado en prácticas en la misma o distinta empresa por tiempo superior a *dos años* en virtud de la *misma titulación*. Tampoco se podrá estar contratado en prácticas, en la misma empresa y para el *mismo puesto de trabajo*, por tiempo superior a *dos años*, aunque se trate de distinta titulación o distinto certificado de profesionalidad (denótese la referencia expresa que hace el legislador, limitando la prohibición "al mismo puesto de trabajo").

Para las personas con discapacidad se establecen cláusulas específicas (Ley 43/2006, de 29 de diciembre, entre otras). Ley 18/2014, de 15 de octubre en relación con la Garantía juvenil.

c.2) Contrato para la formación y el aprendizaje (Art. 11 ET[25] RD. 1529/2012 de 8 de noviembre)

Este contrato tendrá por objeto la cualificación profesional de los trabajadores, en un régimen de alternancia con la actividad laboral retribuida, en una empresa con actividad formativa, recibida en el marco del sistema de formación profesional para el empleo o del sistema educativo. Se da una nueva redacción al precepto al efecto de dar a la formación un adecuado tratamiento que permita ser una auténtica respuesta a las necesidades del mercado.

El contrato se puede celebrar con trabajadores mayores de 16 y menores de 25 años, que carezcan de la cualificación profesional requerida para concertar un contrato en

[25] Artículo 11 del Estatuto de los Trabajadores, según la redacción dada por la Ley 3/2012, de 6 de julio. R. D. 1529/2012, de 8 de noviembre, por el que se desarrolla el contrato para la formación y el aprendizaje y se establecen las bases de la formación dual. Artículo 3 de la Ley 11/2013 de 26 de julio. Ley 11/2013 de 26 de julio. Real Decreto-Ley 16/2013, de 20 de diciembre.

prácticas (podrán celebrarse con menores de 30 hasta que la tasa de desempleo se sitúe por debajo del 15% (Ley 3/2012)[26]. El límite máximo de edad no será de aplicación cuando el contrato se concierte con trabajadores con discapacidad, ni con los colectivos en situación de exclusión social previstos en la Ley 44/2007, de 13 de diciembre. Podrá concertarse un periodo de prueba ajustándose a las normas generales del Art. 14 del ET.

Las empresas de trabajo temporal podrán celebrar contratos para la formación y el aprendizaje con los trabajadores contratados para ser puestos a disposición de las empresas usuarias, de acuerdo con lo previsto en la normativa reguladora.

Los contratos no podrán celebrarse a tiempo parcial. Su duración deberá ser no inferior a un año ni superior a tres; no obstante, a través de convenio colectivo podrán establecerse duraciones distintas, siempre con el límite máximo de tres años y con una duración mínima de seis meses. Si se hubiera concertado por una duración inferior a la máxima legal o convencionalmente establecida, podrá prorrogarse mediante acuerdo de las partes, hasta por dos veces, sin que la duración de cada prórroga pueda ser inferior a seis meses y, en todo caso, sin exceder de la duración máxima establecida (como en el contrato de prácticas, las situaciones de incapacidad temporal, riesgo durante el embarazo, maternidad, adopción o acogimiento, riesgo durante la lactancia y paternidad interrumpirán el cómputo de la duración del contrato). Bajo esta modalidad contractual no se podrán realizar trabajos nocturnos, ni a turnos, salvo en el supuesto previsto en el artículo 35.3 del Estatuto de los Trabajadores (para prevenir o reparar siniestros y otros daños extraordinarios y urgentes).

El salario del trabajador será el fijado en convenio colectivo y su cuantía estará en proporción al tiempo de trabajo efectivo, sin que en su defecto pueda ser inferior al SMI en proporción al tiempo de trabajo efectivo.

Se imponen como obligaciones del empresario la de proporcionar la formación objeto del contrato al trabajador y la de otorgarle los permisos necesarios para asistir a esa formación teórica. La formación deberá impartirse, bien por el propio empresario debidamente acreditado, bien por centros ajenos igualmente autorizados. La actividad laboral desempeñada por el trabajador en la empresa deberá estar relacionada con las actividades formativas; el tiempo dedicado a la actividad profesional dependerá del puesto de trabajo a desempeñar, pero en ningún caso podrá ser superior durante el primer año al 75% de la jornada máxima prevista en convenio o, en su defecto, de la máxima legal (el 85% regirá durante el segundo y tercer año). La formación dependerá de las características del oficio o puesto de trabajo, número de horas del módulo formativo, duración del contrato. etc. La impartición de esta formación deberá justificarse a la finalización del contrato. La cualificación o competencia profesional adquirida a través del contrato para la formación y el aprendizaje será objeto de acreditación en los términos previstos en la Ley Orgánica 5/2002. Por lo expuesto anteriormente, los

---

[26] Se podrán acoger a esta modalidad contractual los trabajadores que cursen formación profesional del sistema educativo.

trabajadores no podrán realizar horas extraordinarias, ya que desnaturalizaría el objeto del mismo.

Expirada la duración del contrato para la formación y el aprendizaje *–tres años–*, el trabajador no podrá ser contratado bajo esta modalidad por la misma o distinta empresa, salvo que la formación inherente al nuevo contrato tenga por objeto la obtención de *distinta cualificación profesional*. No se podrán celebrar contratos para la formación y el aprendizaje cuando el *puesto de trabajo* correspondiente al contrato haya sido desempeñado con anterioridad por el trabajador en la misma empresa por tiempo *superior a doce meses*.

La legislación actual no impone límites en cuanto al número de contrataciones. Los convenios colectivos determinarán, en consonancia con el tamaño de la plantilla, el número máximo de contratos para la formación que se pueden celebrar en cada centro de trabajo. En la negociación colectiva se fijarán igualmente los criterios y procedimientos tendentes a conseguir una presencia equilibrada de hombres y mujeres vinculados a la empresa mediante contratos formativos.

Para las personas con discapacidad se establecen cláusulas específicas (Real Decreto-Ley 20/2013, de 20 de diciembre, entre otras). Ley 18/2014, de 15 de octubre en relación con la Garantía juvenil.

D) Contratos a tiempo parcial, fijo discontinuo y de relevo

d.1) Contrato de trabajo a tiempo parcial

Concepto y naturaleza

El contrato de trabajo se entenderá celebrado a tiempo parcial cuando se haya acordado la prestación de servicios durante un número de horas al día, a la semana, al mes o al año, inferior a la jornada de trabajo de un trabajador a tiempo completo comparable (la nueva redacción cuida, respecto a las anteriores, que el marco temporal no venga delimitado por porcentajes, que en definitiva restringen su aplicación y por tanto restan flexibilidad). Se entenderá por “trabajador a tiempo completo comparable” a un trabajador a tiempo completo de la misma empresa y centro de trabajo, con el mismo tipo de contrato de trabajo y que realice un trabajo idéntico o similar. Si en la empresa no hubiera ningún trabajador comparable a tiempo completo, se considerará la jornada a tiempo completo prevista en el convenio colectivo de aplicación o, en su defecto, la jornada máxima legal (Art. 12.1).

Puede celebrarse por tiempo indefinido o con una duración determinada en los supuestos en que se permita por ley *(en este último caso se podrá acoger a cualquier modalidad contractual, a excepción del contrato de formación para la formación)*. Se formalizará necesariamente por escrito, en el modelo que se establezca, debiendo figurar en el contrato el número de horas ordinarias de trabajo al día, a la semana, al mes o al año contratadas y su distribución horaria; de no observarse estas exigencias, el contrato se presumirá celebrado a jornada completa, salvo prueba en contrario que acredite el carácter parcial de los servicios. El contrato a tiempo parcial se entenderá celebrado por tiempo indefinido cuando se concierte para realizar trabajos fijos y periódicos dentro del volumen normal de actividad de la empresa.

La jornada diaria podrá ser continuada o partida, pero en el caso de optar por la jornada partida, únicamente se permite una interrupción, salvo que el convenio colectivo disponga otra cosa.

Cabe la conversión de los contratos a tiempo parcial en tiempo completo y viceversa, siempre con *carácter voluntario*; para facilitar esta conversión el empresario está obligado a comunicar las vacantes que se produzcan, de manera que los trabajadores puedan optar por esta posibilidad realizando la oportuna solicitud. En caso de solicitud de retorno a la situación anterior, estos trabajadores tendrán derecho de preferencia, en la medida de lo posible. En ningún caso se podrá imponer la conversión, de forma unilateral o como consecuencia de una modificación sustancial de condiciones de trabajo, al amparo de lo dispuesto en el artículo 41.1.a) ET (el trabajador no podrá ser despedido ni sufrir ningún otro tipo de sanción o efecto perjudicial por el hecho de rechazar esta conversión).

Horas complementarias

Tienen esta consideración aquellas cuya posibilidad de realización haya sido acordada como adición a las horas ordinarias pactadas en el contrato a tiempo parcial. El régimen específico de estas horas es el siguiente:

– Exigen pacto expreso por escrito y en modelo oficial, bien en el momento de la celebración del contrato, bien en otro posterior. En él deberá constar el número de horas cuya realización podrá ser requerida por el empresario.

– Únicamente podrá concertarse un pacto de estas características en los contratos a tiempo parcial con una jornada de trabajo no inferior a *diez horas semanales en cómputo anual*.

– El número de horas complementarias *pactadas* no podrá exceder del 30% de las horas ordinarias de trabajo objeto del contrato. Los convenios colectivos podrán establecer otro porcentaje máximo, que en ningún caso podrá exceder del 60% de las horas ordinarias contratadas (ni ser inferior al 30% citado).

No obstante lo dicho, el empresario podrá *en cualquier momento*, ofrecer al trabajador la realización de horas complementarias de aceptación voluntaria, cuyo número no podrá superar el 15%, ampliables al 30% por convenio colectivo, de las horas ordinarias objeto del contrato (estas horas no se computarán en los porcentajes referidos en el párrafo anterior).

– La distribución y forma de realización de las horas complementarias pactadas deberá atenerse a lo establecido al respecto en el convenio colectivo de aplicación y en el pacto de horas complementarias. Salvo que otra cosa se establezca en convenio, el trabajador deberá conocer el día y hora de realización de las horas complementarias con un preaviso de *tres* días. La jornada de los trabajadores a tiempo parcial se registrará día a día y se totalizará mensualmente, entregando copia al trabajador, junto con el recibo de salarios, del resumen de todas las horas realizadas en cada mes, tanto las ordinarias como las complementarias.

– Las horas complementarias efectivamente realizadas se retribuirán como ordinarias, computándose a efectos de bases de cotización a la Seguridad Social, periodos de carencia y bases reguladoras de las prestaciones. A tal efecto, el número y retribución de las horas complementarias realizadas se deberá recoger en el recibo individual de salarios y en los documentos de cotización a la Seguridad Social.

– La realización de horas complementarias habrá de respetar, en todo caso, los límites fijados en materia de jornada y descansos.

– El pacto de horas complementarias y las condiciones de realización de las mismas estarán sujetos –como hemos advertido– al cumplimiento de los requisitos señalados y, en su caso, al régimen previsto en los convenios colectivos de aplicación. En caso de incumplimiento de tales requisitos y régimen jurídico, la negativa del trabajador a la realización de las horas complementarias, pese a haber sido pactadas, no constituirá conducta laboral sancionable.

– El pacto de horas complementarias puede quedar sin efecto por renuncia del trabajador una vez cumplido un año desde su celebración. La renuncia debe comunicarse al empresario con quince días de antelación. La nueva redacción condiciona la renuncia a la concurrencia de alguno de los tres supuestos: a) Atención de las responsabilidades familiares enunciadas en el artículo 37.5 de esta Ley. b) Por necesidades formativas, siempre que se acredite la incompatibilidad horaria. c) Por incompatibilidad con otro contrato a tiempo parcial.

– No es posible la realización de horas extraordinarias. Criterio que en las sucesivas reformas ha cambiado de sentido, y que en su versión actual resulta oportuno, a mi juicio.

d.2) Contrato de relevo

Nos remitimos a lo expuesto anteriormente (epígrafe “Contratos temporales”).

d.3) El contrato de los trabajadores fijos discontinuos

A partir del RD Ley 5/2001, en los supuestos de trabajos discontinuos que se repitan en fechas ciertas, les será de aplicación la regulación del contrato a tiempo parcial celebrado por tiempo indefinido. La actual regulación del contrato a tiempo parcial contiene una previsión conforme a la cual estos contratos se pueden celebrar por tiempo indefinido; concretamente el Art. 12.2.3 del Estatuto de los Trabajadores establece que el contrato a tiempo parcial se entenderá celebrado por tiempo indefinido cuando se concierte para realizar trabajos fijos y periódicos dentro del volumen normal de actividad de la empresa.

En un sentido amplio, el contrato fijo discontinuo es aquel que se da por razón de la discontinuidad de su actividad (no se exige la prestación de servicios todos los días o todas las horas). Podemos distinguir dos tipos de fijo discontinuo: a) el fijo y periódico que se repite en ciertas fechas, y b) el que no se repite en ciertas fechas y está sujeto a llamamiento. Como hemos indicado anteriormente, el primero de los casos tendrá el tratamiento de un contrato a tiempo parcial.

Para el segundo supuesto, es decir, que no se repita en fechas ciertas, los trabajadores fijos-discontinuos serán llamados en el orden y la forma que se determine en los respectivos convenios colectivos, pudiendo el trabajador, en caso de incumplimiento, reclamar mediante procedimiento de despido ante la jurisdicción competente, iniciándose el plazo para ello desde el momento en que tuviese conocimiento de la falta de convocatoria. Este contrato se deberá formalizar necesariamente por escrito en el modelo que se establezca, y en él deberá figurar una indicación sobre la duración estimada de la actividad, así como sobre la forma y orden de llamamiento que establezca el convenio colectivo aplicable, haciendo constar igualmente –de manera orientativa– la jornada laboral estimada y su distribución horaria. De no cumplirse los requisitos formales, se entiende celebrado a jornada completa.

Los convenios colectivos de ámbito sectorial podrán acordar, cuando las peculiaridades de la actividad del sector así lo justifiquen, la utilización de los contratos fijos-discontinuos en la modalidad de tiempo parcial, así como los requisitos y especialidades para la conversión de contratos temporales en contratos de fijos-discontinuos.

d.4) Contrato a tiempo parcial con vinculación formativa

Podrán contratar las empresas o trabajadores autónomos[27] a jóvenes desempleados inscritos en la Oficina de Empleo, *menores de 30 años* (o menores de 35 años si tienen reconocido un grado de discapacidad igual o superior al 33%). Se exige que se cumplan alguno de los siguientes requisitos: a) Ser desempleados, inscritos ininterrumpidamente

[27] Las empresas (incluidos los trabajadores autónomos) no deberán haber realizado, en los seis meses anteriores a la celebración del contrato, decisiones *extintivas improcedentes*. La limitación afectará únicamente a las extinciones producidas a partir del 24 de febrero de 2013, y para la cobertura de aquellos puestos de trabajo del mismo grupo profesional que los afectados por la extinción y para el mismo centro o centros de trabajo.
Debe mantenerse el *nivel de empleo* alcanzado con el contrato durante al menos *un periodo equivalente a la duración de dicho contrato* con un *máximo de doce meses* desde su celebración. En caso de incumplimiento de esta obligación se deberá proceder al reintegro de los incentivos.
No se considera incumplida la obligación de mantenimiento del empleo cuando el contrato se extinga por causas objetivas o por despido disciplinario, cuando uno u otro sea declarado o reconocido como procedente, ni la dimisión, muerte, jubilación, incapacidad permanente total o absoluta o gran invalidez del trabajador, ni por expiración del tiempo convenido o realización de la obra o servicio objeto del contrato, ni por resolución durante el periodo de prueba.

en la oficina de empleo al menos doce meses durante los dieciocho anteriores a la contratación. b) No tener experiencia laboral o que ésta sea inferior a tres meses. c) Proceder de otro sector de actividad. d) Carecer de título oficial de enseñanza obligatoria, de título de formación profesional o de certificado de profesionalidad.

La duración lo será por tiempo indefinido o de duración determinada, con una jornada a tiempo parcial no superior al 50% de la correspondiente a un trabajador a tiempo completo comparable. Los trabajadores deberán compatibilizar el empleo con la formación o justificar haberla cursado en los seis meses previos a la celebración del contrato.

La formación no será necesario que esté vinculada específicamente al puesto de trabajo objeto del contrato; con esta medida, si bien se potencia la formación en tecnologías de la información o comunicación e idiomas, sin embargo se desnaturaliza la formación en cuanto palanca de gestión referida al puesto de trabajo.

Ley 11 /2013, de 26 de julio. Ley 43/2006, de 29 de diciembre. Real Decreto-Ley 16/2013, de 20 de diciembre.

E) Trabajo a distancia

Se produce un cambio en el antiguo contrato de trabajo a domicilio, pasando a denominarse "trabajo a distancia". La característica esencial de estos contratos radica en que la actividad laboral se realiza preferentemente en el domicilio del trabajador o en lugar libremente elegido por éste, de modo alternativo a su desarrollo presencial en el centro de trabajo de la empresa (Art. 13.1 del ET).

Puede ser indefinido o de duración determinada (no se puede realizar contrato para la formación o en prácticas); el trabajador a distancia tendrá derecho a percibir, como mínimo, la retribución total establecida conforme a su grupo profesional y funciones, teniendo los mismos derechos que los que prestan sus servicios en el centro de trabajo de la empresa, incluidos los referentes a la protección en materia de seguridad y salud y los derechos de representación (para lo cual es obligatorio que se adscriban a un centro de trabajo).

El contrato se formalizará por escrito, debiendo constar en él el lugar donde se realice la actividad, pudiendo establecerse –aunque discutido por algún sector– un periodo de prueba; en todo caso es obligatorio su registro en la oficina de empleo dentro de los diez días siguientes a su concertación (Art. 8.3 ET, relativo a la copia básica del contrato).

El trabajador a domicilio puede ser para uno o varios empresarios, y consiste, desde mi punto de vista, en un supuesto de pluriempleo tan válido como en el trabajo ordinario.

Actualmente, con la aparición de las nuevas tecnologías, los medios de control de la prestación en destino son múltiples, tanto respecto a su contenido como respecto a la duración de la misma. Es interesante la sentencia del TSJ, Cataluña 12.11-94 Arts. 4368, donde se establece la obligación del empresario de poner a disposición de estos trabajadores un documento de control de la actividad laboral que realizan, y en el que deberán constar: el nombre del trabajador, la clase y cantidad de trabajo, la cantidad de materias primas entregadas, las tarifas acordadas para la fijación del salario, la entrega y recepción de los objetos elaborados y cuantas cuestiones de la relación laboral interesen a las partes.

F) Contrato de trabajo en grupo

Se concierta entre una empresa y un grupo de trabajadores considerado en su totalidad. No exige especialidades para su formación. La contratación, en estos casos y como norma general, se efectúa con el jefe del grupo, quien lo representará y responderá de las obligaciones inherentes a tal representación, destacando los aspectos relativos al cobro del salario y su posterior reparto. La empresa no tendrá, por tanto, frente a cada uno de los miembros del grupo los derechos y deberes que como tal le competen. Sin embargo, si el empresario diera un trabajo en común a un grupo de sus trabajadores, conservará respecto de cada uno, individualmente, sus derechos y deberes.

El contrato puede serlo por tiempo indefinido o de duración determinada. Su concertación se podrá realizar por escrito, en cuyo caso deberá registrarse en la Oficina de Empleo, o de forma verbal, imponiéndose la comunicación a dicha Oficina.

G) Contrato de alta dirección (RD. 1382/1985; ET Art. 2-1)

Lo tratamos en el apartado de la suspensión de la relación laboral, como una causa especial.

Tema 4

Jornada de trabajo. Clasificación profesional. Lugar de trabajo

1. La jornada de trabajo
2. Clasificación profesional

1. La jornada de trabajo

A) Jornada: concepto y ámbito de aplicación

Se considera jornada ordinaria el número de horas que debe permanecer el trabajador por cuenta ajena en un intervalo de tiempo determinado. Dicho de otra manera, es el tiempo durante el cual el trabajador permanece en el trabajo a disposición del empresario, en el ejercicio de su actividad o funciones (Art. 2. Directiva 93/104). Se incluye por tanto en su ámbito de aplicación a todos los trabajadores por cuenta ajena.

En principio, la jornada y el horario pudieran parecer conceptos equivalentes, sin embargo el horario está subordinado a la jornada. En relación con ambos conceptos la jurisprudencia ha hecho las siguientes consideraciones (TS 4ª 06-03-00): La jornada y el horario actúan en campos diferentes, por lo que la modificación de uno de ellos no acarrea forzosamente la modificación del otro; así, en los casos en que se disminuya la jornada no cabe admitir que automáticamente se disminuyan los días de trabajo (TSJ Madrid 4ª 28-05-98).

Por distribución irregular se entiende la posibilidad de establecer duraciones distintas a la jornada de trabajo (TS 4ª 22-11-88). La distribución irregular permite a la empresa modular el impacto de los periodos de mayor demanda, adaptando así su capacidad productiva a las eventualidades del mercado. Hasta la reforma del 2012, el Art. 34.2 del ET preveía la posibilidad de establecer este mecanismo por convenio colectivo o pacto con los representantes de lo trabajadores, respetando en todo caso los periodos mínimos de descanso. La reforma del 2012 (Ley 3/2012) introduce la posibilidad de distribuir la jornada de forma irregular y unilateralmente por el empresario para aquellas situaciones en que no haya acuerdo con la representación social, fijando un *máximo de un diez por ciento de la jornada de trabajo* (se entiende referido a la jornada máxima semanal o mensual, pero no a la máxima anual[1]). Al respecto, parece oportuno citar aquí varias consideraciones incluidas en el "II Acuerdo para el empleo y la Negociación Colectiva 2012-13 y 14", en el que se establece la jornada irregular como alternativa a la contratación temporal y a la realización de horas extraordinarias; en dicho acuerdo se propone además facilitar al empresario la implantación de la jornada irregular (10%), y finalmente una bolsa de cinco días o 40 horas al año para poder alterar la distribución prevista en el calendario laboral.

La aplicación de esta medida de flexibilización en la jornada de trabajo (Art. 34.2 ET) ha traído distintas interpretaciones judiciales, destacando la STS de 16.04.14, en la cual se admite: "en defecto de pacto, la empresa podrá distribuir de manera irregular a lo largo del año el 10% de la jornada de trabajo". Por lo que, en caso de pacto, la empresa puede disminuir o aumentar el porcentaje de distribución irregular, considerándose por tanto lícito que en el convenio "se pueda estipular cualquier porcentaje". De otro lado, la controversia surge respecto al periodo de preaviso; en este orden cosas el Tribunal Supremo deja claro que la literalidad del Estatuto de los Trabajadores, en la redacción dada tras la entrada en vigor de la Reforma Laboral (Ley 3/2012), no deja lugar a dudas: "el trabajador deberá conocer con un preaviso mínimo de cinco días el día y la hora de la prestación de trabajo resultante de la distribución irregular de la jornada", "permite su mejora pero no su empeoramiento ni por la negociación colectiva ni por acuerdo individual"; es decir, no es posible su negociación, ni siquiera aunque sea a cambio de otras condiciones más favorables para el trabajador.

La decisión por el empresario de establecer la jornada irregular en los términos dispuestos en el ET, tiene sus *límites* y entre ellos los *derivados de la negociación colectiva*. En este sentido, la Sentencia T.S.J. Castilla y León 347/2013, de 17 de julio, declara no ajustada a derecho la inclusión unilateral de una adenda en el calendario laboral. Como ya hemos advertido, "mediante convenio colectivo, o en su defecto, por acuerdo entre la empresa y los representantes de los trabajadores, se podrá establecer la distribución irregular de la jornada a lo largo del año". En el supuesto que nos ocupa, el convenio colectivo preveía la intervención de la comisión mixta del convenio en materia de distribución irregular, por lo que la sala dictamina la medida no ajustada a derecho: "No constando en el relato histórico de la sentencia dictada que se haya llevado a cabo negociación alguna en el seno de la Comisión Paritaria del Convenio, como así le faculta el Art. 9 del convenio aplicable, que tuviera por objeto dirimir cuestión alguna relativa a la distribución de la jornada de manera irregular, y que por el contrario la empresa incluyó de forma unilateral adenda en el calendario laboral, estipulando la facultad unilateral antedicha".

Finalmente, advertir dos novedades de interés en materia de distribución de la jornada: a) en materia de conciliación (apartado 8, del Art. 34 ET): el trabajador tendrá derecho a adaptar la duración y distribución de la jornada de trabajo para hacer efectivo su derecho a la conciliación de la vida personal, familiar y laboral en los términos que

---

[1] También podrá afectar a los horarios diarios sin perjuicio de los límites establecidos en el Estatuto de los Trabajadores.

se establezcan en la negociación colectiva o en el acuerdo a que llegue con el empresario, respetando, en su caso, lo previsto en aquélla, y b) el referido a las víctimas de la violencia de género y víctimas del terrorismo (apartado 7 del Art. 37 ET).

B) Duración máxima, descansos, fiestas y permisos

– La duración de la jornada ordinaria de trabajo será la pactada en los convenios colectivos o en los contratos de trabajo (Art. 34.1 ET).

Semanal y anual. La jornada no podrá exceder de 40 horas semanales de trabajo efectivo en promedio anual. Como hemos señalado anteriormente, podrán ser distribuidas irregularmente mediante pacto colectivo o convenio.

Diaria. La duración de la jornada no podrá exceder de 9 horas ordinarias diarias de trabajo efectivo, salvo que se pacte distribución irregular de la jornada. Entre el final y el comienzo de la jornada, en todo caso, deberá mediar un mínimo de 12 horas. Cuando el trabajador sea menor de 18 años la jornada diaria de trabajo no podrá exceder de 8 horas diarias.

En desarrollo de lo dispuesto en el Art. 34.7, se podrán establecer ampliaciones o limitaciones a la ordenación y duración de la jornada, así como en materia de descansos, en atención a las peculiaridades que ponga de manifiesto un determinado sector (TS 4ª 04-07-95). El desarrollo de este tipo de jornadas se encuentra en el RD 1561/1995, de 21 de septiembre sobre jornadas especiales de trabajo. Los sectores en los que puede establecerse una ampliación de jornada distinta a la general regulada en el Art. 34 del ET, a título de ejemplo son: Empleados de fincas urbanas, Comercio y Hostelería, Guardas y Vigilantes no ferroviarios, Transportes por carretera, etc.

– De importancia práctica es el *régimen de descansos*. Nuestro Estatuto lo regula en el Art. 37, junto con las fiestas y permisos. Los trabajadores tendrán derecho a un descanso mínimo semanal, acumulable por periodos de hasta catorce días, de día y medio ininterrumpido que, como regla general, comprenderá la tarde del sábado o, en su caso, la mañana del lunes y el día completo del domingo (será de aplicación el apartado 7, del Art. 34 del ET). La duración del descanso semanal de los menores de dieciocho años será, como mínimo, de dos días ininterrumpidos.

La práctica hace que, en muchos casos, la planificación de la actividad incida en el disfrute de los descansos semanales y diarios, lo cual ha dado lugar a múltiples contenciosos. Sin entrar aquí en la casuística, dejar constancia que el descanso semanal no puede quedar parcialmente neutralizado mediante el solapamiento con el descanso diario de 12 horas; de forma que ambos descansos han de disfrutarse de manera diferenciada e independiente el uno del otro (TS. 23-10-2013).

– Las *fiestas laborales*, que tendrán carácter retribuido y no recuperable, no podrán exceder de catorce al año, de las cuales dos serán locales. En cualquier caso, se respetarán como fiestas de ámbito nacional las de la Natividad del Señor, Año Nuevo, 1 de mayo como Fiesta del Trabajo, y 12 de octubre como Fiesta Nacional de España.

Cada año se elaborará por la empresa el *calendario laboral*, debiendo exponerse un ejemplar del mismo en un lugar visible de cada centro de trabajo. Dicho calendario puede contener el horario (no es obligatorio (STS 19-09-2000)), la jornada anual y la distribución de los días laborales, festivos, descansos y otros días inhábiles, según la jornada máxima legal o pactada. Los representantes de los trabajadores deben ser consultados antes de elaborar el calendario laboral, debiendo emitir informe al respecto. En caso de controversia se podrá realizar impugnación ante la jurisdicción laboral, teniéndose en cuenta que las modificaciones al calendario laboral pueden considerarse como sustanciales de trabajo (Art. 41 ET).

La doctrina sobre la elaboración del calendario laboral, sentada entre otras en STS.17 de mayo de 2011 (Rec. 147/2010), consolida la interpretación que del Art. 34.6 ET lleva a cabo el alto tribunal, sosteniendo que "la elaboración del calendario laboral –que puede o no incluir el horario de trabajo, tras la derogación del RD 2001/1983 (SSTS 18/09/00 4240/99 y 24/01/03)– corresponde en principio a la empresa, y si bien la fijación inicial del horario de trabajo se atribuye también en principio al poder de dirección del empresario", añade que "ello ha de entenderse sin perjuicio de lo dispuesto en los convenios colectivos o contratos de trabajo (Art. 34.1 ET), o de la exigencia de convenio colectivo o acuerdo de empresa para la distribución irregular de la jornada a lo largo del año (Art. 34.2 ET)" (STS 20/03/07).

– El Art. 34.3 del ET regula *las licencias,* entendidas las mismas como ausencias retribuidas. El trabajador, previo aviso y justificación, podrá ausentarse del trabajo, con derecho a remuneración, por alguno de los motivos y por el tiempo siguiente:

a) Quince días naturales en caso de matrimonio.

b) Dos días por el nacimiento de hijo y por el fallecimiento, accidente o enfermedad graves, hospitalización o intervención quirúrgica sin hospitalización que precise reposo domiciliario, de parientes hasta el segundo grado de consanguinidad o afinidad. Cuando con tal motivo el trabajador necesite hacer un desplazamiento al efecto, el plazo será de cuatro días.

c) Un día por traslado del domicilio habitual.

d) Por el tiempo indispensable para el cumplimiento de un deber inexcusable de carácter público y personal, comprendido el ejercicio del sufragio activo[2].

e) Para realizar funciones sindicales o de representación del personal en los términos establecidos legal o convencionalmente.

f) Por el tiempo indispensable para la realización de exámenes prenatales y técnicas de preparación al parto, que deban realizarse dentro de la jornada de trabajo.

---

[2] En el supuesto de que el trabajador, por cumplimiento del deber o desempeño del cargo, perciba una indemnización, se descontará el importe de la misma del salario a que tuviera derecho en la empresa.

En el apartado 4 del Art. 34 ET se regulan determinados *permisos retribuidos:* por nacimiento de hijo, adopción o acogimiento de acuerdo con el Art. 45.1.d) de esta ley, para la lactancia del menor hasta que éste cumpla nueve meses y por nacimientos de hijos prematuros o que, por cualquier causa, deban permanecer hospitalizados a continuación del parto. Dichos supuestos, junto con los que dan derecho a la reducción de jornada, los trataremos singularmente en el apartado correspondiente a la suspensión del contrato de trabajo.

No obstante, los convenios colectivos pueden autorizar que la empresa y el trabajador afectado acuerden la acumulación total o parcial de estos descansos a las vacaciones anuales. En ningún caso podrán ser sustituidos por compensación económica.

C) Trabajo efectivo. Tiempo de presencia y puesta a disposición

Conforme al Art. 34.5 del ET, el tiempo de trabajo se computa de modo que, tanto al comienzo como al final de la jornada diaria, el trabajador se encuentre en su puesto de trabajo. En dicho cómputo influye la distinta consideración del tiempo de trabajo efectivo y del tiempo de presencia. La finalidad del precepto es la de evitar una reducción de la productividad en perjuicio del empresario. Por ello, se limitan al máximo las ficciones jurídicas en las que se consideran tiempo de trabajo periodos en los que no hay una auténtica prestación de servicios; bajo esta premisa, nuestra jurisprudencia no considera tiempo de trabajo: cambiarse de ropa, el empleado en transporte, el traslado desde la recepción de la empresa al puesto de trabajo, el tiempo desde los garajes al centro de trabajo (TS 12-12-94, RJ 10089), el tiempo necesario para fichar, etc. Se considera dentro de la jornada: el utilizado en algunos reconocimientos médicos, los empleados en tareas previas, como encendido de motores; el empleado en limpieza o actividades similares, etc. No obstante, dichos criterios deberán acomodarse a las circunstancias de cada caso en concreto, así como el convenio colectivo de aplicación. Ejemplo ilustrativo de lo expuesto son las sentencias: TSJ Andalucía, Sevilla 14-4-2000, en ella la Sala estima parcialmente el recurso de suplicación interpuesto por los trabajadores en autos sobre conflicto colectivo y declara su derecho a que se compute la jornada de trabajo efectiva desde el momento en que se inicia el reparto diario de instrucciones en la empresa hasta que concluye la descarga del material en dicho centro, ya que durante todo ese periodo de tiempo el trabajador está sometido al ámbito de organización y dirección de la empresa; TSJ Extremadura 25-9-2001, el Tribunal desestima el recurso de suplicación interpuesto por la parte demandada y señala que cuando el horario se anticipa para el trabajador a fin de realizar una actividad concreta en un determinado lugar que no es el de trabajo, el tiempo dedicado a desplazarse desde el centro de trabajo a distinto lugar debe considerarse o computarse como jornada de trabajo.

A efectos del cómputo del tiempo de trabajo, debe distinguirse:

a) El trabajo *efectivamente realizado*, comprendido desde la llegada hasta el abandono del puesto de trabajo.

b) El tiempo en que el trabajador no realiza trabajo efectivo, sino que se limita a permanecer a *disposición del empresario*, a la expectativa de desarrollar su actividad laboral. Este tiempo se denomina de presencia, espera o disposición, no teniendo en principio consideración de tiempo de trabajo.[3]

c) Si el horario se *anticipa,* por realizar en otro lugar la prestación, o si la realización de la jornada ordinaria se prolonga por *desplazamiento*s (desde el centro de trabajo al lugar de la prestación y viceversa), este tiempo es de trabajo y debe remunerarse como extraordinario y no a prorrata.

En base a lo expuesto y como consecuencia de relacionar actividad, cómputo del tiempo y la jornada de trabajo, se pueden establecer las siguientes diferenciaciones:

- La jornada ordinaria y extraordinaria.
- El trabajo efectivo y trabajo productivo.
- El tiempo de trabajo efectivo y tiempo de trabajo disponible.

D) Vacaciones

El periodo de vacaciones anuales retribuidas, no sustituible por compensación económica, será el pactado en convenio colectivo o contrato individual. En ningún caso, la duración será inferior a treinta días naturales. El derecho a un periodo de vacaciones es un principio del Derecho Social Comunitario (TJCE 6-04-06.C124/05)[4].

El periodo o periodos de su disfrute se fijará de común acuerdo entre el empresario y el trabajador, de conformidad con lo establecido en su caso en los convenios colectivos. Con carácter general, el disfrute de las vacaciones no podrá ser sustituido por prestación económica; excepción a lo dicho es el supuesto de extinción del contrato antes del periodo vacacional, en cuyo caso se genera el derecho a una compensación económica proporcional a la duración de los servicios prestados en el año de referencia. El periodo de vacaciones deberá disfrutarse dentro del año que corresponda, es decir, el derecho caduca, salvo pacto de acumulación, el 31 de diciembre de cada año (TSJ Galicia 28-07-2008).

La retribución de las vacaciones será por cuenta del empresario, siendo la cuantía de las mismas, en ausencia de pacto, lo dispuesto en el convenio colectivo de aplicación. Como regla general, debe percibirse la remuneración normal o media, incluyéndose el promedio anual de los complementos variables, y excluyéndose los conceptos salariales que corresponden a actividades de carácter extraordinario, ajenas a la jornada normal de trabajo (TS 20.12.1991).

---

[3] En el régimen estatutario (Sanidad Pública), se distingue entre guardias de presencia física y guardias de localización. En sentencias como las de 20 de febrero de 1992 (RJ 1992, 1044), 11 de marzo de 1994 (RJ 1994, 2289) y 22 de diciembre de 1995 (RJ 1995, 9491), se ha mantenido el criterio de que las horas de guardia localizada, salvo que en cada caso se demuestre lo contrario, no son horas de trabajo efectivo que den derecho a mayor retribución que la específicamente prevista para ellas, ni a descanso compensatorio.

[4] OIT. Conv. 132.

El trabajador conocerá las fechas que le correspondan, al menos dos meses antes del comienzo del disfrute; la notificación podrá ser individual, pero no es preceptivo, pudiendo hacerse a través del tablón de anuncios, donde deberá figurar de forma cierta e inequívoca las fechas de disfrute (calendario laboral p.e).

Debe tenerse en cuenta que nuestra Ley de Jurisdicción Social prevé un procedimiento especial sumario y preferente en el caso de discrepancia sobre la fecha de disfrute de las vacaciones (Arts. 125 y 126 de la LJS), teniendo el trabajador un plazo de veinte días para reclamar desde que tuvo conocimiento de la fecha (para reclamaciones en materia de compensación económica, el plazo general es de un año). En caso de desacuerdo entre las partes, la jurisdicción competente fijará la fecha que para el disfrute corresponda y su decisión será irrecurrible.

Con la reforma del 2012, se establecen las siguientes excepciones: a) Cuando el período de vacaciones fijado en el calendario de vacaciones de la empresa coincida en el tiempo con una incapacidad temporal derivada del embarazo, parto o la lactancia natural o con el periodo de suspensión del contrato de trabajo, previsto en el artículo 48.4 y 48.bis de esta Ley (parto, parto prematuro, adopción, acogimiento, paternidad), se tendrá derecho a disfrutar las vacaciones en fecha distinta, aunque haya terminado el año natural a que correspondan. b) Si coincide con una incapacidad temporal por contingencias distintas a las descritas en el apartado anterior "maternidad", que imposibilite al trabajador disfrutarlas, total o parcialmente, durante el año natural a que corresponden, el trabajador podrá hacerlo una vez finalice su incapacidad y siempre que no hayan transcurrido más de dieciocho meses, a partir del final del año en que se hayan originado (al respecto, resulta de actualidad la sentencia del TS de 20-05-2014, sobre vacaciones no disfrutadas, por encontrarse el trabajador en situación de incapacidad temporal)[5].

E) Horas extraordinarias, trabajo a turnos y trabajo nocturno

– Horas extraordinarias:

A tenor del Art. 35 ET, tendrán la consideración de extraordinarias aquellas horas de trabajo que se realicen sobre la duración máxima de la jornada ordinaria de trabajo. La cuantía de las mismas en ningún caso será inferior al precio de la hora ordinaria, no pudiendo ser en número superior a ochenta al año. Es posible compensar las horas extraordinarias con tiempos equivalentes de descanso dentro de los cuatro meses siguientes a su realización (lo cual suele ser materia común en los convenios colectivos); dichas horas no serán computadas en el límite máximo precitado, igualmente no computarán las destinadas a prevenir o reparar siniestros, daños extraordinarios u urgentes. En defecto de pacto, se entenderá que las horas extraordinarias serán compensadas con tiempos de descanso.

---

[5] Hay que advertir que determinados permisos retribuidos: nacimiento de hijos, fallecimiento, etc., no prorrogan la duración de las mismas.

Las horas extraordinarias tendrán un carácter voluntario y el criterio de su cómputo será diario y se abonarán, salvo pacto en contrario, en el recibo mensual de salarios. En la STS 7 febrero 2012 se debate la inclusión o no del plus de penosidad en la determinación de la cuantía de la hora extra, sentando para este supuesto que "la hora extraordinaria tendrá exactamente el mismo valor que la hora ordinaria, si se cumple en las mismas condiciones", y dado que en la realización de la hora extraordinaria no intervienen las mismas condiciones –intemperie–, la Sala considera no debe incorporarse en la cuantía dicho plus.

La representación social deberá ser informada mensualmente por el empresario de las horas extraordinarias realizadas por los trabajadores y colaborar con la dirección de la empresa para establecer medidas de mantenimiento e incremento de la productividad.

– Trabajo a turnos:

Es la forma de organización del trabajo en equipos por la que los trabajadores ocupan sucesivamente los mismos puestos de trabajo según un ritmo continuo o discontinuo. El trabajador a turnos presta sus servicios en horas diferentes, en un período determinado de días o de semanas (TSJ Andalucía 09-03-99). Profundizando en el concepto, es de destacar la sentencia TS. 25 octubre 2002, la cual distingue entre ritmo continuo y discontinuo: "Conjugando esas notas extraídas de la literalidad de la norma con el significado del vocablo turnar, como equivalente a alternar con una o mas personas en el repartimiento de una cosa o en el servicio de algún cargo, cabe concluir afirmando que el sentido de las normas citadas permite subsumir en el supuesto que contemplan, tanto el sistema de trabajo a turnos consistente en la ocupación de manera sucesiva en los mismos puestos de trabajo por distintos trabajadores, como el caso de que se adscriban de manera permanente a los trabajadores a cada uno de los turnos que se puedan haber establecido, sin la obligación de rotar. El entendimiento de los preceptos aludidos con esta amplitud de miras responde más justamente a la finalidad que persiguen".

Por razones de organización de trabajo, se puede acumular por periodos de hasta cuatro semanas el medio día de descanso semanal o separarlo del día completo para ser disfrutado en otro día de la semana; de igual manera que el descanso mínimo de doce horas entre jornada y jornada, se podrá reducir el "día de cambio de turno" a un mínimo de siete horas, siempre que en los días sucesivos se regularice.

El plus de turnicidad compensa las incomodidades y los tiempos de exceso por cambios de turno y la realización del trabajo a turno rotativo. No se devenga cuando no se trabaja en ese sistema (ver: "Salario. Complemento de turnicidad").

Resulta de interés la elección de turno de trabajo para conciliar la vida laboral y familiar. Al respecto, el Tribunal Constitucional (STC 26/2011, de 14 de marzo)[6] analiza

[6] Partiendo de la regulación normativa ordinaria del derecho a la elección de turno de trabajo del art. 34.8 del ET, como medio de conciliación de la vida laboral y familiar, nuestra jurisprudencia ha denegado ese derecho si no

si la denegación de la petición de un trabajador a elegir un turno de noche, vulnera su derecho constitucional a no ser discriminado por su situación personal, social o familiar, impidiendo la conciliación de la vida laboral y familiar. Esta sentencia, como hacía también la STC 3/2007, de 15 de enero, y como ha realizado la sentencia del TJUE de 30.10.2010, afirma que el derecho fundamental a no ser discriminado por razones personales, sociales o familiares, ha de ser adecuadamente ponderado en la interpretación de la legalidad ordinaria, lo que implicará realizar un análisis del art. 34.8 del ET, en clave constitucional, evitándose que la mera aplicación del tenor literal de la norma pueda ser una vía de vulneración del derecho constitucional, a no sufrir discriminación por razones personales o familiares. Bajo dicho marco, se tendría derecho a la elección de turno, utilizando las propias palabras del alto Tribunal, si con ello "no se pone el funcionamiento de la empresa en dificultades organizativas suficientemente importantes". Extremo éste que ha de acreditar la empresa para que su decisión de negación del derecho esté justificada[7].

– Trabajo nocturno:

Distinto es el trabajo nocturno, entendiéndose por tal el que se realiza entre las 10 de la noche y las 6 de la mañana, debiendo concurrir los requisitos establecidos en el Art. 36, es decir, que el trabajador realice en periodo nocturno una parte no inferior a tres horas de su jornada diaria de trabajo o se prevea su realización –en tal periodo– en una parte no inferior a un tercio de su jornada de trabajo anual. Cuando sea habitual su realización, deberá ser comunicado por el empresario a la autoridad laboral. La jornada de trabajo de los trabajadores nocturnos no podrá exceder de *ocho horas* diarias de promedio, en un periodo de 15 días (no pudiéndose realizar horas extraordinarias); estos trabajadores, dado que fueron contratados específicamente para este tipo de jornada, no tendrán derecho al plus de nocturnidad (Art. 36.2 ET). El plus de nocturnidad es compatible con el plus de turnicidad (Ver "Salario. Complemento de nocturnidad").

F) Modificaciones de la jornada

Las modificaciones de la jornada que tengan carácter sustancial deberán realizarse conforme a los procedimientos indicados en Art. 41 TRET. En dicho articulo se establece que la dirección de la empresa, cuando existan probadas razones económicas, técnicas, organizativas o de producción, entendiéndose por tales las que estén relacionadas

va acompañado del derecho a la reducción de jornada, señalando que el derecho que reconoce al trabajador el art. 37.6 del Estatuto de los Trabajadores, consistente en la fijación de la concreción horaria, está vinculado a la existencia de una reducción de jornada, con la consiguiente reducción de retribuciones; por lo que no se incluye la modificación unilateralmente del sistema de trabajo a turnos (sentencias del Tribunal Supremo, Sala social, de 13.6.2008, 18.6.2008, 14.10.2009 y 19.10.2009).

[7] El voto particular de la sentencia referida llama la atención sobre las dificultades que comporta para los órganos judiciales la ejecución de un fallo de estas características, porque parece reclamarles un excesivo intervencionismo que puede desembocar, en ciertos casos, en algo cercano al activismo judicial.

con la competitividad, productividad u organización técnica o del trabajo en la empresa, podrá acordar modificaciones, que se entenderán sustanciales cuando afecten (entre otras) a:

a) Jornada de trabajo.

b) Horario y distribución del tiempo de trabajo.

c) Régimen de trabajo a turnos.

En general, se considera modificación sustancial aquella que altera y transforma el contenido mismo de la prestación laboral objeto del contrato (TS.15-03-91). Las modificaciones sustanciales de las condiciones de trabajo de carácter colectivo (Art. 41.4 ET) conllevarán un periodo de consultas entre el empresario y los representantes de los trabajadores, siendo su duración no superior a 15 días[8].

Los representantes de los trabajadores, en materia de jornada, deben emitir informes previos a la ejecución por parte del empresario sobre (Art. 64.5 p. 3º ET):

a) Reducciones de jornadas.

b) Implantación o revisión de sistemas de organización y control de trabajos.

c) Estudio de tiempos.

d) Calendario laboral.

La empresa no puede modificar ni inaplicar cuestiones relativas a jornada, turnos u horario de trabajo, establecidas en el convenio colectivo aplicable; cualquier alteración de las mismas precisa los requisitos y formalidades establecidos en el Art. 82.3 ET. Dicho cauce es de obligado cumplimiento para cualquier modificación de convenio colectivo, regulado por el Título III del Estatuto de los Trabajadores.

G) Reducción de jornada (Art. 47 y Art. 37.4 y 5 ET)

– La jornada de trabajo podrá reducirse *por causas económicas, técnicas, organizativas o de producción*, con arreglo al procedimiento previsto para la suspensión de la jornada, cualesquiera que fuese el número de trabajadores de la empresa y el número de afectados por la medida. A estos efectos, se entenderá por reducción de jornada la disminución temporal de entre un 10% y un 70% de la jornada de trabajo, computada sobre la base de una jornada diaria, semanal, mensual o anual; como se aprecia, el legislador parte del 10% de distribución irregular de la jornada (contemplado en el Art. 34.2 ET), poniendo como tope el 70%, al entender que por encima del mismo debe optarse por la implementación de otras medidas. No se establece la duración de la reducción,

---

[8] La empresa puede modificar determinados aspectos del horario de trabajo de forma sustancial, siempre que se cumplan las formalidades y requisitos del Art. 41.4 (TSJ Valencia 14-7-98, AS 2989); si la modificación sustancial se realiza sin la previa consulta a los representantes de los trabajadores, la decisión es nula (TSJ Andalucía 18-7-95, AS 2772).

pero se entiende que ha de ser temporal, debiendo adaptarse la medida a la coyuntura que se pretende superar. Durante las suspensiones de contratos o las reducciones de jornada se promoverá el desarrollo de acciones formativas vinculadas a la actividad profesional de los trabajadores afectados, cuyo objeto sea aumentar su polivalencia o incrementar su empleabilidad. Los trabajadores afectados por la reducción pasarán a la situación legal de desempleo en la parte correspondiente a la jornada reducida. Mientras se mantenga la reducción de jornada no podrán realizarse horas extraordinarias, salvo fuerza mayor.

– En los supuestos de nacimiento de hijo, adopción o acogimiento, de acuerdo con el Art. 45.1.d) de esta Ley, los trabajadores tendrán derecho a una hora de ausencia del trabajo para la *lactancia del menor* hasta que éste cumpla nueve meses, que podrán dividir en dos fracciones. La duración del permiso se incrementará proporcionalmente en los casos de parto, adopción o acogimiento múltiples (Art. 37.4 ET). Quien ejerza este derecho podrá sustituirlo por una reducción de su jornada en media hora con la misma finalidad o acumularlo en jornadas completas[9].

– En los casos de nacimientos de hijos prematuros o que, por cualquier causa, deban permanecer hospitalizados a continuación del parto, la madre o el padre tendrán derecho a ausentarse del trabajo durante una hora. Asimismo, tendrán derecho a reducir su jornada de trabajo hasta un máximo de dos horas (Art. 37.4 bis ET).

– El Real Decreto-Ley 16/2013, de 20 de diciembre, modifica la redacción del Art. 37.5 de nuestro Estatuto al señalar que el padre, la madre o quien tenga bajo su *cuidado directo a un menor de 12 años o una persona con discapacidad psíquica o sensorial (que no desempeña actividad retribuida),* tendrá derecho a una reducción de la jornada de trabajo diaria, con la disminución proporcional del salario entre, al menos, un octavo y un máximo de la mitad de la duración de aquélla.

– Tendrá el mismo derecho quien esté al *cuidado directo de un familiar* (padres, abuelos, hermanos, hijos o nietos, propios o del cónyuge), que por razones de edad, accidente o enfermedad no pueda valerse por sí mismo, y que no desempeñe actividad retribuida.

– El progenitor, adoptante o acogedor de carácter preadoptivo o permanente, al cuidado de un *menor de 18 años* durante su hospitalización y tratamiento continuado por cáncer o por cualquier otra *enfermedad grave*, que implique un ingreso hospitalario de larga duración y requiera un cuidado directo, continuo y permanente (deberá

---

[9] Art. 37.6 ET: "La concreción horaria y la determinación del periodo de disfrute del permiso de lactancia y de la reducción de jornada, previstos en los apartados 4 y 5 de este artículo, corresponderán al trabajador, dentro de su jornada ordinaria. No obstante, los convenios colectivos podrán establecer criterios para la concreción horaria de la reducción de jornada a que se refiere el apartado 5, en atención a los derechos de conciliación de la vida personal, familiar y laboral del trabajador y las necesidades productivas y organizativas de las empresas. El trabajador, salvo fuerza mayor, deberá preavisar al empresario con una antelación de quince días o la que se determine en el convenio colectivo aplicable, precisando la fecha en que iniciará y finalizará el permiso de lactancia o la reducción de jornada".

acreditarse por el Servicio Público de Salud). En este caso, el porcentaje de reducción tiene un mínimo del 50% y no tiene máximo, admitiéndose la posibilidad de que el convenio permita la acumulación de la reducción en jornadas completas.

– Tanto el padre como la madre pueden acogerse a este derecho a la vez, pero si trabajan en la misma empresa, el empresario podrá denegar el ejercicio simultáneo del mismo cuando existan razones justificadas de funcionamiento, lo cual excluye a mi juicio otras de tipo económico o de pura conveniencia (STS. 21/05/2002). Lo dicho es aplicable igualmente al supuesto de cuidado de un menor de 12 años y cuidado de un familiar, a los cuales nos hemos referido anteriormente.

– Los trabajadores que tengan la consideración de *víctimas de violencia de género o de víctimas del terrorismo* tendrán derecho, para hacer efectiva su protección o su derecho a la asistencia social integral, a la reducción de la jornada de trabajo con disminución proporcional del salario o a la reordenación del tiempo de trabajo (a través de la adaptación del horario, de la aplicación del horario flexible o de otras formas de ordenación del tiempo de trabajo que se utilicen en la empresa).

H) Suspensión de la jornada

Lo tratamos en el tema dedicado a la suspensión del contrato de trabajo.

2. Clasificación profesional

A) Concepto: categorías y grupos profesionales

El antiguo Art. 22.1 del ET disponía: "Mediante la negociación colectiva o, en su defecto, acuerdo entre la empresa y los representantes de los trabajadores, se establecerá el sistema de clasificación profesional de los trabajadores, por medio de categorías o grupos profesionales". Con la reforma laboral (Ley 3/2012) desaparece la categoría profesional, y por ende el concepto de categoría profesional equivalente, pudiendo hablarse, a mi juicio, únicamente de grupo profesional, sin posibilidad de utilizar referencias distintas, por tratarse de derecho necesario y no de derecho dispositivo.

La nueva redacción mantiene la necesidad de establecer el sistema de clasificación profesional mediante convenio colectivo o pacto entre la empresa y los representantes de los trabajadores; es decir, la fuente de fijación del sistema de clasificación profesional es, en principio, la negociación colectiva y, alternativa o supletoriamente, el acuerdo "ad hoc" entre el empresario y los representantes de los trabajadores en la empresa, (STS de 8 de octubre de 2001, Rec. 880/2001).

Profundizando en este último punto: 1º) La expresión legal "negociación colectiva" comprende, sin duda, los convenios colectivos negociados conforme a lo previsto en el Título III del ET. En función de cual, sea el ámbito o unidad de negociación en que se establezca el sistema de clasificación profesional, dependerá ciertamente el juego de las reglas de los Arts. 83.2 y 84 del ET sobre concurrencia de convenios colectivos y no afectación entre ellos durante su vigencia (STS de 5 de abril de 2001, Rec. 1326/2000)[10]. 2º) Es en cambio discutible si la mencionada expresión legal "negociación colectiva" comprende los llamados convenios colectivos extraestatutarios o de eficacia limitada. El TS ha declarado que los convenios colectivos extraestatutarios no pueden pretender "fijar condiciones de trabajo con proyección de generalidad… [de tal modo que si la aplicación de] alguna de sus cláusulas… sólo fuera posible desde su eficacia "erga omnes"… dichas cláusulas no serían legalmente válidas…" (STS de 30 de mayo de 1991). Las reglas referidas al sistema objetivo de clasificación profesional tienen naturalmente vocación de aplicación "erga omnes". 3º) En defecto de su establecimiento mediante la negociación colectiva, corresponderá la fijación del sistema de clasificación profesional al "acuerdo entre la empresa y los representes de los trabajadores", quienes, a estos efectos, podrán ser bien los integrantes de la representación unitaria –comités de empresa o, en su caso, delegados de personal– o bien las secciones sindicales de empresa –a las que, por analogía con lo previsto en el Art. 87.1, 2º del ET, les será exigible que en su conjunto sumen la mayoría de los miembros del comité–. 4º) Sea cual fuere el procedimiento empleado, "los criterios de definición de los grupos profesionales" se acomodarán a las reglas comunes para los trabajadores de uno y otro sexo, tal como recuerda el Art. 22.3 del ET, garantizando la ausencia de discriminación directa e indirecta entre mujeres y hombres.

El Art. 22.2 del ET señala: "Se entenderá por grupo profesional el que agrupe unitariamente las aptitudes profesionales, titulaciones y contenido general de la prestación, y podrá incluir distintas tareas, funciones, especialidades profesionales o responsabilidades asignadas al trabajador." Hay que denotar respecto a la regulación anterior cómo la reforma amplía el concepto de grupo profesional cuando incluye "distintas tareas o responsabilidades asignadas al trabajador." El sistema objetivo de clasificación profesional viene a ser, por tanto, un catálogo de grupos profesionales. Catálogo que cumple un importante papel a la hora de determinar el contenido de la prestación laboral objeto del contrato de trabajo, ya que son las tareas o funciones a cuya realización se compromete el trabajador y, por tanto, condicionan las finalidades del día a día del puesto de trabajo; al respecto el legislador señala: "Por acuerdo entre el trabajador y el empresario se asignará al trabajador un grupo profesional y se establecerá como contenido de la prestación laboral objeto del contrato de trabajo, la realización de todas las funciones correspondientes al grupo profesional asignado o solamente de alguna de ellas" (Art. 22.4 ET).

En el mismo apartado se trata la polivalencia funcional: "Cuando se acuerde la polivalencia funcional o la realización de funciones propias de más de un grupo, la equiparación se realizará en virtud de las funciones que se desempeñen durante mayor

[10] Art. 84.4 ET. En el supuesto previsto en el apartado anterior, y salvo que resultare de aplicación un régimen distinto establecido mediante acuerdo o convenio colectivo de ámbito estatal negociado según el artículo 83.2, se considerarán materias no negociables en el ámbito de una Comunidad Autónoma el periodo de prueba, las modalidades de contratación, la clasificación profesional, la jornada máxima anual de trabajo, el régimen disciplinario, las normas mínimas en materia de prevención de riesgos laborales y la movilidad geográfica.

tiempo"; la clasificación profesional con arreglo a las funciones que se desempeñen por más tiempo resulta lógica, pues la aplicación del criterio opuesto podría conducir al despropósito de clasificar al trabajador en un grupo cuyas funciones se desarrollen de manera espontánea u ocasional.

La disposición adicional 9.ª del RDL 3/2012 establece el plazo de un año a los convenios colectivos vigentes para que procedan a la adaptación de sus sistemas de clasificación profesional al mandato del Art. 22 ET, lo que no hace sino reforzar la propia imperatividad del precepto. Lo cual implica, a fecha de hoy, que aquellos convenios que no se hayan adaptado, deberán regirse necesariamente por el nuevo contenido del precepto, teniendo como referencia el grupo profesional y no la categoría profesional.

B) Clasificación profesional. Modificaciones (Art. 39 ET)

La movilidad funcional o modificación de funciones del trabajador da contenido al Art. 39 del ET: "La movilidad funcional en la empresa se efectuará de acuerdo a las titulaciones académicas o profesionales precisas para ejercer la prestación laboral y con respeto a la dignidad del trabajador". Se mantiene en el precepto como límite a la movilidad funcional la exigencia del respeto a la dignidad del trabajador pero, en cambio, se suprime el aditamento *"sin perjuicio de su formación y promoción profesional"*. El resultado es que, con el precepto vigente, sólo y únicamente las modificaciones sustanciales "llevadas a cabo sin respetar lo previsto en el Art. 41 del ET y las que redunden en menoscabo de la dignidad del trabajador", le facultarán a este para instar judicialmente la resolución indemnizada de su contrato; por lo que, el derecho a la resolución indemnizada contemplada en el Art. 50.1.a) ET se ve funcionalmente reducido.

Las modificaciones operadas por la Ley 3/2012 en el Art. 39 ET persiguen dotar al empresario de una mayor flexibilidad: la desaparición de las categorías profesionales y la supresión de determinados límites en el actual Art. 39 del ET, son ejemplo de lo dicho. Antes de la reforma, el empresario que pretendía llevar a cabo este tipo de movilidad debía acreditar "razones perentorias o imprevisibles de la actividad productiva", lo que equivalía a probar la excepcionalidad de las circunstancias que propiciaban la adopción de la medida. Con la reforma desaparece dicha causalidad reforzada, por lo que el empresario puede asignar al trabajador funciones correspondientes a un grupo profesional inferior al que actualmente ostenta, sometiéndose únicamente al límite causal general que ya preveía el anterior Art. 39 ET para toda movilidad funcional vertical, esto es, le será suficiente con acreditar razones técnicas u organizativas que lo justifique ("La movilidad funcional para la realización de funciones, tanto superiores como inferiores, no correspondientes al grupo profesional, sólo será posible si existen, además, razones técnicas u organizativas que la justifiquen y por el tiempo imprescindible para su atención" (Art. 39.2 ET).

En el caso de encomienda de funciones superiores a las del grupo profesional, por un período superior a seis meses durante un año u ocho durante dos años, el trabajador podrá reclamar el ascenso. Contra la negativa de la empresa, y previo informe del comité o, en su caso, de los delegados de personal, el trabajador podrá reclamar ante la jurisdicción social. El trabajador tendrá derecho a la retribución correspondiente a las funciones que efectivamente realice, salvo en los casos de encomienda de funciones inferiores, en los que mantendrá la retribución de origen.

Por último, señalar que este tipo de cambios de funciones siguen teniendo *carácter temporal*, esto es, solamente pueden exigirse por el empresario por el tiempo imprescindible para atender a las razones técnicas u organizativas que justifican su introducción. El empresario está obligado a comunicar la decisión de movilidad funcional vertical a los representantes de los trabajadores, incluso se amplía, ya que el anterior Art. 39.2 ET sólo obligaba a dicha comunicación en los supuestos de movilidad vertical descendente y ahora se extiende también a los supuestos de movilidad vertical ascendente.

C) Clasificación profesional y autonomía individual

La limitación de la autonomía contractual no implica, por otra parte, que el pacto entre las partes precisando el objeto del contrato de trabajo, quede absolutamente encorsetado por las definiciones de los grupos profesionales establecidas en el sistema objetivo de clasificación profesional.

1º) Como regla general, el trabajador está obligado a realizar cualquiera de las tareas incluidas en la definición o descripción de la categoría y/o grupo al que haya quedado equiparado. Sin embargo, sería perfectamente posible un pacto individual que estableciera, como condición más beneficiosa de naturaleza contractual, una gama de funciones más reducida que la correspondiente genéricamente a su categoría o grupo.

2º) El artículo 22.4 del ET contempla expresamente la posibilidad de que se acuerde la "polivalencia funcional", es decir, la realización de funciones correspondientes a dos o más grupos. Es decir, estamos en un pacto de signo contrario, con la consecuencia de que en tal caso la exigencia de tareas correspondientes a grupo distinto no constituiría un supuesto de movilidad funcional, por lo que el empresario no estaría sujeto a los límites que al efecto establece el Art. 39 del ET. Ahora bien, conviene advertir que ello sólo será así en el caso de que el pacto de polivalencia funcional sea lícito, lo que a mi juicio requiere que se delimiten las funciones que efectivamente van a ser, y son de hecho, desarrolladas por el trabajador. El pacto por el que el trabajador aceptará una situación de polivalencia futura e hipotética, sería simplemente una fórmula para permitir al empresario la no aplicación de las reglas imperativas en materia de movilidad funcional, esto es, un pacto que implicaría para el trabajador el sometimiento a condiciones menos beneficiosas en materia de movilidad funcional, y contrario por consiguiente al Art. 3.1.c) del ET, luego sería nulo desde mi punto de vista.

D) Lugar de la prestación. Desplazamientos y traslados

Nuestro Estatuto contempla el centro de trabajo bajo la siguiente literalidad: "Se considera centro de trabajo la unidad productiva con organización específica, que sea dada de alta, como tal, ante la autoridad laboral" (Art. 1.5 ET). El centro de trabajo puede coincidir con el lugar de trabajo donde se presta el servicio o no (STS de 18 septiembre 2000. Rec. 1696/1999).

La movilidad geográfica puede comportar o no un cambio de residencia. En un intento de clasificación y en atención a los sujetos que deciden la misma, distinguimos:

d.1) Por decisión del empresario

1. Cambios que no implican un cambio de residencia: Es decir, cambios de puesto dentro del mismo centro o cambios a otro centro que por proximidad geográfica no implica el cambio de residencia. Estos cambios se producirán como manifestación del poder de dirección del empresario, teniendo como límite lo dispuesto en el contrato o convenio colectivo.

2. Cambios que sí implican un cambio de domicilio o residencia: En ese caso, y dependiendo de su duración, se hablará de desplazamiento o traslado.

Respecto al *desplazamiento,* el apartado 4 del Art. 40 del ET señala: "Por razones económicas, técnicas, organizativas o de producción, o bien por contrataciones referidas a la actividad empresarial, la empresa podrá efectuar desplazamientos temporales de sus trabajadores que exijan que éstos residan en población distinta de la de su domicilio habitual, abonando, además de los salarios, los gastos de viaje y las dietas". En cuyo caso el trabajador deberá ser preavisado con una antelación mínima de cinco días, teniendo derecho en los desplazamientos superiores a tres meses a cuatro días de permiso en su domicilio de origen. Los desplazamientos cuya duración en un período de tres años exceda de doce meses tendrán, a todos los efectos, el tratamiento previsto en esta ley para los traslados. Contra la orden de desplazamiento, sin perjuicio de su ejecutividad, podrá recurrir el trabajador en los términos previstos para los traslados.

Respecto al *traslado*, el Estatuto establece: "El traslado de trabajadores que no hayan sido contratados específicamente para prestar sus servicios en empresas con centros de trabajo móviles o itinerantes, a un centro de trabajo distinto de la misma empresa que exija cambios de residencia, requerirá la existencia de razones económicas, técnicas, organizativas o de producción que lo justifiquen. Se considerarán tales las que estén relacionadas con la competitividad, productividad u organización técnica o del trabajo en la empresa, así como las contrataciones referidas a la actividad del empresario. Debiéndose distinguir entre los que tienen carácter individual o colectivo en función del número de trabajadores afectados". A) En los individuales, el traslado deberá ser comunicado al trabajador y los representantes legales, con un preaviso de treinta días, pudiendo optarse entre la extinción del contrato, en cuyo caso percibirá una indemnización de 20 días de salario por año de servicio –prorrateándose por meses los periodos de tiempo inferiores a un año– y con un máximo de doce mensualidades, u optar por el traslado, en cuyo caso tendrá derecho a los gastos de compensación. Si el trabajador no hubiera procedido a la extinción del contrato pero se muestre disconforme con la decisión empresarial, podrá impugnarla ante la jurisdicción competente. La sentencia declarará el traslado justificado o injustificado y, en este último caso, reconocerá el derecho del trabajador a ser reincorporado al centro de trabajo de origen. B) Son de carácter colectivo cuando afecten a la totalidad del centro y éste ocupe a más de cinco trabajadores o cuando en un periodo de noventa días la medida afecte a un número de trabajadores de al menos: a) Diez trabajadores, en las empresas que ocupen menos de cien trabajadores. b) El 10% del número de trabajadores de la empresa, en aquellas que ocupen entre cien y trescientos trabajadores. c) Treinta trabajadores, en las empresas que ocupen más de trescientos trabajadores. Deberá establecerse un periodo de consultas con los representantes legales de los trabajadores, con una duración no superior a quince días. *La intervención como interlocutores ante la dirección de la empresa en el procedimiento de consultas corresponderá a los sujetos indicados en el artículo 41.4 ET, en el orden y condiciones señalados en el mismo.* Es decir, la consulta se llevará a cabo en una única comisión negociadora, si bien, de existir varios centros de trabajo, quedará circunscrita a los centros afectados por el procedimiento, y con un máximo de trece miembros (nos remitimos a lo expuesto en el apartado correspondiente).

3. Por motivos disciplinarios: Por ser habitual que los convenios colectivos contemplen el traslado o desplazamiento del trabajador como sanción a imponer, en caso de faltas graves o muy graves.

d.2) Por decisión del trabajador

1. Por traslado de cónyuge (cambio de residencia): Regulado en el Art. 40.3 ET, supone el derecho del trabajador a solicitar un cambio de puesto a otro centro de trabajo de la misma localidad, a la que ha sido trasladado su cónyuge, también trabajador de la misma empresa. Para que esta movilidad se produzca es necesario: a) que en esa otra localidad exista un puesto de trabajo vacante que resulte adecuado a la capacidad del trabajador; b) que el trabajador que ha sido trasladado sea el cónyuge; c) es irrelevante si el matrimonio se concertó antes o después del traslado del primer trabajador.

2. Permuta: Cuando dos trabajadores desean cambiar entre sí los puestos de trabajo que vienen ocupando. Para ser efectiva, la permuta exige que concurra la voluntad del empresario, es decir, que éste acepte el cambio, a menos que por convenio colectivo se haya pactado otra cosa.

3. Por ser víctima de la violencia de género o víctima del terrorismo: El 40.3.bis ET reconoce el derecho de la víctima de la violencia de género a exigir un traslado o cambio de centro. Se trata de una movilidad geográfica específica en atención a las concretas circunstancias que la motivan. El cambio lo será a un puesto de trabajo del mismo grupo profesional.[11]

4. *Para hacer efectivo el derecho a la protección de la salud*: Se trata de la movilidad a la que tienen derecho aquellos que padezcan una discapacidad y necesiten recibir fuera de su localidad un tratamiento de rehabilitación, físico o psicológico relacionado con esa discapacidad, en una localidad en la que sea "más accesible" el tratamiento.

5. *Por mutuo acuerdo*: La movilidad geográfica puede también producirse por mutuo acuerdo entre las partes, en base a su autonomía de la voluntad (Art. 1.255 CC).

Conviene tener presente que, en todo caso, los representantes legales de los trabajadores tendrán prioridad de permanencia en sus puestos de trabajo. Sin embargo, mediante convenio colectivo o acuerdo alcanzado durante el período de consultas –caso de movilidad de carácter colectivo–, se podrán establecer prioridades de permanencia a favor de trabajadores de otros colectivos, tales como trabajadores con cargas familiares, mayores de determinada edad o personas con discapacidad.

[11] El traslado o el cambio de centro de trabajo tendrá una duración inicial de seis meses, durante los cuales la empresa tendrá la obligación de reservar el puesto de trabajo que anteriormente ocupaban los trabajadores. Terminado este periodo, los trabajadores podrán optar entre el regreso a su puesto de trabajo anterior o la continuidad en el nuevo. En este último caso, decaerá la mencionada obligación de reserva. De aplicación al supuesto de cambio de domicilio.

Tema 5
Estructura salarial

1. Antecedentes históricos
2. Concepto y delimitación. El pago del salario
3. El salario base
4. Complementos salariales
5. Aspectos críticos en su tratamiento

1. Antecedentes históricos

A) El modelo fordista

En la España de los años 80 queda de manifiesto la crisis del modelo fordista de regulación salarial y la necesidad de replantear sus bases hacia una orientación más flexible, que dote a la parte variable del salario (en un sentido amplio) de un mayor peso, acomodándolo a la dinámica del funcionamiento del mercado. El modelo fordista de desarrollo se puede analizar bajo tres perspectivas:

1. Como "modelo de industrialización" o "paradigma industrial de organización del trabajo".
2. Como "estructura macroeconómica" (o régimen de acumulación, o estructura social de acumulación).
3. Como "sistema de reglas de juego o como modelo de regulación.

El fordismo suponía una contractualización a largo plazo del beneficio, con límites rígidos a los salarios, y por ello los países desarrollados han optado entre dos modelos de flexibilidad laboral[1]: la defensiva y la denominada ofensiva.

B) El modelo de flexibilidad defensiva

Puesto en marcha en países como EE.UU, Gran Bretaña, Francia…, su principal característica es que favorece la desregulación salarial y en sus inicios la formación de

[1] Lipietz, A. *Elegir la audacia: una alternativa para el siglo XXI.* Madrid: Trotta, 1997, pág. 43. ISBN 84-8164-172-3. Leborgne, D., *Flexibilidad Ofensiva, Flexibilidad Defensiva: Dos estrategias sociales en la producción de los nuevos espacios económicos.* En Benko, G. y Lipietz, A. (eds.), *Las regiones que ganan.* Valencia: Edicions Alfons El Magnànim, 1994. ISBN 84-7822-143-3.

áreas urbanas fuertemente especializadas, donde las actividades superiores se oponen a los pequeños oficios de servicios sin protección social. Este modelo viene a enfatizar el papel determinante de la revolución tecnológica y la modernización productiva.[2]

C) El modelo de flexibilidad ofensiva

Puesto en marcha en Alemania, Escandinavia, Japón..., intercambia la implicación de los asalariados en la lucha por la calidad y la productividad, por diversas garantías y ventajas sociales. Este modelo apuesta por la innovación y la calidad de producto, y se ofrece, por parte de la dirección, participación retributiva en las ganancias.

A finales del siglo XX y comienzos del presente, se han producido cambios importantes en la organización de las empresas y lo más relevante ha sido la emergencia de un modelo de empresa más flexible y participada, que dé respuesta a la estrategia de competitividad basada en la innovación, investigación y desarrollo (I+I+D). Ello ha conducido paralelamente a la implantación de nuevas formulaciones salariales y pseudo-salariales, abriendo paso a sistemas renovados como los "gross up"[3], "merit rating", "stock options", ESOPs, etc.

Las nuevas necesidades sociales han contribuido de otro lado a ir sustituyendo las rancias fórmulas clásicas de beneficios accesorios: economatos laborales, comedores, alojamientos..., hacia otras fórmulas, como préstamos subvencionados, ayudas para alquiler de viviendas, uso de vehículos, plazas de garaje, seguros de enfermedad, etc., integrando poco a poco lo que hoy se conoce como salario a la carta dentro del concepto de compensación total.

2. Concepto y delimitación. El pago del salario

A) Concepto

Las expresiones jornal, salario, sueldo o retribución no tienen en la actualidad la carga diferenciadora que tuvieron en otras épocas, ya que todos ellos deberán reconducirse al concepto de salario expuesto en el Art. 26.1: "Se considerará salario la totalidad de las percepciones económicas de los trabajadores, en dinero o en especie, por la prestación profesional de los servicios laborales por cuenta ajena, ya retribuyan el trabajo efectivo, cualquiera que sea la forma de remuneración, o los periodos de descanso computables como de trabajo". Dicho artículo nos obliga a clarificar dos conceptos:

- En primer lugar las denominadas partidas *extrasalariales*. La definición genérica de estas partidas entra en la complejidad de su propia naturaleza. Una aproximación al

---

2 En el esquema defensivo, hay poco margen para la participación de los trabajadores en la dinámica de la empresa. En cierta medida supone una recontractualización.

3 Pactos netos o de igualación fiscal de impuestos.

concepto –y en un sentido amplio– nos permitiría afirmar que no lo son las cantidades percibidas como contraprestación directa a la actividad de trabajo (en base a lo dispuesto en el Art. 26.1 ET). Aparecen como compensación a aquellos gastos ocasionados al trabajador en el desarrollo de su trabajo, e igualmente se incluyen como tales las prestaciones e indemnizaciones de la Seguridad Social y las indemnizaciones por despidos y traslados. En el sentido expuesto la STSJ de Castilla y León 332/2013 de 11 de julio: "... considera y que conforme al mentado artículo 26. ET debe rechazarse el motivo, porque las percepciones extrasalariales son cantidades que compensan o indemnizan al trabajador por los gastos ocasionados con motivo de la actividad laboral, tales como quebranto de moneda, desgaste de útiles y herramientas, adquisición de prendas de trabajo, gastos de locomoción y dietas de viaje o plus de distancia y transporte urbano (...)".

- En segundo lugar, las denominadas *retribuciones en especie*. La retribución en especie, según el Convenio OIT 95, es todo bien distinto del dinero percibido por el trabajador como contraprestación a su trabajo. A efectos de la ley del Impuesto sobre la Renta (Art. 42 LIRPF)[4], se considera retribución en especie la que se caracteriza por la utilización, consumo u obtención para fines particulares, *de bienes, derechos o servicios de forma gratuita o por precio* inferior al normal de mercado, aun cuando no supongan un gasto real para quien las conceda. El artículo 26.1 ET señala que el salario en especie no puede superar el 30% de las percepciones salariales del trabajador. No obstante, la claridad inicial del concepto se ensombrece con las denominadas retribuciones en especie dinerarias. El propio Tribunal Supremo ha admitido la existencia de tales retribuciones en especie, como lo pone de manifiesto en sentencia de 27 junio 1990 (RJ 1990\5527), en la que se calificaba la *"ayuda por vivienda"* como un concepto retributivo que "reviste un indiscutible carácter salarial en especie". Dentro de este apartado se encontrarían, por tanto, los denominados "fringe benefits", es decir, beneficios accesorios[5] que sirven de ajuste a la estructura salarial[6] y que, dependiendo de su tratamiento, podrán tener naturaleza salarial o extrasalarial. Nuestra normativa fiscal cita como retribuciones en especie el uso o alquiler de viviendas, los préstamos con tipos de interés inferiores al legal del dinero, los gastos de manutención, el hospedaje y el viaje, el uso o entrega de automóviles, etc.

La retribución del trabajo es obligación principal del empresario. El salario es la contraprestación del empresario, siendo funcionalmente dependiente de la otra prestación básica, es decir, la prestación de servicios por el trabajador[7]. En base a lo dicho,

---

[4] Ley 35/2006, de 28 de noviembre, del Impuesto sobre la Renta de las Personas Físicas. Real Decreto 439/2007, de 30 de marzo, por el que se aprueba el Reglamento del Impuesto sobre la Renta de las Personas Físicas.

[5] Respecto de los cuales se utiliza la denominación –con una clara influencia anglosajona– beneficios extrasalariales, retribuciones extrasalariales, etc.

[6] Dice la OCDE que son beneficios accesorios aquellas retribuciones en metálico o en especie actual o diferida en el tiempo con ocasión del trabajo o en el desempeño del mismo, no derivándose directamente de él, sino de la concurrencia de algún otro acontecimiento. Ver: Milgrom, Paul y Roberts, John., *Economía, organización y gestión de empresa*. Barcelona: Ariel, 1993, págs. 469 y ss. ISBN 84-344-2082-1.

[7] El derecho a la retribución y la correlativa obligación de pago están normalmente subordinados a la prestación efectiva de trabajo (Art. 26.1 LET, STS 13-12-1990, A9783 y STSJ de Madrid 18-3-97, A. 811) (Ver supuestos

hablamos de correspectividad, reciprocidad y conmutatividad de las prestaciones. No cabe duda que estamos ante un elemento esencial del contrato de trabajo, constituyendo parte de lo que podríamos denominar su núcleo básico, ya que a través del mismo se instrumentalizan las expectativas del empresario en correspondencia con el interés del trabajador.

La regulación estatutaria del salario se enmarca dentro de los Arts. 26 a 33 del ET, y su articulado lo podríamos integrar bajo los siguientes epígrafes:

1) *El salario como obligación del empresario* requiere que sea abonado en tiempo y lugar adecuados, y documentado de una determinada forma. La liquidación del salario, el tiempo, el lugar, los medios de pago, e incluso las consecuencias del impago o retraso en el pago, son regulados en los artículos 26, 29 y 50 ET.

2) *Las garantías* que rodean a la obligación de pago se extienden a la forma de documentar el cumplimiento y terminan en la regulación privilegiada del crédito salarial, frente a los acreedores del empresario (Art. 32 ET) y a los propios acreedores del trabajador (Art. 27.2 ET; Arts. 1449, 1451, 1452 LEC), o finalmente al Fogasa (Art. 33 ET).

3) En materia salarial cobra especial relevancia *el principio de igualdad*, siendo una asignatura desafortunadamente pendiente a la fecha. Ejemplo de lo dicho es la existencia a día de hoy de una brecha salarial entre hombres y mujeres, de más del quince por ciento en determinados puestos o funciones. El Art. 28 ET trata específicamente de la igualdad de remuneración: "El empresario está obligado a pagar por la prestación de un trabajo de igual valor la misma retribución, satisfecha directa o indirectamente, y cualquiera que sea la naturaleza de la misma, salarial o extrasalarial, sin que pueda producirse discriminación alguna por razón de sexo en ninguno de los elementos o condiciones de aquella".

B) El pago del salario

La liquidación y el pago del salario está regulado en el Art. 29 del ET, estructurándose su desarrollo bajo los siguientes criterios:

– La obligación salarial se cumple pagando la retribución puntual y regularmente, para lo cual se dividirá en *periodos temporales*, que no podrán exceder de un mes (Art. 4, y 29 ET); la regla que impide sobrepasar un mes es imperativa, y no cabe pacto en contrario ni individual ni colectivo; la mensualización en las retribuciones periódicas y regulares como período de pago, es la tendencia general en la negociación colectiva y en la práctica empresarial. La ejecución periódica del pago (Art. 29.1 ET) lleva indisolublemente aparejado un reparto igual de las retribuciones en los distintos espacios

---

interruptivos en el presente manual). El cumplimiento de la obligación de pago se constituye bajo el principio de la posremuneración.

temporales (retribución diaria, semanal o mensual). Sin embargo, existen pagos salariales diferidos a plazos temporales más amplios, siendo las pagas extraordinarias el ejemplo más común.

– El pago ha de hacerse en el *lugar convenido*, o conforme a los usos y costumbres (Art. 29.1 ET). El legislador establece esta regla general de conformidad con en el Art. 1171 del Código Civil (el pago debe efectuarse en el lugar que hubiese designado la obligación, o, en su defecto, en el domicilio del deudor). El Art. 13 del convenio 95 OIT dispone que, cuando el pago del salario se haga efectivo, se deberá efectuar únicamente los días laborables en el lugar de trabajo o próximo al mismo, al menos que la legislación nacional, convenio colectivo o laudo arbitral dispongan otra cosa.

– La opción en cuanto a la *forma de pago* es del empresario, previo informe al comité o delegados de personal. Múltiples son las controversias surgidas sobre esta cuestión, y citamos a título de ejemplo algunas conclusiones extraídas de la cambiante jurisprudencia desarrollada al efecto: a) No tiene derecho el trabajador a la reducción de la jornada para salir a cobrar el cheque a una entidad bancaria; en todo caso, será el trabajador el que pueda elegir la modalidad en que el cheque puede ser librado para que se pague (Art. 111 ley 19/1985). b) La transferencia a libreta de ahorro o cuenta corriente, en relación al modo de pago del salario, constituye una modalidad admitida en el Art. 29.4 ET, teniéndose por recibido cuando la cantidad se ingrese en la libreta o cuenta designada por el trabajador[8]. c) El pago habrá de hacerse en la especie pactada, y en caso de incumplimiento, deberá resarcirse a su equivalencia en moneda de curso legal.[9]

– La constancia documental del pago del salario hace referencia al *recibo individual de salarios* o *nómina*, que actuará como instrumento de prueba del cumplimiento de la obligación. Por el Art. 29.1 ET y OM de 27-12-1994, se establece la necesidad de que el recibo de salarios se ajuste al modelo publicado en cada momento por el Ministerio de Trabajo (actual Ministerio de Empleo), debiendo comprender todas las percepciones de modo analítico, separado y con la suficiente claridad, así como las deducciones que legalmente procedan. Por convenio colectivo o por acuerdo entre la empresa y los representantes legales de los trabajadores, puede establecerse otro modelo de recibo, siempre que reúna los requisitos establecidos anteriormente.

Como hemos dicho, el recibo de salario opera en materia de prueba de la obligación retributiva, que exhibido por el empresario con la firma o justificante de la transferencia al trabajador, se convierte en prueba de pago (STSJ de Madrid 10-5-1993). Al

---

[8] STS 30-5-1998, A. 4662. Los conflictos que se produzcan en torno al cobro del cheque, como modalidad de pago del salario, serán conocidos y resueltos por la jurisdicción de lo social; STSJ Madrid, 25-9-1989 A. 1318 sostiene que el trabajador no puede, con su opción, obligar al empresario a transferir a un determinado Banco o Caja de Ahorro; si el empresario manifestara su oposición a la entidad elegida por el trabajador, el pago se puede hacer por cheque).

[9] El empresario cumple con su obligación de pago si lo hace en moneda de curso legal, en la cantidad estipulada (Art. 1170 C Civil).

contrario de lo dispuesto en el Art. 1110 del CC ("el recibo del último plazo de un débito, cuando el acreedor tampoco hiciese reservas, extinguirá la obligación en cuanto a los plazos anteriores"), y cada nómina o recibo se contrae al período temporal a que se refiere, no extendiendo su influencia a los anteriores. Es interesante la reciente sentencia de nuestra Audiencia Nacional respecto a la necesidad documental de la nómina y su firma, poniendo en cuestión la validez de los sistemas amparados en la intranet corporativa, de uso común en la actualidad (SAN 121/2010, de 9 de diciembre): "El formato web en que la empresa documenta el pago de salarios provoca que éste deje de tener el valor procesal de documento privado. El recibo justificante del abono de salarios, en el duplicado para el trabajador, tiene carácter de elemento probatorio tanto del importe abonado como de los conceptos concretos salariales que determinan la suma final a pagar. La decisión empresarial de facilitar la nómina en formato web priva a los trabajadores de un mecanismo de prueba que la ley establece".

– El denominado *recibo finiquito* es un documento probatorio producto de la extinción de la relación laboral (lo trataremos en materia de despido), en el que se incluye la liquidación de las cantidades adeudadas. De lo anterior se extrae que podamos analizar la eficacia del finiquito bajo una doble perspectiva: eficacia extintiva y eficacia liquidatoria[10]. La jurisprudencia ha actuado profusamente en esta materia, estableciendo cautelas en orden a conocer la auténtica voluntad del trabajador y por tanto delimitar el valor liberatorio del finiquito. Para todas resulta clarificadora la STS 1504/2013, de 26 de febrero del 2013[11].

El trabajador tiene derecho a solicitar la presencia de uno de sus representantes en el momento de firmar el finiquito, debiendo constar en el mismo si se utilizó el derecho y si estuvo el representante; el trabajador también podrá hacer constar en el finiquito el impedimento del empresario a la presencia del representante.[12] En cualquier caso, el trabajador podrá manifestar su disconformidad con la liquidación practicada, sin que la recepción del finiquito implique necesariamente su aceptación.

– La ley prevé dos mecanismos frente al incumplimiento por parte del empresario de la obligación de abonar en tiempo y forma los salarios devengados:

---

[10] Tribunal Superior de Justicia de la Comunidad Valenciana de 29 de abril de 1993 o del de Madrid de 13 de febrero de 1996.

[11] La Sala no ha reconocido valor liberatorio al finiquito en los siguientes supuestos: causa torpe para la extinción contractual (STS 19-6-90); causa ilícita del contrato temporal (STS 6-7-90); sucesivos contratos temporales con firma de finiquito a la finalización de cada uno de ellos (STS 29-3-93, 15-2-00 –Rec. 2554/99-15-11-00– Rec. 663/00-18-2-09 –Rec. 3256/07–); contrato eventual seguido de contrato de interinidad, mediando recibo de finiquito (STS 21-3-01, –Rec. 2456/01–); dos contratos sucesivos sin solución de continuidad mediando recibo de finiquito (STS 18-9-01, –Rec. 4007/00–); periodo de prueba no pactado por escrito (STS 5-10-01, –Rec. 4438/00–); finiquito que no contiene expresamente el efecto extintivo de la relación laboral (STS 25-1-05, –Rec. 391/04–); finiquito con liquidación inferior a la que legalmente correspondía (STS 13-5-08, Rec. 1157/07-28-2-00 –Rec. 4977/98– y 11-6-01 –Rec. 3189/00–); finiquito que establece una renuncia genérica de futuro (STS 28-4-04 Rec. 4247/02-11-11-03 –Rec. 3842/02– y 19-2-07 –Rec. 804/04–); supuesto en el que se han reconocido diferencias salariales por sentencia en fecha posterior a la firma del finiquito (STS 24-7-00 Rec. 2520/99); supuesto en el que en el momento de la firma del finiquito el trabajador se encontraba en una especial situación anímica (STS 21-7-09 –Rec. 1067/08–).

[12] Art. 1283, 1265 y 1274 CC, en relación con el Art. 3.5 del ET; Ver TS 4ª de 28 de febrero del 2000.

a) En el caso de retrasos o incumplimientos menores, el artículo 29.3 ET señala que el *interés por mora* en el pago del salario será el diez por ciento de lo adeudado; la mora implica por tanto el retraso, la dilación del pago en el tiempo por parte del empresario. Este tipo de mora supone una especialidad del derecho de obligaciones en materia laboral.

b) En caso de incumplimientos graves, se prevé la posibilidad de que el trabajador solicite la extinción del contrato de trabajo, con derecho a una indemnización equivalente a la del despido improcedente. El Art. 49 j) del ET dispone que el contrato se extinguirá por voluntad del trabajador, fundamentada en un incumplimiento contractual del empresario; el artículo 50 ET, con fundamento en lo anterior, desarrolla como razón extintiva en su apartado b) "la *falta de pago* o retrasos continuados en el abono del salario pactado". El fundamento de la petición resolutoria del trabajador ha de estar basado en un incumplimiento contractual del empresario, grave y culpable. Indagando en este último aspecto, nuestra jurisprudencia más reciente señala: en la cualificación de la gravedad "debe valorarse exclusivamente si el retraso o impago es o no grave o trascendente en relación con la obligación de pago puntual del salario que exigen los artículos 4.2.f) y 29.1 ET, partiendo de un criterio temporal (continuado y persistente en el tiempo) y cuantitativo (montante de lo adeudado)" (SSTS 10/06/2009, 26/07/2012, 03/12/2012, y, más recientemente, 25/02/2013, y 03/12/2013). Por lo que se refiere al elemento cuantitativo, "la gravedad del incumplimiento se refiere a la relevancia del importe de los impagos –atendiendo al número de mensualidades no abonadas, así como a su cuantía total–, para cuya calificación se ha de tomar en consideración la propia retribución del trabajador", tal y como ha declarado la STS 03/12/2013 (aceptando la causa extintiva en un caso de adeudo de dos mensualidades y dos pagas extraordinarias).

3. El salario base

A) Ordenación positiva. Marco de referencia

Es conveniente, en una primera aproximación, analizar el marco estatutario de referencia. Al respecto, el actual Art. 26.3 (tras la reforma de la Ley 11/1994) desarrolla la estructura salarial bajo el siguiente literal: "Mediante la negociación colectiva o, en su defecto, el contrato individual, se determinará la estructura del salario, que deberá comprender el salario base, como retribución fijada por unidad de tiempo o de obra y, en su caso, complementos salariales fijados en función de circunstancias relativas a las condiciones personales del trabajador, al trabajo realizado o a la situación y resultados de la empresa, que se calcularán conforme a los criterios que a tal efecto se pacten". El Art. 26.3 TRET, si bien exige y por tanto obliga a la inclusión del salario base –no se entiende bien esta pervivencia obligatoria por algunos autores–, otorga a la autonomía privada un amplio margen en la determinación de este componente salarial, pasándose de una regulación estatal del salario base, a que sean las partes las que únicamente puedan fijarlo; dependerá, por tanto, de ellas la apertura o no del modelo salarial y su sensibilidad o no a los ciclos de la economía, tipos de entorno y de mercado.[13] Lo anterior se materializa normativamente con el Estatuto de los Trabajadores al establecerse la derogación del Decreto 2380/1973, de 17 de agosto, de Ordenación del Salario y Orden, de 22 de noviembre de 1973 –de desarrollo de la anterior–, con lo que se despositiviza en sentido amplio la materia salarial[14]. Como dice José Luis Monereo refiriéndose a la reforma 11/1994: "Supuso la sustitución de un régimen reglamentado por un régimen contractual, vía colectiva, o en su defecto, individual"[15].

B) Denominación y concepto

La expresión "salario base" es la más utilizada por la negociación colectiva. Otra expresión que viene a sustituir a la tradicional y mayoritaria es la de "salario convenio". Aunque en menor medida, también proliferan los denominados "salarios mínimos garantizados" o "salarios profesionales" o "intercategorías", con los que se quiere hacer referencia a la retribución mínima total que el trabajador de un sector o categoría percibe.

Ciertamente, en numerosos convenios se fija el concepto como cantidad fija por unidad de tiempo o de obra, acercándose más a la definición aportada por el Decreto 2380/1973, de 17 de agosto, sobre Ordenación del Salario.[16] Sin embargo, nuestro Art. 26.3 ET mantiene una línea autonomista, como argumenta nuestro Tribunal Supremo: el salario base debe responder a lo que al respecto pacten las partes aunque no se ajuste con total exactitud a las previsiones de las normas estatales (STS 23, de enero 1991).

Para concluir, como señala Costa Reyes: "El salario base sigue siendo una partida con un peso específico destacable en el salario, aunque no alcance los niveles de antes de la reforma de la Ley 11/1994, ni la normativa le otorgue un papel principal. Los sujetos colectivos parecen haber entendido la importancia de esta partida, y por ello han estabilizado su cuantía en el nivel medio, procurando compatibilizar, las exigencias de

---

[13] Pedrajas Moreno, A., *Nueva Regulación de la Estructura Salarial: Puntos críticos*. En: Actualidad Laboral, 1994, núm. 2, págs. 406 y 407. ISSN 0213-7097; Costa Reyes, A., *La nueva estructura del salario en la jurisprudencia y la negociación colectiva*. En: Relaciones laborales, 1999, núm. 1, págs. 423 y ss. ISSN 0213-0556.

[14] Mercader Uguina, *Modernas tendencias de la ordenación salarial: cambios productivos y reforma del mercado de trabajo*. En: Revista de Estudios Financieros, 1994, núm. 136. ISSN: 1138-9540; Alarcón Caracuel, M.R., *La regulación del salario*. En: AA.VV. *La reforma laboral de 1994*. Madrid: Marcial Pons, 1994, pág. 187 y ss. ISBN 84-7248-221-9.

[15] Monereo Pérez argumenta: "Ello no es sino una manifestación más de la crisis de la regulación social, a través de las reglas generales, y de la correlativa necesidad del tratamiento de los problemas mediante reglas concretas y extremadamente flexibles". Irti, N., *La edad de la descodificación*. Barcelona: Bosch, 1992.

[16] En el AINC (Acuerdo Interconfederal de Negociación Colectiva) no se establece la composición formal del salario, únicamente dice que deberá expresarse con claridad la definición de sus componentes. De otro lado, el AICV, pese a indicar que el salario base se podrá establecer por unidad de tiempo o de obra, señala una cuantía mínima para el salario base, por lo que esta cuantía termina retribuyendo el tiempo invertido. Ver: Convenio Danone, BOE 1996, 21 de mayo.

flexibilidad y adaptabilidad de las partidas vía complementos, y la garantía retributiva para los trabajadores vía salario base".

C) Características

Delimitado su contenido, pasemos a analizar las características que la doctrina tradicionalmente ha entendido como propias del mismo.

c.1) Básico

Cómo señala Rodríguez Sañudo[17], éste se consideraba base por ser cuantitativamente la partida más importante o el componente remuneratorio principal del salario. Siguiendo a Monereo Pérez, entendemos que procede replantearnos la denominación de básico y únicamente tomar el sentido de "base" o "umbral mínimo" sobre la cual se pueden añadir cualesquiera otros ingresos.

c.2) Obligatorio

Establece el legislador en el art. 26.3 ET que corresponde a los sujetos privados la determinación de la estructura salarial, pero que ésta "deberá comprender el salario base" –se trata de un mandato imperativo destinado a los agentes sociales–. Como dice Escudero Rodríguez: "No parece clara cuál es la razón por la que se impone esta exigencia. Entre las posibles puede estar, por un lado, la finalidad de asegurar al trabajador la percepción de una determinada cantidad de dinero por su prestación; pero este motivo decae al comprobar que el legislador no fija cuantía alguna para el salario base."[18] Lo cierto es, nos guste o no, que el modelo de descontractualización impuesto apuesta por la dilución del salario base a favor de otras fórmulas que se acomoden al escenario de las relaciones laborales del siglo XXI.

c.3) Residual y racionalizador

Rey Guanter y Cruz Villalón[19] exponen: "Las exigencias del principio de causalidad que es exigible a los complementos y la vocación totalizadora del Art. 26.3 TRET,

---

[17] Rodríguez-Sañudo Gutiérrez, F., "Complejidad y racionalización de la estructura del salario". En: REDT, 1994, núm. 17, pág. 38 ISSN 0212-6095.

[18] Escudero Rodríguez / Palomo Balda., *La Reforma del régimen de salarios*. En: *La Reforma del Estatuto de los Trabajadores*. M.E. Casas Baamonde (coord.). Madrid: La Ley-Actualidad, 1994, pág. 28. Nótese que al abrir además la posibilidad de fijar la cantidad por unidad de obra, no existe ninguna seguridad de percibir una determinada cantidad.

[19] Cruz Villalón, *Régimen Jurídico del salario como instrumento de política económica*. En: AA.VV. *Reforma de la legislación laboral*. Sevilla: Universidad, 1997. ISBN 84-472-0320-4; Rey Guanter, Salvador del (dir)., *La negociación colectiva tras la reforma laboral de 1994: perspectivas a la luz de los acuerdos colectivos de 1997*. Madrid: Consejo Económico y Social, 1998, págs. 177 y ss. ISBN 84-8188-075-2.

atribuyen al salario base un carácter residual. El salario base cumple también una función racionalizadora, al integrar en él todas las percepciones salariales que no pueden incluirse en alguno de los grupos de complementos señalados en el Art. 26.3 TRET, manifestándose así la relación género y especie que entre aquél y éstos existe". En contraposición, y siguiendo al sector doctrinal encabezado por Mercader Unguina, considero que el carácter residual tras la reforma del 94 entró cuando menos en crisis, entre otras razones, porque el nuevo texto no recoge una norma análoga al derogado Art. 10.1 in fine OM. OS (Ordenación del Salario). Respecto a su función racionalizadora, la evidencia demuestra la no necesidad de acudir al mismo, bajo las nuevas fórmulas de regulación salarial, y ello con fundamento en el carácter abierto de los distintos complementos contemplados en el Estatuto.

c.4) Modulador

Con ello hacemos referencia al posible papel que de módulo mínimo hace el salario base para el cálculo de los complementos. En este sentido, el derogado Art. 8 OS establecía: "Toda regulación salarial determinará el módulo o módulos que habrán de ser tenidos en cuenta a los efectos del cálculo y del abono de los complementos a que se contrae el Art. 5 de esa disposición".[20]

4. Complementos salariales

A) Concepto

La negociación colectiva, en general, los concibe como las cantidades que, en su caso, deban adicionarse al salario base por cualquier concepto distinto al de la jornada anual del trabajador y a su adscripción a un grupo profesional. Nuestro Estatuto regula los mismos con carácter adicional y facultativo: "...y, en su caso, complementos salariales fijados en función de circunstancias relativas a las condiciones personales del trabajador, al trabajo realizado o a la situación y resultados de la empresa, que se calcularán conforme a los criterios que a tal efecto se pacten". Los complementos de puesto de trabajo son en la actualidad producto de la complejidad que presentan las relaciones económico-laborales en sus distintas dimensiones, y de ahí que reciban por nuestro legislador un tratamiento abierto.[21]

B) Caracteres

Podríamos resumirlos en los siguientes:

---

[20] No obstante haber sido derogado el Art. 8 del Decreto 2380/1973, de 17 de agosto, sobre Ordenación del Salario, numerosos convenios mantienen ciertos complementos tomando como base el salario base.

[21] STSJ de Andalucía, de 30 de enero de 1995 (AS 194).

Causalidad. Ya que el fundamento último de los mismos, como dice Martín Valverde, es la existencia de una concausa que caracteriza al trabajo o al trabajador[22].

Dispositividad. El Art. 26.3 deja abierta a la voluntad de las partes la posibilidad o no de establecer complementos, por cuanto que su tenor literal dice: "...y en su caso". En esta misma línea, el Art. 12 del AICV, de 13 mayo de 1997 (Acuerdo Interconfederal de Cobertura de Vacíos) establece que la existencia de complementos requiere que la dirección de la empresa lo establezca o los pacte.

Numerus clausus: Siguiendo a la mayoría de la doctrina, y en base a la interpretación gramatical del Art. 26 ET, cuando en el mismo se introduce la expresión "deberá comprender", estamos hablando de tres tipos de complementos: personales, de trabajo y en función de la situación y resultados de la empresa. No obstante, esta interpretación no desdibuja la posibilidad de dotar a los mismos de un contenido elástico y amplio, pudiendo abarcar cualquier complemento con causa real.[23]

Carácter consolidable

La regulación del ET Art. 26.3 p. 2, ha remitido esta materia a la autonomía privada, pero fijando una regla supletoria en caso de que la autonomía privada no señale nada al respecto. Por lo tanto, serán las partes quienes determinen el carácter consolidable o no de los complementos que ellos mismos han fijado en primera instancia, y sólo en segunda instancia se pondrá en marcha la normativa vigente.

En ausencia de pacto, el Art. 26.3 del ET establece de forma clara que no tendrán ese carácter consolidable los que estén vinculados al puesto de trabajo o a la situación y resultados de la empresa, pero no aclara qué ha de entenderse por complementos de puestos de trabajo. En principio, los complementos de puesto de trabajo están funcionalmente ligados al trabajo realizado, por lo que habría que considerarlos, en sentido amplio, no consolidables.

Respecto a los denominados complementos de calidad y cantidad de trabajo, la doctrina no es coincidente. Si consideramos que no están vinculados al puesto de trabajo, no les alcanzaría el carácter de no consolidables en defecto de pacto. Sensu contrario, de entenderse que están incluidos dentro de la categoría de complementos de puesto de trabajo, sería de aplicación la previsión legal. A mi juicio, dichos complementos por su finalidad y contenido no deberían tener el carácter de consolidables en cualquiera de sus manifestaciones, debiéndoseles dar un tratamiento análogo a los de puesto de trabajo.

Queda por determinar qué ocurre con los "complementos personales". En mi opinión, *se presumen consolidables,* si bien se deberá analizar la causa a la que responde

---

[22] Ver STSJ Cataluña, de 12 de marzo de 1997. Alonso Olea-Casas Baamonde, *Derecho del Trabajo*, pág. 331.

[23] García Ninet, J.I. *Sobre modificaciones en la ordenación de la regulación del salario.* En: Tribuna Social, 1988, núm. 87, pág. 10. ISSN 1130-7331.

el complemento de forma individualizada.[24] Es decir, no se puede admitir su carácter de consolidables simplemente por contraposición a los complementos de puesto de trabajo.

C) Clases de complementos

c.1) Complementos personales

Con la derogación del Decreto 2380/1973 y la nueva redacción dada por la Ley 11/1994, corresponde a la autonomía privada la libre fijación de cuáles han de ser las condiciones personales del trabajador que se valoran como complemento personal. Los complementos personales se convierten en un *numerus apertus*, siendo creciente la tendencia a utilizar este tipo de complementos como auténticos instrumentos de individualización del trabajador, en aras a premiar características, habilidades, desempeño, etc.

No obstante lo anterior, y dada la importancia histórica que han tenido en el contexto negocial algunos de estos complementos, considero oportuno hacer aquí algunas puntualizaciones sobre los mismos:

- *El complemento de antigüedad* retribuye tanto la continuidad temporal y la fidelidad o vinculación como los conocimientos adquiridos por la experiencia. La devaluación del concepto viene como consecuencia de la desaparición, o si se quiere, falta de consideración del factor tiempo dentro del contexto organizativo, como productor de mejores derechos. A pesar de la eliminación de la antigüedad del art. 25 ET y su remisión a la autonomía privada, se hace referencia a la misma en el Art. 11.1.f y 2.i del ET, contratos formativos, y 14.3 ET, relativo al periodo de prueba.
- *Premios de vinculación:* Mediante los cuales se premia los años ininterrumpidos de servicio.
- *Complementos ad personam*: Tan solo reseñar cómo, bajo esta denominación, se han incorporado en los convenios multitud de partidas con distinto origen y finalidad: régimen asistencial, premios, etc.
- *Complementos personales (en sentido estricto):* Normalmente se otorga al empresario la plena facultad para concretar su contenido. En general retribuyen factores de confianza. En base a ello, se desarrollan pactos individuales con el empresario, que en algunos casos suponen una decisión unilateral de éste, traduciéndose en condiciones más beneficiosas para el trabajador.[25]

---

[24] STSJ del País Vasco, de 28 de enero de 1997 (AS 628).

[25] La doctrina de la condición; más beneficiosa, exige que ésta debe ser fruto de la voluntad deliberada de establecerla, sin que sea una mera situación de tolerancia; también se ha mantenido que no es mera persistencia en el tiempo lo que crea tal condición; esa persistencia deber ser indicativa de la voluntad del empresario de reconocer un beneficio.

c.2) Complementos de puesto de trabajo

Son el grupo más importante, tanto por su número como por su transcendencia, dentro de la política de compensación. Mediante los mismos se ofrece la posibilidad de concretar las funciones a realizar y ajustar la retribución del trabajador al marco de su prestación real y efectiva. Destacar, entre otros:

c.2.1) Complemento vinculado al contenido del puesto (grupos profesionales)

Por lo general, sus cuantías se reparten entre los convenios que establecen un porcentaje respecto a un módulo prefijado (o del salario base), y los que señalan una cifra preestablecida, igual o distinta según el grupo profesional del trabajador.[26]

c.2.2) Peligrosidad, toxicidad y penosidad

Respecto a los mismos, resaltar que se trata de complementos de puesto de trabajo y no de categoría o grupo profesional; esto no solo se ha puesto de relieve vía convencional, sino por la propia jurisprudencia; por ejemplo, STS de 23 de diciembre de 1997. Dando un paso más, la STS de 12 de mayo de 1997 especifica que se trata de una retribución fija y periódica, si se dan los requisitos para ello. Su percepción sólo es viable cuando, adoptadas las medidas preventivas pertinentes, medioambientales, ergonómicas, de maquinaria, etc., la actividad resulta especialmente gravosa para el trabajador. En base a lo expuesto, no deja de causar sorpresa cuando, de la lectura de determinados convenios, parece más bien un trueque de riesgo por dinero.

c.2.3) Plus de nocturnidad y turnicidad

Con el *"plus de nocturnidad"* se pretende resarcir al trabajador por los mayores perjuicios, perturbaciones y molestias personales, familiares, sociales y físicas que supone ejercer la actividad en la noche, pero este complemento "no retribuye la jornada nocturna, sino las horas trabajadas durante el periodo legalmente calificado como nocturno".[27] El Art. 36.2 ET corrobora lo dicho: "El trabajo nocturno tendrá una retribución

---

Cuando el trabajador goza de determinadas condiciones de trabajo con origen en un pacto individual con el empresario o en una concesión unilateral de este último, condiciones que con posterioridad son reguladas con carácter general de forma menos favorable, se mantienen las primeras por considerarse derecho adquirido por el trabajador, frente al establecimiento de aquella regulación de contenido inferior o menos favorable (TS 31 de mayo 1995 Ar. 4012).

Los beneficios o ventajas asignadas a una colectividad de trabajadores por acto unilateral del empresario, obliga a éste en los términos que han sido concedidos, y sólo hasta que sean sustituidos por una regulación convencional distinta, salvo que del acto de concesión resulte otra cosa (TS 22 septiembre 95, Ar. 6789; TS 16 de mayo de 1996, Ar 4467).

[26] Convenio Grupo Cruz Campo, S.A. (BOE de 6 de marzo de 1998).

[27] STSJ de Aragón, de 15 de julio de 1998 (aplicando la doctrina sentada en la STS de 1 de diciembre de 1997), explicita: "La previsión del Art. 36.2 ET es la de excluir la retribución específica del trabajo nocturno, cuando el salario se haya establecido atendiendo a que el trabajo sea nocturno por propia naturaleza".

específica que se determinará en la negociación colectiva, salvo que el salario se haya establecido atendiendo a que el trabajo sea nocturno por su propia naturaleza o se haya acordado la compensación de este trabajo por descansos".

El Art. 36.3 ET regula el denominado *"trabajo a turnos"*, sin que en esta ocasión exista remisión alguna a las partes para que establezcan una retribución específica. El legislador se limita a establecer la definición de este tipo de trabajo sin aludir a su compensación.

Queda por resolver la cuestión relativa a la compatibilidad o no entre ambos complementos (turnicidad y nocturnidad). La negociación colectiva no entiende que necesariamente hayan de ser incompatibles. Para los casos en los que nada se dice, en principio entendemos que el trabajador a turnos tiene derecho a percibir, además, el plus de nocturnidad si efectivamente trabaja en el periodo calificado como nocturno.[28]

c.2.4) Complemento funcional y de polivalencia

La movilidad funcional no es sino otra de las manifestaciones del poder de dirección (Art. 20 ET)[29]. Mediante este mecanismo, el empresario dentro de los límites establecidos legalmente (Art. 39 ET, en relación con el Art. 22 ET), puede cambiar las funciones, adaptando los recursos a las necesidades de la producción y puntas de la demanda, asegurando así una ocupación más eficiente de los mismos. Ejemplo de lo dicho sería la puesta a disposición de los trabajadores para una movilidad accidental o accesoria, en forma de retenes o refuerzos, lo que traería a colación la aplicación del complemento de movilidad funcional (TS, Sala de lo Contencioso-Administrativo, Sección 7ª, de 26 de febrero de 2002; TSJ Islas Baleares, de 28 de febrero; TSJ La Rioja, de 3 de noviembre de 2005.

Como extensión de lo anterior, estaría el complemento de polivalencia, el cual, como dice Alemán[30], "tendería a promover una capacitación integral, orientada a una lógica de constante actualización, de las aptitudes potenciales de los trabajadores", lo que se ha venido a llamar el jobenrichment[31]. Hay que advertir que este complemento

---

[28] Por vía convencional, históricamente se ha admitido la tesis expuesta; p.ej., Convenio Colectivo Endesa, BOE 7 de agosto de 1996. STSJ de Aragón de 19 de junio de 1996. En ella se pone de relieve cómo cada uno de los conceptos responde a una causa diferente y compensa un hecho distinto. Como ejemplo reciente, el Convenio Sector de la Limpieza de Edificios y Locales 2014 BOCAM. Art. 29.5:5. Plus de nocturnidad: Las horas trabajadas durante el periodo comprendido entre las 22.00 y las 6.00 horas tendrán una retribución específica incrementada en un 25 por 100 sobre el salario base. Si las horas trabajadas durante el referido periodo nocturno son iguales o superiores al 85% de la jornada del trabajador, se abonará el complemento como si la totalidad de la jornada se hubiera realizado en periodo nocturno.

[29] Lo que la doctrina denomina movilidad horizontal, y que es considerada como una manifestación del ejercicio normal del "ius variandi" del empresario, quien en principio no tiene otras limitaciones que el respeto de la titulación académica y la pertenencia al grupo profesional (Art. 39.1 ET).

[30] Alemán Páez, F., *La polivalencia profesional en el sistema español de relaciones laborales*. En: Relaciones Laborales, 1994, núm. 1, pág. 481. ISSN 0213-0556.

[31] J. Child, *Information, Technology, Organization and the response to strategic challenges*. En: California Management Review. University of California (Berkeley) School of Business Administration 1989. ISSN 0008-1256.

no tiene sentido, cuando la polivalencia se introduce por vía de una nueva clasificación profesional[32].

c.3) Complementos de calidad y cantidad

Resulta difícil establecer un concepto que recoja todos estos complementos; complejidad que alcanza a los propios tribunales, según los cuales se trata de remunerar "un mayor esfuerzo, dedicación, responsabilidad o capacitación del trabajador"[33].

Bajo el concepto de *primas e incentivos*, aparece el concepto genuino a través del cual el empresario tiene la posibilidad de remunerar un mayor esfuerzo, dedicación, cumplimiento de estándares, etc., compensando salarialmente la disposición y sujeción del trabajador a las necesidades empresariales. En un intento de armonizar los modelos utilizados para este tipo de incentivos, por razón de los destinatarios distinguimos:

1. Salarios con incentivos individuales al personal directo: a) El salario a destajo o por piezas. b) Sistema diferencial: Sistema Diferencial de Taylor, Plan de Merrick de Destajo Múltiple, Sistema Diferencial de Gantt. c) Salarios basados en la economía de tiempos: Sistema York, Sistema Halsey, Sistema Rowan, salarios por puntos o sistema de puntos Bedaux, etc.
2. Salarios con incentivos individuales al personal indirecto: a) Incentivo para verificadores de línea y producto terminado. b) Incentivo para el personal de Hubs. c) Incentivos para vendedores. d) Incentivos para mandos. e) Incentivos a directivos.

Entre la variedad de incentivos existentes, citar a título de ejemplo: a) Unidos a la "*cantidad*", los de flexibilidad horaria (incluye el método de retribuir el trabajo realizado en domingos y festivos)[34], los complementos extra-jornada (mientras dure la causa que lo genera)[35], pluses de actividad, asistencia o asiduidad (SAN. 147/2011, de 27 de octubre); asimismo, los denominados complementos de especial dedicación, los cuales suelen acoger una puesta a disposición de forma continuada, quedando la prestación laboral indeterminada e indefinida[36]. Dentro del apartado cantidad, no podemos dejar de referirnos a las *horas extraordinarias*[37]; siguiendo la línea mantenida por la jurisprudencia,

---

32 Román de la Torre Mª Dolores, *Poder de Dirección y Contrato de Trabajo*. Valladolid: Grapheus, 1993.

33 STSJ de Madrid, de 7 de marzo de 1997 (AS 798).

34 El plus de festivos ha sido considerado por la jurisprudencia, en su STS de 29 de septiembre de 1993, como un complemento de puesto de trabajo de índole funcional.

35 En estos casos, la prolongación de la jornada se establece voluntariamente mientras dure, teniendo el trabajador libertad para aceptarla.

36 Se compensa la puesta a disposición permanente y el exceso de jornada en cómputo anual. Ver Convenio Colectivo de Personal Laboral del Ministerio de la Presidencia.

37 STS 15-3-1991, A. 18611. Se niega que lo sean, y por tanto no son retribuidas como tales el tiempo de guardia en establecimientos sanitarios (STS 1 de febrero de 1991 Ar. 786); la asistencia domiciliaria que prestan los médicos de ambulatorios dentro de su horario, en el que se exige situación localizable sin presencia física en el lugar de prestación de servicio, tiene el mismo tratamiento (STS 18 de febrero de 1991 Ar. 847). Si deben considerarse horas

incorporamos este concepto dentro de aquellos que retribuyen una mayor cantidad de trabajo, no incluyéndolo dentro del salario base, y en todo caso declarando su incompatibilidad frente al concepto denominado de puesta a disposición[38]. b) Unidos a la *calidad* encontramos todas las primas e incentivos de rendimiento referenciados a este tipo de estándares (elaboración, control, contenido, etc.), los cuales suelen acogerse a un "plan de gestión de la calidad" y buscan incrementar la eficiencia en la organización.

c.4) Complementos en función de la situación y resultados de la empresa

Como se puede presumir, este grupo de partidas presenta importantes problemas de delimitación frente a otras figuras con las que puede llegar a identificarse. Nos estamos refiriendo a la "participación del socio" y a los "complementos por calidad y cantidad". En el primero de los supuestos, el problema deriva de aquellos casos en los que la totalidad de la retribución del trabajador se haga depender de los resultados empresariales. En este caso, el trabajador participa también de los riesgos empresariales, desvirtuándose con ello la naturaleza laboral del contrato del trabajo. Por ello, únicamente cuando la participación en dichos resultados económicos representa sólo una parte de la retribución se considera complemento salarial. En el segundo caso, hay que precisar que, mientras el complemento de calidad y cantidad está premiando el resultado individual del trabajador, en el supuesto que aquí nos ocupa, el reparto, se realiza sobre la base del rendimiento empresarial en su conjunto, es decir, de los resultados de empresa, del esfuerzo colectivo.[39]

Conviene señalar, que *el término resultados* implica la necesidad de que se cumplan determinadas metas previstas por la propia empresa, pero no necesariamente en términos estrictamente financieros. Salvo que la negociación colectiva o el contrato individual acuerden lo contrario, los complementos en función de la situación y los resultados de la empresa no son consolidables; es decir, que en ausencia de beneficios para la empresa, el trabajador pierde el derecho a percibir este concepto.

Otra cuestión a estudiar es *la cuantía a percibir*. En este punto podemos encontrarnos supuestos en los que lo percibido es una cuantía fija preestablecida, condicionada al cumplimiento de la causa que la genera. Lo normal, sin embargo, es un porcentaje o una cuantía variable, en función del grado de cumplimiento; en la mayoría de los casos, la determinación final de la cuantía a percibir depende de los indicadores de rendimiento, variando el porcentaje a recibir en función del cumplimiento de los mismos.

La participación en la productividad por economía de costes ("gain sharing"), junto a los incentivos basados en la participación en los beneficios ("profit sharing"), constituyen los dos principales sistemas de participación en los "resultados de la empresa".

---

extras el tiempo que el trabajador dedica a desplazarse desde el centro de trabajo a otro lugar, donde se le ordena la prestación del servicio, así como el tiempo de regreso (TS 24 de junio de 1992 Ar. 4669).

[38] STS de 28 de octubre de 1992.

[39] STSJ de Extremadura de 9 de abril de 1996.

a) Gain sharing: Son sistemas de incentivos de carácter variable, por los que la empresa, en reconocimiento al esfuerzo colectivo, comparte con los trabajadores determinados ahorros en costes, incrementos en la productividad o mejoras en la calidad[40]. El punto de partida es la elaboración de un "plan" por parte de la organización (plan de reparto de ganancias), donde se fijan unos objetivos a conseguir, los cuales están vinculados a estándares de rendimiento de carácter operativo: reducción en tiempos de producción, número de piezas defectuosas, etc.; los factores deben ser fácilmente manejables por los empleados y no siempre se vinculan a estándares de tiempos (que siempre hacen más complejo el sistema). Ejemplos de lo dicho son el plan Rucker, Improshare, Scanlom, etc.[41]

b) Profit sharing: Se vincula la posibilidad de que los empleados aumenten sus ingresos en la medida que aumente la rentabilidad de la empresa, estableciendo una relación entre el desempeño de la organización y la distribución de las ganancias entre los empleados. Ejemplo de lo dicho son los denominados "salarios proporcionales", que tienen su fundamento en un sueldo garantizado y una parte variable cuya cuantía depende de la marcha económica de la empresa, propiciando la conjunción entre los intereses de los empleados y los beneficios de los socios capitalistas –será un importante instrumento para flexibilizar los costes–. En todo caso, deberá ser autofinanciado y evitar su consolidación, como ha ocurrido en determinados sectores a través de las denominadas "pagas de beneficios"[42].

Instrumento típico de lo expuesto es el denominado *bonus*, uno de los complementos retributivos más utilizado por las empresas; y sin embargo, en muchas ocasiones, por una inadecuada estructuración, hace que sea foco de continuas controversias. Jurídicamente la figura del bonus no está regulada en nuestra legislación laboral, aunque existe una amplia jurisprudencia, en algunos casos contradictoria. En consonancia con el Tribunal Superior de Justicia de Madrid, en su sentencia de 22 de noviembre 1995, se postula el bonus como "una retribución o prima de naturaleza salarial, independiente del salario, que por graciosa concesión de la empresa se da a los trabajadores cuando

---

[40] Estamos dentro de lo que nuestro marco laboral denomina calidad, cantidad o productividad. P.ej., Poka-yoke (Baka-Yoke) es una técnica de calidad desarrollada por el ingeniero japonés Shigeo Shingo en los años 1960, que significa "a prueba de errores". La finalidad del Poka-yoke es la de eliminar los defectos en un producto, previniendo o corrigiendo los errores que se presenten en el menor espacio de tiempo posible. Una forma de hacer cosas a prueba de errores es diseñar (o rediseñar) las máquinas y herramientas (el hardware) de manera que el error humano sea improbable, o incluso imposible.

[41] Patricio Jiménez, *La retribución.* Madrid: ESIC, 2009, págs. 132 y ss.

[42] Baste recordar por ello cómo los antiguos planes de participación en beneficios entraron pronto en crisis. Dice De la Villa: "Es una crisis estrictamente jurídica, en el sentido de que la participación se ha desvirtuado y ha pasado a ser, en el mejor de los casos, un complemento salarial en sentido amplio. Complemento salarial que además, y esto es lo importante, ninguna relación guarda con los beneficios efectivos de la empresa. De la Villa., L.E. *La naturaleza jurídica de la participación en beneficios*. En: AA.VV. *Diecisiete lecciones sobre participación de los trabajadores en la empresa.* Madrid: FDUCM, 1967, págs. 247-249; Alonso Olea, "Introducción"; op. cit., pág. 340, subraya: "La participación en beneficios, si son realmente tales –lo que no es frecuente–, introducen muy peculiares elementos en el contrato de trabajo, al debilitar la garantía del salario a cargo del empresario mediante el robustecimiento de pactos parciarios, a través de los cuales acaba desembocándose en formas especiales del contrato de sociedad".

concurren determinadas circunstancias, generalmente ligadas a la productividad". Advertir que el uso del bonus limitado a determinados colectivos, así como la incorporación de reglas de abono que puedan introducir diferencias, no conculcan el principio de igualdad consagrado en el Art. 14 de la CE, si bien el límite vendrá impuesto en aquellas conductas del empresario que impliquen discriminación (STC 39/2003, de 27 de febrero de 2003).

No cabe duda que nos encontramos ante un sistema de incentivos, dentro de lo que el ET define "en función de los resultados de la empresa". Normalmente, y como hemos dicho, este sistema se encuadra "ab initio" como un acto unilateral de liberalidad del empleador, que deja de ser tal en el momento en que se incorpora al nexo contractual de los empleados; por lo que desde ese momento no podrá disponer sobre el mismo de forma unilateral y arbitraria, salvo que su liberalidad sea estricta. Es decir, si bien el otorgamiento adolece de cierto carácter discrecional por la fijación unilateral de condiciones y valoración de las mismas, una vez objetivadas estas, la negativa a su concesión queda sometida al control judicial, a fin de determinar si por causa de arbitrariedad o discriminación no existe justificación razonable para negar su concesión, de tal suerte que si el trabajador acredita a su favor indicios suficientes de la concurrencia o cumplimiento de los objetivos asignados, corresponda a la empresa justificar que la causa de su denegación está legitimada. En desarrollo del principio de proporcionalidad, la sentencia TSJ Madrid núm. 643/2005 (Sala de lo Social, Sección 5ª, de 12 de septiembre), referida al pago del bonus, expone: "Esta partida se devengará anualmente al cierre del ejercicio, condicionando su abono al cumplimiento de una serie de objetivos delimitados"; "El fundamento tiene su origen en una decisión empresarial de carácter unilateral, lo cual no implica que, establecido el sistema, el empresario pueda hacer del mismo algo arbitrario e injustificado".

Sin embargo, teniendo en cuenta que estamos ante un concepto salarial en función del trabajo realizado y de los resultados de la empresa (Art. 26.3 ET), no debe tener un carácter consolidable; el desarrollo de su forma y contenido debería permitir al empresario modificar su cuantía en función de las circunstancias de cada momento e incluso poder eliminarlo. Es decir, el abono del bonus en un determinado ejercicio no debe implicar necesariamente el abono en ejercicios posteriores; de ello se deduce la conveniencia de darle un tratamiento diferenciado respecto a las denominadas "comisiones".

El sistema de bonus presenta un punto de conflictividad especial en los supuestos de rescisión del contrato de trabajo, cuando el despido es declarado improcedente y en particular no ha finalizado el periodo de devengo. Esquemáticamente, las situaciones que se generan se pueden resumir de la siguiente manera.

1) No procede el pago de la parte proporcional del bonus:

   a) Si en el contrato se hubiere pactado la obligatoriedad de estar en alta en la empresa en una fecha determinada posterior a la fecha de despido.

   b) Si el pago del bonus se hace depender del cumplimiento de determinados objetivos y estos no se han cumplido.

c) Si el bonus depende de un acto graciable del empresario, ya que, como hemos explicado, no podría exigirse.

2) En los casos en que no se den las circunstancias anteriores, lo normal es que se dicte sentencia a favor del pago de la parte proporcional del bonus, siempre que se acredite el derecho al mismo.

Abundando en la problemática indemnizatoria, ver Sentencia T.S.J. Madrid 135/2013 de 18 de febrero. SSTS (24 de octubre de 2006; 25 de septiembre de 2008 y 6 de febrero de 2014).

c.5) Participación en el capital de la empresa

Desarrollaremos la práctica, cada vez mayor, de la participación de los trabajadores en el capital de la empresa. Su ubicación normativa obliga a incluirlos en lo que el estatuto denomina "resultados de la empresa"; sin embargo, dada la importancia y naturaleza ecléctica de algunas modalidades, he preferido darle un tratamiento separado. No obstante, y antes de pasar a su análisis, advertir únicamente que nos enfrentamos a un problema de economía del trabajo, y de hecho, las tesis sobre las que se sustenta el mismo se las denominó Weitzman economía de la participación[43].

La *participación en el capital* se hace a través de dos vertientes: los *top plans* –grupo reducido de directivos– o los *boards based plans*, los cuales buscan generar una cultura colectiva de equipo. Destacar aquí tres productos básicos dentro la casuística de esta modalidad:

- *Purchase restricted stock*: Adquisición de acciones con descuento sobre una cantidad limitada de ellas, los propietarios ponen límites para que no se pierda el control de la sociedad.
- *Restricted stock grant*[44]: Tanto las acciones como los dividendos son propiedad de los empleados, pero éstas no se consolidan hasta pasado un periodo mínimo de permanencia, por lo que sólo se pueden enajenar tras dicho periodo, o incluso sólo en la jubilación (*employee stock ownership plan* (sustituyendo parcialmente a los planes de pensiones)), o abandono de la empresa.
- *Stock options*: Múltiples son los contenidos que se desarrollan bajo esta denominación.[45] En un intento de aproximación dentro de la relación laboral, se con-

43 Weitzam, Martin L., *The Share Economy: conquering stagflation*. Cambrige (Mass): Harvard University Press, 1984. ISBN 0674805836.

44 Dentro de los modelos de compra restringida de acciones (restricted stock grant), los más conocidos son los denominados Plan de los Empleados para Adquirir Acciones (ESOP's Employee Stock Ownership Plan), los cuales nacieron en la segunda mitad de los años 80 en Estados Unidos, Gran Bretaña y Japón. En cierta manera, como hemos dicho, están sustituyendo a los fondos de pensiones.

45 Ver estudio de García Perrote, Ignacio., *La naturaleza no salarial de las opciones sobre acciones (stock options) (nota a la SJS núm. 30 de Madrid de 5 de junio de 2000)*. En: Relaciones Laborales, 2000, nº 2, 2000, págs. 64 y ss. ISSN 0213-0556.

figuran como un derecho que, de forma onerosa o gratuita, confiere la empresa al empleado para que éste, en un plazo determinado, pueda adquirir acciones de la propia compañía o de otra vinculada a la misma. Frecuentemente el valor de la acción es coincidente con el valor en bolsa el día que se otorga el derecho (en otros se establece una cantidad preestablecida indexada al valor de la acción), posibilitando que, tras el vencimiento y una vez ejercitado el derecho, el trabajador pueda percibir la diferencia de valor. Lo cierto es que la volatilidad bursátil puede llevar incluso a la desincentivación en los momentos en que el mercado presenta mayor inestabilidad. Las formas en que se establecen los planes de acciones son por ello muy variadas, dependiendo del momento en que se encuentre la empresa y del ciclo económico en cuestión. Junto al establecimiento de un valor (fixed value plan), otros vienen determinados por un número de acciones (fixed number plan) o podemos encontrarnos con un sistema mixto de los indicadores mencionados (megagrant plan).[46] Por todo lo dicho, no pasa desapercibido que estamos ante un negocio de carácter financiero y en mi opinión extramuros a la relación laboral, en sentido estricto.

Si bien en un primer momento tuvieron un tratamiento extrasalarial, la jurisprudencia ha ido evolucionado hasta reconocer la naturaleza salarial de las mismas, con el importante efecto que ello conlleva en términos de indemnización. Es de resaltar al respecto la sentencia del TSJ. de Madrid de 22 de febrero de 2001, la cual ha sido superada por el Tribunal Supremo en STS. 24 de octubre de 2001.[47] Respecto al cálculo de la indemnización y más exactamente el importe a tener en cuenta como consecuencia del ejercicio de las stock options, es de referencia la dictada por el Tribunal Supremo (STS. 3 junio 2008. RJ. 2008\3300). De cuyo contenido podemos extraer las siguientes conclusiones:

a) De las opciones de compra de acciones pueden derivarse dos ventajas o utilidades patrimoniales distintas, y sólo una de ellas puede, en su caso, ser considerada como salario e incluida por tanto en el cálculo de la indemnización de despido.

   – La primera utilidad, que es la que cabe considerar salario si se asigna en contraprestación del trabajo realizado, es la "constituida por la diferencia entre el precio de la acción en el mercado en el momento de adquisición y el precio de ejercicio del derecho pactado".

   – La segunda utilidad, que se produce ya fuera del marco de la relación de trabajo, y que carece en consecuencia de la condición de salario, es la obtenida por el trabajador, mediante un posible posterior negocio jurídico mercantil con un tercero, consistente en "la venta de las acciones que adquirió al ejercitar la opción".

---

46 En cuanto al funcionamiento de los planes de acciones, ver Sentencia Tribunal Superior de Justicia La Rioja núm. 377/2002 (Sala de lo Social, Sección Única), de 30 diciembre.

47 Lo cual, a mi juicio, hay que analizar con sumo cuidado y no trasladar sus efectos a la generalidad de las situaciones.

b) Hay que considerar que las opciones de compra de acciones tienen carácter salarial en cuanto a la diferencia entre el precio de la acción en el mercado en el momento de su adquisición y el precio de ejercicio del derecho pactado. Dado que con esta fórmula se retribuye el trabajo desempeñado por el trabajador, el período a tener en cuenta lo será *desde su concesión a su realización* por el trabajador, siendo adecuado para el cálculo distribuir la diferencia obtenida proporcionalmente a dicho periodo si es superior a un año, pues es el periodo de tiempo que se remunera.

5. Aspectos críticos en su tratamiento

El salario es, ha sido y será una de las principales palancas de gestión en materia de recursos humanos, de ahí la complejidad que presenta su tratamiento. Ante la imposibilidad de poner aquí de manifiesto toda la casuística, indagaremos en aquellos supuestos que bajo criterios de transcendencia o actualidad consideramos oportuno tener en cuenta.

A) Concurrencia de convenios

En primer lugar y como paso previo al análisis de la concurrencia, poner de relieve que la mayoría de los convenios a la hora de proceder a la agrupación u ordenación de las partidas que integran el salario –con base en el Art. 26.3 ET–, han optado por atender a las circunstancias que las determinan, esto es, salario base y complementos.

– Con la aparición de la Ley 11/1994, se inicia un proceso de apertura en materia de concurrencia de convenios colectivos, permitiendo, en palabras de Mercader[48], que en el ámbito superior a la empresa y con los requisitos del Art. 87 y 88 ET, se puedan negociar convenios que afecten a lo dispuesto en los de ámbito superior. Sin embargo, la prohibición se mantiene si, existiendo un convenio supraempresarial, se pretende negociar otro en el ámbito empresarial o viceversa.

– El Art. 84 ET (concurrencia de convenios), tras la reforma de la Ley 3/2012 incorpora a su redacción la preferencia aplicativa del convenio de empresa: "La regulación de las condiciones establecidas en un convenio de empresa, que podrá negociarse en

---

[48] Mercader Uguina, J.R., *Modernas tendencias en la ordenación salarial: la incidencia sobre el salario de la reforma laboral.* Pamplona: Aranzadi 1996, págs. 48 y ss. ISBN 84-8193-453-4, este autor señalaba: "El Art. 84 favorece un cierto proceso de articulación negocial y descentralización –en términos del AINC–". Así, dentro de la lista de materias no negociables –excluidas de la competencia de los convenios más reducidos–, sitúa fuera la salarial. Por lo que es perfectamente posible la concurrencia de dos convenios supraempresariales, como consecuencia de la renegociación en un ámbito inferior de lo establecido en uno superior. Siendo de aplicación el convenio concurrente supraempresarial inferior; Martínez Emperador, R., *La negociación colectiva en la Ley 11/1994, de 19 de mayo, de reforma del Estatuto de los Trabajadores y del Texto articulado de la Ley de procedimiento Laboral*, en Estudios de Jurisprudencia: Revista Colex, 1994, núm. 11, pág. 259. ISSN 1132-3078.

cualquier momento de la vigencia de convenios colectivos de ámbito superior, tendrá prioridad aplicativa respecto del convenio sectorial estatal, autonómico o de ámbito inferior en las siguientes materias", y dentro de las mismas se contemplan la cuantía del salario base y de los complementos salariales, incluidos los vinculados a la situación y resultados de la empresa, así como el abono o la compensación de las horas extraordinarias y la retribución específica del trabajo a turnos (Art. 84.2.a) y b)).

Como regla general se mantiene en la actualidad el *principio de no afectación*; es decir, durante la vigencia de un convenio no podrá verse afectado por otro convenio de ámbito distinto, salvo pacto en contrario con arreglo al Art. 83.2 ET. Sin embargo, dicho principio tiene dos importantes excepciones: lo manifestado en materia de convenios de empresa y la posibilidad en el ámbito de una Comunidad Autónoma de negociar acuerdos o convenios que afecten a lo dispuesto en los de ámbito estatal siempre que dicha decisión obtenga el respaldo de las mayorías exigidas (Art. 84.3 ET)[49].

B) Cláusulas de descuelgue salarial

La doctrina mayoritaria tradicionalmente ha entendido que dichas cláusulas debían reunir necesariamente los siguientes requisitos: explícitas, causadas objetivamente, proporcionales, por duración determinada y congruentes en el binomio situación económica vs tratamiento salarial.[50] Con anterioridad a la reforma del 2010, las condiciones para llevar a cabo el descuelgue salarial dependían en primer lugar de lo previsto en el convenio de ámbito superior a la empresa. Sólo en el supuesto que no se contemplara en dicho ámbito, la empresa y los representantes de los trabajadores estaban autorizados.

Con la reforma del 2010 a partir del 18-06-2010, la empresa y los representantes de los trabajadores pueden acordar la inaplicación de los niveles salariales del sector, como medida temporal (revestida de una gravedad mayor que una modificación sustancial de las condiciones de trabajo), rompiéndose el equilibrio existente hasta la fecha entre sector y empresa, por lo que, a mi juicio, se puede calificar dicha medida como una de las más importantes dentro de la reforma.

No obstante, la reforma del 2010 resultó insuficiente, procediéndose mediante la Ley 3/2012 a una nueva redacción del Art. 82.3 del ET, en virtud de la cual se hace posible el descuelgue de convenio, estableciendo entre otras materias la cuantía de la remuneración, además del sistema de remuneración ya previsto anteriormente. Con

---

[49] Apartado 3 del Art. 84 ET: Salvo pacto en contrario negociado según el artículo 83.2, los sindicatos y las asociaciones empresariales que reúnan los requisitos de legitimación de los artículos 87 y 88 de esta Ley podrán, en el ámbito de una Comunidad Autónoma, negociar acuerdos o convenios que afecten a lo dispuesto en los de ámbito estatal siempre que dicha decisión obtenga el respaldo de las mayorías exigidas para constituir la comisión negociadora en la correspondiente unidad de negociación.

[50] Cumpliendo estos requisitos, si, iniciada una negociación, y dándose una situación de pérdidas, no se llegaba a un acuerdo con la representación social, podrá producirse el descuelgue STSJ Galicia, 26 de enero, de 1996 (AS 1996, 13).

la normativa en vigor, el descuelgue opera tanto respecto al convenio sectorial como respecto al convenio de empresa, siempre que esté fundado en las causas señaladas en el apartado 3 del Art. 82 ET: "Sin perjuicio de lo anterior, cuando concurran causas económicas, técnicas, organizativas o de producción (...) se podrá proceder, previo desarrollo de un periodo de consultas en los términos del artículo 41.4, a inaplicar en la empresa las condiciones de trabajo previstas en el convenio colectivo aplicable, sea este de sector o de empresa".

C) Dobles escalas salariales

Respecto al fenómeno de las denominadas "dobles escalas salariales", hay que poner de manifiesto cómo los tribunales manifiestan reiteradamente que, en principio, no se puede imponer al empresario un tratamiento idéntico para todos los trabajadores; por lo tanto, sólo serían inconstitucionales las diferencias que vulneraran el principio de igualdad o fueran manifiestamente arbitrarias (STS de 4 de febrero de 1994 "AS795").

Dicho lo anterior, nuestros tribunales matizan que no son admisibles las diferencias basadas en la fecha de ingreso o en el tipo de contrato. En este sentido, recordamos cómo el Tribunal Constitucional, en STC 177/1993 de 31 de mayo (RTC 1993,177), precisó: "La modalidad de adscripción no puede, por sí misma, justificar el distinto tratamiento retributivo de estos dos grupos de trabajadores –fijos y temporales–, ya que su impacto destruye la proporcionalidad derivada de la duración de los respectivos contratos; proporcionalidad que es uno de los aspectos de la igualdad". En la misma línea, el TS en 1991, dictó sentencia de 13 de mayo, en la cual, sobre la premisa de que la empresa no está vinculada por un principio absoluto de igualdad de trato, nunca deberá justificar la desigualdad en causas discriminatorias en base a la modulación de los contratos en el tiempo".[51]

Interesante es la sentencia del TC 36/2011 de 28 de marzo de 2011, para el supuesto de que la doble escala salarial proceda de una decisión unilateral de la empresa con efectos colectivos[52]. Partiendo de la premisa que a las fuentes colectivas (legales o con-

---

[51] Respecto a la posibilidad de aplicar dobles escalas salariales, justificadas en un menor rendimiento fruto de un periodo de aprendizaje o prácticas (STC 177/1993, de 31 de junio (RTC 1993), STSJ Madrid 26 de junio 1990. Ver: Convenio Colectivo Sandoz SA.

[52] Sentencia del Tribunal Superior de Justicia de Valencia, de 27 de septiembre de 2005, que resuelve el recurso de suplicación interpuesto por las demandantes, desestimando la pretensión en base a que la fuente que origina la desigualdad retributiva o doble escala salarial, es una decisión unilateral de la empresa tomada en el ejercicio de su autonomía de la voluntad, consistente en una retribución mucho más favorable que la recogida en el convenio colectivo aplicable e incorporada a los contratos de trabajo existentes, hasta la fecha en que la empresa decide modificar el sistema retributivo y sus cuantías para los trabajadores de nuevo ingreso. La citada sentencia considera, además, que no es aplicable en este caso el *principio de igualdad* que rige sólo para *fuentes legales o convencionales*. Dicha sentencia fue recurrida ante el Tribunal Constitucional, dando lugar a la sentencia citada TC 36/2011 (objeto de la presente nota).
Sintetizando la argumentación de la sentencia del TC, destacar:
"...La autonomía individual de la empresa puede establecer mejores condiciones de trabajo que las derivadas de la ley o el convenio colectivo; en cambio, no está legitimada para crear unilateralmente condiciones de trabajo

vencionales) les es de aplicación el principio de igualdad, mientras que a las fuentes no colectivas no se les aplica ese principio de igualdad, sino el principio de prohibición de discriminación (principio que permite un trato desigual, siempre que ese trato desigual no se base en uno de los motivos típicamente prohibidos por la norma: en razón de raza, sexo, origen, etc.).[53] El TC, en el caso de autos, entiende que estamos ante una fuente no colectiva, por lo que es de aplicación el principio de prohibición de discriminación, no encontrando fundamento para justificar la vulneración del mismo.

D) Autonomía individual y colectiva

No es nueva la problemática respecto a la concurrencia de la autonomía individual y colectiva, y la posibilidad por parte del empresario en el ámbito de su poder de dirección, de atribuir a determinados trabajadores determinados conceptos salariales, rompiendo la conformación colectiva de condiciones uniformes (Ver nota epígrafe anterior). En este orden de cosas, entendemos que la autonomía colectiva no puede anular la autonomía individual, desempeñando la autonomía individual un papel complementario; de contrario, la autonomía individual no puede invadir la esfera propia de la negociación colectiva, ya que estaríamos ante una conducta claramente antisindical. El Tribunal Supremo, en su sentencia de 21 de junio de 1994, admite la posibilidad

colectivas (STC 107/2000 y 225/2010), en las que se niega esta posibilidad de crear condiciones de trabajo colectivas al ámbito individual por suponer un desconocimiento del derecho a la negociación colectiva".

"...Asentado lo anterior, no se puede hablar en el caso de autos de *contratación individual en masa,* ya que no se trata de pactar un cambio de condiciones de trabajo vigentes (ver STC 105/1992, "que zanjó la posibilidad de un uso 'masivo' de la autonomía individual como mecanismo de sustitución de la negociación"), siendo más cierto que estamos ante lo que se conoce como condición más beneficiosa de efectos colectivos (condición beneficiosa que no precisa esa nota de duración o permanencia para que exista la obligación; lo esencial radica en determinar que ha habido un acto de voluntad empresarial de obligarse para el futuro (SSTS de 18 de septiembre de 2001, RJ 2002, 590; 30 de mayo de 2001, RJ 2001, 5457; 19 de marzo de 2001, RJ 2001, 4104; 29 de marzo de 2000, RJ 2000).

"...En el supuesto que nos ocupa estamos ante un mayor beneficio que cumple los requisitos jurisprudenciales para ser considerado como condición más beneficiosa, al existir voluntad empresarial de conceder la mejora, se aplicó dicha condición durante años por igual a todos los trabajadores de la empresa –en este caso el sistema retributivo y su cuantía–, tiene su origen en la concesión unilateral y se incorpora, por la regularidad en su disfrute y la persistencia en el tiempo, al nexo contractual. Siendo así, esta manifestación de la autonomía individual permitiría a la empresa disponer de su otorgamiento o no a las nuevas contrataciones –que es lo que sucede en el caso de autos– modificando las condiciones salariales para los trabajadores de nuevo ingreso".

Dado que a este ámbito individual de las relaciones laborales privadas no le es de aplicación el principio de igualdad, se aplica por la sentencia el de prohibición de discriminación. Finalmente, la sentencia concluye analizando la medida empresarial en relación con Art. 14 CE y Art. 17 del Estatuto de los Trabajadores, llegando a la conclusión de que no existe discriminación por ninguna de estas causas: "una diferencia salarial basada en la fecha de contratación no puede considerarse incursa en alguna de las causas de discriminación prohibidas por la Constitución o por la ley" (a mi juicio, por tener efectos colectivos, debería ser de aplicación el principio de igualdad a dicha condición más beneficiosa).

53 Falguera Baró, M.A. *La dobles escalas salariales en función de la fecha de ingreso del trabajador y el derecho a la igualdad.* Albacete: Bomarzo, 2006. ISBN 84-96721-04-3; Gualda Alcalá, F.J. *Una aproximación a la reciente doctrina constitucional sobre la doble escala salarial.* En: Revista de Derecho Social 2002, núm. 20. ISSN 1138-8692; Luján Alcaraz, J. *Dobles escalas salariales*; Luelmo Millán, M.A. *La doble escala salarial en la negociación colectiva.* En: Aranzadi Social, 2005, núm. 5.

de implantar unilateralmente por el empresario un concepto retributivo no previsto en convenio colectivo, amparándose en el denominado poder de dirección del empresario, y con el límite de no poder imponer este último condiciones menos favorables o contrarias al convenio colectivo[54]. Sin embargo, la cuestión no es históricamente pacífica, encontrándonos zonas grises donde se instrumentalizan soluciones diversas, como veremos al tratar el tema de la autonomía individual vs colectiva (negociación colectiva).

E) Compensación y absorción

Ponemos aquí de relieve el mecanismo de compensación y absorción, que a tanta equivocidad conceptual ha dado lugar. A pesar del desarrollo doctrinal que sobre dicha posibilidad se ha articulado, opera sólo entre conceptos salariales homogéneos[55]. Dicho mecanismo comporta un derecho subjetivo que se le otorga al empresario, a través del cual puede evitar una acumulación progresiva de las mejoras salariales, de forma que estas mejoras no puedan equipararse a un derecho pleno y consolidado. En palabras de Manuel Iglesias. "… su precariedad no reside en el acto y en el modo de la concesión cuánto en la conservación y extinción, pues la absorción y compensación marcan la temporalidad y la inconsistencia de la mejor condición.[56] Resumiendo lo dicho, la compensación y la absorción se traducen, desde un punto de vista finalista, en un mecanismo uniformizador de la estructura salarial".

A título de ejemplo por su novedad, citar la sentencia del TS 21 de enero de 2014. En esta sentencia, el TS desestima el recurso de casación promovido por la parte social

---

54 Ver la STS respecto al denominado Plus de Mercado, 30 de abril de 1994 RJ. 1994, Art. 3475.

55 La regla establecida en el Art. 26.5 ET es la de compensación y absorción "cuando los salarios realmente abonados en su conjunto y cómputo anual sean más favorables para los trabajadores que los fijados en el orden normativo o convencional de referencia". Los conceptos deberán ser homogéneos.
Así, el salario de convenio que es retribución por unidad de tiempo, y un complemento de cantidad o calidad de trabajo solamente abonado, no son compensables ni absorbibles por ser componentes salariales heterogéneos, aunque no esté previsto su prorrateo en el convenio colectivo, y hayan de ser abonados en su vencimiento. El quebranto de moneda no puede ser absorbido o compensado por el complemento salarial de puesto de trabajo, consistente en un porcentaje del salario. De reciente ejemplo, las SSTS de 06/10/08 –rcud 4461/07–; 04/02/09 –rcud 2477/07–; 27/02/09 –rcud 439/08–; 21/10/09 –rco 35/09–; y 01/12/09 –rco 34/08–); afirmación de la necesaria homogeneidad que "puede obtenerse a través del *método inductivo, consistente (al contrario que el deductivo)* en extraer la consecuencia genérica con base en el examen de varios supuestos particulares en cada uno de cuyos casos concretos se haya llegado a la misma consecuencia específica" (STS 06/03/07 –Rec. 5293/05–), pero que de todas formas se ha relativizado en algunos supuestos, como ha sido en el de los conceptos retributivos antigüedad y salario base (sirvan como indicativas las SSTS 18/07/96 (citada anteriormente) –Rec. 2724/95–; 26/03/04 –Rec 135/03–; y 06/03/07 –Rec 5293/05–), habiéndose sostenido igualmente que "la exigencia de homogeneidad, al menos cuando se trata… de remuneraciones complejas, debe atenerse a los términos, modo y extensión en los que han sido pactadas, máxime si… ello no supone disponer de ningún derecho necesario de los reconocidos como indisponibles por convenio colectivo" (así, STS 29/09/08 –Rec.2255/07–). Con lo que parece apuntarse al paso desde una exigencia de estricta homogeneidad a la de posible neutralización entre conceptos que por genéricos –no determinados por condiciones de trabajo singulares u obligaciones adicionales del trabajador– resulten homogeneizables" (TS. 20 de julio de 2012).

56 Iglesias Cabero, M. *Autonomía individual y principio de igualdad en la fijación de los salarios en la empresa.* En: Actualidad Laboral, 1996, núm. 1 pág. 85. ISSN 0213-7097. Del mismo autor, en un importante análisis jurisprudencial, *Absorción y compensación en la retribución del trabajo.* En: Actualidad Laboral, 1985, núm. 1, págs. 1375 a 1389.

y confirma la validez de la absorción y compensación del complemento personal con los incrementos salariales derivados de la promoción profesional o mayor antigüedad. Pese a una falta de homogeneidad en los conceptos a compensar, el acuerdo expreso en tal sentido entre las partes permite la compensación y absorción, sin que dicho acuerdo vulnere el principio de indisponibilidad, del Art. 3.5 ET. No es posible apreciar una condición más beneficiosa, al ser requisito a tal efecto el voluntario reconocimiento de un derecho o una voluntad inequívoca de su concesión. En línea con lo anterior, la sentencia del TS de 13 de marzo de 2014 pone de manifiesto que la existencia de un marco convencional estatutario y de un acuerdo individualizado, hacen de la absorción y de la compensación un instrumento lícito en el ámbito de autorización del Art. 26 del ET, excluyendo como obstáculo el requisito de homogeneidad. A mayor abundamiento, SSTS de 24-4-2013 (Rec. 16/2012) y de 3-7-2013.

F) Ajustes salariales mediante modificaciones sustanciales

Respecto a la problemática de los ajustes salariales mediante modificaciones sustanciales de trabajo, lo trataremos más profusamente en el capítulo correspondiente. Únicamente señalar aquí que es a partir de la ley 3/2012 cuando se abre la posibilidad real de alterar, además del sistema de remuneración, la cuantía salarial (Art. 41.1.d)[57]. A raíz de la reforma laboral, se contempla la posibilidad modificar el salario pactado o las condiciones salariales más beneficiosas concedidas en su día, con arreglo a las formalidades previstas en el apartado 3 y 4 del Art. 41 ET.

Un problema que se plantea es el de la *cuantía de la modificación*. Está claro que no estamos hablando de modificación convencional, ya que en ese caso se deberá acudir por mandato del apartado 7 del Art. 41 ET al Art. 82.3 del mismo cuerpo legal. Deberá respetarse en todo caso lo dispuesto en convenio colectivo, es decir, aplicarse sólo a las cuantías salariales superiores a las mínimas del convenio colectivo de aplicación. Ahora bien, fijado dicho límite retributivo inferior, el legislador no fija más criterios, por lo que la cuantía no se verá limitada por ningún tipo de indicador. Como dicen algunos autores, "nos encontramos ante una facultad, a favor de la empresa, de modificación sin matices". Realmente estamos ante una medida que trasforma el sistema de relaciones laborales, por cuanto que afecta a uno de los elementos básicos del contrato de trabajo de forma radical. Bastará justificar las causas, que para el caso de modificaciones sustanciales se atemperan respecto a otras medidas, al aludir a conceptos indeterminados como la "competitividad, productividad u organización técnica o del trabajo en la empresa", y eso sí, justificar

---

[57] En este sentido, recomiendo la STS 4ª 8 de enero del 2000; La TSJ de Andalucía, 30 de enero de 1995, califica como modificación del sistema de remuneración la reducción salarial unilateral, por parte del empresario, del importe pagado diariamente a los trabajadores en concepto de guardias médicas, manteniendo inalterada la estructura salarial; TSJ, de Castilla La Mancha, 19 de mayo de 1995 AS 2130, considera como modificación sustancial del sistema de remuneración el cambio del trabajador a un puesto de trabajo en el que no se devenguen incentivos en igual medida que en el que antes se desempeñaba; TSJ de Cataluña de 10 de enero de 1994 (AS 1994, 140), considera implícitamente modificaciones sustanciales aquellas que afectan a las retribuciones o derechos económicos de los trabajadores.

la proporcionalidad de la medida. Advertir que la medida se acentúa bajo dos parámetros, de un lado el temporal, por cuanto que dicha medida no está sujeta a límite temporal, pudiendo tener carácter indefinido (a diferencia de la temporalidad del descuelgue salarial), y de otra, indemnizatorio por cuanto que en este supuesto el trabajador tiene derecho a una indemnización limitada a veinte días de salario por año trabajado con el tope de nueve mensualidades, cuando se sienta perjudicado o la decisión se estimase justificada y no se incorporase a sus condiciones anteriores (Art. 138.7 LJS).

G) La prohibición de discriminación salarial

La diferencia salarial entre hombres y mujeres refleja la discriminación y las desigualdades existentes en el mercado laboral que afectan principalmente a las mujeres[58]. El resultado es una brecha salarial media en la UE del 16% por hora; España se sitúa en el 17,8%. Entenderemos tal discriminación cuando la desigualdad está únicamente justificada en su exclusividad por la distinta condición sexual del individuo[59]. Importa significar que la desigualdad salarial en sí misma considerada, no tiene por qué suponer discriminación y por tanto no es anticonstitucional. En este orden de cosas es significativa la reciente sentencia del Tribunal Supremo (STS 14 de mayo de 2014, Rec nº 2328/2013): "... un plus voluntario, cuya finalidad, según quedó acreditado (h. p. 7º) no era más que compensar las tareas de los trabajadores". "...Y aunque precisamente, por esa liberalidad, el empresario privado no está obligado a otorgar un trato igual o uniforme a todos sus trabajadores, pudiendo establecer aquellas diferencias que le parezcan más convenientes en orden a sus propios intereses empresariales, lo que no puede hacer, sin demostrar que exista para ello una causa objetiva y razonable que lo justifique, es asignar unas cantidades significativamente inferiores en los departamentos integrados exclusivamente por mujeres respecto a las que otorga en los departamentos muy mayoritariamente ocupados por hombres".

H) La importancia de la equidad salarial

Aparece como factor determinante para la correcta utilización del trabajo, en términos de eficacia y eficiencia[60]. En la dinámica del mercado actual, resulta imposible

---

58 Fuente: ec.europa.edu/justice 2014 (El País, en fecha 30 de marzo del 2001, nos situaba en un diferencial del 24.5%).

59 Peinado, M. A. *Análisis de las diferencias salariales por sexo*. En: Economía y Sociología del Trabajo, 1991, núm. 13 y 14, págs. 43 y ss. ISSN 0214-6029. Sobre los denominados trabajos de cuello rosa: bibliotecarias, enfermeras, maestras, etc. Ver: Stigliz, Economía. Barcelona: Ariel, 1993, págs. 583 y ss. Samuelson. Economía, op. cit., apunta cómo lo que en realidad debería de ser una división biológica del trabajo, se convierte en una condicionante laboral. Ver sentencia STC 145/1991, que sobre un asunto de limpiadoras del Hospital Gregorio Marañón, introduce el concepto de discriminación indirecta, aplicado posteriormente en STC 58/1994.

60 Solow, R.M. *El Mercado de Trabajo como Institución Social*. Madrid: Alianza, 1992, págs. 71 y ss. ISBN 84-206-6802-8; Meixide, A. *Salarios y mercado de trabajo: Controversia y evidencia empírica*. En AA.VV. *Mercado de trabajo y la estructura salarial*. Madrid: Ministerio de Trabajo y Seguridad Social, 1987, págs. IX y ss. ISBN 84-7434-434-4;

condicionar la estructura salarial únicamente a la mera intersección entre la oferta y la demanda, interviniendo a nivel micro factores complejos, como pensamiento, responsabilidad, habilidades, experiencia, etc., que objetivados adecuadamente propugnan una homogeneidad salarial diferenciada en base a escalas, niveles, rangos. etc. En todo caso y con independencia de los criterios utilizados, se deberá evitar en la selección y determinación de los factores elegidos la discriminación directa o indirecta, a la que hemos aludido en el epígrafe anterior.

I) Salario, empleo y empleabilidad

Por último, no olvidar la dialéctica salario, empleo y empleabilidad, ya que en gran medida la estructura salarial de las organizaciones y su grado de coherencia interna favorecerán a medio y largo plazo el nivel de fidelización y retención de talento en la organización. Paralela y complementariamente, será necesario dotar al marco salarial de mecanismos de flexibilidad interna, acordes con un entorno cambiante y cíclicamente convulsivo, mecanismos que activen y propugnen la empleabilidad por encima de todo (lo que no es sinónimo de comportamientos abusivos por parte del empleador).

J) Garantías del salario (Art. 32 y 33 ET)

Dentro de las mismas distinguiremos:

a) En caso de insolvencia del empresario o concurso, los créditos de los trabajadores están protegidos mediante garantías. El *Fondo de Garantía Salarial* (Art. 33 ET), con personalidad jurídica y capacidad de obrar para el cumplimiento de sus fines, abonará a los trabajadores el importe de los salarios pendientes de pago a causa de insolvencia o concurso del empresario[61]. Se entiende que existe insolvencia del empresario cuando, instada la ejecución, no existe satisfacción de los créditos salariales; la insolvencia (con audiencia del FOGASA) tendrá carácter provisional hasta que se conozcan los bienes del ejecutado o se realicen los bienes embargados.

- Respecto a los *salarios*, el Fondo abonará un importe nunca superior a la cantidad resultante de multiplicar el doble del salario mínimo interprofesional diario, incluyendo la parte proporcional de las pagas extraordinarias, por el número de días de salario pendiente de pago, con un máximo de ciento veinte días. El importe del salario debe estar reconocido en acto de conciliación (previo o judicial) o resolución judicial.
- En cuanto a las *indemnizaciones*, el Fondo abonará directa o subsidiariamente (declaración de insolvencia empresarial o concurso) las indemnizaciones

Rodríguez Sañudo, F. *Complejidad y racionalización de la estructura del salario*. En: Revista Española de Derecho del Trabajo, 1984, núm. 17, págs. 34 y 36. ISSN 0212-6095.

[61] Ley 22/2003. ET. Art. 57 bis.

correspondientes a las extinciones de los contratos con el límite máximo de una anualidad, sin que el salario diario, base del cálculo, pueda exceder del doble del salario mínimo interprofesional, incluyendo la parte proporcional de las pagas extraordinarias. El cálculo de la indemnización tomará como base (30 días) por año de servicio, excepto en extinciones colectivas y despido objetivo (20 días) y contratos temporales (12 días 1.1.2015). Las indemnizaciones deberán estar reconocidas en sentencia, auto, acto de conciliación judicial o resolución administrativa.

b) *Carácter privilegiado del crédito salarial (Art. 32 ET)*: En los casos que la empresa haya contraído deudas y no pueda hacer frente a las mismas, la ley fija un orden de cobro, dotándose de carácter preferente a las deudas que tienen por origen la remuneración por el trabajo realizado. Este sistema de garantías también abarca las prestaciones de la Seguridad Social, pero no abarca las mejoras voluntarias. Existen distintos niveles de protección, distinguiéndose entre preferencias generales, especial refaccionaria y general ordinaria.

c) *Inembargabilidad del salario (Art. 27.2 ET)*: Frente a las acciones ejecutivas de naturaleza patrimonial, el salario del trabajador es inembargable en la cuantía equivalente al SMI, frente a los acreedores ordinarios del empresario. Los salarios superiores al SMI gozan de inembargabilidad relativa, ya que se podrán embargar conforme a los porcentajes establecidos en el *Art. 607.1 de la Ley 1/2000 de 7 de enero de Enjuiciamiento Civil*.[62]

d) *Interés por mora en el pago del salario*: Como ya hemos expuesto anteriormente, el empresario debe ser puntual en el pago del salario; de no ser así, tendrá que abonar un interés por mora del 10% anual de lo adeudado.

---

[62] Art. 607 ET:
1. Es inembargable el salario, sueldo, pensión, retribución o su equivalente, que no exceda de la cuantía señalada para el salario mínimo interprofesional.
2. Los salarios, sueldos, jornales, retribuciones o pensiones que sean superiores al salario mínimo interprofesional se embargarán conforme a esta escala:
1.º Para la primera cuantía adicional hasta la que suponga el importe del doble del salario mínimo interprofesional, el 30 por 100.
2.º Para la cuantía adicional, hasta el importe equivalente a un tercer salario mínimo interprofesional, el 50 por 100.
3.º Para la cuantía adicional, hasta el importe equivalente a un cuarto del salario mínimo interprofesional, el 60 por 100.
4.º Para la cuantía adicional, hasta el importe equivalente a un quinto del salario mínimo interprofesional, el 75 por 100.
5.º Para cualquier cantidad que exceda de la anterior cuantía, el 90 por 100.

PARTE II

VICISITUDES DEL CONTRATO DE TRABAJO

Tema 6

La suspensión del contrato de trabajo

1. Desarrollo normativo
2. Delimitación y contenido
3. Los efectos de la suspensión
4. Las causas de suspensión previstas en el estatuto de los trabajadores

1. Desarrollo normativo

En el régimen vigente hasta la promulgación del Estatuto de los Trabajadores, las circunstancias suspensivas respondían a principios diferentes, teniendo su propio y particular régimen jurídico. La Ley 8/1980, de 10 de marzo, no define lo que es la suspensión, incluyendo dentro de la misma bajo un común denominador diferentes figuras con identidad propia. A pesar de un aparente carácter limitativo y tasado, el propio legislador abre la puerta a la autonomía de las partes para introducir en la relación individual de trabajo otras circunstancias suspensivas, pudiendo igualmente a través de la negociación colectiva ampliarse los supuestos suspensivos (siendo indisponibles las normas relativas a la Seguridad Social). Bajo el mismo criterio, las sucesivas reformas introducidas hasta la actualidad han ido ampliando el número de supuestos (Art. 1, Ley 3/1989, de 3 de marzo, por la que se amplía a dieciséis semanas el permiso de maternidad y se establecen medidas para favorecer la igualdad en el trabajo; Art. 5, Ley 11/1994, de 19 de mayo, por la que se modifican determinados artículos del Estatuto de los Trabajadores, del Texto articulado de la Ley de Procedimiento Laboral y de la Ley sobre Infracciones y Sanciones en el Orden Social; Art. 3, Ley 39/1999, de 5 de noviembre, de Conciliación de la vida laboral y familiar de las personas trabajadoras; Disposición Adicional décimo primera. Siete. Ley Orgánica 3/2007, de 22 de marzo, para la igualdad efectiva de mujeres y hombres). La actual redacción del Estatuto de los Trabajadores regula esta institución en sentido estricto en la Sección Tercera, Capítulo III ("Modificación, suspensión y extinción del contrato de trabajo") del Título I del Estatuto de los Trabajadores (Arts. 45 a 48). Lo cierto es que las causas que permiten suspender el contrato de trabajo no son sólo las que cita el Art. 45 ET, pues existen otros preceptos concordantes que prevén nuevas circunstancias suspensivas, o el supuesto "particular" de la relación laboral especial del personal de alta dirección, cuya normativa reguladora (RD 1382/1985, de 1 agosto) establece una nueva causa al régimen del Art. 46 ET.

En una primera aproximación, el Estatuto de los Trabajadores parece distinguir entre dos tipos de suspensiones: la suspensión "ordinaria" y la excedencia. La distinción entre ambas figuras no radica, sin embargo, en la existencia o no de reserva de puesto de trabajo, ya que se distinguen dos tipos de excedencia, la forzosa y la voluntaria, situando a la primera, por su naturaleza y efectos (reserva de puesto de trabajo), entre las hipótesis descritas como de "suspensión ordinaria", y a la segunda (excedencia voluntaria) entre las que implican el mero reconocimiento de una expectativa de reingreso en la empresa. Por ello, se hace necesario profundizar en el análisis de esta institución bajo otras perspectivas, que expondremos a continuación.

2. Delimitación y contenido

Doctrinalmente, estamos ante un tema muy debatido desde sus orígenes, existiendo autores que reconocen la suspensión como figura autónoma y diferenciada de otros regímenes jurídicos, frente a otros que postulan que estamos ante una institución genérica que comprende una serie de figuras bajo un régimen jurídico unitario.

A) Concepto y caracteres

El fenómeno de la suspensión tiene y tendrá múltiples acepciones y contenidos y no sólo en términos de correspectividad. Balleti decía: "...en realidad en tales hipótesis se deja inalterada la posición del trabajador en la empresa por cuanto que las obligaciones correspectivas, de una lado la prestación de actividad por parte del trabajador y la correspondiente retribución se compensan en términos de derecho y deberes"[1]. En base a lo expuesto, se podría afirmar que la suspensión no paraliza la relación laboral, sino únicamente afecta a aquel segmento constituido por un determinado contenido activo o pasivo. A este respecto, nuestro más alto tribunal expone: "La suspensión de un contrato[2] –entre ellos el del contrato de trabajo– comporta la inexigibilidad de los derechos y las obligaciones recíprocas básicas derivadas del mismo durante un período de tiempo, determinado o determinable, y con una voluntad inicial de que se produzca la finalización de la suspensión cuando desaparezcan sus causas justificativas" (STS de 25.6.2001).

En línea con lo anterior, la jurisprudencia ha declarado que, aunque el Estatuto de los Trabajadores no define la suspensión del contrato de trabajo, sí enumera sus causas en el Art. 45 y su *efecto principal*: "la suspensión exonera de las obligaciones recíprocas

---

[1] Balleti, E. *La cooperazione del datore all'adempimento dell'obbligazione di lavoro*. Nápoles: CEDAM, 1970. ISBN 9788813170264.

[2] Ver: Carro Igelmo, A. J. *La suspensión del contrato de trabajo*. Barcelona: Bosch, 1959; Granell Ruiz, F. *La reserva de plaza*. Madrid, Barcelona: Bosch, 1964. Alonso Olea, M. *Suspensión e interrupción del Contrato de Trabajo*. En: Rivista di diritto internazionale e contratto de lavoro, 1953, nº 1, págs. 96 y ss. Álvarez Alcolea, *La suspensión en el Estatuto de los Trabajadores*, en: REDT, 1980, nº 5, págs. 19 y ss. ISSN 0212-6095. Ver: *Teoría de Suppiej*, 1982, que necesariamente ratifica cómo la noción influye en el efecto de la suspensión. A este respecto, ver en la legislación italiana Art. 1, nº 1, letra a) ley 20.5.1975 nº 164.

de trabajar y remunerar el trabajo"; por lo que se puede *definir* la misma, siguiendo a nuestra jurisprudencia, como "la situación anormal de una relación laboral, originada por la voluntad de las partes o por la ley, caracterizada por la exoneración temporal de las obligaciones básicas de trabajar y remunerar el trabajo, con pervivencia del vínculo jurídico, de cuya definición surgen los *requisitos esenciales* de la suspensión: la temporalidad de la situación, la no prestación de trabajo durante ella y su no remuneración, y la continuidad y pervivencia del contrato que, por la concurrencia de una causa suspensiva, sufre tan sólo una especie de 'aletargamiento'" (en especial, SSTS/Social 7-5-1984 [RJ 19842972] y 18-11-1986 [RJ 19866691]). En base a lo expuesto, la suspensión en la exigibilidad de las prestaciones recíprocas básicas de un contrato establecida de forma o con carácter indefinido, no podría calificarse de suspensión contractual con pervivencia del inicial contrato, sino que estaríamos ante una novación extintiva del originario contrato y su sustitución por uno nuevo entre las mismas partes (Art. 1204 Código Civil y 45 ET). Dado que el fenómeno suspensivo supone una anomalía funcional en el contrato, no es necesario recurrir a construcciones novatorias cuando los efectos suspensivos pueden derivar de sí mismos y en la relación laboral encontramos la justificación jurídica de su existencia[3] (lo que sería de aplicación a la excedencia voluntaria para justificar que no estamos ante el fenómeno suspensivo, sino novatorio).

Complementando lo anterior, se califica jurisprudencialmente como notas definidoras de la suspensión del contrato de trabajo las siguientes: "1) Característica esencial de todos los supuestos de suspensión es la de que el contrato no se extingue, paralizándose simplemente algunos de sus efectos, aunque éstos sean generalmente... los más importantes. 2) En cada una de las suspensiones, su específica significación ha de obtenerse de la correspondiente normativa, legal o contractual, por la que se rijan. 3) En principio, la suspensión afecta primordial, y a veces exclusivamente, al deber de realizar la actividad convenida y de remunerar el trabajo, respectivamente para trabajador y empresario, pero quedan subsistentes aquellas otras relaciones y expectativas no paralizadas o destruidas por la suspensión, entre ellas los beneficios que deriven de los sucesivos Convenios Colectivos... salvo que otra cosa se deduzca de su propio articulado" (STS/Social 19-11-1986 [RJ 19866478]).

B) Delimitación frente a otras figuras

Por cuestiones sistemáticas, considero conveniente delimitar la suspensión frente a otras figuras, a partir del régimen de ausencias e interrupciones. Vida Soria[4],

---

[3] Santoro Passarelli. *Dottrine generali del diritto civile*, Napoli: Jovene 1986, págs. 193 y 194. ISBN 88-243-0650-0.

[4] Vida Soria, José. *La suspensión del contrato de trabajo. Estudio de las causas que afectan a la prestación del trabajador*. Madrid: Institutos de Estudios Políticos, 1965, págs. 39 a 72. Pérez Botija, Eugenio. *Curso de Derecho del Trabajo*. 4ª ed. Madrid: Tecnos, 1956, pág. 270, el cual argumentaba: "Se ha de entender la palabra suspensión en el sentido de cese parcial de los efectos del contrato de trabajo durante cierto tiempo, volviendo a tener plena eficacia una vez desaparecidas las circunstancias que motivaron la interrupción"; Aguinaga Tellería, Antonio de. *Derecho del Trabajo*. Madrid: Gráficas González, 1952, pág. 455, entendía que la suspensión del contrato de trabajo es la detención temporal, ajena a su esencia, de todo o parte de sus efectos contraprestacionales.

diferenciando el fenómeno suspensivo del interruptivo, expone: "Cuando la no prestación de trabajo no vea interrumpida la prestación salarial, estamos ante un caso de interrupción; cuando, por el contrario, la primera produzca una similar interrupción en la prestación salarial, estaremos ante un caso de suspensión del contrato de trabajo" (en el mismo sentido Balella y Alonso García, entre otros)[5].

En este orden de cosas, siguiendo a este autor se puede establecer la siguiente clasificación:

1) Un primer grupo en el que se enmarcarían ***figuras como la excedencia voluntaria y forzosa,*** figuras en las que interviene en todo caso la voluntad unilateral del trabajador, el mutuo consenso o una causa legitimadora.

➢ Centrando nuestro estudio, primariamente, en la *excedencia voluntaria* (Art. 46.1.2 ET), estamos ante una figura, doctrinalmente controvertida, llegando algunos autores a situarla en el límite de la suspensión. La excedencia voluntaria para nosotros debe tener un tratamiento singularizado respecto al resto de las causas suspensivas, ya que no se puede hablar de mantenimiento de efectos, donde la realidad en determinadas situaciones los hace incompatibles. Se puede afirmar, por tanto, que no estamos ante una causa suspensiva en sentido estricto, por cuanto no existe una auténtica pervivencia del vínculo sino una mera expectativa de ingreso. A diferencia, la denominada *excedencia forzosa* (concediéndose por la designación o elección para un cargo público que imposibilite la asistencia al trabajo) dará derecho a la conservación del puesto y al cómputo de la antigüedad de su vigencia, debiendo tenerse muy presentes todos aquellos supuestos que, aunque disfrazados de excedencia voluntaria, se les dote de idénticos efectos por extensión del convenio colectivo, lo cual cada vez es más frecuente.

El desarrollo del Art. 46.2 ET establece la posibilidad para el trabajador con antigüedad en la empresa de un año, situarse en excedencia voluntaria por un plazo no menor a cuatro meses y no mayor a cinco años. Este derecho sólo podrá ser ejercitado otra vez por el mismo trabajador si han trascurrido más de cuatro años desde el final de la anterior excedencia.

La excedencia voluntaria se configura como un derecho del trabajador, que puede accionar (de cumplir los requisitos legales establecidos para ello) unilateralmente frente al empresario, pero únicamente da lugar a una mera expectativa de reingreso preferente. El trabajador excedente solo tendrá derecho preferente al reingreso en las vacantes de igual o similar categoría a la suya, siempre que éste ejercite la acción y haya transcurrido el periodo suspensivo. Por convenio colectivo, podrán regularse los supuestos y efectos que las partes acuerden, pudiendo ampliarse y/o mejorarse la casuística y los efectos de la excelencia voluntaria (como hemos advertido anteriormente).

---

5 Balella, Giovanni. *Lezioni di legislazione del lavoro. Le associazioni professionali, il contratto di lavoro, le giurisdizioni del lavoro*. Vol. I. Roma: U.S.I.L.A., 1927, pág. 133; Alonso García, M. *Curso del derecho del trabajo*. Madrid: Ariel, 1987. ISBN 84-344-1518-6.

La excedencia voluntaria se define por las siguientes *notas*:

a) *Derecho subjetivo:* El origen de esta excedencia es la voluntad del trabajador, no exigiéndose justificación alguna en torno a las motivaciones que le impulsan a solicitar la misma, concibiéndose como una garantía de reingreso a la empresa de la que se separó (posiblemente para iniciar un nuevo trabajo o, por ejemplo, para completar unos estudios). Se trata de un derecho subjetivo: basta su solicitud, siempre que se acrediten los requisitos legalmente exigidos (la acreditación de un año de antigüedad en la empresa y existencia de vacante), para que el empresario se vea obligado a su concesión, de modo que la "concesión empresarial" no es más que el reconocimiento de la procedencia del disfrute de la excedencia en virtud de la concurrencia de los requisitos legales.

b) *Antigüedad:* No se computa el período de excedencia como de trabajo efectivo a efectos de antigüedad. Lo cual podría justificar que tampoco subsisten los derechos y los deberes accesorios que se configuran como "contenido ético" del contrato.

c) *Limitación en el tiempo:* La duración se acota temporalmente en el Art. 46.2 ET, tanto en cuanto al periodo mínimo (cuatro meses) como al máximo (cinco años). Si bien se conoce la fecha del reingreso, la incertidumbre se centra en el ejercicio o no del trabajador de su derecho.

d) *Derecho preferente al reingreso:* El artículo 46.5 del ET pretende garantizar el restablecimiento del vínculo laboral del trabajador con la empresa no a través de la reserva del puesto de trabajo que ocupaba, sino de la preferencia al reingreso respecto a otro de similar o de igual categoría (STS 23 septiembre de 1986). Sin embargo, el reingreso a este otro puesto de trabajo no es automático, sino que está sometido a condición suspensiva "vacantes… que hubiera o se produjeran"[6]. Dichas vacantes están referidas en la línea de nuestra doctrina judicial –aunque no pacífica– a la empresa y no al centro de trabajo (STSJ Madrid 18 de septiembre 1990; STSJ del País Vasco de 3 de octubre de 1995; STSJ de Cataluña de 11 de febrero de 1997, entre otras).

El momento en el que tal situación ha de tener lugar, es el del agotamiento del período de excedencia, salvo que en convenio colectivo se establezca otro régimen. En este instante, a efectos de cubrir la vacante, el excedente voluntario tendrá preferencia sobre cualquier otro trabajador para ocuparla, si es que lo ha solicitado en el momento oportuno (el de la finalización de la excedencia o en el plazo que, en su caso, se haya señalado por el convenio de aplicación), ya que, en caso contrario, el derecho se entiende prescrito (SSTS: de 1 de junio de 1987 (AR. 4087), de 26 de junio de 1987 (AR. 4378) y sentencia de unificación de doctrina STS de 9 de diciembre de 1993 (AR. 9763)). Si en el momento del agotamiento del período de excedencia *no existe tal* vacante (correspondiendo al empresario la carga de la prueba), el trabajador habrá de esperar a que ello ocurra, pues el empresario no está obligado a crearla (STCT de 10 de junio

[6] Cabezas Pereiro, J. *La readmisión irregular en la doctrina más reciente de los tribunales del orden social.* En: Presente y futuro de la regulación del despido; Castiñeira Fernández, J. (coord.). Pamplona: Aranzadi, 1997, págs. 423-433. ISBN 84-8193-646-4.

de 1986); de lo contrario no se admite que el empresario proceda a amortizaciones que pudieran afectar al ejercicio de tal derecho. En todo caso, el trabajador deberá instar la efectividad del reingreso, manteniendo su derecho de preferencia en "suspenso". De todo lo expuesto se deduce el grado de inseguridad jurídica que se produce para las partes interesadas y en particular para el trabajador excedente.

El reingreso tiene carácter obligatorio, equiparándose al *despido* el silencio del empresario cuando de él se desprenda la voluntad inequívoca de dar por extinguido el contrato y, por supuesto, su negativa injustificada (STC 2 febrero 1985 y SSTS 7 mayo 1984, 22 junio 1985, y 4 abril 1991, entre otras), por cuanto dicha conducta –si es manifiesta–, al negar la existencia del vínculo, se interpreta como voluntad de ruptura del vínculo contractual; debiendo advertirse que en caso de inexistencia de vacante, la acción que procede no es la de despido, que no ha existido, sino la declarativa de reingreso (TS 22/11/2007; TSJ Murcia 61/2012 de 30 de enero).

A dichas acciones debe añadirse la acción en reclamación de daños y perjuicios por la mora en la aceptación del reingreso debida al empresario (que se niega a la reincorporación del excedente). Habida cuenta de que el periodo de excedencia no será computable a efectos de antigüedad, la cuantía será la equivalente a los salarios dejados de percibir, que, en todo caso, podrá adicionarse al "petitum" de la acción declarativa: "ésta podrá dar lugar a condena, de ser pedida, a resarcir los perjuicios sufridos, desde la fecha de presentación de la papeleta de conciliación, tal como declara la sentencia de 14 marzo 1995 (STS 23 enero 1996). No obstante, la STSJ de Madrid 938/2011, de 4 de noviembre, precisa: "La petición de reingreso efectuada en momento en que no existe vacante idónea disponible, aun cuando ciertamente demuestra la voluntad del excedente para el que finaliza el periodo que abarca esta situación, de que quede alzada la suspensión que pesa sobre su contrato de trabajo, no constituye, sin embargo, interpelación eficaz para constituir a su empresario en mora, dado que en tal momento el derecho al reingreso no es aún exigible, por lo cual dicha interpelación no debe generar los efectos resarcitorios que derivan de lo dispuesto por el citado artículo 1100, en relación con el artículo 1101, también del Código Civil."

➢ Incluir, en segundo lugar, determinados supuestos de "excedencia" contemplados por nuestro Estatuto en aras de facilitar la *conciliación de la vida laboral y familiar*, donde se aprecia el tratamiento suspensivo de la relación, aunque limitado en el tiempo y graduando las garantías (Art. 46.3 ET).

– Los trabajadores tendrán derecho a un periodo de excedencia de duración *no superior a tres años* para atender al *cuidado de cada hijo*, tanto cuando lo sea por naturaleza, como por adopción, o en los supuestos de acogimiento, tanto permanente como preadoptivo, aunque éstos sean provisionales, a contar desde la fecha de nacimiento o, en su caso, de la resolución judicial o administrativa.

– También tendrán derecho a un período de excedencia, de duración *no superior a dos años*, salvo que se establezca una duración mayor por negociación colectiva, los trabajadores para atender al *cuidado de un familiar,* hasta el segundo grado de consanguinidad o afinidad, que por razones de edad, accidente, enfermedad o discapacidad no pueda valerse por sí mismo y no desempeñe actividad retribuida.

Las excedencias contempladas, cuyo período de duración podrá disfrutarse de forma fraccionada, constituyen un derecho individual de los trabajadores, hombres o mujeres. No obstante, si dos o más trabajadores de la misma empresa generasen este derecho por el mismo sujeto causante, el empresario podrá limitar su ejercicio simultáneo por razones justificadas de funcionamiento de la empresa. Cuando un nuevo sujeto causante diera derecho a un nuevo periodo de excedencia, el inicio de la misma dará fin al que, en su caso, se viniera disfrutando.

El periodo en que el trabajador permanezca en las situaciones referidas anteriormente, será computable a efectos de antigüedad y el trabajador tendrá derecho a la asistencia a cursos de formación profesional, a cuya participación deberá ser convocado por el empresario, especialmente con ocasión de su reincorporación. *Durante el primer año tendrá derecho a la reserva de su puesto de trabajo*, y transcurrido dicho plazo, la reserva quedará referida a un puesto de trabajo del mismo grupo profesional o categoría equivalente (no obstante, cuando el trabajador forme parte de una familia numerosa, la reserva de su puesto de trabajo se extenderá hasta un máximo de 15 meses –categoría general–, y hasta un máximo de 18 meses –especial–).

2) Un **segundo grupo** ***vendría presidido por supuestos de "mora accipiendi"*** empresarial a que se refiere el Art. 30 del ET: todos aquellos casos en los que "el trabajador no pudiera prestar sus servicios una vez vigente el contrato porque el empresario se retrasase en darle trabajo por impedimentos imputables al mismo y no al trabajador". Supuestos de imposibilidad de trabajar dependientes de situaciones que, aunque fuesen ajenas a la voluntad del empresario, le son imputables –aunque no sea culpable– por pertenecer al ámbito propio de la gestión empresarial y, por ello, inherentes al riesgo de empresa (STS. de 15 de noviembre de 1990, AR/8979). El art. 30 del ET regula la imposibilidad de la prestación, estableciendo: "Si el trabajador no pudiera prestar sus servicios una vez vigente el contrato porque el empresario se retrasare en darle trabajo por impedimentos imputables al mismo y no al trabajador, este conservará el derecho a su salario, sin que pueda hacérsele compensar el que perdió con otro trabajo realizado en otro tiempo".[7]

Yuxtapuestas a este segundo grupo (con opiniones doctrinales no pacíficas) nos encontraríamos: La situación que da lugar a la suspensión gubernativa del centro de trabajo (Art. 53 LPRL); paralización de los trabajos por el inspector de Trabajo y Seguridad Social, por los representantes legales de los trabajadores o por el propio trabajador individual, en caso de "riesgo grave e inminente para la seguridad y salud de los supuestos de imposibilidad de trabajar no calificables de fuerza mayor que entren

[7] Tribunal Superior de Justicia de Andalucía, Sevilla (Sala de lo Social) (Sentencia núm. 760/1999 de 2 marzo. AS \1999\1711); Tribunal Superior de Justicia de Galicia (Sala de lo Social, Sección 1ª). Sentencia núm. 2711/2008 de 9 de julio (AS\2008\1941).

dentro del "riesgo de empresa": lluvias en la construcción, huelgas de suministros de materiales, de energía, retrasos en el suministro por cualquier causa, etc.

3) Finalmente, entraríamos en un **tercer grupo** que incluiría los denominados ***descansos institucionalizados***, a los que el trabajador tiene derecho, no existiendo un trabajo debido por el trabajador durante el periodo que se interrumpe o del que se ausenta. Al contrario, como pone de relieve el Art. 26.1 del ET, son "períodos de descanso computables como de trabajo". Lo cual se regula en el Art. 37 ET, bajo el título "descanso semanal, fiestas y permisos":

a) *Descanso semanal* que, como regla general, ocupará la tarde del sábado (o, en su caso, la mañana del lunes) y el domingo entero.
b) *Fiestas laborales*, de carácter retribuido y no recuperables, no pudiendo exceder de catorce al año, siendo dos locales.
c) *Permisos*: Previo aviso y justificación por parte del trabajador (Art. 26.3 ET), entrarían aquí los supuestos de permisos por matrimonio, nacimiento, fallecimiento, enfermedad grave u hospitalización de parientes; por traslado de domicilio habitual; deberes inexcusables de carácter público; para realización de exámenes prenatales y técnicas de preparación al parto; por lactancia; para realizar funciones sindicales o de representación del personal, etc.

Junto a lo expuesto, el Art. 38 del ET desarrolla las *vacaciones anuales*, las cuales, en mi opinión, tienen carácter obligatorio. En todo caso, sin que se pueda admitir el trabajo para un tercero durante las mismas; en contra se ha manifestado el Tribunal Constitucional en sentencia núm. 192/2003, de 27 de octubre.

3. Los efectos de la suspensión

En un intento de estructurar dogmáticamente los efectos de esta figura, y en línea con lo expuesto anteriormente, podemos afirmar:

- La interrupción de la prestación laboral y, correlativamente, de la prestación salarial son en realidad la propia esencia de esta figura, no efectos de la misma.
- Ciertos derechos y deberes no podrán ser exigidos, por ser su cumplimiento imposible de forma independiente al de la obligación principal, pero no impiden que otros, en la medida en que gozan de cierta autonomía, sean plena o parcialmente exigibles, habida cuenta de la temporalidad de la suspensión. Es decir, es posible admitir la subsistencia de ciertas obligaciones o prestaciones accesorias (ligadas a la existencia del vínculo jurídico que une a las partes).

A) Conservación de las obligaciones accesorias

De conformidad con el Art. 1258 CC y en particular de los Arts. 5 y 20.1 ET, se impone una serie de obligaciones a las partes durante toda la vigencia del contrato, que configuran lo que Pérez Botija denominaba "contenido ético del contrato" y la jurisprudencia (STCT 12 mayo 1983) "aspectos espirituales de la relación", entre los que se incluyen la buena fe y la lealtad. Dicho contenido se extiende durante la suspensión del contrato de trabajo, bajo las siguientes manifestaciones:

a.1) Respecto del trabajador

a) Prohibición de concurrencia desleal, manifestada en la imposibilidad de compatibilizar la situación suspensiva con la prestación de servicios para otra empresa, a menos que esté expresamente previsto en el contrato o en pacto anexo posterior, dando por tanto prevalencia a la autonomía de las partes. Cuando se haya incorporado al contrato pacto de plena dedicación, los efectos de éste obligarán al trabajador durante la situación suspensiva, salvo rescisión del mismo (Art. 21.3 ET).

Para un sector de la doctrina la prohibición no es absoluta, alguna jurisprudencia admite la posibilidad de prestar servicios para otra empresa (bajo un nuevo contrato), dependiendo de las circunstancias de cada caso, ámbito de actuación, condiciones de ejecución, etc. (STCT 11 junio 1980; STSJ de Castilla La Mancha de 15-2-2011 y STSJ de Castilla León/Valladolid de 17-10-2012). Incluso hay algún autor que defiende la posibilidad de la prestación a tiempo parcial de los servicios cuando la causa de la suspensión lo permitiera, existiendo al respecto una jurisprudencia no coincidente (STSJ de Castilla León de 30-10-2013, STSJ de Aragón de 10-10-2012). En cualquier caso, la valoración de una posible transgresión de la buena fe contractual (prestación vs excedencia), habrá de acomodarse a las circunstancias concurrentes, si bien debiera ser pacífico, como punto de inicio, que no existe prohibición expresa en nuestro Estatuto (la STSJ de Castilla León, citada anteriormente, analiza lo expuesto, descartando la prohibición de prestar servicios en otra empresa, ya que para ello debería haberse efectuado un pacto de plena dedicación con sede en el Art. 21 del ET).

b) Se mantiene también el deber de secreto en torno a todo aquello que se relacione con la estructura y funcionamiento interno de la empresa (en el que quedan comprendidos el "know how", las técnicas de producción, etc.).

c) Respecto al pacto de permanencia, debiera contemplarse en el mismo el fenómeno suspensivo e interruptivo en algunas de sus manifestaciones (Art. 21.4 ET).

a.2) Respecto del empresario

a) La obligación de conservación del puesto de trabajo (Art. 48.1 ET, suspensión con reserva de puesto de trabajo, en relación con el Art. 45.1 excepto a) y b)). La vigencia del vínculo contractual convierte a la negativa al reingreso tras el período suspensivo, en incumplimiento contractual grave del empresario, al tratarse de una negativa subsumible en el artículo 4.2 a) y 4.2 f) en relación con el Art. 50.1 c) ET.

b) La prohibición de proceder a la extinción del contrato por la ausencia que motiva su suspensión (dentro del apartado "ausencias reiteradas al trabajo" previsto en el artículo 52 d) ET, como justa causa de despido por causas objetivas).

c) El respeto de la antigüedad del trabajador y las consecuencias derivadas de la misma (ascensos, por ejemplo). Implica no sólo la conservación de la antigüedad disfrutada hasta el momento, sino además la que resulta de añadir a tal período el transcurrido en suspensión, en cualquiera de las circunstancias enumeradas en el artículo 45.1, salvo en el de la excedencia voluntaria.

d) El mantenimiento de la relación jurídica de *cotización* al sistema de la Seguridad Social y, en su caso, la obligación de abonar un subsidio económico (es el caso, por ejemplo, de la situación de incapacidad temporal, de la que nace la obligación de pago delegado de la prestación).

B) Otros efectos

1) Conservación de otros derechos accesorios por parte del trabajador, que pudieran estar conectados a la existencia del vínculo contractual (no a su actualización), como el de alojamiento, por ejemplo.

2) Incidencia de los pactos de carácter colectivo. Durante la vigencia de la suspensión, el contrato se verá sometido a las mismas alteraciones que puedan afectar a cualquier otro (STSJ. Andalucía 1601/2011, de 15 de junio, referida al cumplimiento de la antigüedad durante una situación de incapacidad temporal); en caso de suscripción de un nuevo convenio, su contenido le será de aplicación. Serán igualmente exigibles, como para el resto de los trabajadores, las mismas formalidades en caso de adoptarse medidas colectivas, tanto si se trata de una simple modificación como de una extinción contractual (STS (Sala 3ª, Sección 4ª), de 25 abril 1995). Poniéndose aquí, una vez más, de manifiesto, la especialidad que presenta la excedencia voluntaria, ya que en caso de despido colectivo no tendrán derecho a indemnización los trabajadores afectados por esta situación (STS. de 31 de enero de 2008: "No es lo mismo la pérdida de un puesto de trabajo que se está desempeñando y que constituye normalmente el medio de vida del trabajador, que el desvanecimiento del derecho expectante a ocupar una vacante en la empresa en la que se prestaron servicios, y de la que el trabajador se apartó, en el caso típico para el desempeño de otro puesto de trabajo o de otra actividad profesional". "… En conclusión, no puede ser acogida la reclamación de indemnización de despido colectivo por cierre del centro de trabajo de los demandantes que pasaron a la situación de excedencia voluntaria común por su exclusiva voluntad, desarrollando en tal situación otras actividades profesionales").

3) Mantenimiento de la calidad de elector y de elegible: Resulta indiscutible que la ausencia del trabajador del centro de trabajo dificultará e incluso podrá impedir (enfermedad, por ejemplo) el ejercicio de sus funciones de representación, pero ello no debe significar privarle de las mismas (nada prevé el artículo 67.4 ET). En caso que el trabajador suspenso sea representante de los trabajadores, seguirá manteniendo las garantías que le otorga el artículo 68 ET y concordantes de la LOLS.

4. Las causas de suspensión previstas en el estatuto de los trabajadores

El Tribunal Supremo, en sentencia de 25 octubre de 2000 (RJ. 9676), ha venido a señalar que "La enumeración de causas de suspensión es una enumeración tasada o exhaustiva en la que figuran numerosos avatares o incidencias atinentes bien a la vida personal profesional del trabajador, bien al funcionamiento de la empresa. El denominador común de las causas de suspensión, con excepción de la letra a), es el acaecimiento sobrevenido de una incompatibilidad, incapacidad, imposibilidad o impedimento para la ejecución del trabajo" (comentario del Tribunal Supremo al Art. 45 ET; al respecto, hay que recordar lo expuesto al inicio del presente capítulo, donde planteábamos excepciones a la tesis de la enumeración tasada).

A) Mutuo acuerdo de las partes (Art. 45.1 a) ET) y causas consignadas válidamente en el contrato (Art. 45.1 b) ET)

Por tanto, se admiten tanto las que fueran introducidas en el contrato en el momento de su constitución como las que se le incorporen posteriormente a través de pacto accesorio o novatorio. La distinción entre ambas circunstancias, apartados a) y b), obedece al distinto tratamiento jurídico que se otorga a cada una de ellas. Mientras que las debidas al mutuo acuerdo de las partes no están sometidas a mayores requisitos, las que se desprendan del contrato de trabajo tienen un marco legal más estricto, exigiéndose su "validez" y su consignación en el contrato, es decir, la necesidad de forma escrita. Aunque el texto no lo incluye en su literalidad, se deberá sobrentender que en ningún caso dichas cláusulas deberán suponer un abuso de derecho manifiesto por parte del empresario. Finalmente, advertir que lo pactado no podrá desvirtuar la propia naturaleza del instituto suspensivo; ejemplo de lo dicho lo tenemos en la prejubilación que, si bien en un principio fue admitida por el TS como un caso de suspensión del contrato por mutuo acuerdo al amparo del art. 45.1 a) ET (STS de 18 de mayo 1998 –RJ 4654–), con posterioridad se ha estimado que comporta el cese definitivo, ya que, como destaca la doctrina científica, la suspensión lleva consigo la expectativa de reiniciar la prestación laboral, mientras la prejubilación supone la ruptura definitiva del contrato (aunque la empresa se vincule con el trabajador a través de una serie de compromisos, que surgen como consecuencia del pacto en que se fijen las condiciones de prejubilación: SSTS de 14 de diciembre de 2001 –RJ 2002/2980– y 1 de junio de 2004 –RJ 5040–).

B) Incapacidad temporal de los trabajadores (Art. 45.1 c) ET)

Esta circunstancia suspensiva no se configura en el Estatuto de los Trabajadores. La Ley 42/1994, de 30 de diciembre, de Medidas Fiscales, Administrativas y de Orden Social, unió la ILT y la invalidez provisional en una única contingencia denominada Incapacidad Temporal (IT), reconociendo durante la misma efectos suspensivos. Conforme al actual Art. 128 de la LGSS, se define incapacidad temporal como aquella situación de carácter temporal en la cual el trabajador recibe asistencia sanitaria y se ve impedido para el trabajo como consecuencia de una enfermedad común, profesional o un accidente. Junto a dicha situación, se considera igualmente incapacidad temporal los periodos de observación para el estudio médico de la enfermedad profesional cuando haya necesidad de aplazar el diagnóstico definitivo, siempre que sea prescrito (en caso contrario, no existirá situación suspensiva).

Esta situación de incapacidad se mantiene mientras el trabajador reciba asistencia sanitaria con una duración máxima de 365 días, prorrogable por otros 180 días, siempre que se presuma que en el transcurso de la prórroga el trabajador pueda ser dado de alta médica por curación. Transcurrido el plazo máximo de IT (545 días), se declarará el grado de incapacidad permanente que corresponda, en un plazo máximo de tres meses. No obstante lo dicho, subsistirá la suspensión de la relación laboral si la situación de incapacidad del trabajador es susceptible de revisión por recuperación o mejoría. En este último caso, la calificación no se podrá demorar más de 730 días siguientes a la fecha en que se haya iniciado la IT (en los supuestos de enfermedad profesional, en los que se prescriba la baja en el trabajo, el periodo de observación tendrá una duración máxima de seis meses prorrogables por otros seis[8]). Transcurrido dicho plazo la suspensión, deja de ser por IT, sin perjuicio de que extinguida la situación de IT con declaración de invalidez permanente, subsista la suspensión en virtud del Art. 48.2 ET: "Subsistirá la suspensión de la relación laboral, con reserva del puesto de trabajo, durante un período de dos años a contar desde la fecha de la resolución por la que se declare la invalidez permanente".

El efecto suspensivo no está previsto para cualquier supuesto de enfermedad o accidente, sino únicamente para aquellas que encajan en la previsión legal de IT proporcionada por la normativa de Seguridad Social; la ley sólo admite como causa de suspensión contractual la enfermedad o accidente que provoca la declaración formal de IT y no la incapacidad en sí misma.

Los requisitos que concurren en este tipo de suspensión son:

---

[8] A efectos de la duración del periodo máximo de la situación de IT, que señalamos de 545 días, se computarán en el mismo los periodos de recaída y observación.

- Imposibilidad de trabajar por alteración de la salud que requiera asistencia sanitaria de los servicios públicos de salud.
- Temporalidad de la situación impeditiva.
- Involuntariedad del trabajador.
- Comunicación al empresario.

C) Maternidad, paternidad, riesgo durante el embarazo de la mujer trabajadora, riesgo durante la lactancia y adopción o acogimiento, preadoptivo o permanente, o simple, de menores de seis años (Art. 45.1 d) ET)

La Ley 39/1999, de 5 de noviembre, para promover la conciliación de la vida laboral y familiar de las personas trabajadoras, convirtió el apartado d) del artículo 45.1, en la referencia para todos aquellos supuestos que tienen relación con el embarazo y el parto. Ello ha sido desarrollado y ampliado por la Ley Orgánica 3/2007, de 22 de marzo, para la igualdad efectiva de mujeres y hombres.

• Respecto a la *maternidad, adopción o acogimiento,* resaltar las siguientes puntualizaciones: de conformidad con el Art. 48.4 ET, la suspensión tendrá una duración de dieciséis semanas ininterrumpidas, ampliables por parto, adopción o acogimiento múltiple a dieciocho; en caso de discapacidad del hijo, se ampliará igualmente a dos semanas; en caso de hospitalización del neonato, a continuación del parto, se podrá ampliar hasta un máximo de trece semanas adicionales; el periodo de descanso se distribuirá a opción de la interesada, siempre que seis semanas sean inmediatamente posteriores al parto, pudiendo hacer uso de éstas el padre para el cuidado del hijo en caso de fallecimiento de la madre.

• La aparición de la suspensión por *paternidad* (Art. 48.bis ET), a través de la Ley 3/2007, concede al trabajador trece días ininterrumpidos. Esta suspensión es independiente del disfrute compartido de los periodos de descanso por maternidad (Art. 48.4 ET). Si quien ha disfrutado exclusivamente la licencia de maternidad es la madre (en los supuestos de parto), el permiso de paternidad lo ha de disfrutar el padre por razones biológicas; en los casos de adopción o acogimiento se dispone así en el Art. 48.bis.2. En todo caso, deberá ser comunicada al empresario con suficiente antelación. El permiso por paternidad se podrá efectuar en régimen de jornada parcial (50%, previo acuerdo con el empresario) o completa. A partir del 1 de enero del 2015 el periodo de suspensión será de cuatro semanas (Disp. Final 22 de la Ley 22/2013 de 23 de diciembre).

• Centrándonos aquí en el *Riesgo durante el embarazo* de la mujer trabajadora, en relación con el apartado 5 del Art. 48 ET (introducido por la Ley 39/1999) se prevé esta causa de suspensión del contrato en aplicación del Art. 26 de la Ley de Prevención de Riesgos Laborales, constituyendo la última medida a adoptar en casos de existencia de riesgo laboral para el estado biológico de la trabajadora (madre) y/o hijo, teniendo carácter subsidiario a la adaptación de las condiciones de trabajo o, en su caso, el traslado de puesto. Entra en juego, por tanto, dicha suspensión cuando dichas medidas no resulten suficientes o no puedan ser aplicadas, es decir: a) si el cambio de puesto no resulta técnica u objetivamente posible, o b) si dicho cambio no puede razonablemente exigirse por motivos justificados. En tales casos, y por disposición expresa del Art. 26.3 LPRL (también recogida por el Art. 48.5 ET), la trabajadora pasará a la situación de suspensión del contrato por riesgo durante el embarazo, y permanecerá en la misma durante todo el tiempo que subsista el riesgo. Si éste no cesa hasta el momento del parto, subsistirá la situación protegida y la correspondiente prestación hasta esta fecha.

- *Lactancia:* Es la situación en que se encuentra la trabajadora durante el periodo de suspensión del contrato de trabajo por riesgo durante la lactancia natural de un menor de 9 meses. Nos referimos a los casos en que, debiendo cambiar de puesto de trabajo (por influir éste negativamente en su salud o en la del hijo) a otro puesto compatible con su situación, dicho cambio no resulte posible o no pueda razonablemente exigirse por motivos justificados.

D) Cumplimiento del servicio militar o de la prestación social sustitutoria (Art. 45.1 e) ET)

En los supuestos de suspensión por prestación del servicio militar o prestación social sustitutoria, ejercicio de cargo público representativo o funciones sindicales de ámbito provincial o superior, el trabajador deberá reincorporarse en el plazo máximo de treinta días naturales a partir de la cesación en el servicio, cargo o función. Es decir, se asimila a la excedencia forzosa (Art. 46.1 ET). No se entiende por qué el legislador mantiene el servicio militar o la prestación social sustitutoria cuando han dejado de ser obligatorios.

E) Ejercicio de cargo público representativo (Art. 45.1 f) ET)

Este supuesto se incorpora dentro del Art. 46.1 ET (excedencia forzosa), y en el apartado f) del Art. 45 ET. El tratamiento lo desarrollaremos en el apartado excedencia forzosa por su analogía.

F) Privación de libertad del trabajador mientras no exista sentencia condenatoria (Art. 45.1 g) ET)

Al respecto es interesante la sentencia del TSJ de Cataluña de 11 de febrero de 2014 (Recurso nº 2004/2013) respecto a una empresa que decidió acordar la suspensión de su contrato al amparo del artículo 45.1º g) ET. La Sala determina que la "privación de libertad" a la que alude el art. 45.1º g) ET, no puede limitarse a la prisión provisional sino que debe extenderse a aquellas situaciones, como la de autos, en la que el trabajador no puede prestar sus funciones con normalidad como consecuencia de una resolución judicial de carácter cautelar. En definitiva, para la aplicación de dicha suspensión se exige que se dicte una resolución judicial, provisional o cautelar, que restrinja la libertad de movimientos del trabajador de tal forma que haga imposible la prestación de sus funciones, lo que debe desembocar necesariamente en la suspensión contractual con la exoneración recíproca de trabajar y abonar el salario. De hecho, la situación constituye el reverso del art. 30 ET, en la que la retribución queda neutralizada por una situación imputable al trabajador.

G) Suspensión de sueldo y empleo, por razones disciplinarias (Art. 45.1 h) ET)

Se trata, frente a la mayor parte de los supuestos contemplados (de origen externo al desarrollo del trabajo o a la empresa), de una circunstancia conectada directamente con la prestación laboral, en tanto constituye una medida adoptada por el empresario en virtud de su poder de dirección, frente a una conducta laboralmente rechazable del trabajador. Tiene, por tanto, carácter voluntario, a instancia del empresario, aun cuando se condiciona a que la conducta sancionable esté tipificada en norma legal o convenio colectivo de aplicación (Art. 58 ET), atemperándose la duración de la suspensión a lo dispuesto en los mismos. De ahí que, cuando se esté tramitando el expediente disciplinario, el empresario pueda hacer uso de la facultad que le reconoce el Art. 45.1 h) ET, "suspensión de sueldo y empleo por razones disciplinarias". Al respecto es ilustrativa la STSJ de la Rioja 299/2011, de 2 de septiembre (referida a personal laboral al servicio de la función pública, durante la tramitación de un procedimiento penal).

H) Fuerza mayor temporal (Art. 45.1 i) ET)

La fuerza mayor, en un sentido amplio, no puede entenderse referida únicamente al supuesto que regula el artículo 47 ET. Los límites del supuesto no deben ser tan estrictos que no admitan la inclusión de otras circunstancias extraordinarias que, con fundamento en el Art. 1105 CC ("sucesos que no hubieran podido preverse o que, previstos, fueran inevitables"), imposibiliten la prestación del trabajo.

Este supuesto suspensivo tiene un tratamiento singularizado en el Art. 47.3 ET, remitiéndose a las normas reguladoras de la extinción colectiva: "...podrá ser suspendido por causa derivada de fuerza mayor con arreglo al procedimiento establecido en el artículo 51.7 de esta Ley y normas reglamentarias de desarrollo". Ello permite encuadrar la suspensión como mecanismo de flexibilidad dirigido a evitar otros mecanismos defensivos como la extinción del contrato; es decir, se trata de una auténtica medida de acompañamiento.

La existencia de fuerza mayor que tendrá carácter temporal, como causa motivadora de la suspensión de los contratos de trabajo, deberá ser constatada por la autoridad laboral, *cualquiera que sea el número de los trabajadores afectados* (Art. 31 del Reglamento de Despidos Colectivos). Es el empresario quien debe incoar su efectividad suspensiva, debiendo éste probar su existencia y efectos sobre la ejecución del contrato, siendo la autoridad laboral la que disponga su inicio y resuelva. A los efectos anteriores, el empresario aportará los medios de prueba y actuaciones que estime necesarios. La representación de los trabajadores ostentará la condición de parte interesada en la totalidad de la tramitación del procedimiento, por lo que el empresario viene obligado a comunicarle la solicitud simultáneamente a la comunicación a la autoridad laboral. Aunque la reforma no prevé periodo de consultas con los representantes de los trabajadores, el desarrollo reglamentario a través del Real Decreto 1483/2012, de 29 de octubre (por el que se aprueba el Reglamento de los procedimientos de despido colectivo y de suspensión de contratos y reducción de jornada), en su Art. 33, establece como requisito el trámite de audiencia con los representantes en el término de un día, sobre otros hechos, alegaciones y pruebas distintos de los aportados por la empresa en su solicitud.

La resolución de la autoridad laboral se dictará, previas las actuaciones e informes indispensables, en el plazo de cinco días desde la solicitud, y deberá limitarse en constatar la existencia de la fuerza mayor alegada por la empresa. En dicha resolución deberá acordarse la duración del período suspensivo, que se ajustará a la hipotética vigencia de los efectos de la fuerza mayor (es decir, en tanto no se resuelvan las consecuencias que ésta ha provocado y que han motivado la necesidad de suspender las relaciones laborales de parte del personal de la empresa). La suspensión por esta causa se iniciará, como en el caso de la extinción, "en el momento en que se produjo el hecho causante de fuerza mayor".

l) Causas económicas, técnicas, organizativas o de producción (Art. 45.1. j) ET)

En cuanto a las causas, lo serán por razones económicas, técnicas, organizativas o de producción con arreglo a lo previsto en el Art. 47 ET[9]. Respecto a las causas económicas, precisar que la situación económica negativa con base en la disminución persistente del nivel de ingresos o ventas, se estipula en dos trimestres consecutivos, siguiendo el mismo criterio que el Art. 82.3 del ET en materia de descuelgue de convenio

[9] Se entiende que concurren *causas económicas* cuando de los resultados de la empresa se desprenda una situación económica negativa, en casos tales como la existencia de pérdidas actuales o previstas, o la disminución persistente de su nivel de ingresos ordinarios o ventas. En todo caso, se entenderá que la disminución es persistente si durante dos trimestres consecutivos el nivel de ingresos ordinarios o ventas de cada trimestre es inferior al registrado en el mismo trimestre del año anterior.
Se entiende que concurren *causas técnicas* cuando se produzcan cambios, entre otros, en el ámbito de los medios o instrumentos de producción; *causas organizativas* cuando se produzcan cambios, entre otros, en el ámbito de los sistemas y métodos de trabajo del personal o en el modo de organizar la producción, y *causas productivas* cuando se produzcan cambios, entre otros, en la demanda de los productos o servicios que la empresa pretende colocar en el mercado.

y, a diferencia del Art. 51 ET, donde se establecen tres trimestres consecutivos. La anterior distinción sólo se entiende bajo la perspectiva de la graduación de las medidas y sus efectos, así como respecto a la intensidad de la acreditación de las mismas (ver análisis del Art. 41 ET y en particular su referencia a la competitividad, productividad u organización técnica o del trabajo en la empresa).

La suspensión del contrato opera en este caso a iniciativa del empresario, según establece expresamente el artículo 47.1 ET, que condiciona dicha decisión a la tramitación de un procedimiento formal (sin el cual no cabe la suspensión de los contratos), cuya regulación se remite al artículo 51 ET y a su desarrollo reglamentario (Real Decreto 1483/2012, de 29 de octubre) y ello *con independencia del número de trabajadores afectados*.

Se iniciará mediante comunicación a la autoridad laboral competente y la apertura simultánea de un período de consultas con los representantes legales de los trabajadores, de duración no superior a quince días. La consulta se llevará a cabo en una única comisión negociadora (máximo de trece miembros), si bien, de existir varios centros de trabajo, quedará circunscrita a los centros afectados por el procedimiento. La intervención como interlocutores se ajustará a lo dispuesto en el Art. 41.4 del ET, advirtiéndose que la falta de constitución de la comisión representativa no impedirá el inicio y transcurso del periodo de consultas.

Destacar, como lo haremos en otras medidas colectivas, el deber de negociar de buena fe (facilitar propuestas y contrapropuestas) y la posibilidad de recurrir en cualquier momento de la negociación a medidas alternativas como la mediación o el arbitraje.

Cuando el periodo de consultas finalice con acuerdo, se presumirá que concurren las causas justificativas y sólo podrá ser impugnado ante la jurisdicción competente por la existencia de fraude, dolo, coacción o abuso de derecho en su conclusión. Dicho acuerdo requerirá la conformidad de la mayoría de los representantes legales de los trabajadores o, en su caso, de la mayoría de los miembros de la comisión representativa de los trabajadores, siempre que en ambos casos representen a la mayoría de los trabajadores del centro o centros de trabajo afectados.

Tras la finalización del período de consultas, el empresario notificará a los trabajadores y a la autoridad laboral su decisión sobre la suspensión de contratos (quien lo comunicará a su vez a la entidad gestora, la cual podrá solicitar la impugnación de la medida en caso de prestaciones indebidas de la prestación de desempleo), que surtirá efectos a partir de la fecha de su comunicación a la autoridad laboral, salvo que en ellas se contemple una posterior. Si en el plazo de 15 días, desde la última reunión celebrada en el periodo de consultas, no hubiera comunicado su decisión, se entenderá caducado el procedimiento.

Contra las decisiones adoptadas podrán reclamar los trabajadores afectados ante la jurisdicción social, que declarará la medida justificada o injustificada o nula[10].

[10] Art. 138.7 de LJS: La sentencia que declare justificada la decisión empresarial reconocerá el derecho del trabajador a extinguir el contrato de trabajo en los supuestos previstos en el apartado 1 del artículo 40 y en el apartado 3 del artículo 41 del Estatuto de los Trabajadores, concediéndole al efecto el plazo de quince días.

Cuando la decisión empresarial afecte a un número de trabajadores igual o superior a los umbrales previstos en el artículo 51.1 de esta ley, se podrá reclamar en conflicto colectivo, sin perjuicio de la acción individual. La interposición del conflicto colectivo paralizará la tramitación de las acciones individuales iniciadas, hasta su resolución.

J) Excedencia forzosa (Art. 45.1 k) y 46.1) ET) Cargos públicos y sindicales

La excedencia forzosa da lugar a la reserva de puesto de trabajo y al cómputo de la antigüedad en el trabajo. El trabajador deberá solicitar el reingreso en el mes siguiente a la terminación de la circunstancia suspensiva (Art. 46.1 ET), es decir, tras la expiración del mandato representativo para el que fue elegido o designado, extinguiéndose el contrato si no lo hace, porque el puesto debe estar disponible para él. De ser imputable al empresario la falta de reingreso, se entenderá como despido improcedente, incurriendo en mora y siendo por tanto responsable de los perjuicios que el retraso le irrogue.

Concibiéndose la figura de la excedencia como separación temporal del puesto de trabajo para llevar a cabo otra labor, cuando la importancia de esta función tiene trascendencia pública, se le concede protección constitucional (artículo 23.1 CE), configurándose la excedencia como "forzosa". En efecto, la excedencia forzosa es la figura por la que se "suspende" por tiempo determinado el contrato de trabajo por ejercicio de cargo o deber público. Cuando el tiempo dedicado a este tipo de funciones supere el veinte por ciento de las horas laborales en un periodo de tres meses, y el desempeño del trabajo resulte incompatible con el ejercicio de tal deber, "fuerza" al trabajador, a instancia empresarial, a elegir entre uno y otro, primando el segundo por su trascendencia social, pública o colectiva, frente al interés individual (Art. 37.3 d) ET).

Concretamente, los supuestos que el legislador contempla son:

– La designación o elección para un *cargo público* incompatible con la prestación del trabajo (por imposibilidad de asistencia al trabajo, explícita en el Art. 46.1 ET). A dicho supuesto se reconduce el previsto en el Art. 37.3 d) ET: "el deber inexcusable de carácter público y personal que imposibilite la prestación del trabajo", ya que un deber inexcusable cuyo ejercicio impida la prestación laboral no puede ser otro que el desempeño de un cargo público.

La sentencia que declare injustificada la medida, reconocerá el derecho del trabajador a ser repuesto en sus anteriores condiciones de trabajo, así como al abono de los daños y perjuicios que la decisión empresarial hubiera podido ocasionar durante el tiempo en que ha producido efectos.
Se declarará nula la decisión adoptada en fraude de ley, eludiendo las normas relativas al periodo de consultas establecido en los artículos 40.2, 41.4 y 47 del Estatuto de los Trabajadores, así como cuando tenga como móvil alguna de las causas de discriminación previstas en la Constitución y en la ley, o se produzca con violación de derechos fundamentales y libertades públicas del trabajador, incluidos, en su caso, los demás supuestos que comportan la declaración de nulidad del despido en el apartado 2 del artículo 108.

– El ejercicio de *funciones sindicales de ámbito provincial o superior* cuando éstas sean inherentes a un cargo representativo (Art. 46.4 ET), ya que si bien este artículo no delimita la naturaleza de la excedencia (un ejemplo más de las deficiencias del mismo), el artículo 48.3 ET le dota de un régimen común al supuesto regulado en el artículo 46.1; es decir, con reserva de puesto de trabajo y, por consiguiente, debe entenderse como excedencia forzosa. El artículo 9.1 b) LOLS despeja toda duda al respecto, al calificarla de excedencia forzosa y atribuirle los efectos (derecho a reserva del puesto de trabajo y cómputo de antigüedad) de ésta, siempre que la organización sindical goce de mayor representatividad según los criterios que marcan los Arts. 6 y 7 LOLS.

K) Ejercicio del derecho de huelga (Art. 45.1 l) ET) y cierre legal de la empresa (Art. 45.1 m) ET)

Constituyen medidas de conflicto de origen y trascendencia colectiva, aunque provengan de sujetos distintos: el trabajador (huelga) y el empresario (cierre patronal). Ambos son derechos constitucionalmente reconocidos en el artículo 37.2 CE, si bien sólo el de los trabajadores, por ser persona física, está dotado de especiales garantías, al regularse entre los derechos fundamentales de la persona (Secc. 1ª Cap. II Tít. I, Art. 28 de la CE); estos supuestos tienen su desarrollo normativo en el RD. Ley 17/1977, que, sin posibilidades "aparentes" de actualización, sigue siendo preconstitucional.

El artículo 45 ET concede efectos suspensivos al ejercicio de un derecho (al que también se da reconocimiento en el Art. 4.1 d) y e) ET, entendido, en palabras de Alonso Olea, como: "la suspensión colectiva y concertada en la prestación de trabajo por iniciativa de los trabajadores". Estamos, por tanto, ante una figura suspensiva en su estado puro.

En cuanto a su régimen de ejercicio, la huelga destaca frente al resto de los supuestos suspensivos, por no ser necesaria su comunicación: basta la adhesión a la huelga (aunque su convocatoria, sí debe ser objeto de preaviso al empresario) para dar por suspendido el contrato, lo cual obligará al empresario a recabar la información oportunamente (STS 1 octubre 1992).

Suspendido el contrato, procede el descuento de salarios, sin que ello desvirtúe el reconocimiento constitucional del derecho. Por otra parte, la falta de adhesión a la huelga de los trabajadores no huelguistas no produce los mismos efectos que aquélla ni tampoco constituye un supuesto de fuerza mayor temporal, pues en este caso se requiere autorización administrativa, debiendo reconducirse a lo dispuesto en el Art. 30 ET ("mora creditoris") y, procediendo, por tanto, el abono del salario.

La duración del periodo suspensivo se prolongará mientras se mantenga la situación de huelga o el cierre patronal, siempre que se sometan al régimen jurídico previsto en el Real Decreto-Ley 17/1977, de 4 marzo, sobre Relaciones de Trabajo, teniendo lugar la reincorporación de manera inmediata a su finalización (STC de 8 abril 1981).

En lo que respecta a la relación jurídica de Seguridad Social, ambas situaciones implican dos tipos de efectos. En virtud del artículo 106.5 LGSS, se produce el cese en la obligación de cotizar (salvo suscripción de convenio especial), que será parcial si la huelga también lo es (se deberá la cuota correspondiente a las horas trabajadas). Y, en segundo lugar, la situación se convierte en alta especial en la Seguridad Social (Art. 6.3 Real Decreto-ley 17/1977 y Art. 125.6 LGSS), lo cual significa que el trabajador no tiene derecho a la prestación económica por incapacidad temporal generada en el mismo periodo, ni a las prestaciones por desempleo (sí a la sanitaria).

L) Relación laboral especial de alta dirección (Art. 9 RD 1382/1985, de 1 agosto)

El Art. 9 del Real Decreto 1382/1985, crea este supuesto especial de suspensión, si bien no regula su régimen jurídico. Ante tal silencio, cabe deducir que le será de aplicación el previsto en los artículos 45 y ss. del ET. Sin embargo, la redacción del Art. 9.3 RD parece excluir la posibilidad de que los efectos de tal suspensión sean equiparables, ya que establece que "al extinguirse la relación laboral especial, el trabajador tendrá la opción de reanudar la relación laboral de origen". Debe entenderse, por tanto, que el periodo transcurrido en la nueva relación (la de personal de alta dirección) no constituye periodo de servicios computable a efectos de antigüedad en el puesto de origen; ya que el inicio de aquélla (*especial*) supone la total paralización de la anterior (*ordinaria*). A diferencia de la suspensión que podríamos denominar común, esta suspensión "especial" implica el cese total de efectos de la relación laboral ordinaria.

La anterior conclusión puede deducirse también del régimen de indemnizaciones previsto para la extinción del contrato especial, en el que sólo se toma en cuenta, a efectos del cálculo de su cuantía, el periodo de tiempo que duró la misma, prescindiendo de la antigüedad que generó la relación común anterior, que sin embargo será tenida en cuenta para el cálculo de la indemnización adicional que procediera, en la hipótesis de que se extinguiera el contrato ordinario (bien simultáneamente o en un momento posterior).

Que la extinción de un contrato y posterior reanudación del anterior, ambos con la misma empresa, suponga la pérdida de la antigüedad adquirida durante la vigencia del segundo contrato, pudiera resultar injusto para el trabajador que ha permanecido prestando servicios efectivos para la empresa, en uno o en otro puesto. A este respecto, es conveniente tener en cuenta el régimen aplicable a la sucesión de contratos temporales o conexión de contratos de carácter temporal, cuando éstos son de diferente naturaleza. En el caso que nos ocupa, se trata indudablemente de dos contratos laborales diferentes, si bien uno es común y el otro especial, y es más cierto que el RD1382/85, en su Art. 3, establece que en lo no regulado por este Real Decreto o por pacto entre las partes, se estará a lo dispuesto en la legislación civil o mercantil y a sus principios generales, aplicando únicamente el Estatuto de los Trabajadores cuando en la regulación especial se haga remisión expresa.

M) Excedencia por cuidado de hijos y por cuidado de familiares (Art. 46.3 ET)

Supuesto ya tratado anteriormente, dentro de los fenómenos interruptivos junto a la excedencia voluntaria, remitiéndonos a su contenido. El Art. 48 ET no las contempla dentro de los supuestos con reserva a puesto de trabajo, sin embargo hay que recordar que este tipo de excedencias se articulan en dos periodos distintos: de reserva del mismo puesto durante el primer año, y de reserva de un puesto del mismo grupo profesional o categoría "equivalente" durante el periodo subsiguiente (segundo y tercer año). En materia de Seguridad Social, al típico reconocimiento de la situación como asimilada al alta, se añade la consideración del primer periodo de la excedencia (los dos primeros años –cuidado de menor–, el primer año –cuidado de familiares–) como tiempo efectivamente cotizado al Sistema de la Seguridad Social (STSJ Navarra de 23-02-2006 (Rec. 25/2006); STSJ de Madrid 23-09-2009; STSJ Andalucía 22-02-2012).

N) Por decisión de la trabajadora que se vea obligada a abandonar su puesto de trabajo como consecuencia de ser víctima de violencia de género (Art. 45 n) ET)

Se tendrá derecho a reserva del puesto de trabajo y, en virtud del Art. 48 del ET, el periodo de suspensión tendrá una duración inicial que no podrá exceder de seis meses, salvo que de las actuaciones de tutela judicial resultase que la efectividad del derecho de protección de la víctima requiriese la continuidad de la suspensión. En este caso, el juez podrá prorrogar la suspensión por periodos de tres meses, con un máximo de dieciocho meses.

Tema 7

Las modificaciones sustanciales de trabajo

1. Concepto
2. Condiciones de trabajo. Clasificación
3. Art. 41 ET. Contenido y casuística
4. Procedimiento y formalidades

1. Concepto

Una de las principales novedades que introduce la reforma del 2012 es la regulación de las modificaciones sustanciales de las condiciones de trabajo, que se articulan como auténtico instrumento de flexibilidad interna, permitiendo a las empresas la adaptación de las condiciones de trabajo a las circunstancias cambiantes del mercado y, por tanto, dotando al sistema del dinamismo requerido para incrementar su competitividad a los ciclos de la demanda, sin merma de la empleabilidad de los trabajadores y, por consiguiente, sin recurrir a mecanismos defensivos.

– Mediante el contrato de trabajo, el trabajador y el empresario acuerdan el contenido de la relación laboral, es decir, las *condiciones de trabajo*, entendidas en el más amplio sentido del término. Hay una serie de condiciones de trabajo que conforman el núcleo básico o esencial del trabajo convenido (clase de trabajo, duración de la jornada, salario pactado), que con fundamento en lo dispuesto en los Arts. 1261 y 1273 del Código Civil[1], no pueden ser modificadas unilateralmente por el empresario, salvo que se trate de una condición más beneficiosa para el trabajador. En cambio, existen otras

---

[1] En ningún caso la actuación del empresario podrá suponer un abuso de derecho. En concordancia con lo anterior, a tenor de lo que dispone el Art. 7.1 del Código Civil: "los derechos deberán ejercitarse conforme a las exigencias de la buena fe". Según establece el Art. 6.4 del Código Civil: "Los actos realizados al amparo del texto de una norma que persigan un resultado prohibido por el ordenamiento jurídico, o contrario a él, se considerarán ejecutados en fraude de ley y no impedirán la debida aplicación de la norma que se hubiera tratado de eludir". El Art. 7.2 del Código Civil desprotege a quien ejercita un derecho abusivamente; según este precepto, la ley no ampara el abuso del derecho o el ejercicio antisocial del mismo, lo que se relaciona con la necesidad de que el derecho o facultad que se ejercita responda "ad casum" a una finalidad seria y legítima. La doctrina jurisprudencial (por todas la STS-Sala Civil de 19-12-2008 (recoge los siguientes requisitos, que, si concurren conjuntamente, tipifican un abuso de derecho: a) uso de un derecho objetiva o externamente legal; b) daño a un interés no protegido por una específica prerrogativa jurídica; c) inmoralidad o antisocialidad del daño, manifestada en forma subjetiva (cuando el derecho se actúa con la intención de perjudicar o, sencillamente, sin un fin legítimo), u objetiva (cuando el daño proviene de exceso o anormalidad en el ejercicio del derecho).

condiciones de trabajo cuyas circunstancias tienen que ver con la reorganización o dirección del trabajo, siendo en principio susceptibles de alteración por decisión unilateral de aquél (aspectos funcionales que cualifican o adjetivan al núcleo básico).

– El texto normativo omite qué debe entender por sustancial. La modificación de condiciones *sustanciales* del contrato de trabajo versarán sobre una alteración de los aspectos fundamentales de la relación laboral que acordaron el empresario y el trabajador. La posibilidad de "modificar sustancialmente" las condiciones de trabajo están previstas en el Art. 41 ET, lo cual no significa que se obvie lo dispuesto en el Art. 1256 CC: "el cumplimiento de los contratos no puede dejarse al arbitrio de uno de los contratantes", ya que los cambios que afectan a sus condiciones esenciales o básicas, exigen como "principio general" el acuerdo conjunto del empresario y el trabajador (teniendo como única excepción las razones que analizaremos posteriormente). En lo referente al término *sustancial*, habrá que convenir que etimológicamente remite a conceptos de intensidad e importancia, lo que significa que no basta que la medida se encuentre entre las materias listadas en el Art. 41 ET, sino que habrá de tener un "plus" en cuanto a su entidad para ser calificado como sustancial; deberá atenderse en su valoración a criterios cualitativos, a su alcance temporal y a las eventuales compensaciones pactadas, dado que de dichos criterios dependerá la intensidad del sacrificio que se impone al trabajador y, por tanto, la calificación como sustancial o no. La jurisprudencia identifica el concepto "sustancial" con la alteración onerosa de la relación laboral, afirmando la existencia de la modificación sustancial cuando sea de tal naturaleza que altere y transforme los aspectos fundamentales de la relación laboral (STS de 3 de diciembre de 1987; 15 de marzo de 1991; 6 de febrero de 1995; 11-11-1997, y 10-10-2005[2], entre otras). Una modificación *no sustancial* de las condiciones de trabajo sería la que supone unos cambios intrascendentes o insignificantes en relación con el modo o forma en que debe ejecutarse la prestación de servicios del trabajador[3]. Es de interés

[2] STS de 10 de octubre de 2005 (R.O. 183/2004): "La calificación de sustanciales de las modificaciones contractuales constituye un concepto jurídico indeterminado cuya precisa delimitación no está exenta de polémica. El Tribunal Central de Trabajo estimó que una interpretación racional de tal expresión obligaba a concluir que una modificación de las condiciones del contrato adquiere la categoría de sustancial cuando objetivamente implica una mayor onerosidad de la prestación de los trabajadores.

[3] En este sentido, el TSJ Cataluña ha señalado que "una medida consistente en una reducción del 50 por 100 de la jornada no tiene encaje en el art. 41 ET" STSJ Cataluña 10-7-1998 [AS 1998, 3191]. La doctrina judicial y la jurisprudencia han definido la modificación sustancial de condiciones de trabajo como la "conducta del empresario que altere sustancialmente las condiciones en que se desarrollaba la relación de trabajo en términos tales que el trabajo no se encuentre jurídicamente obligado a soportarlos, porque alteran en su perjuicio condiciones contractuales que resultan trascendentes para la permanencia del vínculo y que suponen una grave frustración del programa de prestaciones, de tal índole que puede justificar la ruptura de una relación que en principio está llamada a mantenerse según el principio civil de conservación del negocio" STS de 8-2-1993 [RJ 1993, 749] STSJ de Andalucía de 19-12-2002 [JUR 2003, 173897]. Por su parte, el TS ha estimado que no es modificación sustancial de condiciones de trabajo un cambio de escasa entidad en el régimen de permisos establecido en el reglamento de régimen interior (STS 3-4-1995 [RJ 1995, 2905]); o el cambio en el procedimiento para hacer efectivo el descuento en las compras efectuadas por los trabajadores en una empresa comercial (STS 11-12-1997 [RJ 1997, 9163]); o el cambio en un incremento salarial que ha de decidir el propio empresario (STS 22-6-1998 [RJ 1998, 5703]); o, en fin, el incumplimiento por parte del empresario de lo pactado con el trabajador en materia salarial (STS 7-4-1998 [RJ 1998, 2690]), que sin duda habrá de dar lugar a los efectos inherentes a cualquier otro incumplimiento empresarial. No hay que

la clasificación expuesta por el Tribunal Superior de Justicia de Castilla la Mancha, la cual nos introduce en la denominada "*novación impropia*", sentencia de fecha 9 de noviembre de 2010: "Dentro de los diversos modos en que pueden producirse las modificaciones de condiciones de trabajo (acuerdo o pacto colectivo de empresa, art. 41.4 ET; modificación no sustancial en virtud de ejercicio regular del poder de dirección, Arts. 20.2 y 39.1 y 3 ET; modificación sustancial y temporal en casos de necesidades perentorias, Art. 39.2 y 3 ET; modificación sustancial, unilateral y permanente por el empresario de las condiciones de trabajo. Art. 41 ET) cabe siempre la posibilidad de modificar las condiciones de trabajo, ya sean accidentales o sustanciales, por acuerdo individual entre trabajador y empresario, mediante la denominada novación modificativa o impropia (Art. 1203. 1.º Código civil (LEG 1889, 27), que obviamente ha de ser voluntaria". SSTS de 25-1-12 (R 138/11) y 22 Enero 2014 R (89/2013)[4].

Aunque *las causas* que justifican la modificación son las mismas que las que sirven para justificar otras decisiones empresariales (suspensión del contrato, reducción de jornada, descuelgue de las condiciones establecidas en convenio colectivo y despido colectivo y por causas objetivas), sin embargo se evita un tratamiento unitario del concepto de causa económica, técnica, organizativa o productiva. Su contenido en las modificaciones sustanciales vendrá determinado en la medida que se justifique su relación con la *competitividad, productividad o con la organización técnica o del trabajo*, por lo que la aparente simplificación en la práctica no es tal, debiéndose tener en cuenta en dicha valoración la finalidad perseguida por el legislador como es la flexiseguridad frente a otras medidas defensivas. No comparto, por tanto, la tesis de poder invocar un menor control judicial sobre las mismas, pero sí la vocación del legislador de dar una mayor amplitud a la fundamentación y una menor intensidad en la carga de la prueba. Al respecto, el apartado 7 del Art. 138 de la LRJS dispone: "La sentencia declarará justificada o injustificada la decisión empresarial según hayan quedado acreditadas o no, respecto de los trabajadores afectados, las *razones* invocadas por la empresa". Por tanto, en dicho texto se requiere, además de la justificación, la razonabilidad de la medida[5].

---

olvidar que frente a otros procedimientos, el de modificaciones sustanciales se resuelve en única instancia sin dar posibilidad a recurso.

4 Sobre los efectos jurídicos de esta clase de novación, la sentencia del Tribunal Supremo de 18 de enero de 2007 (RJ 2007, 508) recoge la doctrina de la Sala 2.ª del mismo Tribunal, indicando: "Como ha dicho la Sala de lo Civil del Tribunal Supremo en sus sentencias de 16 de marzo del 2006 (RJ 2006, 5724), 9 de enero de 1992 (RJ 1992, 176), y 4 de abril de 1990 (RJ 1990, 2697), la "novación modificativa o impropia, como su denominación implica, no tiene efectos extintivos, sino únicamente de simple cambio o alteración de alguno de los aspectos no fundamentales en cuanto a su carácter y naturaleza, del negocio y obligación por ella aceptado, razón por la cual el contrato en cuestión se mantiene aún modificado en alguno de sus aspectos". Y la sentencia de la misma Sala de 30 de mayo del 2003 (RJ 2003, 4803) determinó que la novación modificativa o impropia "no extingue las obligaciones sino que las varía únicamente en el aspecto a que afecta la modificación".

5 No se puede hablar de la libre discrecionalidad de la empresa en la modificación contractual, como se expresa en la Sentencia del Tribunal Supremo de 27 de enero de 2014 y la doctrina judicial a la fecha de la Sala Social de la Audiencia Nacional, siendo necesario acreditar la razonable adecuación entre la causa acreditada y la decisión empresarial, que debe ser, a su vez, proporcionada respecto al objetivo perseguido.

En relación con lo anterior cabe preguntarnos si los contenidos dados a las causas del Art. 51 ET son aplicables a las novaciones modificativas, debiendo afirmarse tal posibilidad, máxime cuando las modificaciones pueden ser una medida de acompañamiento en las negociaciones, en base al artículo precitado (el RD 1483/2012, de 29 octubre, por el que se aprueba el Reglamento de los Procedimientos de Despido colectivo y de Suspensión de contratos y Reducción de jornada, insiste en las medidas sociales de acompañamiento como vías para evitar o reducir los despidos, y se incluyen como tales, entre otras, la movilidad funcional, la movilidad geográfica y la modificación sustancial de las condiciones de trabajo).

Cuestión importante a determinar es la posibilidad o no de que el fundamento esgrimido en una suspensión, reducción de jornada o descuelgue colectivo, es decir, las causas que lo habilitaron, sirva de base o fundamento para realizar posteriormente modificaciones sustanciales, por no conseguirse con las anteriores medidas los efectos deseados. La cuestión no es pacífica, pero, desde mi punto de vista, debería admitirse tal posibilidad[6]; de lo contrario, en cierta medida sería negar el principio de dirección y organización del empresario. No nos olvidemos de que la razón de ser de estas modificaciones es la de ser auténticos mecanismos de adaptación de la empresa a un entorno cambiante y complejo, por lo que las mismas causas debieran poder justificar bajo diferentes modelos decisiones diferentes, si lo que se persigue realmente es dotar a la empresa de una auténtica flexibilidad.

2. Condiciones de trabajo. Clasificación

El legislador únicamente distingue entre las modificaciones sustanciales de carácter individual y las colectivas. Es decir, se centra en la afectación subjetiva (destinatarios) y no en el título jurídico (contractual, normativo, acuerdos colectivos). Desde un punto de vista doctrinal y sistemático de la materia conviene, no obstante, hacer las siguientes distinciones:

A) En función del perjuicio causado

Dependiendo de la trascendencia del cambio, existirá o no perjuicio para el trabajador, generándose en este último supuesto el derecho del trabajador a poner fin a la relación laboral percibiendo la correspondiente indemnización compensatoria. Bajo la redacción actual, en los supuestos previstos en los párrafos a), b), c), d) y f) del apartado 1 del Art. 41 (se excluye, sin encontrarse una razón aparente, el sistema de trabajo y rendimiento, pero, se quiera o no, ello marca una diferencia de cara a una posible impugnación), si el trabajador resultase perjudicado por la modificación sustancial, tendrá

[6] González González, Carlos. *Las modificaciones sustanciales de las condiciones de trabajo tras la Ley 3/2012, de 6 de julio*. En: Revista Aranzadi Doctrinal, núm. 9, 2013, págs. 55-71, ISSN 1889-4380.

derecho a rescindir su contrato y percibir una indemnización de 20 días de salario por año de servicio, prorrateándose por meses los períodos inferiores a un año y con un máximo de nueve meses. El perjuicio deberá ser acreditado por el trabajador en el caso de que no sea reconocido por el empresario.

B) Condiciones de origen normativo y contractual

Las condiciones de trabajo de origen normativo son las establecidas en disposiciones de carácter general, ya sean leyes o reglamentos, ya sean fruto de la negociación colectiva, de eficacia general "erga omnes". En base a lo dicho, las modificaciones de los convenios colectivos que cumplen las condiciones establecidas en el Título III del Estatuto de los Trabajadores, a tenor del apartado 6 del Art. 41 del ET, deben tramitarse por la vía del Art. 82.3 del ET (la otra excepción la encontramos en materia de traslados, rigiéndose entonces por el Art. 40 del ET, el cual a su vez se remite al Art. 41.4 respecto al periodo de consultas –sujetos–, al igual que el Art. 51.2 del ET, como veremos mas adelante). En este sentido, es clarificadora la STS de 22/07/2013: "La modificación de las condiciones establecidas en los convenios colectivos regulados en el Título III del Estatuto, *sólo podrá* producirse *por acuerdo entre la empresa y los representantes de los trabajadores*, y respecto a las materias que autoriza (o en su caso, con sometimiento a mediación o arbitraje obligatorio, como veremos al tratar el descuelgue de convenio). De contrario, la modificación de las condiciones de trabajo de carácter colectivo, derivadas de cualquier otra fuente diferente del convenio estatutario, puede ser *acordada por el empresario*, una vez finalizado el periodo de consultas que establece el Art. 41.4 ET".[7] Es bajo esta última hipótesis, aun sin acuerdo, cuando la modificación podrá ser impuesta por el empresario, configurándose como excepción a lo previsto en el Art. 1256 del CC, siempre que la causa en que se fundamente se considere justificada.

---

7 Refiriéndose a los *acuerdos de empresa*, la sentencia precisa:
"...sin poder ser calificado como un convenio estatutario, pues no consta que haya sido tramitado ni aprobado como tal; tampoco que haya sido inscrito, ni que haya sido objeto de publicación oficial, como exige el art. 90 del ET. Si es así, estamos ante un producto de una negociación informal que no es hábil a los efectos pretendidos. Tampoco estamos ante un acuerdo para materia concreta del art. 83.3 del ET, pues este tipo de acuerdos también requieren para tener eficacia normativa y cumplir las exigencias que para los convenios colectivos estatutarios establece el Título III del ET. Se trata además no de un acuerdo interprofesional, sino de un acuerdo de empresa. Sobre este tipo de acuerdos la sentencia de 19 de enero de 2011 recuerda que no tienen, según la doctrina de la Sala, una naturaleza unitaria, y que sólo pueden considerarse como convenios colectivos estatutarios si su negociación, aprobación y publicación se ajusta a lo dispuesto en el Título III del Estatuto de los Trabajadores, lo que no sucede en este caso".
Haciendo alusión a la SSTS de 6 de octubre de 2009 (Rec. 3012/2008) y 23 de octubre de 2012 (Rec. 594/2012), señala: "Es cierto que el convenio colectivo, regulado en el Titulo III del Estatuto de los Trabajadores, conocido como convenio estatutario, no es en nuestro Derecho la única forma de regulación de las relaciones. Se reconoce igualmente la eficacia de los pactos acordados entre empresa y representantes de los trabajadores que no cumplen los requisitos establecidos para los convenios estatutarios, habiendo acuerdo en estimar que la eficacia obligatoria de estos últimos, al igual que los contratos, deriva del reconocimiento de la eficacia de la voluntad plasmada en los arts. 1254 a 1259 del Código Civil".

Quedarían, por tanto, comprendidas en el procedimiento del Art. 41 ET: las condiciones de trabajo establecidas mediante convenios extraestatutarios, de eficacia limitada y los pactos o acuerdos impropios de empresa. (ver Negociación colectiva). Igualmente, las condiciones de trabajo de origen contractual no sólo las pactadas entre el trabajador y el empresario, sino también las que surgen de una concesión unilateral y voluntaria de éste (las denominadas "condiciones más beneficiosas"), bien a un concreto trabajador o bien con efectos colectivos. Estas "condiciones más beneficiosas", dada la reiteración y clara voluntad del empresario de su disfrute por parte de los trabajadores[8], se entiende que se han incorporado a sus contratos individuales de trabajo, teniendo la misma fuerza obligatoria que las condiciones de trabajo que pactaron de forma expresa en sus contratos.

C) En atención al número de trabajadores

Es el criterio que se incorpora a la nueva redacción de nuestro Estatuto:

c.1) De carácter colectivo

Se considera de carácter colectivo la modificación que, en un periodo de noventa días, afecte al menos a:

a) Diez trabajadores, en las empresas que ocupen menos de cien trabajadores.

b) El 10 por 100 del número de trabajadores de la empresa en aquellas que ocupen entre cien y trescientos trabajadores.

c) Treinta trabajadores, en las empresas que ocupen más de trescientos trabajadores.

En cuanto a la referencia a tener en cuenta a la hora de determinar el número de trabajadores (como reiteraremos en el caso del despido colectivo), *será la empresa y no el centro de trabajo,* y ello con fundamento en el desarrollo que en materia de representación (periodo de consultas) hace el Reglamento sobre despidos colectivos, siendo indistinto que la afectación esté referida a uno o varios centros de trabajo. Es un criterio ya manifestado por el TS en su sentencia de 18 de marzo de 2009, interpretando el Art. 51 ET; no obstante, existen pronunciamientos del TJUE declarando que en la aplicación de la Directiva 1998/59/CEE, el concepto relevante a efectos de cómputo es el centro de trabajo, y no la empresa.

---

[8] La modificación de condiciones de trabajo de efectos colectivos remite a aquellos cambios o alteraciones de las condiciones laborales que disfrutan indiferenciadamente y con relativa uniformidad el conjunto de trabajadores de la empresa o de un centro de trabajo o de una sección o departamento de la misma o incluso un grupo homogéneo de trabajadores. Por regla general, estas condiciones de trabajo vienen reconocidas a los trabajadores en virtud de acuerdos o pactos colectivos o de una decisión unilateral del empresario de efectos colectivos (las denominadas mejoras voluntarias colectivas).

Respecto al cómputo de los noventa días, el inicio será el de la comunicación del empresario al trabajador, debiendo realizarse hacia atrás (de aplicación al despido colectivo, como trataremos más adelante).

Al efecto de evitar conductas fraudulentas por parte del empresario, se determina la nulidad de nuevas modificaciones sustanciales, si no concurren nuevas causas que lo justifiquen, operando dicha nulidad sólo para las nuevas modificaciones, no para las ya efectuadas que sirven de base al cálculo en los términos dispuestos del Art. 41.3 p. 4º ET.

c.2) De carácter individual

Se considera de carácter individual las modificaciones que, en el periodo de referencia establecido, no alcancen los umbrales señalados para las modificaciones colectivas. En la literalidad del Art. 41 del ET, las que no son colectivas, son individuales. Se incluyen aquí, conforme a la nueva redacción, aquellas modificaciones que, aun cuando sean de dimensión colectiva, afecten, "en un periodo de noventa días", a un número de trabajadores inferior a detallado en el epígrafe anterior, debiendo, por tanto, atenerse al procedimiento establecido para las modificaciones de carácter individual.

3. Art. 41 ET: contenido y casuística

Señala el Art. 41.1 ET que la dirección de la empresa, cuando existan probadas razones económicas, técnicas, organizativas o de producción, "podrá acordar modificaciones sustanciales de las condiciones de trabajo" (Art. 41.1 ET), entendiendo que tienen tal consideración las que afecten, entre otras, a las siguientes *materias:* jornada de trabajo, horario y distribución del tiempo de trabajo, régimen de trabajo a turnos, sistema de remuneración y cuantía salarial, sistema de trabajo y rendimiento, y las relativas funciones, cuando exceden los límites de la movilidad funcional regulada en el Art. 39 ET. La enumeración del Art. 41.1 ET constituye una lista abierta y no limitativa. Se constata la innovación en su apartado d) respecto a la cuantía salarial.

El Art. 41.1 ET contiene una lista abierta de materias (dice textualmente "entre otras"), pero ello no significa que en el citado precepto quepa cualquier tipo de modificación de las condiciones de trabajo STS 3-4-1995 (RJ 1995, 2905), sino que está abierta a la inclusión de otros tipos. Sin ánimo de ser exhaustivos, vamos a exponer un breve comentario sobre las enunciadas, adelantando que cada uno de los ejemplos deberá ser analizado en su propio contexto:

A) LAS MODIFICACIONES SUSTANCIALES DE LA JORNADA a que se refiere la letra a) del Art. 41.1 ET son, en términos generales, las relativas a alteraciones en la distribución regular de las horas de trabajo a lo largo del año, como serían: la reducción de la jornada con la consiguiente reducción salarial (con las precisiones que expondremos), la ampliación de la jornada, etc. (al respecto, la STSJ Madrid 618/2012 de 18 de junio, citando diversas sentencias del Tribunal Supremo correspondientes al 2011, recoge: "... al tratarse de una variación permitida por la propia norma convencional y sujeta al normal desarrollo de la relación laboral, ha de negarse que se produzca aquí una modificación sustancial referida al Art. 41 ET –el problema de fondo era un cambio de jornada, pasando de lunes a viernes a otra de lunes a sábados–)". Es importante resaltar que la modificación sustancial no podrá implicar la conversión de un contrato a tiempo completo en un contrato a tiempo parcial, ya que se exige la voluntariedad del trabajador, siendo ilustrativa al respecto la STS de 7 de octubre de 2011: "La conversión de un trabajo a tiempo completo en un trabajo a tiempo parcial y viceversa tendrá siempre carácter voluntario para la trabajadora y no se podrá imponer de forma unilateral o como consecuencia de una modificación sustancial de condiciones de trabajo al amparo de lo establecido en la letra a) del apartado 1 del artículo 41". Teniendo muy presente, como advierte la STS de 14 de mayo de 2.007, que para calificar a una relación como contrato de trabajo a tiempo parcial no basta que la reducción del tiempo de trabajo sea inferior a la jornada ordinaria a tiempo completo, sino que es preciso que la reducción de jornada sea voluntariamente adoptada con sujeción a la concreta modalidad de contrato a tiempo parcial[9].

B) HORARIO Y DISTRIBUCIÓN DEL TIEMPO DE TRABAJO. La delimitación de los momentos temporales (entrada y salida) entre los cuales se desarrolla la jornada, constituye el denominado horario de trabajo, cuya alteración esencial posterior requerirá que se sigan los procedimientos establecidos en el Art. 41 ET (la supresión de la jornada intensiva de verano, el establecimiento de horario partido, por ejemplo). Respecto a la distribución del tiempo de trabajo (incorporado en la reforma del 2010), estamos ante un concepto amplio, en cierto modo concurrente con la jornada y horario, donde podrían incluirse los descansos y pausas dentro de la jornada (TSJ País Vasco 27-09-06) (ejemplo de lo dicho es la supresión del descanso de bocadillo la variación del sistema de calendario de vacaciones establecido en el convenio colectivo).

C) LA MODIFICACIÓN SUSTANCIAL DEL RÉGIMEN DE TRABAJO A TURNOS que menciona el Art. 41.1.c) ET se refiere tanto a la implantación o a la supresión de un sistema de turnos de trabajo como a la alteración sustancial de los ya existentes, constituyendo ejemplos de esta modalidad: cambiar los turnos fijos por turnos rotatorios o viceversa, o incluir o excluir los domingos y días festivos en el sistema de turnos, establecer un tercer turno con horario nocturno para atender la estacionalidad de ciertos pedidos.

---

[9] STS de 14 de mayo de 2007 añade a los argumentos antes reseñados que "... la imposición unilateral de jornada reducida (con carácter individual o colectivo) e incluso la modificación colectiva acordada con los representantes de los trabajadores, no determinan la mutación del contrato tiempo completo/tiempo parcial, sino la mera reducción de la jornada en contrato a tiempo completo que persiste como tal categoría jurídica, pues la específica modalidad de que tratamos (contrato a tiempo parcial) únicamente puede ser fruto de una conversión contractual que se instrumente por medio de una novación extintiva, que en todo caso es requirente de la voluntad concorde del trabajador".

D) SISTEMAS DE TRABAJO Y RENDIMIENTO cuya implantación o revisión supone una alteración sustancial de las condiciones de trabajo, dada la repercusión directa en el desarrollo de la prestación y por tanto en la productividad del trabajador. Tal sería el caso de la aplicación de técnicas de jerarquización de puestos por puntuación de factores (point rating), cronometraje, estándares de producción, de just in time, de mérito, etc. La variación (o implantación) de estos sistemas supone una modificación sustancial de las condiciones de trabajo, si bien habrá que atender a la mayor o menor intensidad de la medida, no estando sujetas al procedimiento fijado en el Art. 41.4 ET las variaciones de escasa entidad.

Debe advertirse, que frente a la intención de fundamentar esta modificación (y en general cualquier otra medida), en la aplicación de la cláusula "rebus sic stantibus" (desequilibrio de las prestaciones inicialmente establecidas), nuestros tribunales, tanto los del orden social como los del orden civil, son bastante reticentes, admitiéndola solamente en casos muy excepcionales; si bien, la actual crisis ha evidenciado en determinados supuestos una cierta apertura.

E) SISTEMA DE REMUNERACIÓN

Enunciar que en la mayoría de los casos existe una correspectividad entre el sistema de trabajo implantado y el sistema de remuneración a percibir por el trabajador. Dicho de otro modo, la causa "sistema de trabajo" trae como resultado el sistema de remuneración" (sistemas de incentivos en función de resultados, incentivos o primas al rendimiento, diferencial, bonus, participación en ganancias, etc.).[10]

Cuando el sistema de remuneración surge como iniciativa del empresario, pero despliegan efectos colectivos, se suscita una doble cuestión: de un lado la validez de dicha decisión colectiva, y de otro la necesaria y exclusiva aplicación del procedimiento del Art. 41 del ET, sin existir alternativa legal o subsidiaria. A mi juicio, el marco constitucional y estatutario permiten dar una respuesta positiva a la primera cuestión; sin embargo, el tema presenta un alto grado de ambigüedad, como lo pone en evidencia la Audiencia Nacional en SAN 77/2011, de 9 de mayo: "No ignora esta Sala que el Tribunal Constitucional ha aceptado también que con independencia de la negociación colectiva subsiste un margen para la negociación de condiciones de contrato de carácter individual, como puede apreciarse en sus SSTC. 208/1993, de 28 de junio (RTC 1993\208) o 225/2001, de 26 de noviembre, aceptando como válidas, obviamente, tanto las condiciones que mejoren las previstas en convenio colectivo, como aquellas que no sean sustanciales, pero no ha aceptado aquellas modificaciones unilaterales o acordadas individualmente que "por su trascendencia, importancia y significado supusiesen la introducción unilateral de la regulación colectiva de las condiciones de trabajo, soslayando y evitando la intervención de los representantes sindicales en los términos del Art. 10.3 de la LOLS (RCL 1985\1980) o vaciando sustancialmente de contenido efectivo

[10] Patricio Jiménez, Daniel. *La Retribución*. Op. cit., págs. 109 y ss.

al convenio colectivo de trabajo"[11]. Una vez acudido al procedimiento del Art. 41 ET, en el caso que el empresario y los representantes legales de los trabajadores no hayan alcanzado ningún acuerdo, parecería lógico pensar que éste podría pactar la modificación de esas condiciones más beneficiosas con todos o la mayoría de los trabajadores afectados (lo que la doctrina denomina una especie de pactos novatorios "en masa"). Parece lógico que si el empresario puede adoptar esa decisión de forma unilateral, y también podrá adaptarla o modificarla de común acuerdo con los afectados, siempre y cuando, obviamente, no haya habido abuso de derecho por su parte ni se haya incurrido en una práctica antisindical (SSTC 105/1992 (RTC 1992, 105), 107/2000 (RTC 2000, 107), 225/2001 (RTC 2001, 225)).

F) ART. 39.5 ET. EL CAMBIO SUSTANCIAL DE FUNCIONES no contempladas en dicho artículo exigiría un acuerdo entre empresario y el trabajador o sus representantes. Ahora bien, si no hay acuerdo, el empresario podría proceder a ello de forma unilateral, aunque, eso sí, siguiendo el procedimiento establecido en el Art. 41 ET o el que pudiera fijar el convenio colectivo.

4. Procedimiento y formalidades

a) Cuando se trata de modificar sustancialmente las condiciones de trabajo disfrutadas **a *título individual***, el procedimiento que establece el primer párrafo del art. 41.3

---

[11] STC 225/2001 (párrafo cuarto del fundamento jurídico 7) "con la alteración producida en este caso se ha ocasionado un menoscabo en la posición institucional del sindicato, en su derecho a participar en la regulación de condiciones de trabajo, así como en su modificación... y se ha perjudicado la eficacia vinculante del convenio colectivo vigente en la empresa" (Tribunales Superiores de Justicia de Asturias en su sentencia de 20-12-2010 y de la Comunidad Valenciana de 15-5-2010. TS 28 de febrero 2007.
Un sector de la doctrina, analizando la naturaleza del pacto (individual o colectivo) bajo la antigua formulación estatutaria, distinguía entre: a) las modificaciones de condiciones más beneficiosas disfrutadas *a título "individual"*, en las que el procedimiento modificativo fijado en el Art. 41 ET es de carácter alternativo al pacto individual novatorio y b) las alteraciones de condiciones más beneficiosas de *disfrute colectivo* que tienen su origen en una concesión unilateral del empresario; esta posibilidad de modificación a través de pactos individuales "en masa" se entendía no era de carácter alternativo sino subsidiario al procedimiento establecido en el Art. 41.4 ET (en cuyo caso podía servir de legitimación a la decisión adoptada por el empresario, frente a un eventual conflicto, en caso de no acuerdo, con las cautelas mencionadas).
STS 9 de abril de 2001, (RJ 2001/5112) "...condición más beneficiosa porque supone una mejora establecida por encima de las exigibles legalmente, y de naturaleza colectiva porque fue establecida de forma genérica para todos los trabajadores de la empresa sin atender a ninguna condición individual de cada trabajador. (...) el "nomen" de condición más beneficiosa le ha sido reconocido por sentencias de esta Sala a situaciones tan parecidas a la aquí discutida como las siguientes: a una mejora de la prestación de asistencia sanitaria (STS 11-3-1998 (RJ 1998, 2562) (Rec. 2616/1997)), al disfrute de una vivienda de la empresa (STS 27-5-1998 (RJ 1998, 4933) (Rec. 2676/1997)), o a una ayuda escolar (STS 30-12-1998 (RJ 1999, 454) (Rec. 1399/1998)), (...) Por otra parte, dicha condición más beneficiosa tiene naturaleza colectiva puesto que fue concedida de forma indiscriminada a favor de todos los trabajadores, aunque su ejercicio sea individual, y sin embargo no tiene su origen en un convenio colectivo sino en la reiteración voluntariamente mantenida por la empresa durante muchos años. Se trata, en definitiva, de una condición colectiva de las que pueden ser modificadas por la vía del art. 41 ET, como expresamente se reconoce en dicho precepto legal (Art. 41.2 párrafo tercero, y 41.4 ET). Ver: STSJ de Andalucía, de 25 de marzo de 2003. AS. 2003/1794.

ET, obliga al empresario a notificar al trabajador afectado, con una antelación mínima de quince días a la fecha en que se hará efectiva, su decisión de proceder a la modificación.

La notificación se hará por escrito, y habrá de incluir no sólo la expresión concreta de la condición –o condiciones– que quedara/n afectada/s por la modificación, su alcance, así como la causa (económica, técnica, organizativa o productiva) que se invoca para basar la decisión, no admitiéndose la alegación de la causa de una forma genérica, debiendo concretarse los extremos que fundamentan la misma. Idéntico contenido habrá de tener la notificación que simultáneamente se ha de efectuar a los "representantes legales de los trabajadores", es decir, al comité de empresa, delegados de personal o, en su caso, a los delegados sindicales, si los hubiera, estando obligada la empresa de conformidad con el Art. 10.3 LOLS.

Sin perjuicio de la ejecutividad de la modificación en el plazo de efectividad señalado, el trabajador que no habiendo optado por la rescisión de su contrato –en los términos señalados anteriormente (perjuicio causado)– se muestre disconforme con la decisión empresarial, podrá impugnarla ante la jurisdicción social. La sentencia declarará la modificación justificada o injustificada (Art. 138.7 LJS) y, en este último caso –*injustificada*–, reconocerá el derecho del trabajador a ser repuesto en sus anteriores condiciones o ante la negativa de la empresa con la extinción del contrato y abono de la indemnización correspondiente al despido improcedente (Art. 138.8 y 9 de la LRJS). En caso de que la sentencia declare la medida *justificada,* se reconocerá al trabajador el derecho a extinguir el contrato, conforme a la previsión del art. 41.3 ET, el cual dispondrá del plazo de quince días. Contra la sentencia que se dicte no cabe recurso de suplicación si la modificación es individual (Art. 191.e LJS), mientras que se admite el recurso si la modificación impugnada por el trabajador es colectiva. A su vez se admite el recurso de suplicación cuando la modificación colectiva se impugna mediante conflicto colectivo por los representantes de los trabajadores[12] (nueva redacción de los Arts. 138.4 y 247.2 de la LJS, comprendiendo expresamente las sentencias sobre movilidad geográfica, modificación sustancial de las condiciones de trabajo, suspensión del contrato o reducción de jornada por causas económicas, organizativas o de producción). El cauce procesal conforme a la redacción de la nueva Ley Reguladora de la Jurisdicción será la modalidad especial prevista en el Art. 138.1 LRJS "aunque no se haya seguido el procedimiento de los artículos 40, 41 y 47 del Estatuto de los Trabajadores", no existiendo conciliación previa y con un plazo de caducidad de veinte días. La *nulidad* viene determinada en los casos de discriminación o vulneración de los derechos fundamentales y libertades públicas del trabajador, incluidos los supuestos que comportan la declaración de nulidad del despido (Art. 108.2 LJS), en casos de fraude

[12] Ley 10/2012, de 20 noviembre, por la que se regulan las tasas en el ámbito de la Administración de Justicia, la interposición del recurso de suplicación está sujeta a una tasa por importe fijo de 500 euros, y un importe variable que resulta de aplicar a la cuantía de la pretensión el tipo de gravamen del 0,50% en cuantías de hasta 1.000.000 de euros, y un 0,25% en cuanto al exceso, con un máximo del importe variable de 10.000 euros (Art. 7. Ley 10/2012).

de ley por haber eludido las normas relativas al periodo de consultas, y el supuesto ya enunciado de intentar soslayar el periodo de noventa días (Art. 41.3 ET), en cuyo caso las nuevas modificaciones se declararán nulas (Art. 41.3 ET y Art. 138.7 p 4º LRJS).

b) Para proceder a la modificación de las condiciones de trabajo de ***dimensión colectiva***, deberá seguirse el procedimiento establecido en el Art. 41.4 ET. En primer lugar, debe abrirse un periodo de consultas de duración no superior a quince días con los representantes legales de los trabajadores al objeto de intentar conseguir un acuerdo con los mismos (el acuerdo tiene una presunción iuris et de iure[13], y sólo podrá ser impugnado ante la jurisdicción competente por la existencia de fraude, dolo, coacción o abuso de derecho). Una vez finalizadas estas consultas, en caso de desacuerdo y de acuerdo –aunque el legislador no lo contemple–[14], el empresario notificará a los trabajadores su decisión sobre la modificación, la cual surtirá sus efectos una vez transcurrido el plazo de siete días desde su notificación (Art. 138.1 LJS). Durante este periodo de consultas, como señala el segundo párrafo del Art. 41.4 ET, las partes "deberán negociar de buena fe, con vistas a la consecución de un acuerdo", lo que permite entender que ese "periodo de consultas" no debe ser considerado como un mero trámite formal sino como un intercambio real de propuestas y una discusión efectiva sobre ellas. En cuanto a la constitución de la mesa, funcionamiento y régimen de acuerdos, nos remitimos a lo expuesto en materia de "despido colectivo". Aunque la ley no dice nada al respecto, en el supuesto de no haberse respetado las formalidades previstas: plazo de preaviso, defectos en la notificación, etc. (distintas de las normas relativas al periodo de consultas), la decisión debería ser la de injustificada, no la de nulidad (en paralelismo con lo dispuesto en materia de despidos improcedentes y basados en causas objetivas. No obstante, existen sentencias dispares al respecto).

Como ocurre en el despido colectivo, la acción colectiva de los representantes de los trabajadores (conflicto colectivo), paraliza la tramitación de las acciones individuales, y una vez firme la sentencia, tendrá eficacia de cosa juzgada sobre el proceso individual en los términos del apartado 3 del Art. 160 LJS. (Art. 138.4 LJS).

Importa finalmente señalar que el posible acuerdo alcanzado con los representantes legales de los trabajadores[15] o, en su caso, el laudo arbitral que viniera a resolver las discrepancias surgidas en el periodo de consultas, no viene a sustituir formalmente la decisión modificatoria que adopta el empresario y que notifica a los trabajadores, pues con independencia de que dicha decisión se fundamente en un previo acuerdo colectivo

---

[13] Hay autores que consideran que es una presunción iuris tantum, es decir, salvo prueba de lo contrario. Interpretación que no comparto, por entender que se perdería la finalidad perseguida por el legislador respecto al tratamiento de la figura objeto de estudio, provocando una judicialización innecesaria. Sale a colación con igual crítica el mantenimiento de las acciones judiciales individuales a pesar de entenderse en conflicto colectivo la pertinencia de la medida.

[14] Siendo la notificación y no el acuerdo la fecha para el computo de la efectividad.

[15] Existen dos supuestos de litis consorcio pasivo necesario: cuando lo que se cuestiona son las preferencias atribuidas a determinados trabajadores, y cuando la modificación es colectiva y se adoptó con acuerdo de los representantes (Art. 138.2 LRJS).

(o en un laudo arbitral) con fuerza vinculante para el empresario, lo relevante es que es éste quien toma la decisión y ordena en última instancia ese efectivo cambio de condiciones de trabajo.

Tema 8

La extinción del contrato de trabajo: el despido

1. Concepto y delimitación
2. Despido disciplinario
3. Despido por causas objetivas (Art. 51 ET)
4. Extinción objetiva individual (Art. 52 ET)
5. Rescisión por decisión del trabajador (Art. 50 ET)

1. Concepto y delimitación

Entendemos por extinción del contrato de trabajo el acto mediante el cual el contrato de trabajo deja de producir efectos jurídicos; que en la relación laboral se concretan y materializan en la obligación de realizar la prestación por parte del trabajador (puesta a disposición) y por parte del empresario en pagar la retribución o salario (salvo determinadas excepciones; por ejemplo, salarios de tramitación). La rescisión del contrato de trabajo puede ser de mutuo acuerdo, a instancia del trabajador (según los supuestos contemplados en el Art. 50 ET) o del empresario, teniendo por fundamento múltiples causas, que dan contenido al Art. 49 del ET:

1) Mutuo acuerdo de las partes.
2) Causas consignadas válidamente en el contrato, salvo que las mismas constituyan abuso de derecho manifiesto por parte del empresario.
3) Por expiración del tiempo convenido o realización de la obra o servicio objeto del contrato de trabajo (Art. 49.1.c) ET), en cuyo caso se tendrá derecho a una indemnización de 12 días por año trabajado[1] (o la establecida en la norma de aplicación), excepto contratos de interinidad y contratos formativos. En los contratos sujetos a término superiores a un año, la parte que formule la denuncia deberá preavisar a la otra con una antelación no inferior a quince días.
4) Dimisión del trabajador: El trabajador ha de comunicarlo a la empresa con el preaviso necesario (el establecido en los convenios colectivos o la costumbre del lugar).
5) Jubilación del trabajador.

[1] A partir del 1 de enero del 2015.

6) Muerte, gran invalidez o invalidez permanente total o absoluta del trabajador. Sin perjuicio de lo dispuesto en el Art. 48.2 ET.
7) Por muerte, jubilación o incapacidad del empresario (Art. 44 ET) o extinción de la personalidad jurídica del contratante. En los primeros casos con derecho a una indemnización de un mes y en el último "extinción de la personalidad" conforme a los trámites establecidos en el Art. 51 ET.
8) Fuerza mayor que imposibilite definitivamente la prestación del trabajo: existe la necesidad de tramitar un expediente ante la autoridad laboral al efecto de cesar en la actividad (Art. 51, apartado 7 ET).
9) Por despido colectivo, fundado en causas económicas, técnicas, organizativas o de producción (Art. 51 ET).
10) Por voluntad del trabajador fundamentada en incumplimiento contractual del empresario.
11) Por despido del trabajador.
12) Por causas objetivas legalmente procedentes.
13) Por decisión de la trabajadora, en los casos de violencia de género, cuando se vea obligada a abandonar su puesto de trabajo.

2. Despido disciplinario

A) Contenido y formalidades

a.1) Esta figura contempla la extinción por decisión del empresario, basada en un incumplimiento grave y culpable del trabajador (Art. 54 ET). Se consideran **incumplimientos contractuales**: a) las faltas repetidas e injustificadas de asistencia o puntualidad al trabajo; b) la indisciplina o desobediencia en el trabajo; c) las ofensas verbales o físicas al empresario o a las personas que trabajan en la empresa o a familiares que convivan con ellos; d) la trasgresión de la buena fe contractual, así como el abuso de confianza en el desempeño del trabajo; e) la disminución continuada y voluntaria en el rendimiento del trabajo normal o pactado; f) la embriaguez habitual o toxicomanía si repercuten negativamente en el trabajo; g) el acoso por razón de origen racial o étnico, religión o convicciones, discapacidad, edad u orientación sexual y el acoso sexual o por razón de sexo al empresario o a las personas que trabajan en la empresa (Ley Orgánica 3/2007).

a.2) El despido es la máxima sanción que se puede imponer a un trabajador, sin embargo no es la única, ya que nuestro Estatuto establece un sistema gradualista, propugnando un **sistema sancionador** que equilibre de forma proporcionada la gravedad del comportamiento y en su caso la sanción a imponer. El Art. 58 del ET señala: "Los trabajadores podrán ser sancionados por la dirección de las empresas en virtud de incumplimientos laborales, de acuerdo con la graduación de **faltas y sanciones** que se establezcan en las disposiciones legales o en el convenio colectivo que sea aplicable". Las faltas graves y muy graves requerirán comunicación escrita, siendo revisable en todo caso la sanción que se imponga ante la jurisdicción competente, con independencia de la gravedad de la falta. En ningún caso la sanción podrá tener por contenido la reducción o minoración de los derechos de descanso del trabajador o la multa de haber.

El poder sancionador avoca a la necesidad de establecer un plazo de prescripción en las faltas y sanciones, lo cual se recoge en el Art. 60.2: las faltas leves prescribirán a los diez días; las graves, a los veinte días, y las muy graves, a los sesenta días a partir de la fecha en que la empresa tuvo conocimiento de su comisión y, en todo caso, a los seis meses de haberse cometido. (Las infracciones cometidas por el empresario prescribirán a los tres años, salvo en materia de Seguridad Social).[2]

a.3) Formalidades: Nuestro Estatuto de los Trabajadores, en su Art. 55, establece: "El despido deberá ser notificado por escrito al trabajador, haciendo figurar los hechos que lo motivan y la fecha en que tendrá efectos". Ello implica que la *carta de despido deberá incluir*, con independencia de lo que pudiera exigir el convenio colectivo de aplicación: enumeración sucinta de los hechos imputados, indicación de fechas y horas en que tuvieron lugar, posibles testigos, alusión en su caso a documentación que soporte la decisión, la condición o no de representante y en su caso afiliación a un sindicato, así como la fundamentación jurídica en que se basa la decisión adoptada (Estatuto de los

[2] Artículo 115 LJS. Contenido de la sentencia en imposición de sanciones:

"1. La sentencia contendrá alguno de los pronunciamientos siguientes:

a) Confirmar la sanción, cuando se haya acreditado el cumplimiento de las exigencias de forma y la realidad del incumplimiento imputado al trabajador, así como su entidad, valorada según la graduación de faltas y sanciones prevista en las disposiciones legales o en el convenio colectivo aplicable.

b) Revocarla totalmente, cuando no haya sido probada la realidad de los hechos imputados al trabajador o éstos no sean constitutivos de falta, condenando al empresario al pago de los salarios que hubieran dejado de abonarse en cumplimiento de la sanción.

c) Revocarla en parte, con análogo pronunciamiento de condena económica por el periodo de exceso en su caso, cuando la falta cometida no haya sido adecuadamente calificada, pero los hechos constituyan infracción de menor entidad según las normas alegadas por las partes, de no haber prescrito la falta de menor gravedad antes de la imposición de la sanción más grave. En este caso, el juez podrá autorizar la imposición, en el plazo de caducidad de los diez días siguientes a notificación de sentencia firme, de una sanción adecuada a la gravedad de la falta, y la decisión empresarial será revisable a instancia del trabajador, en el plazo igualmente de caducidad de los veinte días siguientes a su notificación, por medio del incidente de ejecución de dicha sentencia previsto en el artículo 238.

d) Declararla nula, si hubiese sido impuesta sin observar los requisitos formales establecidos legal, convencional o contractualmente, o cuando éstos presenten defectos de tal gravedad que no permitan alcanzar la finalidad para la que fueron requeridos, así como cuando tenga como móvil alguna de las causas de discriminación prevista en la Constitución y en la ley, o se produzca con violación de derechos fundamentales y libertades públicas del trabajador, incluidos, en su caso, los demás supuestos que comportan la declaración de nulidad del despido en el apartado 2 del artículo 108. También será nula la sanción cuando consista en alguna de las legalmente prohibidas o no estuviera tipificada en las disposiciones legales o en el convenio colectivo aplicable.

2. A los efectos de lo previsto en el apartado anterior, serán nulas las sanciones impuestas a los representantes legales de los trabajadores o a los delegados sindicales por faltas graves o muy graves, sin la previa audiencia de los restantes integrantes de la representación a que el trabajador perteneciera, así como a los trabajadores afiliados a un sindicato, sin dar audiencia a los delegados sindicales.

3. Contra las sentencias dictadas en estos procesos no cabrá recurso alguno, salvo en los casos de sanciones por faltas muy graves, apreciadas judicialmente."

Trabajadores y apartado/s correspondiente/s del convenio colectivo de aplicación). Se trata, en todo caso, de no crear indefensión en el trabajador. Si el despido se realizara inobservando lo establecido en el apartado anterior, el empresario podrá realizar un nuevo despido que sólo surtirá efectos desde su fecha; el nuevo despido deberá efectuarse en el plazo de veinte días, a contar desde el siguiente al del primer despido. Al realizarlo, el empresario pondrá a disposición del trabajador los salarios devengados en los días intermedios, manteniéndole durante los mismos en alta en la Seguridad Social. Téngase en cuenta que si el empresario no notifica el despido por escrito al trabajador o la carta no contiene alguno de los requisitos establecidos legalmente, el/la trabajador/a puede impugnar el despido, el cual sería considerado improcedente en base al Art. 55.4 del ET.

Es conveniente recoger la firma del trabajador, ya que acredita de forma fehaciente la entrega de la carta de despido. Esta firma no implica la conformidad con el despido, sino sólo la recepción de la misma, por lo que el empleado podrá dejar constancia de su no conformidad; en caso de no localizar al empleado, se aconseja la remisión de la carta al domicilio del trabajador por cualquier medio en que quede acreditado el intento de notificación (burofax, telegrama, etc.).

El empresario, con ocasión de la extinción del contrato (y por tanto de aplicación al supuesto de despido) deberá acompañar una propuesta del documento de liquidación de las cantidades adeudadas. Es lo que se denomina *finiquito*, documento representativo de la rescisión de la relación laboral. Al respecto, conviene recordar la STS de 25-1-2005 (Rec. 391/04); en este supuesto, la trabajadora había firmado unos días antes de recibir la comunicación extintiva por disminución del rendimiento, un documento denominado **"liquidación de saldo y finiquito"**, en el que se declaraba que quedaban saldados los importes que la empresa pudiera adeudarle, no quedando cantidad pendiente de reclamar y considerando finiquitada la relación laboral, aunque no llegó a percibir las cantidades a que aludía el recibo. Interpuesta demanda por despido y declarada la improcedencia del mismo, la Sala de suplicación –del TSJ de Madrid– estimó el recurso de la empresa otorgando valor extintivo al finiquito. La sentencia del Tribunal Supremo procede a la estimación del recurso de la trabajadora, sobre la base del tenor literal del recibo extendido, en el que no se contenía expresión alguna de la que pudiera extraerse la conclusión de que la trabajadora pretendiera extinguir su contrato. Poniéndose de relieve, además, que la firma del documento se había verificado antes de la comunicación del despido, y la trabajadora no llegó a percibir las cantidades supuestamente ofrecidas.

El trabajador podrá solicitar la *presencia de un representante legal* de los trabajadores en el momento de proceder a la firma del recibo del finiquito, haciéndose constar en el mismo la presencia del representante legal, o bien que el trabajador no ha hecho uso de esta posibilidad. Si el empresario impidiese la presencia del representante en el momento de la firma, el trabajador podrá hacerlo constar en el propio recibo, a los efectos oportunos.

Si se trata de un representante de los trabajadores o delegado sindical, es preceptivo efectuar un "expediente contradictorio", en el que serán oídos el interesado, el comité de empresa o delegados de personal y sección sindical de pertenencia. Si el trabajador estuviera afiliado a un sindicato y al empresario le constare tal condición, deberá dar audiencia previa a los delegados sindicales de la sección sindical a la que pertenezca. En caso de no cumplirse estos requisitos formales, surtirán los efectos previstos en el Art. 55.4 y 5 del ET, y de concurrir móvil discriminatorio con violación de los derechos o libertades fundamentales, provocará la nulidad del despido.

Frente al despido, el trabajador podrá reclamar, mediante *el procedimiento de despido* (Art. 103 de la LJS, Capítulo II, Sección 1ª "De los despidos y sanciones"), en el plazo de veinte días a contar desde la fecha de la notificación (este plazo será de caducidad a todos los efectos). No obstante, se exige previamente la presentación ante el servicio de conciliación de la denominada "papeleta de conciliación" (como trámite previo a la demanda), según Art. 63, en relación con el 64 de la LJS. El plazo de caducidad se interrumpirá con la presentación de la papeleta, reanudándose al día siguiente de intentada la conciliación o transcurridos quince días desde su presentación, sin que se haya celebrado, y en todo caso, transcurridos 30 días sin celebrarse el acto (Art. 65 y sgts LJS). Caso de no existir acuerdo en conciliación, se deberá presentar demanda ante el juzgado de lo social dentro del plazo de veinte días señalado inicialmente. El texto procesal, tras la reforma del 2011 (Ley 36/2011), presenta las siguientes novedades –a mi juicio importantes– en materia de despido: El nuevo texto recoge expresamente que el reconocimiento de la improcedencia del despido, efectuado en la carta de despido o en cualquier momento posterior, de conformidad con el Art. 56.2 ET, vincula al empresario y no se podrá alterar esta calificación ni el importe reconocido, salvo error material de cálculo o subsanación de forma; ello subsana erráticas prácticas –aunque minoritarias– fundamentadas en el cambio de calificación por parte del empleador en el momento de la vista, conllevando una clara indefensión para el trabajador y conculcando desde mi punto de vista la teoría de los actos propios. En segundo lugar, si el error en la cantidad reconocida, abonada o puesta a disposición del trabajador fuere sustancial o inexcusable, se mantendrá la declaración de improcedencia, pero se reabre la opción entre indemnización y readmisión y se efectuará –en su caso– condena a abonar salarios de tramitación. Por último, el texto procesal permite al trabajador percibir la indemnización ofrecida, sin que este acto sea considerado como conformidad con la extinción y con las cantidades ofrecidas, de modo que el trabajador podrá impugnar el despido y cuestionar la cantidad (caso de diferencias por defecto de cálculo).

B) Efectos del despido disciplinario

Celebrado el juicio, el juez podrá considerar que el despido es:

b.1) Procedente

Cuando el juez declara probada la existencia de justa causa en los hechos imputados por el empresario. Lo cual tendrá como consecuencia:

- El contrato queda extinguido.
- El trabajador no tiene derecho a indemnización alguna, ni a salarios de tramitación.
- El trabajador tendrá derecho a la prestación por desempleo, no requiriéndose la obligación de permanecer previamente un periodo de tres meses inscrito como desempleado (Art. 205, 208.1.c LGSS. RD 625/1985. Art. 1.1).

b.2) Improcedente

Cuando el juez estima inexistente, o no merecedora del despido, la causa alegada en la carta de despido o no se han cumplido los requisitos formales exigidos, declarará la improcedencia del despido.

– La empresa, en el plazo de cinco días, puede optar bien por la readmisión del trabajador despedido o extinguir la relación laboral, abonando una indemnización equivalente a treinta y tres días de salario por año de servicio, prorrateándose por meses los periodos de tiempo inferiores a un año, hasta un máximo de veinticuatro mensualidades. De no realizar opción el empresario, se entenderá opta por la readmisión. La opción por la indemnización determinará la extinción del contrato de trabajo, que se entenderá producida en la fecha del *cese efectivo* en el trabajo (Art. 56.1 ET.)[3]. Si se trata de un representante de los trabajadores, el derecho opción le corresponde a dicho representante (indemnización o readmisión; si no hay opción, se entenderá esta última). Conviene puntualizar que la indemnización por despido prevista en el apartado 1 del artículo 56 del Texto Refundido de la Ley del Estatuto de los Trabajadores, en la redacción actual dada por la Ley, será de aplicación a los contratos suscritos a partir del 12 de febrero de 2012. Sin embargo, la indemnización por despido improcedente de los contratos formalizados con anterioridad al 12 de febrero de 2012 se calculará a razón de 45 días de salario por año de servicio por el tiempo de prestación de servicios anterior a dicha fecha, y a razón de 33 días de salario por año de servicio por el tiempo de prestación de servicios posterior, prorrateándose por meses los periodos de tiempo inferiores a un año (hay quien realiza el prorrateo en los dos periodos, lo cual no comparto[4]). El importe indemnizatorio resultante no podrá ser superior a 720 días de salario, salvo que del cálculo de la indemnización por el periodo anterior al 12 de febrero de 2012 resultase un número

[3] El salario regulador de la indemnización será el anual dividido por los días naturales del año (365). No se incluyen los conceptos considerados extrasalariales (Ver: Tema Seguridad Social). El salario será el percibido en el momento de la extinción, actualizado en su caso hasta el salario debido legal o convencionalmente; en caso de devengo irregular, se tomará el salario anual; en cuanto al tiempo, será considerado el tiempo total de servicios en la empresa hasta el momento del despido, incluyendo los contratos temporales sucesivos, los que se reputen en fraude de ley e incluso en los que medie interrupción –a 20 días–, reflejen continuidad esencial del vínculo (Art. 110 LJS).

[4] Es claro que la Disposición Transitoria Quinta no dice nada, por lo que hay que entender que es de aplicación la habitual regla del prorrateo al último tramo, máxime cuando en el artículo 56 del TRLET se mantiene la regla de prorratear por meses los periodos inferiores al año. La fórmula de cálculo adecuada es la de realizar el prorrateo únicamente en uno de los dos tramos computables y, en concreto, en el tramo final, que es el que se corresponde con la fecha del despido.

de días superior, en cuyo caso se aplicará éste como importe indemnizatorio máximo, sin que dicho importe pueda ser superior a 42 mensualidades en ningún caso.

– El trabajador, en caso de optar por la readmisión el empresario, tendrá derecho a los salarios de tramitación, dejados de percibir desde la fecha de despido –cese efectivo– hasta la de notificación de la sentencia del juzgado o tribunal que por primera vez declare su improcedencia; el devengo de los salarios de tramitación lo será entre una y otra fecha (con un máximo de 90 días hábiles a cargo del empresario, computándose dicho plazo desde la interposición de la demanda por el trabajador hasta que se dicte sentencia; pudiendo reclamar al Estado la diferencia sobre lo previamente abonado al trabajador, en caso de que la sentencia se dictase en fecha posterior (RD. 418/2014, de 6 de junio[5]; Art. 110 LJS, en relación Art. 57 del ET). Lo dicho presenta como excepción que el trabajador haya encontrado otro empleo, si la ocupación fue anterior a la sentencia.

A partir del día 12.02.2012 (fecha en la que entra en vigor la reforma), desaparece el denominado despido exprés y tan sólo se abonarán los salarios de tramitación en el caso que se proceda a la readmisión del trabajador, y no en los casos de improcedencia por extinción del contrato, lo que supone en la práctica la desaparición de los salarios de tramitación; como dice José María Goerlich[6], esto hace que el empresario pierda todo interés en el reconocimiento de la improcedencia. Sin embargo, siguiendo a este autor resulta anecdótico el tratamiento que se da a los representantes de los trabajadores, los cuales, incluso en el supuesto de indemnización, tendrán derecho a los salarios de tramitación Art. 56.4 del ET, marcando el legislador una diferencia que a mi juicio no se justifica. Por último, significar dentro de este epígrafe cómo el encuadramiento actual de los salarios de tramitación determina su auténtica naturaleza salarial[7], desvirtuando el tratamiento que hasta la fecha se ha venido dando por un amplio sector doctrinal, dotándoles de carácter indemnizatorio, ya que los supuestos en que dichos salarios se cobran (tras la reforma), obedecen a un impedimento imputable al empresario y por tanto siendo de aplicación el Art. 30 del ET.[8]

---

[5] Estarán legitimados para presentar la reclamación tanto el empresario que, habiendo readmitido al trabajador despedido con carácter improcedente, haya pagado los salarios de tramitación, como el propio trabajador despedido, en caso de insolvencia provisional del empresario. Como presupuestos se recogen: 1. Que haya recaído sentencia que declare el despido improcedente, en caso de nulidad corren a cargo del empresario. 2. Que la sentencia sea firme. 3. Que hayan transcurrido más de noventa días desde la interposición de la demanda.
Las cuotas de la Seguridad Social también correrán a cargo del Estado.

[6] García-Perrote Escartín, Ignacio, Mercader Uguina, Jesús [et al.]. *La regulación del Mercado Laboral: un análisis de la Ley 3-2012 y de los aspectos laborales del Real Decreto-Ley 20-2012*. Madrid: Lex Nova, 2012, pág. 372. ISBN 978-84-9898-452-1.

[7] Patricio y Jiménez, Daniel. *La mora del acreedor, especialidades en las relaciones laborales*. Director Juan Antonio Sagardoy. Tesis doctoral inédita. Universidad Complutense de Madrid, 2004.

[8] "En caso de improcedencia del despido por no apreciarse que los hechos acreditados hubieran revestido gravedad suficiente, pero constituyeran infracción de menor entidad según las normas alegadas por las partes, el juez podrá autorizar la imposición de una sanción adecuada a la gravedad de la falta, de no haber prescrito la de menor gravedad antes de la imposición empresarial de la sanción de despido; sanción que el empresario podrá imponer en el plazo de caducidad de los diez días siguientes a la firmeza de la sentencia, previa readmisión del trabajador y siempre que ésta se haya efectuado en debida forma.

b.3) Nulo

Cuando en el despido del trabajador intervengan alguna de las causas que señalamos a continuación, el juez declarará la nulidad del despido, teniendo como efecto la readmisión inmediata del trabajador, con el abono de los salarios dejados de percibir, desde la notificación del despido (Art. 55.5 ET).

La nulidad del despido podrá ser declarada en base a los siguientes fundamentos:

a) *Discriminación*: Por ejemplo, en base al Art. 14 de la Constitución, Art. 4.2.c y 28 ET o derechos incluidos en tratados internacionales.

b) *Violación de derechos fundamentales y libertades públicas*.

c) *Otros*: 1) La suspensión basada en la maternidad, riesgo durante el embarazo, riesgo durante la lactancia, enfermedades causadas por embarazo, parto o lactancia natural, adopción, acogimiento, paternidad. 2) Despido desde la fecha del inicio del embarazo hasta el comienzo del periodo de la fecha de la suspensión. 3) Trabajadores que hayan solicitado permisos recogidos en el Art. 37.4 y 5 o la excedencia del Art. 46 ET. Trabajadoras víctimas de la violencia de género (en el ejercicio del derecho de reducción u ordenación del tiempo de trabajo, movilidad geográfica, cambio de centro o de suspensión de la relación laboral). 4) Finalmente, la norma contempla la nulidad de los despidos de los trabajadores después de haberse reintegrado al trabajo al finalizar los periodos de suspensión del contrato por maternidad, adopción o acogimiento o paternidad, siempre que no hubieran transcurrido más de nueve meses desde la fecha de nacimiento, adopción o acogimiento del hijo.

   Lo expuesto en este epígrafe tiene como excepción que se declare la procedencia del despido por motivos no relacionados con el embarazo o con el ejercicio del derecho a los permisos y excedencia señalados.

d) *Despido objetivo o colectivo, en fraude de ley* (Art. 53 y 51 del ET). El vacío legal del Art. 124.11 LRJS se resuelve con la nulidad en aplicación del Art. 6.4 del CC. En este sentido, es significativa la reciente sentencia las STS de 17 de febrero de 2014, de Sala General (Rec. nº 142) disponiendo en su FJ 4º que la consecuencia del afirmado fraude de ley es precisamente la nulidad de la decisión extintiva, aun cuando el precepto que regula los posibles pronunciamientos de la sentencia, únicamente predica de forma expresa la nulidad respecto de los defectos procedimentales o de aportación documental que expresamente señala, así como cuando la medida empresarial se haya efectuado en vulneración de derechos fundamentales y libertades públicas.

El Art. 113 de la LJS, refiriéndose a los efectos de la declaración de nulidad del despido, señala: "La sentencia será ejecutada de forma provisional en los términos

La decisión empresarial será revisable a instancia del trabajador, en el plazo, igualmente de caducidad, de los veinte días siguientes a su notificación, a través de incidente de ejecución de la sentencia de despido, conforme al artículo 238".

establecidos por el Art. 297 LJS, tanto si fuera recurrida por el empresario como si lo fuera por el trabajador".

3. Despido por causas objetivas (Art. 51 ET)

Es una de las manifestaciones de la extinción de la relación laboral por causas ajenas a la voluntad directa de las partes.

A) Necesidad objetiva de amortizar puestos de trabajo de carácter colectivo

a.1) Estará fundamentado en probadas razones organizativas, técnicas, de producción o económicas y bajo un **criterio cuantitativo definido por "el número de trabajadores afectados"** (Art. 51 ET). Conviene tener presente este último aspecto para diferenciarlo de los despidos plurales o despidos colectivos menores (Art. 52.c ET), basados en las mismas causas, pero que se tramitan como despidos objetivos singulares por no superar el número de trabajadores afectados. El legislador fija un periodo de noventa días, dentro del cual al menos deberá afectar a:

a) Diez trabajadores, en las empresas que ocupen menos de cien trabajadores.
b) El 10 por 100 del número de trabajadores de la empresa en aquellas que ocupen entre cien y trescientos trabajadores.
c) Treinta trabajadores en las empresas que ocupen más de trescientos trabajadores.

A efectos del cómputo de la plantilla de la empresa, se incluirá la totalidad de los trabajadores que presten servicios en la misma en el día en que se inicie el procedimiento, cualquiera que sea la modalidad contractual utilizada. Los representantes legales de los trabajadores tendrán prioridad de permanencia, si bien mediante convenio colectivo o acuerdo alcanzado durante el periodo de consultas se podrán establecer prioridades de permanencia a favor de otros colectivos.

Se entiende igualmente que hay despido colectivo cuando la extinción de los contratos de trabajo afecte a la totalidad de la plantilla de la empresa, "siempre que el número de trabajadores afectados sea superior a cinco, cuando aquél se produzca como consecuencia de la cesación total de su actividad empresarial fundada en las mismas causas anteriormente señaladas" (Art. 51.1 ET).[9]

a.2) Cuestión que, aunque parezca insignificante, asume gran importancia es **el marco de referencia a tener en cuenta "la empresa o el centro de trabajo"**. El Art. 51.1

[9] Cuando la extinción afectase a más del 50 por 100 de los trabajadores, se dará cuenta por el empresario de la venta de los bienes de la empresa, excepto de aquellos que constituyen el tráfico normal de la misma, a los representantes legales de los trabajadores y, asimismo, a la autoridad competente.

del Estatuto de los Trabajadores se refiere de forma inequívoca a la empresa como unidad para el cómputo de los trabajadores afectados, configurándose la empresa como marco organizativo en el que ha de contabilizarse la plantilla para determinar la dimensión colectiva del despido; unidad de cómputo que cumple mejor la función de garantía, como ha señalado la práctica totalidad de la doctrina científica[10] (Sentencia T.S.J. Castilla-La Mancha 204/2013 de 14 de febrero). Dentro de este punto cobra especial relevancia el tratamiento en los grupos de empresas. Al respecto las sentencias de la Audiencia Nacional SAN R. 257/2013 y de 20/01/2014 ponen de relieve: el grupo de empresas laborales no es un concepto de extensión equivalente al grupo de sociedades del derecho mercantil. El reconocimiento del grupo de empresas en el ordenamiento laboral, cuyos efectos se manifiestan sobre todo en la comunicación de responsabilidades entre las empresas del grupo, exige la presencia de una serie de factores atinentes a la organización de trabajo. En los grupos de empresa puramente mercantiles, cada empresa del grupo responde diferenciadamente de sus responsabilidades; en los grupos de empresa laborales, las empresas responden solidariamente de las responsabilidades asumidas formalmente por cualquiera de ellas en el *ámbito* laboral y de la Seguridad Social, al entenderse que el empresario real, conforme al artículo 1.2 del Estatuto de los Trabajadores, es el grupo en su conjunto, por concurrir, además de los requisitos para que exista grupo mercantil, otras circunstancias adicionales. Así, la sentencia del Tribunal Supremo de 22-10-2012, Rec. 351/2012, alude como requerimientos de la unidad real del grupo a:

- Unidad de actividades.
- Trasvase de fondos y cesiones inmobiliarias.
- Movilidad de los trabajadores en el seno del grupo.
- Estrategia unificadora y prestaciones laborales indiferenciadas, es decir, que los trabajadores realicen una prestación de modo simultánea e indiferenciada en varias sociedades del grupo.

Matizándose en la sentencia aludida que: "estos factores específicos del grupo de empresas en el ordenamiento laboral consisten en la existencia de un funcionamiento integrado de la organización de trabajo, o en la prestación de trabajo indistinta o común a las empresas del grupo, o en la búsqueda artificiosa de dispersión o elusión de responsabilidades laborales".

a.3) La norma establece reglas para el cómputo del número de trabajadores afectados, debiendo tenerse muy en cuenta por el empresario, en aras de cumplir las formalidades exigidas para un despido colectivo o de contrario las propias de despido/s objetivo/s individual/es: "Para el *cómputo del número de extinciones* de contratos a que se refiere el párrafo primero del este artículo, se tendrán en cuenta cualesquiera otras producidas en el período de referencia por iniciativa del empresario, en virtud de otros motivos no inherentes a la persona del trabajador, distintos de los previstos en el

[10] La falta de un concepto comunitario de centro de trabajo a los efectos de la Directiva (LC Eur 1998, 2531), ha dado lugar a un amplio debate doctrinal. Ver: Directiva 98/59, en relación con la STS 18 marzo 2009.

párrafo c) del apartado 1 del Art. 49 de esta Ley, siempre que su número sea, al menos, de cinco" (Art. 51.1 ET).

- Aunque no es pacífico, la doctrina señala que *no son computables* las siguientes extinciones:
  - Por ser supuestos regulados en el (Art. 49.1c ET), las extinciones de contratos producidas por expiración del tiempo convenido o realización de la obra o servicio determinado.
  - Por ser inherentes a la persona del trabajador, aunque la extinción de los contratos de trabajo se produzca a iniciativa del empresario, los despidos disciplinarios; las extinciones producidas por causas objetivas (ineptitud sobrevenida, falta de adaptación del trabajador a las modificaciones técnicas del puesto de trabajo y faltas de asistencia al trabajo aun justificadas), y las extinciones fundadas en causas válidamente consignadas en el contrato cuando se refieran a la conducta o rendimiento del trabajador.
  - Por no producirse por iniciativa del empresario, las extinciones producidas por mutuo acuerdo de las partes, y las producidas a iniciativa del trabajador (dimisión y resolución causal).
  - Tampoco se computan, aunque se deban a iniciativa del empresario y no sean inherentes a la persona del trabajador, las extinciones por fuerza mayor y las extinciones que derivan de la muerte, jubilación o incapacidad del empresario, circunstancias estas que pueden determinar la extinción de todos los contratos por cese total de la actividad o, en su caso, la continuación de la misma, supuesto en el que procede la aplicación del Art. 44 ET, lo que implica la permanencia de los contratos de trabajo.
- Para la doctrina *son computables* las extinciones que se producen:
  - Por la vía del Art. 52.c ET, que se basan en causas económicas, técnicas, organizativas o productivas.
  - Por insuficiencia de la correspondiente financiación presupuestaria o extrapresupuestaria, basándose en la causa prevista en el Art. 52.e ET.
  - Mutuo acuerdo, a propuesta empresarial fundada en razones económicas (bajas incentivadas), que suplen la tramitación de un expediente de regulación de empleo.

Algunas decisiones judiciales consideran que *son computables* los ceses producidos por resolución del contrato, cuando se produce a instancia del trabajador pero trae causa de un incumplimiento del empresario; y los producidos por despido disciplinario improcedente sin readmisión y por despido nulo en el que se acredite la imposibilidad de readmisión por cese o cierre de la empresa (Art. 284 LPL). *No son computables* los ceses que se produzcan en virtud de traslado (Art. 40.1.4 ET) y modificación sustancial de condiciones de trabajo (Art. 41.3.2 ET), y los producidos por despido disciplinario procedente (STSJ Castilla-La Mancha de 24-4-1997) (AS 1997/1640).

a.4) Objetivación de la causa: Con la reforma desaparece la necesidad de justificar por parte de la empresa la finalidad perseguida con la medida "superación de una situación económica negativa para la empresa, garantizando la viabilidad futura de la empresa y del empleo a través de una mejor reorganización de los recursos". El intento de objetivar las causa económica pone de manifiesto la vocación de flexibilizar el despido económico, línea abierta en la reforma de 1994 (quizás una de las más importantes que ha tenido nuestra legislación laboral), dejando a los tribunales el control de la existencia de la causa y no entrando en la valoración de la razonabilidad de la medida. Siendo partidario de esta interpretación postulada por un amplio sector doctrinal, lo cierto es que, a tenor de la jurisprudencia emanada a la fecha, no parece acomodarse a los criterios mantenidos por nuestros tribunales, los cuales parecen obviar lo dispuesto en la exposición de motivos de la Ley respecto al control judicial: "...ceñirse a una valoración sobre la concurrencia de unos hechos: las causas".

La reforma introduce variaciones a la redacción anterior en cuanto a los *criterios que fundamentan la decisión*, con una clara vocación a la objetivación, aunque a mi juicio incompleta.

➢ "Se entiende que concurren *causas económicas* cuando de los resultados de la empresa se desprenda una situación económica negativa, en casos tales como la existencia de pérdidas actuales o previstas, o la disminución persistente de su nivel de ingresos ordinarios o ventas. En todo caso, se entenderá que la disminución es persistente si durante tres trimestres consecutivos el nivel de ingresos ordinarios o ventas de cada trimestre es inferior al registrado en el mismo trimestre del año anterior". Del contenido expuesto se advierte que la empresa que haga uso de esta medida, no tendrá que estar necesariamente en perdidas[11] (SAN. 18 noviembre 2013, Rec. 338/2013), siendo esta situación una de las manifestaciones de una posible situación negativa; en segundo lugar, las pérdidas no tendrán que ser necesariamente de presente, pudiendo ser previsibles, lo que conllevará problemas en la articulación e interpretación de la prueba. Cuando el legislador habla de disminución persistente en el nivel de ingresos, se está refiriendo a los ordinarios (se evita que un ingreso excepcional pueda desvirtuar el deterioro de la realidad empresarial), equiparando dicha situación a una disminución de las ventas. Finalmente, se objetiva la disminución persistente de los ingresos o ventas en tres trimestres consecutivos, lo que no significa que pudieran existir pérdidas bajo otras formulaciones temporales. Resulta curioso que cuando el legislador habla del descuelgue de convenio aluda a dos trimestres consecutivos, estableciendo indirectamente una modulación entre dichas medidas.

---

[11] En la referida sentencia "Caso Ericsson", la Audiencia Nacional considera probado que los contratos de compensación supusieron una sobreprima de entre 100 y 260 millones de euros en 2010, 2011 y 2012 que, "de no haberse producido, habrían supuesto fuertes pérdidas...". Ericsson esgrimía que su situación económica no es buena, ya que los beneficios que obtiene en España obedecen a transferencias "artificiosas", pero legales, de su matriz de equipos y productos más baratos que el precio de mercado. Este criterio supone una interpretación novedosa de la causa económica de un ERE que la reforma laboral no prevé expresamente.

➢ Se entiende que concurren ***causas técnicas*** cuando se produzcan cambios, entre otros, en el ámbito de los medios o instrumentos de producción; ***causas organizativas*** cuando se produzcan cambios, entre otros, en el ámbito de los sistemas y métodos de trabajo del personal o en el modo de organizar la producción, y ***causas productivas*** cuando se produzcan cambios, entre otros, en la demanda de los productos o servicios que la empresa pretende colocar en el mercado. Siguiendo la redacción anterior, el legislador no profundiza en estos extremos, dejando abierto un amplio margen interpretación.

➢ La existencia de ***fuerza mayor***, como causa motivadora de la extinción de los contratos de trabajo, deberá ser constatada por la autoridad laboral, cualquiera que sea el número de los trabajadores afectados, conforme a lo dispuesto en el Art. 51.7 del ET y desarrollo reglamentario.

B) Período de cómputo

El número de trabajadores afectados por el despido debe computarse "en un periodo de noventa días". Esta regla se aplica considerando dicho periodo hacia atrás, computándose los despidos que se hayan producido durante los noventa días anteriores al momento en que se inician los trámites para realizar nuevos despidos. Solamente en el caso en que se superen los umbrales mínimos que se establecen en el Art. 51.1 ET, deberá seguirse el procedimiento previsto para los despidos colectivos regulados en dicho precepto (con la excepción de que afecte a la totalidad de la plantilla). Si no se llega a los indicados umbrales mínimos, los despidos pueden realizarse por la causa regulada en el Art. 52.c ET, como un despido objetivo individual. En este sentido, hay que citar la sentencia del T.S. de 23 de abril de 2012: "Cuando en periodos sucesivos de noventa días… la empresa realice extinciones…", nos indica que el cómputo debe hacerse por periodos "sucesivos" de noventa días, lo que supone que no cabe un cómputo variable (cambiable o movible) del periodo de noventa días, sino que debe fijarse un día concreto para determinar el día inicial y el final de cada periodo con la particularidad de que el día final de un periodo constituye el "dies a quo" para el cómputo del siguiente. Si ello es así, la solución no puede ser otra que la apuntada: el día en que se acuerda la extinción constituye el día final del cómputo del primer periodo de noventa días y el inicial del siguiente.

Ahora bien, se consideran en fraude de ley, y serán declaradas nulas y sin efecto, las extinciones de los contratos "cuando en períodos sucesivos de noventa días y con el objeto de eludir las previsiones contenidas en el Art. 51, la empresa realice extinciones de contratos al amparo del Art. 52.c de esta Ley en número inferior a los umbrales señalados sin que concurran causas nuevas que justifiquen tal actuación" (Art. 51.1 ET; Arts. 120 y 122.2.b LJS). Estamos ante una excepción a la regla general para el caso de despidos objetivos realizados en fraude de ley, sancionando la norma con la nulidad las extinciones que se demoraron (para no superar los umbrales establecidos legalmente), bastando con que no haya una nueva causa que las justifique.

El mismo tratamiento –nulidad– tendrían aquellos ceses cuando la proximidad temporal es tan escasa que cabe presumir que el empresario sabía que a las extinciones acordadas se le unirían en fechas próximas otras con las que se superarían los umbrales previstos por el legislador (Art. 4 y 6.4 del Código Civil). TS. 23 de abril 2012 (Rec. 2724/2011).

C) Procedimiento

Sin ánimo de ser extensivos en este punto, nos limitaremos a subrayar los puntos básicos del mismo. Su desarrollo normativo da contenido al apartado 2 del Art. 51 del ET, el cual se completa con el Reglamento de los Procedimientos de Despido colectivo, Suspensión de contratos y Reducción de jornada (RD. 1483/2012 de 29 de octubre), el cual deroga al Real Decreto 801/2011 en materia de regulación de empleo y traslados colectivos.

c.1) Legitimación: Están legitimados para intervenir en el procedimiento de regulación de empleo la dirección de la empresa y los representantes de los trabajadores. Dicha intervención corresponderá a las secciones sindicales cuando estas así lo acuerden, siempre que tengan la representación mayoritaria en los órganos de representación; se dará preferencia al comité intercentros en caso de existir varios centros de trabajo; caso de no existir representación colectiva de los trabajadores en la empresa, éstos podrán intervenir en la tramitación del procedimiento a través de una comisión designada al efecto, conforme a lo establecido al Art. 41.4 ET (3 miembros elegidos democráticamente o en igual número los sindicatos más representativos y representativos del sector al que pertenece la empresa, pudiendo actuar igualmente la representación legal de uno de los centros afectados en igual número y por el mismo procedimiento).

c.2) Comunicación: El empresario que tenga la intención de efectuar un despido colectivo deberá comunicar de *forma fehaciente* la intención de iniciar el procedimiento de despido, debiendo constituirse la comisión negociadora en un plazo máximo de siete días o de quince de no existir representación en alguno de los centros afectados. Transcurrido el plazo señalado, podrá comunicar formalmente a los representantes y autoridad laboral (la cual dará traslado a la entidad gestora de prestaciones por desempleo) el inicio de del periodo de consultas preceptivo. En dicho escrito se consignarán los siguientes *extremos*:

a) La especificación de las causas del despido colectivo.
b) Número y clasificación profesional de los trabajadores afectados por el despido.
c) Número y clasificación profesional de los trabajadores empleados habitualmente en el último año.
d) Periodo previsto para la realización de los despidos.
e) Criterios tenidos en cuenta para la designación de los trabajadores afectados por los despidos.

f) Copia de la comunicación dirigida a los trabajadores o a sus representantes por la dirección de la empresa de su intención de iniciar el procedimiento de despido colectivo[12] (solicitud de informe).

g) Representantes de los trabajadores que integrarán la comisión negociadora o, en su caso, indicación de la falta de constitución de ésta en los plazos legales.

c.3) Documentación: La comunicación a los representantes legales de los trabajadores y a la autoridad laboral deberá ir acompañada de una memoria explicativa de las causas del despido colectivo y de los restantes aspectos señalados en el párrafo anterior, así como de la documentación contable y fiscal y los informes técnicos, todo ello en los términos que reglamentariamente se establecen. El reglamento en función de la causa aludida por el empresario desarrolla de forma exhaustiva la documentación a aportar separando las causas económicas del resto. Asimismo, remitirá información a la autoridad laboral sobre la composición de la representación de los trabajadores y de la composición de la comisión negociadora. La autoridad laboral podrá realizar las advertencias que considere necesarias al empresario en caso de que estime que no se cumplen los requisitos, sin que la misma paralice o suspensa el procedimiento.

c.4) El periodo de consultas con los representantes legales de los trabajadores tendrá una duración no superior a treinta días naturales, o de quince en el caso de empresas de menos de cincuenta trabajadores, debiendo desarrollarse conforme a las siguientes pautas de actuación:

a) La consulta con los representantes legales de los trabajadores deberá versar, como mínimo, sobre las posibilidades de evitar o reducir los despidos colectivos y de atenuar sus consecuencias mediante el recurso a *medidas* sociales de *acompañamiento* (Art. 8 y 9 del Reglamento), tales como medidas de recolocación, movilidad geográfica, movilidad funcional, etc., o acciones de formación o reciclaje profesional para la mejora de la empleabilidad (Art. 51.2 ET). Las consultas se ajustarán al calendario de reuniones fijado en la apertura.

b) La consulta se llevará a cabo en una *única comisión negociadora,* si bien, de existir varios centros de trabajo, quedará circunscrita a los centros afectados por el procedimiento. La comisión negociadora estará integrada por un máximo de trece miembros en representación de cada una de las partes (Art. 51.2 ET p. 1° final) en los términos del Art. 41.4 ET. La comisión negociadora deberá establecer en su acta de constitución que se constituye como órgano colegiado en cuanto a la formación de su voluntad y el carácter vinculante de sus decisiones.

c) Durante el periodo de consultas las partes deberán *negociar de buena fe* con vistas a la consecución de un acuerdo.

---

[12] Conviene recordar que de conformidad con el Art. 64.1.4 a y b ET, los representantes de los trabajadores podrán emitir informe con carácter previo a la ejecución de las decisiones empresariales relativas a reestructuraciones de plantilla y ceses totales o parciales, definitivos o temporales, reducciones de jornada, así como traslado total o parcial de instalaciones.

d) En cualquier momento se podrá acudir a los mecanismos de *mediación y arbitraje*. Asimismo, se podrá dar por finalizada la negociación cuando se presuma que no es posible el acuerdo.

e) Durante el periodo de consultas, la *autoridad laboral* podrá establecer recomendaciones y advertencias, así como posicionarse como mediadora, a petición de alguna de las partes.

f) La consulta deberá documentarse mediante *acta o actas*, donde quede constancia de las consultas realizadas con los representantes de los trabajadores y de la posición de las partes interesadas en las mismas. Las actas deberán firmarse por todos los asistentes.

g) En *caso de acuerdo,* para que sea válido se requiere la conformidad de la mayoría de los miembros de la comisión negociadora que, en su conjunto, representen a la mayoría de los trabajadores del centro o centros de trabajo afectados (Art. 28 Reglamento).

En el supuesto de que la comisión negociadora esté integrada por representantes de varios centros de trabajo, para la atribución de la mayoría a esa comisión, se aplicará lo que decida la propia comisión negociadora; en caso de no existir una decisión al respecto, será considerado el porcentaje de representación que tenga asignado cada uno de sus integrantes. El empresario y la representación de los trabajadores podrán acordar, en cualquier momento del periodo de consultas, la sustitución del mismo por los procedimientos de mediación o de arbitraje que sean de aplicación en el ámbito de la empresa, en particular los regulados en los acuerdos sobre solución extrajudicial de conflictos laborales de nivel estatal o de nivel autonómico.

h) A la *finalización del período de consultas*, el empresario deberá comunicar a la autoridad laboral competente el resultado de las mismas (Art. 12 del Rgto. Despidos Colectivos)[13], remitiendo copia integra de éste en caso de acuerdo. En todo caso, la comunicación de la decisión adoptada incluirá la documentación correspondiente a las medidas sociales de acompañamiento que se hubieran acordado u ofrecido por la empresa y el plan de recolocación externa (en los casos de empresas obligadas a su realización). Igualmente se deberá remitir a la autoridad laboral actualización de la información a la que hemos aludido en la comunicación de apertura y las actas de las reuniones del periodo de consultas debidamente firmadas por todos los asistentes. La autoridad laboral informará a la entidad gestora de las prestaciones de desempleo a los efectos oportunos.

---

[13] La empresa que lleve a cabo un despido colectivo que afecte a más de cincuenta trabajadores, deberá ofrecer a los trabajadores afectados un plan de recolocación externa a través de empresas de recolocación autorizadas. Las empresas que realicen despidos colectivos de acuerdo con lo establecido en este artículo, y que incluyan a trabajadores de cincuenta o más años de edad, deberán efectuar una aportación económica al Tesoro Público de acuerdo con lo establecido legalmente. *Real Decreto 1484/2012, de 29 de octubre, sobre las aportaciones económicas a realizar por las empresas con beneficios que realicen despidos colectivos que afecten a trabajadores de cincuenta o más años.*

Tras la comunicación de la decisión empresarial (Art. 51.4 ET), podrá comenzar a comunicarlo individualmente a los trabajadores afectados conforme a los requisitos (términos y condiciones) establecidos en el Art. 53.1 del ET (despido objetivo individual).[14] Si en el plazo de quince días desde la última reunión celebrada en el periodo de consultas, el empresario no comunica su decisión sobre el despido colectivo, se entenderá caducado el procedimiento.

Contra la decisión de la empresa podrá accionarse por el procedimiento contemplado al efecto, Capitulo IV de la Ley de Jurisdicción Social, con remisión al procedimiento de despido (Art. 51.6 ET). La interposición de la demanda por los representantes de los trabajadores paralizará la tramitación de las acciones individuales iniciadas, hasta la resolución de aquella. La autoridad laboral sólo podrá impugnar los acuerdos adoptados en el periodo de consultas cuando estime que estos se han alcanzado mediante fraude, dolo, coacción o abuso de derecho a efectos de su posible declaración de nulidad o en el caso de prestaciones indebidas.

La decisión judicial declarará la medida ajustada o no ajustada a derecho, dependiendo de la concurrencia o no de las causas alegadas (Art. 51.2 y 51.7 del ET). Será nula la extinción del contrato acordada por el empresario sin respetar las prioridades de permanencia en la empresa establecidas en ley o convenio colectivo (representantes de los trabajadores), cuando no haya realizado el periodo de consultas o no se entregue la documentación referida en el Art. 51.2 ET, no se respete lo dispuesto en el Art. 51.7 (fuerza mayor) o se hayan vulnerado los derechos fundamentales o las libertades públicas. Debiendo en estos casos reintegrarse a los trabajadores a sus puestos de trabajo de conformidad con lo previsto en el Art. 123, 2 y 3 de la LJS).

4. Extinción objetiva individual (Art. 52 ET)

a) Las ***causas*** están tipificadas en el Art. 52 del ET y se concretan en las siguientes:

1. La ineptitud del trabajador conocida o sobrevenida con posterioridad a su colocación en la empresa, exige la concurrencia de los siguientes requisitos: a) Permanente b) Imputable al trabajador c) Referente a la actividad tomada en su conjunto, no a una parte pequeña de ella (corresponde a la empresa la prueba de la ineptitud). La ineptitud existente con anterioridad al cumplimiento de un periodo de prueba no podrá alegarse con posterioridad a dicho cumplimiento.
2. Por falta de adaptación del trabajador a las modificaciones técnicas operadas en su puesto de trabajo, cuando dichos cambios sean razonables y hayan transcurrido dos meses como mínimo desde que se produjo la modificación. Previamente

[14] En todo caso, deberán haber transcurrido como mínimo treinta días entre la fecha de la comunicación de la apertura del periodo de consultas a la autoridad laboral y la fecha de efectos del despido.

el empresario está obligado a facilitar un curso de adaptación a las modificaciones operadas. Entronca este epígrafe en el peso que la reforma del 2012 y sucesivas da a la formación.

3. Se estructura el nuevo Art. 52 del ET primando el criterio del absentismo individual del trabajador frente al absentismo de empresa. Bajo esta perspectiva se desarrolla el apartado d) del precitado artículo: por faltas de asistencia al trabajo, aun justificadas pero intermitentes, que alcancen el 20% de las jornadas hábiles en dos meses consecutivos, siempre que el total de faltas de asistencia en los doce meses anteriores alcance el *cinco por ciento* de las jornadas hábiles, o alternativamente el 25% en cuatro meses discontinuos dentro de un período de doce meses. No obstante, se plantean excepciones al cómputo: no se computarán como faltas de asistencia las ausencias debidas a huelga legal por el tiempo de duración de la misma, el ejercicio de actividades de representación legal de los trabajadores, accidente de trabajo, maternidad, riesgo durante el embarazo y la lactancia, enfermedades causadas por embarazo, parto o lactancia, paternidad, licencias y vacaciones, enfermedad o accidente no laboral cuando la baja haya sido acordada por los servicios sanitarios oficiales y tenga una duración de más de veinte días consecutivos, ni las motivadas por la situación física o psicológica derivada de violencia de género, acreditada por los servicios sociales de atención o servicios de salud, según proceda (Real Decreto 625/2014 de 18 de julio). Finalmente, se incorporan como excepción las ausencias que obedezcan a un tratamiento médico de cáncer o enfermedad grave, siendo objeto de critica lo que debe entenderse por *enfermedad grave*, y la inclusión o no en dicho concepto de determinadas patologías como, por ejemplo, las que presentan disfuncionalidad permanente[15].

4. Cuando concurra alguna de las causas previstas en el Art. 51.1 del ET y la extinción afecte a un número inferior al establecido en el mismo. El legislador obvia la referencia “necesidad de amortizar objetivamente puestos de trabajo” y se centra en “las causas”, poniendo una vez más de manifiesto la necesidad de objetivar la medida. Reiterando que los representantes de los trabajadores tendrán prioridad de permanencia en la empresa en el supuesto al que se refiere este apartado.

5. Insuficiencia de consignación presupuestaria en planes y programas públicos (Art. 52.e ET), en el caso de contratos indefinidos concertados directamente por las administraciones públicas. Este supuesto trae a colación, en otro orden de cosas, la problemática que surge cuando durante la ejecución externalizada de un plan se produce una insuficiencia de dotación presupuestaria, afectando a la

[15] La cual consiste en padecer algún tipo de patología que se manifiesta de manera intermitente, y que se caracteriza por alternar unos períodos en los que se mantiene la actividad laboral con otros que le suponen al trabajador la necesidad de recibir asistencia sanitaria, encontrándose impedido para el desempeño de su trabajo. La limitación funcional no alcanza los niveles suficientes para que su situación se califique por la entidad gestora como constitutiva de una incapacidad permanente pero, al mismo tiempo, el trabajador se ve recurrentemente abocado a una situación de baja médica que le sitúa en una posición de vulnerabilidad, a efectos de ser encuadrado en el colectivo susceptible de ser objeto de despido por causas objetivas ante las faltas de asistencia reiteradas, aun justificadas (ver: la STC 62/2008, de 26 de mayo).

contrata de forma parcial y necesariamente a los contratos afectos a la misma (contratos de obra, por ejemplo).

b) En cuanto *a la forma* del despido, conforme al Art. 53 ET, será la misma que en el despido disciplinario, pero además de la comunicación escrita, indicándole la causa en la que se fundamenta, es obligatorio entregarle simultáneamente una indemnización de 20 días por año trabajado con el tope de 12 mensualidades (salvo imposibilidad basada en el Art. 52 c) del ET –causa económica– e imposibilidad de poner a disposición la indemnización; de ello se deberá dejar constancia en la comunicación escrita). Se tendrán en cuenta las siguientes consideraciones:

1. Concesión de un plazo de preaviso de 15 días a computar desde la fecha de entrega de la carta de despido hasta la de la extinción del contrato. En el supuesto de fundamentarse en el Art. 52 c) ET, se deberá entregar copia del preaviso a los representantes de los trabajadores.
2. De no concederse tal preaviso, la empresa estará obligada únicamente a abonar los salarios correspondientes a dicho periodo.
3. Durante el periodo de preaviso, el trabajador, o su representante legal, tendrá derecho, sin pérdida de su retribución, a una licencia de seis horas semanales con el fin de buscar nuevo empleo.
4. Contra la decisión se impugnará como si de un despido disciplinario se tratase, pudiendo declarar el juez la nulidad (además de las causas expuestas con carácter general en el despido nulo, recordar lo expuesto en los despidos colectivos respecto al fraude de ley, de aplicación al tipo que nos ocupa), procedencia o improcedencia del mismo. En este último caso (improcedencia), de la indemnización se detraerá la cantidad anticipada en caso de no optar por la readmisión, que de realizarse obligará al trabajador al reintegro de la misma (precisando la LJS en su Art. 123: en el caso de improcedencia –como en el despido declarado nulo– no se podrán deducir los salarios de tramitación –cuando procedan– de los correspondientes al periodo de preaviso). Hay que poner de relieve, conforme a la normativa actual, que en caso de no cumplirse los requisitos formales establecidos en el apartado 1 del Art. 53 del ET, la decisión extintiva se calificará como improcedente y no como nula; no obstante, la no concesión del preaviso o el error excusable en el cálculo de la indemnización no determinará la improcedencia del despido, sin perjuicio de pagar dicho periodo de pago o proceder al abono de la indemnización correcta (Art. 122 LJS). Con ello se homologa este tipo de despido al disciplinario, desprovisto desde los años 90 de los efectos de nulidad por causas formales.

5. Rescisión por decisión del trabajador (Art. 50 ET)

Tratamos aquí la extinción de la relación laboral por causas imputables o provocadas por el empresario. El Estatuto prevé los siguientes supuestos:

a) Modificación sustancial en las condiciones de trabajo llevadas a cabo sin respetar lo previsto en el artículo 41 –expresa alusión al artículo frente a la redacción anterior– de esta ley y que redunden en menoscabo de la dignidad del trabajador. La antigua redacción incluía las que redunden en perjuicio de la formación del trabajador (por ejemplo, la adscripción del trabajador de forma permanente a tareas correspondientes a una categoría profesional inferior, la falta de respecto a su honorabilidad, situaciones de mobbing etc.). El análisis del precepto nos obliga a afirmar que se exige una doble condición: no respetar los requisitos establecidos en el Art. 41 del ET y menoscabar la dignidad del trabajador. Lo dicho tiene como límite el poder de organización del empresario, es decir, es el empresario el que decide cómo organizar sus recursos, siempre que no conlleve las situaciones precitadas anteriormente o análogas.

b) La falta de pago o retrasos continuados en el abono de salarios. En este punto nos remitimos a los criterios expuestos jurisprudencialmente a la fecha, no exigiéndose como requisito para apreciar la gravedad del incumplimiento la culpabilidad del empresario, y siendo también irrelevante la mala situación de la empresa. Para determinar la gravedad del incumplimiento, "debe valorarse exclusivamente si el retraso o impago es o no grave o trascendente en relación con la obligación de pago puntual del salario que exigen los artículos 4.2.f) y 29.1 ET, partiendo de un criterio temporal (continuado y persistente en el tiempo) y cuantitativo (montante de lo adeudado)" (SSTS 10/06/2009, 26/07/2012, 03/12/2012, 25/02/2013 y 03/12/2013). A lo que debe añadirse, por lo que se refiere al elemento cuantitativo, que la gravedad del incumplimiento se refiere a la relevancia del importe de los impagos (atendiendo al número de mensualidades no abonadas, así como a su cuantía total), para cuya calificación se ha de tomar en consideración la propia retribución del trabajador, tal y como ha declarado la STS 03/12/2013 (aceptando la causa extintiva en un caso de adeudo de dos mensualidades y dos pagas extraordinarias). De importante transcendencia práctica es la STS de 20 de julio de 2012, la cual comentamos en el siguiente epígrafe.

c) Cualquier otro **incumplimiento grave de las obligaciones del empresario**, salvo por fuerza mayor, así como la negativa a reintegrar al trabajador en sus anteriores condiciones en los supuestos previstos en los Arts. 40 y 41 del ET, cuando una sentencia judicial haya declarado los mismos injustificados.

Concurriendo alguna de las causas tipificadas en el Art. 50, el trabajador podrá presentar demanda ante el Juzgado de lo Social, solicitando la extinción del contrato de trabajo. No obstante, hay que advertir que durante la tramitación del proceso el trabajador debe seguir trabajando. Frente a lo dicho,[16] lo cual era pacífico desde la vigencia de la Ley de Contrato de Trabajo de 1944[17], el TS, en aplicación de la jurisprudencia

[16] Alonso, L.J. *El Art. 50 del Estatuto de los Trabajadores*. En: Comentario de Jurisprudencia Social.

[17] STS de 8 de noviembre de 2000 (rec. núm. 970/2000): "No cabe que el trabajador resuelva extrajudicialmente el contrato de trabajo, sino que lo procedente es que solicite la rescisión del contrato laboral, sin abandonar la actividad laboral que desempeña en la empresa, dado que la extinción del contrato se origina por la sentencia constitutiva de carácter firme, que estime que la empresa ha incurrido en alguna de las causas que dan lugar a la resolución, pero no antes de hacerse este pronunciamiento, salvo (...) que la continuidad laboral atente a la

dictada sobre el artículo 1124 del Código Civil (facultad para resolver las obligaciones), en su sentencia de 20 de julio de 2012, entiende que no se puede obligar al trabajador a mantener unas condiciones de trabajo que, aunque no sean contrarias a su dignidad o a su integridad, puedan implicar un grave perjuicio patrimonial o una pérdida de opciones profesionales; considerando para este caso correcta la medida, tomada por el mismo, de dejar de trabajar ante el impago continuado del salario. Lo cierto es que el riesgo del resultado del proceso recaerá en el trabajador, ya que si la sentencia decidiese que no concurría causa justa de extinción, el no acudir a trabajar "motu propio" habría constituido un abandono de su puesto y se consideraría una baja voluntaria, con independencia de otros efectos (recordar que nuestra Ley de Jurisdicción Social prevé la posibilidad de que el trabajador solicite, como medida cautelar, la no asistencia al puesto de trabajo cuando exista un motivo importante para no trabajar; por ejemplo, situación vejatoria grave, en cuyo caso el juez aprobará la medida si la considera idónea (Art. 79.7 de la LJS).

La interposición de la acción en este caso no tiene un plazo establecido, por lo que se deberá acudir al ordinario, que es de un año a partir de la fecha en que se cometieron los hechos. Si el juez aprecia justa causa, el trabajador tendrá derecho a la misma indemnización prevista para el despido improcedente (es decir, 33 días por año de servicio). Dado que no se trata de una baja voluntaria, el trabajador tendrá derecho al desempleo. La indemnización fijada en sentencia compensa todos los perjuicios derivados de la pérdida del puesto de trabajo (con la salvedad del incidente de no readmisión del Art. 281 de la LJS: 15 días de salario, con un máximo de doce mensualidades)[18].

---

dignidad, a la integridad personal o, en general, a aquellos derechos fundamentales que corresponden al hombre por el solo hecho de su nacimiento."

[18] Se ha admitido excepcionalmente la posibilidad de solicitar una indemnización adicional en el procedimiento de tutela (Arts. 179.3, 182.1.d y 183 de la LJS) cuando se produce una lesión de un derecho fundamental.

Parte III

Relaciones colectivas

Tema 9

Representación unitaria y sindical en el marco de la empresa

1. Introducción
2. El problema de la doble representación vs doble naturaleza
3. Representación unitaria. Procedimiento electoral
4. Órganos de representación
5. Competencias de la representación unitaria
6. Garantías
7. Derecho de asamblea
8. Representación sindical: secciones y delegados sindicales

1. Introducción

Nuestra Constitución enmarca la representación de los trabajadores a través de tres artículos básicos, cuyo contenido desarrolla: el reconocimiento del papel de los sindicatos (Art. 7 CE), el reconocimiento del derecho de huelga (Art. 28 CE) y el reconocimiento de la negociación colectiva y los conflictos colectivos (Art. 37 CE). El texto estatutario dedica atención a esta materia en los Arts. 61 y siguientes del Título II, Capitulo Primero. Lo anterior se completa con la Ley Orgánica 11/1985, de 2 de agosto, de Libertad Sindical.

Con la reforma del 1994, adquiere singular protagonismo dentro del sistema de relaciones laborales "la doble representación" en la empresa, es decir, los comités de empresa y los sindicatos. La razón no es otra que un desplazamiento de la negociación del marco normativo a la autonomía colectiva de las partes. Estamos ante lo que el profesor Sagardoy denomina una reforma con "mecanismos de flexibilidad de permanencia"[1]. Lo cual, bajo criterios de oportunidad, se actualiza con la reforma del 2012 y sucesivas: RDL 3/2012, de fecha 10 de febrero de 2012, y la Ley 3/2012, de 6 de julio, de Medidas Urgentes para la Reforma del Mercado Laboral, afectando a aspectos básicos de los mecanismos de contratación, flexibilidad interna, despidos y negociación colectiva (ad exemplum). Por su importancia práctica y abundante análisis jurisprudencial, destacar el desarrollo reglamentario introducido por el RD. 1.483/2012, de 29 de octubre, en materia de despidos colectivos, sustituyendo al Reglamento de Expedientes de Regulación de Empleo, aprobado por RD 801/2011.

El desarrollo del presente tema tiene como propósito analizar las distintas formas de representación de los trabajadores dentro de la organización empresarial, siendo

[1] Sagardoy Bengoechea, J.A. *La evolución de las relaciones laborales en la empresa española 1980-2005*. Colección Testimonio. Ediciones Cinca. Madrid. 2006, pág. 225. ISBN: 84-934759-1-2.

obligado advertir que la doctrina judicial, hasta la fecha, no ha abordado todas las cuestiones que plantea el nuevo marco regulador, quedando aún cuestiones pendientes por resolver. Además, la intervención del Tribunal Supremo ha sido meramente incipiente, por lo que el conjunto de criterios fijados por los Tribunales Superiores de Justicia y la Audiencia Nacional no pueden considerarse como inamovibles. A lo anteriormente expuesto, habría que plantearse la posibilidad de futuras reformas, que propicien una solución definitiva a ciertas materias, evitando así una judicialización innecesaria, que no favorece ni a empresarios ni a trabajadores.

2. El problema de la doble representación vs doble naturaleza

Nuestro ordenamiento jurídico, siguiendo el modelo normativo establecido en el Convenio de la OIT, admite dos formas de representación de los trabajadores: la unitaria, elegida mediante elecciones por todos los trabajadores, y la sindical, integrada por los trabajadores afiliados a los sindicatos a través de las secciones y delegados sindicales. Todo ello, sin perjuicio de tratar la posibilidad de asumir directamente la representación en determinados supuestos y en ausencia de las anteriores.

Una cuestión de obligado cumplimiento es determinar si estamos ante dos representaciones con *naturaleza* análoga o distinta; en este orden de cosas, y siguiendo la más reciente línea jurisprudencial[2], debemos de admitir que estamos ante dos modelos de representación con connotaciones diferentes, y que en términos de derecho a la libertad sindical, sólo se puede reconocer a las organizaciones sindicales, pero no a la representación unitaria[3].

Quizás uno de los puntos donde se manifiesta de forma muy clara la doble naturaleza, es en el marco de la audiencia previa de los delegados en materia de despido. En esta línea y siguiendo el desarrollo de la STS de 23 de mayo de 1995, el trabajador afiliado, frente al no afiliado, tiene un fortalecimiento, por cuanto que, en el caso que su sindicato tenga delegado sindical, tendrá derecho a recabar su presencia en caso de despido disciplinario.

3. Representación unitaria. Procedimiento electoral

El Título II del Real Decreto Legislativo 1/1995, de 24 de marzo, del Texto Refundido de la Ley del Estatuto de los Trabajadores, en sus artículos 61, 62, 63, 64,

---

[2] STC 118/1993 de 13 de diciembre y 74 /1996 de 30 de abril; STS de 17 de octubre de 1994 y 17 de junio de 1996, respecto a actos preparatorios.

[3] Cierto es que, en el día a día, en la negociación se tiende cada vez más a una equiparación. No obstante, el propio Tribunal Constitucional matiza su posición respecto a los miembros de los comités, que están sindicalizados frente a los que no lo están.

65 y 66, contempla la constitución, funciones y competencias de los órganos de representación.

Nuestro Estatuto regula en su Art. 67 y siguientes el procedimiento de elecciones y mandato electoral, denominadas comúnmente como elecciones sindicales, cuando realmente no son tales, como apunta nuestro Tribunal Supremo[4]. De importancia práctica es la legitimación para promover las mismas, distinguiéndose varias posibilidades: las organizaciones sindicales más representativas, las que cuenten con un mínimo de un diez por ciento de representantes en la empresa o los trabajadores del centro de trabajo por acuerdo mayoritario; de lo cual se concluye que las elecciones pueden ser promovidas por agentes externos a la propia empresa.

A) EL DESARROLLO Y PROCEDIMIENTO ELECTORAL tiene su sede en el Art. 69 a 76 del ET, en relación con el RD. 1884/1994, de 9 de septiembre, relativo a las elecciones de los órganos de representación de los trabajadores en la empresa.[5] Es de interés al respecto tener en cuenta las siguientes puntualizaciones:

– Se realizará mediante sufragio personal, directo, libre y secreto.

– Se distingue entre votaciones a comités de empresa y delegados de personal.

– Se exigen distintos requisitos según se trate de elector o elegible. Con carácter general, serán electores todos los trabajadores de la empresa o centro de trabajo mayores de dieciséis años y con una antigüedad en la empresa de, al menos, un mes, y elegibles los trabajadores que tengan dieciocho años cumplidos y una antigüedad en la empresa de, al menos, seis meses (los trabajadores extranjeros podrán ser electores y elegibles cuando reúnan las condiciones a que se refiere el párrafo anterior).

– Para el computo de la plantilla electoral, se distingue entre trabajadores fijos (incluyendo fijos discontinuos) y temporales con más de un año de duración, y trabajadores no fijos.

– Las elecciones se inician propiamente con la constitución de la mesa. "Comunicado a la empresa el propósito de celebrar elecciones, ésta, en el término de siete días, dará traslado de la misma a los trabajadores que deban constituir la mesa, a los representantes de los trabajadores y a los promotores. La mesa se constituirá en la fecha dispuesta por los promotores en su comunicación". La mesa estará formada por el presidente, que será el trabajador de más antigüedad en la empresa, y dos vocales, que serán los electores de mayor y menor edad. Este último actuará de secretario. Se designarán suplentes los trabajadores que sigan a los titulares de la mesa, en el orden indicado de antigüedad o edad.

En el caso de *elecciones a delegados*: "En el mismo término –siete días–, remitirá la empresa a los componentes de la mesa electoral el censo laboral, que se ajustará, a

---

4 No olvidemos que igualmente podrán presentarse los trabajadores que avalen su candidatura con un número de firmas de electores de su mismo centro y colegio, en su caso, equivalente al menos a tres veces el número de puestos a cubrir.

5 Entre otras, ver: Sentencias del Tribunal Constitucional 16471993 de 18 de mayo, 36/2004, de 8 de marzo.

estos efectos, a modelo normalizado". Cuando se trate de elecciones al comité de empresa, la mesa electoral solicitará al empresario el censo laboral y confeccionará, con los medios que le habrá de facilitar éste, la lista de electores. (Esta se hará pública en los tablones de anuncios mediante su exposición durante un tiempo no inferior a setenta y dos horas).

– En todo caso, en la empresa o centro de trabajo se constituirá una mesa electoral por cada colegio de 250 trabajadores electores o fracción.

– El acto de votación para las elecciones a representantes se celebrará en el centro de trabajo o en el lugar de trabajo durante la jornada laboral (teniéndose en cuenta las normas que regulen el voto por correo).

– En caso de discrepancias en materia electoral, se acudirá al procedimiento arbitral, con excepción de las denegaciones de inscripción, cuyas reclamaciones podrán plantearse directamente ante la jurisdicción competente.

– Las elecciones a comités de empresa se instrumentalizan mediante la constitución de dos colegios electorales (empresas de más de 50 trabajadores), uno integrado por los técnicos y administrativos y otro por los trabajadores especialistas y no cualificados.

– En las elecciones a comités de empresa no tendrán derecho a la atribución de representantes aquellas listas que no hayan obtenido como mínimo el 5 por 100 de los votos por cada colegio. Mediante el sistema de *reparto proporcional* se atribuirá a cada lista el número de puestos que le corresponda, de conformidad con el cociente que resulte de dividir el número de votos válidos por el de puestos a cubrir. Si hubiese puesto o puestos sobrantes, se atribuirán a la lista o listas que tengan un mayor resto de votos.

En caso de elecciones a delegados de personal, resultarán elegidos los que obtengan el mayor número de votos, y cada elector dará su voto a un número máximo de aspirantes equivalente al de puestos a cubrir entre los candidatos proclamados.

– En caso de empate en los resultados, será elegido el trabajador de mayor antigüedad en la empresa (elecciones a delegados). En caso de empate (elecciones a comité de empresa), nuestro Estatuto no dice nada; la interpretación literal del Art. 12.1 del RD 1844/1994 establece que "resultará elegido el candidato de mayor antigüedad en la empresa".

– Los promotores comunicarán a la empresa y a la autoridad laboral su propósito de celebrar elecciones con un plazo mínimo de, al menos, *un mes* de antelación al inicio del proceso electoral. En dicha comunicación, los promotores deberán identificar con precisión la empresa y el centro de trabajo en que se desea celebrar el proceso electoral y la fecha de inicio de éste, que será la de constitución de la mesa electoral y que, en todo caso, no podrá comenzar *antes de un mes ni más allá de tres meses* contabilizados a partir del registro de la comunicación en la oficina pública dependiente de la autoridad laboral. Cuando se promuevan elecciones para renovar la representación por conclusión de la duración del mandato (cuatro años), sólo podrá efectuarse a partir de la fecha en que falten *tres meses* para el vencimiento del mismo. Este tema ha sido objeto de controversia doctrinal, en particular sobre los efectos de la convocatoria ante tempus en el mandato de cuatro años. En este sentido, hay que apreciar cómo al respecto existen varias tesis: para un sector de la doctrina, el plazo de cuatro años es un plazo máximo, siendo el plazo mínimo de tres años y nueve meses; una segunda tesis dice que la convocatoria se haría en el periodo de los tres últimos meses, pero no su realización, y una tercera, a la cual nos adherimos, según la cual se pueden promover y celebrar elecciones en ese periodo de tres meses, pero la toma de posesión de los nuevos elegidos no se producirá hasta que venza el mandato de los anteriores, por más que su legitimidad pueda ser puesta en cuestión[6].

– En el caso de *aumentos de plantilla*, podrán celebrarse elecciones parciales. En los supuestos de disminuciones de plantilla, el Estatuto no es determinante, remitiéndose a lo que las partes hayan planteado en el convenio colectivo. Respecto a este último supuesto –disminución–, la STSJ de Valencia 847/2012, de 26 de marzo, argumenta: "... el Art. 67.1 último párrafo del ET, pues éste prevé que en los casos de disminución significativa de la plantilla de trabajadores de una empresa la acomodación del número de miembros del comité de empresa deberá realizarse en la forma prevista en el convenio colectivo aplicable y, en su defecto, por acuerdo entre la empresa y los representantes de los trabajadores. En el caso de autos, ni el convenio colectivo aplicable –el de derivados del cemento– regula tal eventualidad, ni existe acuerdo alguno entre la empresa demandante y el comité de empresa, no pudiendo una resolución judicial suplir la falta de tal acuerdo; a falta de dicho acuerdo, la empresa habrá de respetar el mandato de los miembros del comité de empresa mientras no concurra una causa legal de revocación". Tesis que no comparto, al permitir prorrogar el mandato sine die, en caso de que no se convoquen elecciones. Todo ello lo trataremos más adelante en la duración del mandato.

– "*Las garantías de los representantes*" son extensibles al *periodo preelectoral*, con independencia de que posteriormente salga elegido o no el candidato, no pudiendo alegar la empresa desconocimiento debido al carácter público de dicho "periodo" (TSJ Galicia 21-7-95, AS 2805). La STS de 20 de junio 2000, garantiza la cobertura a estadios previos a la función representativa o sindical en la empresa –el origen de esta extensión habría que buscarlo en la sentencia 38/1981 del Tribunal Constitucional[7]–. La extensión de la cobertura al candidato proclamado como tal no cierra la posibilidad

[6] Dirección General de Trabajo, Resolución de 26 de octubre de 1994, según la cual, los elegidos no asumirán la representación hasta la finalización de los anteriores. Como argumenta Rodríguez Ramos: El mandato representativo tiene una duración legal que no puede ser recortada por la celebración ante tempus de las elecciones, derivada de una promoción anticipada en el tiempo, porque ostentar la condición de representante unitario de los trabajadores conlleva toda una serie de efectos ad intra y ad extra, que se verán alterados. ("Promoción de Elecciones. Comentario al Art. 67". En: AA.VV. Comentario al Estatuto de los Trabajadores. Monereo Pérez, J.L. (dir.). Granada: Comares, 1998, págs. 756-776. ISBN 978-84-8151-769-9).

[7] En su pronunciamiento pone de relieve la nulidad radical del despido de un candidato en virtud de una conducta antisindical y discriminatoria, y además lo fundamenta en el convenio de la OIT Nº 135 y en la recomendación Nº 143.

de ser aplicada al momento en que el empresario tenga constancia de la intención del trabajador de presentarse a dichas elecciones. Consecuencia de todo lo expuesto es, en todo caso, el derecho de opción que tiene el precandidato o candidato a elegir, en caso de despido, entre la readmisión o la indemnización en el supuesto que sea declarado improcedente (ello, sin perjuicio de que pueda ser declarada nulo, por vulnerar la libertad sindical, STSJ. Castilla-La Mancha 1243/2011, de 17 de noviembre).[8]

B) LA DURACIÓN DEL MANDATO del comité de empresa y delegados de personal será de cuatro años, manteniéndose en funciones en el ejercicio de sus competencias y de sus garantías hasta tanto no se hubiesen promovido y celebrado nuevas elecciones. Para la jurisprudencia mayoritaria dictada, el mandato no se extingue automáticamente, ni siquiera una vez que se hayan promovido las nuevas elecciones, sino cuando se procede a la constitución del nuevo órgano de representación[9]. Sin embargo, dado que la fijación de un plazo para el mandato es consecuencia del principio democrático, según el cual los mandatos representativos deben estar sometidos a revisiones ciertas y con una determinada periodicidad, existen determinadas situaciones que podríamos definir como problemáticas, como por ejemplo la prórroga indeterminada de un mandato por falta de convocatoria; es decir, estaríamos ante una situación de prorroga automática, que en algunos casos provoca una falta de identidad de intereses entre los representantes y sus representados, por inhibición de estos últimos[10] o criterios oportunistas de los primeros. Siguiendo a Rodríguez Sañudo, entendemos que no se puede dejar en manos de los promotores su mantenimiento indefinido, pues aun cuando no exista límite legal alguno, no cabe admitir una prolongación abusiva del mandato, debiendo prolongarse únicamente por el tiempo imprescindible (STC 517/1989, de 16 de marzo), no compartiendo, por tanto, aquellas tesis que propugnan una prórroga del mandato por otros cuatro años o para otros autores sine die.

4. Órganos de representación

Los trabajadores, tienen como uno de sus derechos básicos la participación en la empresa, con el contenido y alcance que la normativa vigente disponga, y ello como

---

[8] Dicha sentencia argumenta: "No cabe duda que los derechos que los representantes de los trabajadores tienen son extensibles a los candidatos, y como quiera que el recurrente es candidato a la elección en el momento de producirse el despido reconocido como improcedente, el 19 de enero de 2011, y que existe una decisión arbitral vinculante para las partes, por la que se le tiene que permitir la presentación a las elecciones como candidato en la lista de CCOO, todo lo que coarte este derecho fundamental se entenderá una violación del mismo y por ende la sanción con la nulidad del despido en contra de lo que ha señalado el juzgador".

[9] STS 9 de marzo de 1994 (Ar. 2218).

[10] Solamente podrán ser revocados los delegados de personal y miembros del comité durante su mandato, por decisión de los trabajadores que los hayan elegido, mediante asamblea convocada al efecto a instancia de un tercio, como mínimo, de sus electores y por mayoría absoluta de éstos mediante sufragio personal, libre, directo y secreto. No obstante, esta revocación no podrá efectuarse durante la tramitación de un convenio colectivo, ni replantearse hasta transcurridos, por lo menos, seis meses; lo anterior no deja de ser una garantía añadida a los representantes, que desde mi punto de vista plantea serias dudas en la práctica, cuando el desarrollo de las negociaciones del convenio nada tienen que ver con los auténticos intereses de los trabajadores.

prolongación de los mandatos constitucionales. Ello se llevará a cabo mediante diferentes órganos, dependiendo del tipo de representación, marco de referencia y finalidad perseguida.

A) Comités de empresa

Es el órgano representativo y colegiado del conjunto de los trabajadores de la empresa, o centro de trabajo, constituyéndose en cada centro de trabajo, cuyo censo sea de 50 o más trabajadores.

En empresas que tengan en la misma provincia o en municipios limítrofes dos o más centros, cuyos censos no alcancen 50 trabajadores, pero en su conjunto lo sumen, se constituirá un comité de empresa conjunto. Cuando unos centros tengan 50 trabajadores y otros de la misma provincia no, en los primeros se constituirán comités de empresa propios, y con todos los demás se constituirá otro.

El número de componentes del comité de empresa está en función del número de trabajadores. De conformidad con el Art. 66 ET, se establece la siguiente escala:

a) De cincuenta a cien trabajadores, cinco.

b) De ciento uno a doscientos cincuenta trabajadores, nueve.

c) De doscientos cincuenta y uno a quinientos trabajadores, trece.

d) De quinientos uno a setecientos cincuenta trabajadores, diecisiete.

e) De setecientos cincuenta y uno a mil trabajadores, veintiuno.

f) De mil en adelante, dos por cada mil o fracción, con el máximo de setenta y cinco.

Podrá pactarse sólo por convenio colectivo la constitución y funcionamiento de un comité intercentros, con un máximo de 13 miembros, que tendrá las funciones que se prevean en el convenio colectivo en que se acuerde su creación (TCT 9-4-81, Ar 2913). Al respecto, referida al cambio de afiliación y composición de comité intercentros, resulta relevante la SAN 127/2010, de 17 de diciembre[11].

Salvo pacto contrario, en las reuniones entre el comité de empresa y la empresa no pueden asistir los delegados sindicales (es interesante la antigua sentencia del TCT 21-12-88). Lo trataremos más adelante, en el epígrafe de la representación sindical. Los comités deberán reunirse cada dos meses o siempre que lo solicite un tercio de sus miembros o un tercio de los trabajadores representados.

[11] El art. 63.3 del ET dispone: "Sólo por convenio colectivo podrá pactarse la constitución y funcionamiento de un comité intercentros con un máximo de 13 miembros, que serán designados de entre los componentes de los distintos comités de centro. En la constitución del comité intercentros se guardará la proporcionalidad de los sindicatos según los resultados electorales considerados globalmente."

En la composición de los comités de empresas, advertir que en ningún caso se debe excluir de dichos comités a los representantes no pertenecientes a ningún sindicato, dado que de no ser así, se rompería la igualdad entre estos y aquellos, aunque tal exclusión no afectará a la libertad sindical[12]. Siguiendo el Estatuto, se deberá aplicar el *criterio de proporcionalidad* según los resultados, tesis sostenida por el Tribunal Supremo. Mayor controversia ha planteado en la composición su fundamento. Esta problemática ha sido objeto de tratamiento tanto por la doctrina como por la jurisprudencia. Podrá establecerse, bien atendiendo al número de miembros del comité de empresa, bien en función de los votos obtenidos en las elecciones correspondientes[13], siendo imperante al día de hoy el criterio de la audiencia electoral.

En cada empresa o grupo de empresas de dimensión comunitaria, es obligatorio constituir un comité de empresa europeo o establecer un procedimiento alternativo de información y consulta a los trabajadores. Al respecto, conviene precisar cómo la ley diferencia empresas de dimensión comunitaria: a) que tengan centros de trabajo en distintos Estados miembros de la Unión Europea y el resto de Estados signatarios del Acuerdo sobre el Espacio Económico Europeo; b) que la empresa emplee a 1.000 trabajadores o más en el conjunto de los Estados miembros; c) que la empresa emplee, en al menos dos Estados miembros diferentes, a 150 trabajadores o más en cada uno de ellos.[14]

B) Delegados de personal

Constituyen la representación de los trabajadores en la empresa o centro de trabajo que tengan menos de 50 y más de 10 trabajadores. Igualmente, podrá haber un delegado de personal en aquellas empresas o centros que cuenten entre seis y diez trabajadores, si así lo decidieran estos por mayoría. Los delegados de personal podrán ser: hasta 30 trabajadores, uno; de 31 a 49 trabajadores, tres.

---

[12] STC de 27 de abril de 1995 y STS de 17 de octubre de 1994.

[13] Ver. STS 21-5-1993, STS 7 de octubre de 1996; por analogía habrá que tener en cuenta respecto a los comités de seguridad e higiene, cómo el propio Tribunal pone de manifiesto la necesidad que el mismo refleje no tanto el espectro sindical como la idoneidad técnica y representativa de sus miembros (STS 6 de abril de 1993); en la composición de la comisión negociadora se seguirá el mismo criterio de proporcionalidad TCT 23-6-87; TCT 7-9-87. Ar 20186. Ojeda Avilés defiende los dos indicadores argumentando que el del número de representantes es más coherente con nuestro ordenamiento jurídico. Ojeda Avilés. *Derecho Sindical.* Madrid: Tecnos, 1992. ISBN 84-309-2261-X.

[14] Ley 10/1997, Dir. 94/45/CE; L 44/1999, Dir. 97/74/CE. El comité de empresa europeo tendrá derecho:

- A ser informado y consultado sobre aquellas cuestiones que afecten al conjunto de la empresa o grupo de empresas de dimensión comunitaria o, al menos, a dos centros de trabajo o empresas del grupo situados en Estados miembros diferentes.
- A mantener, al menos, una reunión anual con la dirección central, en la que será informado sobre la evolución y perspectivas de las actividades de la empresa o grupo de empresas de dimensión comunitaria.
- A ser informado, con la antelación necesaria, para que su criterio pueda ser tenido en cuenta en las decisiones adoptadas sobre aquellas circunstancias excepcionales que afecten considerablemente a los intereses de los trabajadores, especialmente en los casos de traslados de empresas, cierres de centros de trabajo o empresas, o de despidos colectivos.

5. Competencias de la representación unitaria

El Estatuto de los Trabajadores regula las competencias de los representantes de los trabajadores bajo una doble perspectiva, derechos de información y competencias o prerrogativas de actuación y control. A su vez, dentro del derecho de información distinguiremos dos supuestos: información activa e información pasiva. Lo tratado en el presente epígrafe afecta tanto al comité de empresa como a los delegados de personal, los cuales en virtud del Art. 62.2 tendrán las mismas competencias establecidas para los comités de empresa (incluyendo el sigilo profesional[15]).

Por derecho de información entenderemos "la transmisión de datos por el empresario al comité de empresa, a fin de que éste tenga conocimiento de una cuestión determinada y pueda proceder a su examen" (Art. 64.1 del ET). Sobre la información que deberá facilitar el empresario a los representantes de los trabajadores, el legislador matiza: Sin perjuicio de lo establecido específicamente en cada caso, se efectuará con un contenido apropiado, de manera que permita a los representantes proceder a un examen adecuado y preparar, en su caso, la consulta y el informe (Art. 64.6 del ET). No obstante, existen excepciones a lo dicho recogidas en el propio Estatuto: "Excepcionalmente, la empresa no estará obligada a comunicar aquellas informaciones específicas relacionadas con secretos industriales, financieros o comerciales cuya divulgación pudiera, según criterios objetivos, obstaculizar el funcionamiento de la empresa o del centro de trabajo u ocasionar graves perjuicios en su estabilidad económica".

Destacar finalmente, antes de proceder al contenido de cada clase, el derecho que asiste a los órganos de representación de informar a sus representados en todos los temas y cuestiones señalados el Art. 64 del ET (objeto del presente análisis), en cuanto directa o indirectamente tengan o puedan tener repercusión en las relaciones laborales.

A) Dentro de la "información activa" incluiremos todos los supuestos en que la misma conlleve el derecho de consulta y/o informe facultativo por parte de los representantes. Entendemos por "consulta" el intercambio de manifestaciones y la apertura de diálogo entre el empresario y el comité de empresa sobre una cuestión determinada, incluyendo en su caso la emisión de informe previo por parte del mismo (Art. 64.1 del ET). La consulta deberá realizarse con fundamento en contenidos apropiados, de tal manera que permita a los representantes de los trabajadores –sobre la base de la información recibida– reunirse con el empresario, obtener una respuesta justificada a su eventual informe y poder contrastar sus puntos de vista u opiniones. Es decir, la

---

[15] Los miembros del comité de empresa (delegados de personal), y éste en su conjunto, así como, en su caso, los expertos que les asistan, deberán observar el deber de sigilo con respecto a aquella información que, en legítimo y objetivo interés de la empresa o del centro de trabajo, les haya sido expresamente comunicada con carácter reservado. Aun después de dejar de pertenecer a los órganos de representación, mantendrán sigilo profesional en lo establecido en el Art. 65.1, y, en especial, en todas aquellas materias sobre las que la dirección de la empresa marque de carácter reservado. En todo caso, ningún tipo de documento entregado por la empresa al comité podrá ser utilizado fuera del estricto ámbito de aquélla y para distintos fines de los que motivaron su entrega.

consulta deberá permitir conocer la opinión de los representantes, la cual se legitimará sobre la información recibida, obligándose ambas partes a cooperar de buena fe y para ello se tendrá en cuenta tanto los intereses de la empresa como los de los trabajadores". *Manifestaciones del derecho de consulta (Art. 64.5 ET) son*: en caso de previsión de cambios en la situación, estructura y evolución del empleo en la empresa o en el centro de trabajo, las decisiones de la empresa que pudieran provocar cambios relevantes en cuanto a la organización del trabajo y a los contratos de trabajo en la empresa; igualmente, la representación tendrá derecho a ser informada y consultada sobre la adopción de eventuales medidas preventivas, especialmente en caso de riesgo para el empleo.

– Dentro de los supuestos en que el derecho de información conlleva la emisión de un *informe con carácter previo*[16], a la ejecución de las medidas a adoptar por el empresario, y por tanto dentro de lo que hemos considerado información activa (aunque no conlleve expresamente la apertura de un periodo de consultas), el Estatuto señala las siguientes situaciones:

a) Las reestructuraciones de plantilla y ceses totales o parciales, definitivos o temporales, de aquélla.
b) Las reducciones de jornada.
c) El traslado total o parcial de las instalaciones.
d) Los procesos de fusión, absorción o modificación del estatus jurídico de la empresa que impliquen cualquier incidencia que pueda afectar al volumen de empleo.
e) Los planes de formación profesional en la empresa.
f) La implantación y revisión de sistemas de organización y control del trabajo, estudios de tiempos, establecimiento de sistemas de primas e incentivos y valoración de puestos de trabajo.

En consonancia con lo expuesto, es clarificadora la STSJ de la Comunidad Valenciana, de 18 de octubre de 2001, Ar/2002/2142, acentuando la obligación empresarial de consultar a los representantes legales en el supuesto del actual Art. 64.5 a) del ET "las reestructuraciones de plantilla y ceses totales o parciales, definitivos o temporales de aquella", afirma: "dicho cese de parte de la plantilla de la indicada empresa debió ir precedido del preceptivo informe del comité de empresa, al exigirlo así el art. 64.1.4 a) (hoy, Art. 64.5 a) del ET y de la Ley del Estatuto de los Trabajadores."[17]

---

16 Los informes que deba emitir el comité deben elaborase en el plazo de quince días.

17 La STSJ de Galicia, de 22 de enero de 2000, Ar/59, referida al supuesto de consulta prevista en el actual Art. 64.5 f) del ET ("la implantación... de sistemas de organización y control del trabajo"), señala que, "si bien es cierto que en el artículo 64.1.4 d) del Estatuto de los Trabajadores (actualmente, el Art. 64.5 f) del ET) se establece, entre las competencias del comité de empresa, la de emitir informe con carácter previo a la ejecución por parte del empresario de las decisiones adoptadas por éste sobre implantación o revisión de sistemas de organización y control de trabajo, la ausencia de dicho informe, en el caso que se analiza, sobre la concreta colocación del vídeo, en un punto del centro de trabajo, que grabó la actuación de la demandante, no puede tener el efecto invalidatorio sobre la prueba que se pretende, pues no pasa de ser un mero informe, que, en su caso, debería haber emitido el comité de empresa de la demandada, como órgano colegiado, que representa el interés de todos los trabajadores (artículo

Como ya hemos dejado constancia, la emisión del informe por parte de los representantes es facultativa para estos y podrán o no podrán emitirlo, pero ello no implica impedir el derecho al mismo.

Esta última cuestión nos lleva a plantearnos el alcance y efectos de la vulneración del derecho de información por parte del empresario. A mi juicio, deberemos distinguir cuando estamos ante un auténtico derecho de negociación colectiva, caso contemplado *ad exemplum* en el Art. 47 o 51, y el resto de supuestos. Para estos últimos, el incumplimiento por parte del empresario de sus obligaciones de informar a los comités de empresa (delegados del personal y delegados sindicales), de conformidad con el Art. 64 del ET, tan solo origina una sanción administrativa por infracción grave en materia de relaciones laborales ("ex Art. 7.7 de la LISOS"): "La transgresión de los derechos de información... de los representantes de los trabajadores y de los delegados sindicales, en los términos en que legal o convencionalmente estuvieren establecidos". En esta línea se decanta la STSJ de Extremadura, de 26 de octubre de 2004, Ar/ 285452, cuando señala, con carácter general (apoyándose en una anterior STSJ de Canarias/Las Palmas, de 20 de diciembre de 2002), "la omisión de tal informe no vicia de nulidad la decisión empresarial", razonando: "el artículo 64 del Estatuto de los Trabajadores, que regula los derechos de información y consulta del comité de empresa. A estos efectos ha de diferenciarse entre el régimen jurídico de los artículos 40 y 41 del Estatuto de los Trabajadores, en los que se configura (como en los Arts. 47 y 51 ET) un auténtico derecho de negociación colectiva en materia de modificaciones, traslados, suspensiones y despidos colectivos, de forma que la propia legalidad de la medida empresarial puede verse afectada por la vulneración de dicho derecho, de los meros derechos de consulta e información del articulo 64, cuya vulneración podrá dar lugar a distintas responsabilidades de la empresa, pero no condiciona con carácter general la legalidad de la medida laboral que ha de ser objeto de dicha información y consulta. Como quiera que aquí estamos ante este segundo supuesto y no ante una modificación sustancial o traslado de obligada negociación, resulta intrascendente a efectos de lo que aquí ha de resolverse si hubo o no vulneración del derecho de consulta de los representantes legales de los trabajadores, puesto que aunque así hubiera sido, no podría accederse por ello a la pretensión esgrimida por la actora".

Además de lo expuesto, se deberán tener en cuenta los contenidos y especificidades previstos para los supuestos singulares regulados en nuestro Estatuto (Art. 40.2, Art. 41, Art. 51, Art. 47, Art. 42.4, Art. 44.9, Art. 40.2, Art. 55.1, Art. 68a), Art. 10.3,3º LOLS, Art. 33 LPRL, etc.), disposiciones legales o reglamentarias, así como lo estipulado en los convenios colectivos en cuanto a requisitos y modalidades del ejercicio de los derechos de información y consulta, y el nivel de representación más adecuado para ejercerlos.

B) Frente al contenido que hemos definido como información activa, **la información pasiva** es aquella que no conlleva el derecho a emitir informe o la apertura de un

---

63 del ET); y cuya omisión, en este supuesto, no repercute decisivamente en el derecho de imagen, que garantizan a la actora los artículos 18.1 de la Constitución y 7.1 de la LOPJ".

periodo de consultas por los receptores de la misma, es decir, los representantes. En este sentido, nuestro Estatuto contempla distintos supuestos, poniendo énfasis en su periodicidad en este orden de cosas:

– El comité tendrá derecho a ser informado *trimestralmente*:

a) Sobre la evolución general del sector económico a que pertenece la empresa.

b) Sobre la situación económica de la empresa y la evolución reciente y probable de sus actividades, incluidas las actuaciones medioambientales que tengan repercusión directa en el empleo, así como sobre la producción y ventas, incluido el programa de producción.

c) Sobre las previsiones del empresario de celebración de nuevos contratos, con indicación del número de éstos y de las modalidades y tipos que serán utilizados, incluidos los contratos a tiempo parcial, la realización de horas complementarias por los trabajadores contratados a tiempo parcial y de los supuestos de subcontratación.

d) Sobre la situación, estructura y evolución del empleo en la empresa o en el centro de trabajo.

e) De las estadísticas sobre el índice de absentismo y las causas, los accidentes de trabajo y enfermedades profesionales y sus consecuencias, los índices de siniestralidad, los estudios periódicos o especiales del medio ambiente laboral y los mecanismos de prevención que se utilicen.

En la práctica, parte de los contenidos contemplados por el legislador no son viables, dada la dificultad que supone para determinadas empresas y entornos realizar previsiones en términos reales (pensemos en un contexto crisis).

– También tendrá derecho a recibir información, *al menos anualmente*, relativa a la aplicación en la empresa del derecho de igualdad de trato y de oportunidades entre mujeres y hombres, entre la que se incluirán datos sobre la proporción de mujeres. Resulta cuando menos paradójico el tratamiento que se da a este punto, si tenemos en cuenta la excelsa regulación de la materia, que dio contenido a la Ley de Igualdad.

– Finalmente el comité de empresa, con la *periodicidad que proceda* en cada caso, tendrá derecho a:

a) Conocer el balance, la cuenta de resultados, la memoria y, en el caso de que la empresa revista la forma de sociedad por acciones o participaciones, los demás documentos que se den a conocer a los socios, y en las mismas condiciones que a éstos[18].

---

[18] No existe unanimidad total en la forma de dar a conocer estos datos, si bien a nuestro juicio debe ser documentada (TCT 11-1-80), y en particular respecto a los gastos de personal, deberá hablarse en términos de masa salarial, sin que tenga que llegarse al detalle de las retribuciones individuales (TCT 5-6-86, TSJ Madrid 6-7-95 AS 2878, TSJ Madrid 5-2-98).

b) Conocer los modelos de contrato de trabajo escrito que se utilicen en la empresa así como los documentos relativos a la terminación de la relación laboral.

c) Ser informado de todas las sanciones impuestas por faltas muy graves. Asimismo, el comité de empresa (delegados de personal) tendrá derecho a recibir la copia básica de los contratos y la notificación de las prórrogas y de las denuncias correspondientes a los mismos, en el plazo de diez días siguientes a que tuvieran lugar. Se exceptúan respecto a esta obligación los contratos de alta dirección.

C) En cuanto a las **competencias** y prerrogativas propiamente dichas, se pone énfasis en su papel como órgano de **control y fiscalización**, reconociéndose al comité de empresa la capacidad como órgano colegiado para ejercer acciones administrativas o judiciales en todo lo relacionado con el ámbito de sus competencias –sentido amplio–, y por decisión mayoritaria de sus miembros.

– De vigilancia en el cumplimiento de las normas vigentes en materia laboral, de seguridad social y de empleo, así como del resto de los pactos, condiciones y usos de empresa en vigor, formulando, en su caso, las acciones legales oportunas ante el empresario y los organismos o tribunales competentes. En particular:

a) De vigilancia y control de las condiciones de seguridad y salud en el desarrollo del trabajo en la empresa, con las particularidades previstas en este orden por el Art. 19 de esta ley.

b) De vigilancia del respeto y aplicación del principio de igualdad de trato y de oportunidades entre mujeres y hombres.

– Participar, como se determine por convenio colectivo, en la gestión de obras sociales establecidas en la empresa en beneficio de los trabajadores o de sus familiares.

– Colaborar con la dirección de la empresa para conseguir el establecimiento de cuantas medidas procuren el mantenimiento y el incremento de la productividad, así como la sostenibilidad ambiental de la empresa, si así está pactado en los convenios colectivos.

– Colaborar con la dirección de la empresa en el establecimiento y puesta en marcha de medidas de conciliación.

D) Local y tablón de anuncios

De conformidad con el Art. 81 del ET, en las empresas o centros de trabajo, siempre que sus características lo permitan, se pondrá a disposición de los delegados de personal o del comité de empresa un local adecuado en el que puedan desarrollar sus actividades y comunicarse con los trabajadores, así como uno o varios tablones de anuncios. La realidad actual obliga a incardinar la acción de representación y, como abordaremos mas tarde, la acción sindical, dentro de los nuevos cauces digitales (páginas webs, intranets, etc.), respecto a lo cual, ante la ausencia de regulación por parte del legislador, la jurisprudencia ha ido dando solución a las múltiples controversias surgidas, evitando en todo caso el uso abusivo de dichos instrumentos, siendo significativa la reciente STS de 22 de junio de 2011 (Rec. 153/2010).

En consonancia con el Art. 42 del ET, la representación legal de los trabajadores de las empresas, contratistas y subcontratistas que compartan de forma continuada centro de trabajo podrán hacer uso de dichos locales en los términos que acuerden con la empresa. Las posibles discrepancias se resolverán por la autoridad laboral, previo informe de la Inspección de Trabajo.

6. Garantías

Los miembros del comité de empresa y delegados de personal tienen como mínimo las siguientes garantías y sin perjuicio de lo dispuesto en convenio colectivo de aplicación:

– *Prioridad de permanencia de la empresa* en los supuestos de suspensión o extinción, despido colectivo y amortización de puesto por causas tecnológicas, económicas, organizativas o productivas y en los supuestos de movilidad geográfica.

– *Apertura de expediente contradictorio* en el supuesto de sanciones por faltas graves o muy graves, en el que serán oídos, aparte del interesado, el comité de empresa o restantes delegados de personal. Al efecto se nombra un instructor, que velará por la transparencia, equidad y forma del expediente.

– *No ser despedido ni sancion*ado durante el ejercicio de sus funciones, ni dentro del año siguiente a la expiración de su mandato, salvo en el caso de que ésta se produzca por revocación o dimisión, siempre que el despido o sanción se base en la acción del trabajador *en el ejercicio de su representación*, sin perjuicio, por tanto, de lo establecido en el Art. 54 ET. Asimismo, no podrá ser discriminado en su promoción económica o profesional, en razón del desempeño de su representación (TSJ Madrid 16-3-93 AS 1421).

– Expresar (*colegiadamente* si se trata del comité) *con libertad sus opiniones* en las materias concernientes a la esfera de su representación, pudiendo distribuir las publicaciones de interés laboral o social. En este sentido, hay que destacar cómo los representantes de los trabajadores pueden entrar en todos los lugares de trabajo de la empresa para informar a sus compañeros y representados, siempre que no perturben el normal desenvolvimiento del trabajo y lo hayan comunicado previamente[19]. La negativa a este derecho vulnera el ejercicio de representación y por tanto la libertad sindical[20].

---

[19] Las secciones sindicales pertenecientes a los sindicatos más representativos deberán igualmente preavisarlo al empresario (TSJ de Andalucía 30-1-96, AS 197).

[20] TSJ Madrid 12-5-93 AS 2586. Recordar cómo, de conformidad al art. 42 ET, las subcontratas, las cuales gozan de idéntico derecho.

– Disponer cada uno de los miembros del comité o delegados de personal en cada centro de trabajo, de un *crédito de horas* mensuales retribuidas para el ejercicio de sus funciones de representación. Siendo posible la acumulación de horas cedidas por otros representantes –sin superar el máximo–, siempre que se pacte por convenio colectivo, pudiendo incluso ser relevado del trabajo sin perjuicio de su remuneración –son los denominados liberados–.[21] Este punto está siendo en la actualidad objeto de controversia en base a los costes que representan para la empresa, por lo que interesa hacer las siguientes consideraciones: Desde el punto de vista de su retribución, el crédito horario sindical no viene regulado en ningún precepto legal, siendo de aplicación el principio general de construcción jurisprudencial denominado omniequivalencia retributiva. Conforme al mismo, el trabajador tendrá derecho a que en el ejercicio de sus funciones como representante, se le abone en la misma medida que se abonaría al resto de sus compañeros, con la única exclusión de la horas extraordinarias dejadas de realizar, ya que las horas extraordinarias sólo se devengan cuando realmente se trabaja (en su realización, es potestativo de la empresa el ofrecerlas y voluntario para el operario aceptarlas)[22]. Cuestión sujeta igualmente a debate –la cual la ponemos en relación con el apartado dedicado a negociación– es la referente a la posibilidad por parte del empresario de suprimir el crédito sindical cuando éste lo ha concedido de forma libre y unilateralmente[23]. En este orden de cosas, la sentencia del TCS 132/2000 es cuidadosa en resaltar que las decisiones empresariales (aun cuando libremente adoptadas por este) que mejoren a las que legal o convencionalmente correspondan (contenido adicional), no escapan por ello al control constitucional.

7. Derecho de asamblea

Aunque no es una prerrogativa exclusiva de la representación unitaria, lo trataremos aquí, ya que en la practica empresarial es una manifestación más de la actuación de estos órganos, sin ignorar su importancia como *instrumento de la acción sindical* que trataremos más adelante. Su tratamiento está incluido en el Art. 77 del ET, donde se cualifica como manifestación del derecho de reunión reconocido en nuestra Constitución: "Los trabajadores de una misma empresa o centro de trabajo tienen derecho a

[21] El ET fija una escala respecto al crédito horario en función de la plantilla:
Hasta cien trabajadores, quince horas.
De ciento uno a doscientos cincuenta trabajadores, veinte horas.
De doscientos cincuenta y uno a quinientos trabajadores, treinta horas.
De quinientos uno a setecientos cincuenta trabajadores, treinta y cinco horas.
De setecientos cincuenta y uno en adelante, cuarenta horas.

[22] TSJ Canarias. 23 de marzo 1999. A sensu contrario sobre denegación del incentivo de ventas a miembro del comité de empresa, ver STSJ de Cataluña de 23-6-99; se desestima el recurso interpuesto por la empresa, ya que no queda probado que la eliminación del precitado incentivo se debiera estrictamente a criterios objetivos.

[23] TCS 132/2000 de 16 de mayo de 2000, el Art. 28.1 CE, veda cualquier diferencia de trato por razón de la afiliación sindical o actividad sindical de los trabajadores o sus representantes, en relación con el resto de los trabajadores y también las que se pudieran derivar de entre afiliados y representantes sindicales por razón del sindicato.

reunirse en asamblea". La asamblea deberá ser presidida preceptivamente por el comité de empresa o por los delegados de personal mancomunadamente, los cuales se harán responsables del normal desarrollo de la misma, matizando el precepto: "y de la presencia de personas no pertenecientes a la empresa". El término "responsables", desde mi punto de vista, adquiere un sentido amplio, por lo que incluye los preavisos necesarios que aseguren el normal desarrollo de la misma –finalidad perseguida por el legislador–. Lo dicho se confirma en el propio artículo cuando se explicita: "La presidencia comunicará al empresario la convocatoria y los nombres de las personas no pertenecientes a la empresa que vayan a asistir a la asamblea y acordará con éste las medidas oportunas para evitar perjuicios en la actividad normal de la empresa". Sin embargo, debe tenerse en cuenta la facultad que se otorga al empresario de aceptar o no que la asamblea se celebre en horas de trabajo.

En cuanto a los *requisitos,* mencionar:

– La asamblea podrá ser convocada por los delegados de personal, el comité de empresa o centro de trabajo, o por un número de trabajadores no inferior al 33 por 100 de la plantilla. La convocatoria, con expresión del orden del día propuesto por los convocantes, se comunicará al empresario con cuarenta y ocho horas de antelación, como mínimo, debiendo éste acusar recibo.

– Sólo podrá tratarse en ella de asuntos que figuren previamente incluidos en el orden del día.

– Cuando por trabajarse en turnos, por insuficiencia de los locales o por cualquier otra circunstancia, no pueda reunirse simultáneamente toda la plantilla, sin perjuicio o alteración del normal desarrollo de la producción, las diversas reuniones parciales que hayan de celebrarse se considerarán como una sola y fechadas en el día de la primera.

– El lugar de reunión será el centro de trabajo si las condiciones del mismo lo permiten, y la misma tendrá lugar fuera de las horas de trabajo, salvo acuerdo con el empresario. Si bien existe la posibilidad de negar el empresario su celebración en el centro de trabajo, en base a lo dispuesto en el Art. 78 ET. (Para requisitos de la convocatoria y votaciones, ver Arts. 79 y 80 ET).

Recordar, únicamente, que este derecho, de conformidad con la sentencia del Tribunal Supremo de 14 de marzo de 1995, se considera no como contenido esencial de la libertad sindical sino como contenido adicional[24]. La propia jurisprudencia del Tribunal Supremo ha matizado que, para que la reunión pueda ser calificada de sindical, han de concurrir los siguientes requisitos: ser convocada por los sindicatos en tal condición –lo

[24] Los convocantes de las asambleas pueden ser: comité de empresa, delegados de personal o el 33% de la plantilla de la empresa o centro de trabajo. La presidencia corresponde a comité de empresa o delegados de personal. La convocatoria debe reunir los siguientes requisitos: debe tener una orden del día, comunicar a la empresa con 48 horas de antelación, así como indicar las personas que asistirán a la misma que no pertenezcan a la plantilla (TSJ Cataluña 1-4-98 AS 2047). (Para la validez de acuerdos que afectan al conjunto de trabajadores, se requiere voto favorable de la mitad más uno de los trabajadores).

que presupone la afiliación de los trabajadores al sindicato– y, además, el objeto de la misma tiene que estar relacionado con la organización sindical en la empresa, lo que excluye temas ajenos a la misma.

8. Representación sindical: secciones y delegados sindicales

A) Derecho a la libertad sindical. Acción sindical

La exposición de motivos de la Ley Orgánica de Libertad Sindical, Ley Orgánica 11/1985, de 2 de agosto (en adelante LOLS), señala: "Uno de los principios jurídicos fundamentales en que se basa el actual sistema de relaciones laborales en España es el contenido en el Art. 28.1 de la Constitución Española de 1978 (RCL 1978, 2836), el cual reconoce el derecho a la libertad sindical como un derecho fundamental de 'todos a sindicarse libremente'".

El derecho de la libertad sindical ha sido analizado profusamente por la doctrina y jurisprudencia. En base a ello, distinguiremos el contenido esencial de la libertad sindical y su contenido adicional. El contenido esencial se incorpora en el Art. 28.1 de la CE (constitución y afiliación sindical, el derecho de los sindicatos a fundar confederaciones u organizaciones sindicales internacionales y afiliarse a las mismas, considerándose igualmente la prohibición de obligar a cualquier trabajador a afiliarse a un sindicato), contenido que no puede considerarse limitativo ni exhaustivo, tal como ha declarado nuestro Tribunal Constitucional. Como contenido adicional, entre otros, la participación institucional, la participación en las elecciones, prerrogativas y garantías atribuidas a los representantes sindicales (incluidas en los Arts. 9 y 10 de LOLS).

La LOLS define el derecho de sindicación desde una perspectiva amplia y con una vocación abierta en su aplicación a todo tipo de trabajadores. En este sentido, su Art. 1 declara: "Todos los trabajadores tienen derecho a sindicarse libremente para la promoción y defensa de sus intereses económicos y sociales"; y precisa: "a los efectos de esta Ley, se consideran trabajadores tanto aquellos que sean sujetos de una relación laboral como aquellos que lo sean de una relación de carácter administrativo o estatutario al servicio de las Administraciones públicas[25]".

En virtud del Art. 11.2 LOLS, los afiliados a un sindicato podrán atender a la gestión económica de los sindicatos mediante la recaudación de cuotas. El contenido del artículo señalado se traduce en la obligación del empresario de proceder a la deducción de la cuota en la nómina del afiliado y transferir el importe a solicitud del sindicato, previa conformidad del interesado.

[25] Para la representación de personal estatutario y funcionario, ver Estatuto Básico del Empleado Público (EBEP).

En materia de responsabilidad, los sindicatos constituidos al amparo de la LOLS están obligados por los actos o acuerdos adoptados por sus órganos estatutarios en la esfera de sus respectivas competencias. El sindicato no responderá por actos individuales de sus afiliados, salvo que aquéllos se produzcan en el ejercicio regular de las funciones representativas o se pruebe que dichos afiliados actuaban por cuenta del sindicato.

De conformidad con el Art. 13 de la LOLS, frente a la lesión del derecho de libertad sindical, se podrá reclamar mediante el procedimiento de tutela. "Cualquier trabajador o sindicato que considere lesionados los derechos de libertad sindical, por actuación del empleador, asociación patronal, Administraciones públicas o cualquier otra persona, entidad o corporación pública o privada, podrá recabar la tutela del derecho ante la jurisdicción competente a través del proceso de protección jurisdiccional de los derechos fundamentales de la persona". Nuestra Ley de Jurisdicción Social contempla el supuesto en el denominado procedimiento de tutela Art. 177 LJS[26].

Dentro del ámbito de la protección que hemos mencionado, destacar el supuesto en que el despido de un trabajador atienda realmente a un móvil sindical. En este caso, la jurisprudencia ha desarrollado una singularización en materia de prueba mediante la cual el propio trabajador debe de probar que existen indicios de motivos sindicales en la conducta del empresario, estableciéndose en ese caso una presunción por parte del juez de la lesión a un derecho fundamental (STS 15 de febrero 2012). En la línea comentada, es representativa la STSJ Madrid de 10 marzo 2008, Rec. 226/2008: Para que opere este desplazamiento al demandado del "*onus probandi*", no basta que el actor la tilde de discriminatoria, sino que se ha de acreditar la existencia de indicios que generen una razonable sospecha, apariencia o presunción a favor de semejante alegato. Es preciso señalar que la mera condición de afiliado y de candidato no constituye indicio suficiente a efectos de hacer recaer sobre la parte demandada la carga probatoria antes mencionada. En cuanto a la cuantificación del perjuicio, con referencia a la LISOS, es representativa la STC 247/2006.

B) Participación de los sindicatos. Niveles de representación

La participación y acción sindical de los sindicatos está en función de su nivel de representatividad. Este punto tiene su plasmación en el Art. 6 y 7 de la LOLS, donde se prima la participación institucional y acción sindical de determinados sindicatos, distinguiéndose entre sindicatos más representativos a nivel estatal y a nivel de

---

[26] El Art. 177.1 LRJS –integrador de los antiguos Art. 175 y 181 LPL– dispone lo siguiente:
"Cualquier trabajador o sindicato que, invocando un derecho o interés legítimo, considere lesionados los derechos de libertad sindical, huelga u otros derechos fundamentales y libertades públicas, incluida la prohibición de tratamiento discriminatorio y del acoso, podrá recabar su tutela a través de este procedimiento cuando la pretensión se suscite en el ámbito de las relaciones jurídicas atribuidas al conocimiento del orden jurisdiccional social o en conexión directa con las mismas, incluidas las que se formulen contra terceros vinculados al empresario por cualquier título, cuando la vulneración alegada tenga conexión directa con la prestación de servicios."

Comunidad Autónoma, y los denominados simplemente representativos. Todo ello en base a los siguientes criterios[27]:

1) Tendrán la consideración de **sindicatos más representativos a nivel estatal**[28]:

   a) Los que acrediten una especial audiencia, expresada en la obtención en dicho ámbito del 10 por 100 o más del total de delegados de personal de los miembros de los comités de empresa y de los correspondientes órganos de las Administraciones públicas.

   b) Los sindicatos o entes sindicales, afiliados, federados o confederados a una organización sindical de ámbito estatal que tenga la consideración de más representativa, de acuerdo con lo previsto en el apartado anterior.

2) Tendrán la consideración de **sindicatos más representativos a nivel de Comunidad Autónoma**[29]:

   a) Los sindicatos de dicho ámbito que acrediten en el mismo una especial audiencia expresada en la obtención de, al menos, el 15 por 100 de los delegados de personal y de los representantes de los trabajadores en los comités de empresa y en los órganos correspondientes de las Administraciones públicas, siempre que cuenten con un mínimo de 1.500 representantes y no estén federados o confederados con organizaciones sindicales de ámbito estatal.

   b) Los sindicatos o entes sindicales afiliados, federados o confederados a una organización sindical de ámbito de Comunidad Autónoma que tenga la consideración de más representativa, de acuerdo con lo previsto en la letra a).

3) Sindicatos **simplemente representativos**: Las organizaciones sindicales que, aun no teniendo la consideración de más representativas, hayan obtenido, en un

---

[27] Los delegados de personal y los miembros del comité de empresa con el mandato prorrogado no se computarán a efectos de determinar la capacidad representativa de los artículos 6 y 7 de la presente ley.

[28] Art. 6.3. LOLS: Las organizaciones que tengan la consideración de sindicato más representativo según el número anterior, gozarán de capacidad representativa a todos los niveles territoriales y funcionales para:

a) Ostentar representación institucional ante las Administraciones públicas u otras entidades y organismos de carácter estatal o de Comunidad Autónoma que la tengan prevista.
b) La negociación colectiva, en los términos previstos en el Estatuto de los Trabajadores (RCL 1980, 607).
c) Participar como interlocutores en la determinación de las condiciones de trabajo en las Administraciones públicas a través de los oportunos procedimientos de consulta o negociación.
d) Participar en los sistemas no jurisdiccionales de solución de conflictos de trabajo.
e) Promover elecciones para delegados de personal y comités de empresa y órganos correspondientes de las Administraciones públicas.
f) Obtener cesiones temporales del uso de inmuebles patrimoniales públicos en los términos que se establezcan legalmente.
g) Cualquier otra función representativa que se establezca.

[29] Estas organizaciones gozarán de capacidad representativa para ejercer en el ámbito específico de la Comunidad Autónoma las funciones y facultades enumeradas en el número 3 del Art. 6 (LOLS), así como la capacidad para ostentar representación institucional ante las Administraciones públicas u otras entidades u organismos de carácter estatal (es lo que se denomina "irradiación", y su ámbito propio es la Comunidad Autónoma, pero pueden ostentar representación a nivel estatal).

ámbito territorial y funcional específico, el 10 por 100 o más de delegados de personal y miembros de comité de empresa y de los correspondientes órganos de las Administraciones públicas, estarán legitimadas para ejercitar, en dicho ámbito funcional y territorial, las funciones y facultades a que se refieren los apartados b), c), d), e) y g) del número 3 del artículo 6, de acuerdo con la normativa aplicable a cada caso.

C) Secciones sindicales y delegados sindicales

c.1. Naturaleza jurídica

c.1.1) Secciones sindicales

La Ley Orgánica de Libertad Sindical (LOLS) establece, en su Art. 8.1.a), la posibilidad de crear secciones sindicales, constituyéndose en un derecho potestativo de los trabajadores afiliados a un sindicato, si bien de conformidad con los estatutos del mismo. Como primera aseveración, deberemos reseñar que estos órganos carecen de personalidad jurídica, si bien hay que reconocerles capacidad suficiente para actuar en el ámbito que les es propio, siempre que justifiquen un interés directo y legítimo en el proceso. Las secciones sindicales son órganos interempresariales que agrupan a los trabajadores afiliados a un sindicato en un concreto centro de trabajo o empresa, pudiendo haber tantas secciones sindicales como sindicatos con presencia haya. El TC, en sentencia 29 de octubre de 1992, admite cómo en las secciones sindicales concurre una doble vertiente: de un lado, son instancias organizativas del sindicato, y de otro, representaciones externas a las que la ley confiere determinadas ventajas y prerrogativas, con las correlativas cargas y costes para la empresa misma.

Importa reiterar aquí que la constitución de las secciones es la consecuencia de un acto espontáneo de los trabajadores afiliados a un sindicato de la empresa[30], pero no de las organizaciones externas a la misma. Por lo anterior, no estamos hablando de organizaciones descentralizadas del sindicato, sino de órganos autónomos que, eso sí, se constituyen de acuerdo con los estatutos de los sindicatos[31]. Resulta obligado exponer aquí la siguiente cuestión de orden práctico; me refiero al supuesto de que los trabajadores quisieran constituir la sección sindical y el sindicato no quisiera, simplemente en base al desarrollo de su estrategia sindical. Ante esta problemática, habría que plantearse si sería válida la constitución de la sección sindical por los afiliados o, por el

30 Art. 8.1 LOLS: Los trabajadores afiliados a un sindicato podrán, en el ámbito de la empresa o centro de trabajo: a) *Constituir Secciones Sindicales de conformidad con lo establecido en los Estatutos del Sindicato*. b) Celebrar reuniones, previa notificación al empresario, recaudar cuotas y distribuir información sindical, fuera de las horas de trabajo y sin perturbar la actividad normal de la empresa (nos remitimos a lo expresado en el epígrafe "Derecho de asamblea". c) Recibir la información que le remita su sindicato.

31 STS 21 de noviembre de 1994. Quizás lo expuesto explica el hecho posterior de cómo en muchas ocasiones no existe una consonancia en determinados planteamientos entre los sindicatos de la mesa sectorial –en términos de administración pública– y las secciones de los centros de trabajo.

contrario, deberían concurrir ambas voluntades, la única argumentación que entiendo a favor de esta concurrencia estaría en la remisión legal a los estatutos.

Surge un interrogante respecto al reconocimiento o no de los sindicatos y por tanto de las secciones sindicales cuando no se acredite la personalidad jurídica de los primeros. O dicho de otro modo: ¿constituye la personalidad jurídica una condición indispensable para la acción sindical? Para encuadrar el análisis de la cuestión que nos ocupa, debemos destacar la existencia de una corriente doctrinal según la cual la calificación como sujeto sindical no depende del cumplimiento de ninguna formalidad legal. Pese a que nuestro ordenamiento no deje margen de actuación a los sindicatos que no tenga personalidad jurídica, este sector de nuestra doctrina piensa que la misma no determina la existencia del sindicato –sindicato de hecho– ni a realizar los fines que le son propios[32]. Bajo esta premisa, la personalidad jurídica contribuye únicamente a fijar el margen de poder y autonomía en que el ordenamiento permite moverse al sindicato. Con carácter general, podemos afirmar que el derecho de la libertad sindical reconoce a los trabajadores la posibilidad de autoorganizarse y formar un grupo de presión; la personalidad jurídica, además, entrega a este grupo poderes jurídicos para desenvolverse. En este sentido, González Molina[33] afirma: "La personalidad jurídica desempeña una función técnica y unificadora, en tanto opera una transformación jurídica por la que la titularidad colectiva de sus miembros se convierte en titularidad unitaria, pero en ningún caso se puede afirmar que su ausencia anule el contenido propiamente sindical".[34]

Como extensión a lo expuesto en el párrafo anterior, no podemos finalizar el presente comentario sin hacer aquí mención a la figura (tratada anteriormente) del comité de empresa, el cual, como hemos señalado, viene definido en el ET como órgano representativo y colegiado del conjunto de los trabajadores de la empresa o centro de trabajo, apareciendo investido por el ordenamiento de una serie de funciones y competencias, pero sin llegar a reconocérsele personalidad jurídica. Vemos, pues, que aunque la ley le otorgue una capacidad de obrar amplia, no nos puede en ningún caso llevar a afirmar que tenga personalidad jurídica. En orden a determinar su posible responsabilidad –como al sindicato de hecho–, habría que atribuirla en términos de responsabilidad civil solidaria de todos y cada uno de sus miembros.[35]

c.1.2) Delegados sindicales

En las empresas o centros de trabajo que ocupen a más de 250 trabajadores, las secciones sindicales con presencia en los comités de empresa o delegados de personal, estarán

---

32 Scotto. *Considerazioni sulla emananda legislazione del lavoro secondo l'art. 39 const.* En: Dir. Lav, 1948, I, pág. 226. La importancia de la personalidad jurídica en el capo sindical es nula.

33 González Molina, Mª Dolores. *La personalidad jurídica, ¿una conditio sine qua non de la responsabilidad sindical?* En: Relaciones Laborales, núm. 15-16, 2000. ISSN 0213-0556.

34 Art. 4 de la LOLS: "Los sindicatos constituidos al amparo de esta Ley, para adquirir la personalidad jurídica y plena capacidad de obrar, deberán depositar, por medio de sus promotores o dirigentes, sus estatutos en la oficina pública establecida al efecto".

35 García Fernández, Manuel. La personalidad jurídica del Comité. En: La Ley, nº 2, 1981, págs. 996-1001. ISSN 0211-2744. Ver además STS de 30 de enero de 1989.

representadas a todos los efectos por delegados sindicales[36] elegidos por y entre sus afiliados en la empresa o en el centro de trabajo (conviene tener en cuenta que los requisitos son acumulativos, es decir, deberán concurrir los dos requisitos). Se vincula, a tenor de la jurisprudencia más reciente, la posible existencia del delegado sindical a las fórmulas de participación de los trabajadores en la empresa, y por consiguiente se condiciona la posibilidad de designación de delegados sindicales a los centros de trabajo que empleen a más de 250 trabajadores y que cuenten con un comité de empresa propio en el que, además, tenga presencia el sindicato correspondiente (STS 10 noviembre 1998).

El número de delegados por sección sindical podrá variar en función del número de trabajadores de la empresa[37] o centro de trabajo, teniendo como punto de partida el porcentaje de votos obtenidos:

- Entre el 5 y el 10% de votos: 1 delegado.
- Más del 10%: de votos: de 250 a 750 trabajadores: 1; de 751 a 2000 trabajadores: 2; de 2001 a 5000 trabajadores: 3; de 5000 trabajadores en adelante: 4.
- Mediante acuerdos se podrá ampliar el número de delegados.

Advertir que nuestra jurisprudencia ha sido clara en orden a establecer que el cambio de afiliación no produce efectos a favor del sindicato de nueva afiliación, manteniéndose "la presencia" del sindicato de origen por ser tal la voluntad de los electores.[38]

c.2) Ámbito de actuación de las secciones sindicales y delegados sindicales

a) Secciones sindicales: Se trata aquí de dar respuesta a la delimitación del marco de referencia, es decir, si la representación sindical está referida a la empresa o únicamente al centro de trabajo. Existe unidad de criterio en cuanto a la posibilidad de establecer secciones sindicales a nivel de uno o varios centros de trabajo, por lo que la expresión "empresa o centro de trabajo" deberá entenderse en términos de alternancia y no de referencia a una unidad productiva; el propio TC ha reconocido que las secciones sindicales no tienen por qué ajustarse explícitamente a los ámbitos de la empresa. En consonancia con lo expuesto, la jurisprudencia admite la posibilidad de crear secciones sindicales referidas a los grupos de empresa[39] (STS 16-09-2010).[40]

---

[36] TCT 11-5-88 Ar. 200; TS 15-7-96, Ar 6158.

[37] Con relación a la variación del número de trabajadores de la empresa y, en concreto, a su disminución, el Tribunal Supremo ha declarado que "no es dable aplicar por analogía las normas sobre subsistencia del mandato de los representantes unitarios... al partirse en la normativa de representación unitaria de la base de la duración determinada del mandato electoral, en cambio la duración de la condición de delegado sindical depende de lo que establezcan los estatutos del correspondiente sindicato o de los acuerdos que pudieran adoptarse en el seno de la sección sindical" (STS de 11 de abril de 2001, Ar. 4911). De manera que, según el citado Tribunal, tras una reducción del número de trabajadores de la empresa, un empresario puede negar válidamente el reconocimiento de delegados sindicales.

[38] STS. 22 de noviembre de 1993.

[39] STS. 8 de noviembre de 1994.

[40] La sentencia pone en evidencia que el derecho de los sindicatos a la creación de secciones o delegados sindicales de empresa en las organizaciones empresariales de estructura compleja, no atribuye a dichos órganos

b) Delegados sindicales: La doctrina y jurisprudencia ha discrepado en la interpretación de cual debe ser la unidad de referencia, la literalidad del Art. 10.1 LOLS parece ofrecer la libertad de opción entre el centro de trabajo o la empresa; sin embargo, nuestro Tribunal Supremo ha considerado que (en los casos en los que la empresa cuente con varios centros): "… la posibilidad de acudir a la empresa o al centro de trabajo no es algo que quede al arbitrio del sindicato, sino que ello está en función de los órganos de representación de los trabajadores para ejercer su derecho de participación en la empresa" (SSTS de 10 de abril de 2001 (Ar. 4901) y 13 de junio de 2001 (Ar. 6294)); de modo que si los trabajadores participan en la empresa mediante comités de empresa en los centros de trabajo, la unidad de referencia hay que entenderla referida a cada centro de trabajo y no al conjunto de la empresa.

c.3) Derechos y garantías

a) La ley enmarca como competencias comunes a todas las *secciones sindicales* por el mero hecho de constituirse como tales las siguientes:

- Celebrar reuniones, previa notificación al empresario.
- Recaudar cuotas y distribuir información.
- Recibir información que le sea remitida por su sindicato.
- Presentación de candidaturas en las elecciones a órganos de representación unitaria.
- Derecho de huelga.
- Negociación colectiva de eficacia limitada. Poner de relieve que, tratándose de un convenio extraestatutario, suscrito por un determinado sindicato, éste dará únicamente cobertura a sus afiliados, pudiendo por tanto mejorarse las condiciones de trabajo únicamente a aquellos trabajadores con la precitada afiliación sindical (STS 17 de julio de 1995). Lo dicho tiene como excepción la posibilidad de adherirse aquellos trabajadores que lo consideren conveniente, aun cuando no estén afiliados. En este sentido, es conveniente recordar que la adhesión individualizada por parte de los trabajadores no afiliados a los sindicatos firmantes de un convenio de esta naturaleza, siempre ha sido aceptada por esta Sala y por el TC (por todas SSTS de 8 de junio de 1999, Rec. 2070/97; 30 de marzo de 1999, Rec. 2947/98) y 108/1989, de 8 de junio del TC).
- Promoción de conflictos colectivos e individuales. La STS de 20 de marzo 2012 cita la sentencia de 29 de abril de 2010, dando contenido a la legitimación activa del sindicato demandante, afirma: "…deben considerarse legitimados a los sindicatos para accionar en los procesos en los que estén en juego intereses colectivos de los trabajadores, siempre que tengan implantación suficiente en el

---

sindicales a nivel del conjunto de la empresa derechos que la ley ha previsto exclusivamente para las secciones o delegados de centro de trabajo.

ámbito del conflicto (vínculo acreditado de conexión entre la organización que acciona y la pretensión ejercitada)" y, asimismo, "la implantación suficiente también existe cuando posea nivel de afiliación adecuado en el ámbito de afectación del conflicto".

No obstante lo anterior, las secciones sindicales de los sindicatos más representativos y de los que tengan representación en los comités de empresa y en los órganos que se establezcan en las administraciones públicas, gozarán de las siguientes mejoras:

- Derecho a la negociación colectiva, siempre que reúnan los requisitos exigidos en su legislación específica (Art. 8 LOLS en relación con el Art. 87 ET-ver: epígrafe negociación colectiva). Lo cual habrá que ponerlo en conexión con la legitimación plena e interviniente, es decir, aun cuando se tenga legitimación inicial, pudiera ocurrir que, aplicando la regla de proporcionalidad y por la limitación numérica que impone el Art. 88.3, alguna representación quede excluida.[41]
- Derecho a un tablón de anuncios en un lugar accesible para el efectivo cumplimiento de la finalidad de difusión (TCT 24-7-86, Ar. 8728).
- Local adecuado, cuando el centro tenga más de 250 trabajadores.

Conviene reseñar cómo los sindicatos más representativos gozan de dichas mejoras, aun no teniendo (en el ámbito específico) implantación en la representación unitaria y ni siquiera haberse presentado a las elecciones.[42]

b) La LOLS determina, en el caso que los *delegados sindicales*[43] no formen parte de los órganos unitarios de representación, las siguientes garantías y derechos, sin perjuicio de lo establecido en el convenio colectivo de aplicación:

- Tendrán las mismas garantías que las establecidas legalmente para los miembros de los comités de empresa o de los órganos de representación que se establezcan en las Administraciones públicas.
- Tener acceso a la misma información y documentación que la empresa ponga a disposición del comité de empresa, estando obligados los delegados sindicales a guardar sigilo profesional en aquellas materias en las que legalmente proceda.
- Asistir a las reuniones de los comités de empresa y de los órganos internos de la empresa en materia de seguridad e higiene o de los órganos de representación que se establezcan en las Administraciones públicas, con voz pero sin voto. En este punto, merece la pena precisar, siguiendo la actual línea jurisprudencial (no compartida por algunos sectores de la doctrina), que las reuniones contempladas

---

[41] TCT 18.11.1987, Art. 8728.

[42] STS 28 de junio de 1990; STS de 15 de febrero de 1995; STS de 24 de septiembre de 1996.

[43] De ello se deduce el derecho a la apertura de un expediente contradictorio –faltas graves y muy graves–, STS 22 de enero de 1991; sobre el derecho de opción en caso de despido entre reingresar en la empresa o ser indemnizado, STS 23 de mayo de 1995; sobre el derecho a disfrutar de un crédito sindical, sin que se permita el doble disfrute de crédito por representación unitaria y sindical, STS 22 de julio de 1996.

en la norma son las internas del propio comité de empresa, no las mantenidas entre la empresa y el comité de empresa, donde los delegados no tendrán derecho a asistir. Matizando lo anterior, los delegados sindicales sí podrán asistir, con voz pero sin voto, a las reuniones de los órganos establecidos en materia de seguridad e higiene.

- Ser oídos por la empresa, previamente a la adopción de medidas de carácter colectivo que afecten a los trabajadores en general (p.ej., extinción de contratos, cuando sean consecuencia de medidas organizativas, técnicas o de producción); y a los afiliados a su sindicato en particular, especialmente en los despidos y sanciones de los mismos.

En relación con lo expuesto, la sentencia del Tribunal Supremo de 1 de marzo de 1999 (sobre los denominados derechos de información pasiva de los representantes de los trabajadores) pone de manifiesto, por una parte, la igualdad de contenido del derecho de información de los delegados sindicales y el comité de empresa y, por otra, el reconocimiento del derecho de información como un derecho que debe integrar el contenido esencial de la libertad sindical, pero que nunca debe extenderse más allá de los límites de éste[44] (concretándose en la sentencia enunciada, como dentro de esta garantía, no se debe incluir el conocimiento anticipado de los cuadrantes de horas extraordinarias, que puede incluso ser desconocida por la propia empresa hasta su puesta en práctica real).

---

[44] Como principios configuradores de este derecho, la propia jurisprudencia ha determinado: en ningún caso el derecho a la información supondrá una quiebra del secreto de contabilidad, de la intimidad personal del trabajador-identidad, domicilio, estado civil, de las modificaciones contractuales posteriores a la copia básica de los contratos, etc.

Tema 10

La negociación colectiva

1. Introducción. Marco legal
2. Sujetos negociadores
3. Legitimación inicial e interviniente
4. Unidad de negociación: la mesa de negociación
5. Clases de convenios
6. Contenido del convenio colectivo
7. Procedimiento de negociación
8. Duración del convenio. Ultractividad. Adhesión y extensión
9. Administración del convenio
10. Descuelgue del convenio
11. Autonomía individual y colectiva

1. Introducción. Marco legal

El derecho a la negociación colectiva viene reconocido en el Art. 37.1 de la CE, donde se establece que "la ley garantizará el derecho a la negociación colectiva laboral entre los representantes de los trabajadores y empresarios, así como la fuerza vinculante de los convenios". El derecho a la negociación colectiva se encuentra sistemáticamente en el Título I de la Constitución, entre los derechos fundamentales incluidos en el mismo, y en concreto en el Capítulo II, Sección 2ª, relativo a los "derechos de los ciudadanos". De su ubicación en el texto constitucional pueden inferirse varias consecuencias: a) El derecho a la negociación colectiva vincula a todos los poderes públicos (Art. 53.1 CE); b) La regulación del derecho a la negociación colectiva corresponde al legislador ordinario (Arts. 37.1y 53.1 CE); c) Toda disposición legal que vulnere el contenido esencial del derecho podrá ser declarada inconstitucional (Art. 161.a) CE).

Sin embargo, como ya advertimos al tratar el tema de la constitucionalización, el derecho a la negociación colectiva no se beneficia de las garantías máximas otorgadas a los derechos y libertades reconocidos en la Sección 1ª del Capítulo II del Título I de la Constitución. Si el convenio colectivo lesionara los derechos fundamentales, el afectado por la lesión podría solicitar la protección de nuestros tribunales y, en el caso de que su demanda le sea denegada, podrá ejercitar la correspondiente acción de amparo.

El acuerdo para el Empleo y la Negociación Colectiva 2012-2014 inició cambios –aunque tímidos– en la dirección de las últimas reformas, bajo un cierto reconocimiento de la obsolescencia del sistema vigente. Hasta la fecha, las reformas realizadas en materia de negociación colectiva han sido, desde mi punto de vista, insuficientes, acumulando disfunciones que han sido puestas en evidencia por todos los sujetos intervinientes.

Centrándonos en las reformas recientes y sin hacer un análisis valorativo de las mismas, conviene hacer las siguientes puntualizaciones: a) Con la reforma introducida en el RD Ley 10/2010 (Ley 35/2010), se inicia un nuevo periodo, que en materia de negociación colectiva trastoca todo el régimen anterior, al introducir la posibilidad de inaplicar el régimen salarial. b) La reforma del 2011 RD, Ley 7/2011, tuvo escasa experiencia aplicativa. Desde su inicio se denotó su falta de concreción y la necesidad de desarrollo para adaptarla a una nueva realidad que precipitaba los acontecimientos. c) La reforma laboral del año 2012 (Ley 3/2012 –en plena crisis–) introduce lo que se denomina el nuevo modelo de flexibilidad (lo que algunos autores definen como flexiseguridad[1]), posibilitando unilateralmente, por parte de la empresa y en determinadas circunstancias, introducir cambios en las condiciones de trabajo fijadas en el convenio, al efecto de dar una respuesta en términos de competitividad y viabilidad a la grave crisis económica generada. Junto al autodescuelgue, la potenciación de los mecanismos de solución extrajudicial de conflictos, la primacía del convenio colectivo de empresa, el contenido mínimo de los convenios, el nuevo papel de las comisiones paritarias o el régimen de ultractividad, proclaman un nuevo modelo de relaciones laborales focalizado en la descentralización. Dicho modelo, ausente de consenso, ha sido criticado duramente por las representaciones sindicales al entender que supone la exclusión de los mecanismos de intervención sindical, la reducción sustancial de los derechos individuales de los trabajadores y una correlativa reducción de las posibilidades de control judicial de las decisiones empresariales relacionadas con ellas. d) La aprobación del RD Ley 11/2013 de 2 de agosto, dando contenido a la inaplicación de los convenios de empresa, cierra el cuadro de disposiciones más relevantes sobre la materia objeto de nuestro estudio.

2. Sujetos negociadores[2]

Siguiendo el criterio expuesto por nuestro estatuto en su Art. 87 ET, distinguiremos:

A) Convenios de ámbito superior a la empresa

a.1) Representación sindical

La ley 32/1984 modificó sustancialmente el actual Art. 87. ET, atendiéndose al criterio de la representatividad acreditada[3]. El momento oportuno para acreditar la representatividad por las partes negociadoras es el de la constitución de la comisión

---

[1] La regulación del mercado laboral. Op. cit., págs. 419 y ss.

[2] Como dice Cruz Villalón, refiriéndose al AINC: "Si desde un punto de vista estrictamente jurídico, podríamos llegar a la conclusión –a través del grueso de la negociación– de que nos enfrentamos a un modelo marcadamente descentralizado, un análisis del problema en toda su complejidad no lleva a una fuerte matización...", Cruz Villalón, Jesús. *La estructura de la negociación colectiva y el Acuerdo Interconfederal de negociación colectiva de 1997*. En: Tribunal Social, núm. 89, 1998, págs. 21-46. ISSN 1130-7331.

[3] La Disposición Adicional 11 del ET dispone que las comunidades autónomas a las que haya sido transferida la ejecución de funciones de depósito, deberán remitir mensualmente a la oficina estatal las actas electorales.

negociadora, no influyendo las variaciones (adhesiones, bajas o renuncias) posteriores en la composición de la comisión negociadora (SSTS de 9 de marzo de 1994, Ar/2218 y de 25 de mayo de 1996, Ar/2005).

En los convenios sectoriales estarán legitimados para negociar, en consonancia con lo dispuesto en el Art. 7 de la LOLS[4]:

- Los *sindicatos más representativos a nivel estatal*. Las organizaciones que tengan dicha consideración, gozarán de capacidad representativa a todos los niveles territoriales y funcionales para la negociación colectiva en los términos previstos en el Estatuto de los Trabajadores.
- Los *sindicatos más representativos a nivel de Comunidad Autónoma*, en los convenios que no transciendan de dicho ámbito territorial. Asimismo (por irradiación) estarán legitimados en los convenios de ámbito estatal los sindicatos de Comunidad Autónoma que tengan la consideración de más representativos conforme a lo previsto en el del Art. 7.1 de la Ley Orgánica de Libertad Sindical, y las asociaciones empresariales de la Comunidad Autónoma que reúnan los requisitos señalados en la disposición adicional sexta de esta Ley.
- Los *sindicatos simplemente representativos:* También tienen derecho a participar los sindicatos que hayan obtenido el 10%, como mínimo, de los miembros de los comités de empresa y delegados de personal en el ámbito territorial y funcional al que se refiere el convenio.

Del análisis del articulado se desprende que el criterio a tener en cuenta por el legislador es el de *audiencia electoral*, bien directamente, bien por irradiación de unos sindicatos a otros: "legitimación por osmosis". Por lo anterior, como asegura la mayoría de la doctrina, no se asegura la correspondencia entre la representatividad de los sindicatos y su real y efectiva implantación en el ámbito de referencia[5]. García Murcia desarrolla una interpretación extensiva mediante la adopción del criterio de notoria implantación, que a su juicio, complementa al anterior, de manera que a un sindicato que no ostentando la cualidad de más o simplemente representativo, sí cuenta con un determinado nivel de afiliación en el ámbito de afectación material de los acuerdos, debería reconocérsele capacidad de negociación[6]. A nuestro juicio, el tenor literal de la ley no ofrece dudas.

---

[4] Ver epígrafe "Participación sindical".

[5] Castiñeira Fernández, Jaime, en su artículo "*Libertad sindical y negociación colectiva*" En: Relaciones Laborales, núm. 1, 1999 págs. 159 y ss. ISSN 0213-0556, argumenta: "Cuando, según el sistema en vigor, el sindicato más representativo goce de derechos preferenciales o exclusivos de negociación, dicho sindicato debe determinarse con arreglo a criterios objetivos, y previamente determinados, a fin de evitar toda posibilidad de parcialidad o abuso". Y continúa siguiendo los criterios marcados por el comité de libertad sindical de la OIT: "Cuando la legislación de un país establece una distinción entre el sindicato más representativo y los demás sindicatos, este sistema no debería impedir el funcionamiento de los sindicatos minoritarios, y menos aún privarlos del derecho de presentar demandas en nombre de sus miembros y de representarlos en caso de conflictos individuales (ver "La libertad sindical, recopilación de decisiones y principios del comité de libertad sindical del consejo de administración de la OIT". Ginebra: Oficina Internacional del Trabajo, 1996, pág. 171 y págs. 179 y ss.

[6] García Murcia, Joaquín. *Organizaciones sindicales y empresariales más representativas.* Madrid: Ministerio de Trabajo y Seguridad Social, 1987, págs. 89 y ss. ISBN 978-84-7434-416-5. Recuérdese que el TC en su STC 98/1995,

Conviene hacer las siguientes precisiones respecto a estas unidades negociadoras:

1. La legitimación negocial de las confederaciones no tiene un carácter acumulativo –el sindicato más representativo podría duplicar su presencia– sino excluyente, de suerte que sólo un sindicato puede formar parte de la mesa negociadora. A nivel estatal se produce una legitimación automática para negociar en este ámbito a aquellos sindicatos que pertenezcan a confederaciones más representativas. Bastará acreditar su vinculación orgánica, sin necesidad de demostrar que en ese ámbito concreto cuentan con la audiencia mínima exigida con carácter general[7].
2. El sindicato más representativo por irradiación no puede ostentar una capacidad representativa a todos los niveles territoriales y funcionales, sino que esa capacidad se contrae a su *específico ámbito*[8].
3. Las organizaciones más representativas a nivel estatal o autonómico solo podrán formar parte de la comisión negociadora a *nivel sectorial*, cuando representen como mínimo a la mayoría absoluta de los representantes unitarios en tal ámbito, de conformidad con el Art. 88 p 2º ET. Lo anterior tiene su fundamento, como ya hemos aludido, en el Art. 6.3 LOLS, que dota a los más representativos a nivel estatal, de capacidad representativa a todos los niveles territoriales y funcionales, y lo ya expuesto respecto a los más representativos a nivel autonómico en aplicación del Art. 7.1 párrafo segundo LOLS con remisión al Ar. 6.3b de dicha norma.
4. Si negocian los sindicatos más representativos a nivel nacional, de comunidad autónoma o que tengan más del 10% de representación dentro del ámbito geográfico y funcional a que se refiere el convenio, la designación y acreditación corresponderá a los órganos de gobierno de los mismos, pudiendo designar a cualquier persona con capacidad civil –el procedimiento se hará conforme a los estatutos y reglamentos internos de la organización sindical–.

a.2) Representación empresarial

En los convenios colectivos sectoriales, las asociaciones empresariales que en el ámbito geográfico y funcional del convenio cuenten con el *diez* por ciento de los empresarios, en el sentido del artículo 1.2 de esta Ley, y siempre que éstas den ocupación

---

de 29 de julio, considera conforme al texto constitucional la restricción de la legitimación negocial de los sindicatos operada por el ET, apuntando la circunstancia que los sindicatos minoritarios tienen garantizado el cauce de la negociación extraestatutaria. (Hay que señalar cómo la LOLS en ese momento no aseguraba con su parco tratamiento la eficacia general de eventuales acuerdos). Conviene precisar, como extensión a lo anterior, cómo existe una línea jurisprudencial –mantenida a la fecha– propiciatoria del papel de las minorías Así, entre otras, la Sentencia de la Audiencia Nacional de 27 de junio de 1989.

[7] García Murcia, J. *Libertad sindical y representatividad en la función pública*. En: AA.VV. Seminario sobre relaciones colectivas en la función pública (Sevilla: I.A.A.P., 1990, pág. 192. ISBN 978-84-7595-058-7).

[8] SSTCO 98/1985, de 29 de julio y 57/1989, de 16 de marzo.

a *igual porcentaje* de los trabajadores afectados, así como aquellas asociaciones empresariales que en dicho ámbito den ocupación al quince por ciento de los trabajadores afectados. Es decir, estamos ante dos requisitos que no son acumulativos, sino alternativos: a) contar con el 10% de los empresarios y dar ocupación a igual porcentaje de trabajadores, o b) dar ocupación al quince por ciento de los trabajadores afectados.[9] Asimismo, las asociaciones empresariales de la Comunidad Autónoma que reúnan los requisitos señalados en la disposición adicional sexta de esta ley[10].

B) Convenios de ámbito empresarial o inferior

b.1) Representación social

La legitimación para negociar en los convenios de empresa, o ámbito inferior, corresponde al comité de empresa, delegados de personal, o en su caso, a las representaciones sindicales si las hubiere, tal como establece el Art. 87.1 TRET. Partimos por tanto de la premisa de la doble representación sindical y unitaria, ya admitida por el convenio Nº 135 de la OIT. Antes de la reforma, la selección "de la negociación" correspondía a los propios organismos de representación laboral, es decir a los que participaban en la iniciativa del convenio (el que en primer lugar iniciara el proceso negociador representaba a los trabajadores en la mesa de negociaciones). Sin embargo, tras la reforma del 2011 (Real Decreto-ley 7/2011, de 10 de junio), el legislador opta por una preferencia hacia la representación sindical, que curiosamente ha pasado desapercibida por algunos sectores: "La intervención en la negociación corresponderá a las secciones sindicales cuando éstas así lo acuerden, siempre que sumen la mayoría de los miembros del comité de empresa o entre los delegados de personal"[11]. En todo caso, la

---

9 En aquellos sectores en los que no existan asociaciones empresariales que cuenten con la suficiente representatividad, según lo previsto en el párrafo anterior, estarán legitimadas para negociar los correspondientes convenios colectivos del sector las asociaciones empresariales de ámbito estatal que cuenten con el 10% o más de las empresas o trabajadores en el ámbito estatal, así como las asociaciones empresariales de Comunidad Autónoma que cuenten en ésta con un mínimo del 15% de las empresas o trabajadores.

10 "Sin que puedan negociar las coaliciones de asociaciones empresariales minoritarias de menos del 10 por 100 de representatividad ni las asociaciones empresariales que incluyan a empresarios y a trabajadores autónomos" (STS 3 diciembre 2009, Rec. 84/2008; STS 22 diciembre 1998, RJ 1999/2007). Como señala Tomas Sala Franco, lo que ofrece mayor dificultad es la medición de la representatividad empresarial dado que no existe un sistema de medición seguro o archivo público capaz de ofrecer datos fiables. Lo cual es solventado por los tribunales mediante la técnica de presumir la legitimación negociadora de la asociación empresarial que haya sido reconocida como interlocutora en las negociaciones por la contraparte sindical (SS.TS de 25 de enero de 2001, Ar/205, de 4 de noviembre de 2010, Ar/8469 o de 29 de noviembre de 2010, Ar/243), sólo desvirtuable por prueba en contrario de quien lo impugna (SS.TS de 7 de julio de 2004, Ar/7070, de 4 de noviembre de 2010, Ar/8469 o de 29 de noviembre de 2010, Ar/2430).

11 STS. 11 de marzo de 1994. La problemática de la doble representación es admitida ya en el Convenio Nº 135 OIT. Al respecto, ver entre otras: STC, de 20 de junio de 1991 sobre imposibilidad de negociación simultanea (la fórmula de negociación simultánea ya fue negada por el TC de 20 junio de 1982, y 21 de abril y 16 de septiembre de 1987), y STS. 14 de octubre de 1993: La legislación española no establece un derecho preferente o un orden de prioridad de uno u otro de los posibles sujetos legitimados en representación de los trabajadores (aseveración que pierde fundamento con la actual legislación tras la reforma operada en el año 2011).

capacidad negociadora no deberá ser entendida de forma acumulativa en cuanto a los sujetos intervinientes (STS de 14 de julio de 2000, Ar/9642); es decir, será o la representación unitaria (el comité de empresa o los delegados de personal, en su caso), o la representación sindical, siempre que en su conjunto sumen la mayoría de los miembros del comité de empresa (Art. 87.1 del ET).

Está claro que, cuando el Art. 87 del ET habla de *representaciones sindicales*, se está refiriendo a secciones sindicales, pero no a los sindicatos, y como matiza el propio artículo, "si las hubiere y siempre que en su conjunto sumen la mayoría de los miembros del comité de empresa", a pesar de que el Art. 2.2 de la LOLS reconozca a las organizaciones sindicales el derecho al ejercicio de la actividad sindical en la empresa o fuera de ella. En este sentido, el propio Tribunal Constitucional en STC 208/93, de 26 junio, niega a los sindicatos legitimación para negociar, y la posibilidad de hacerlo a través de otras estructuras[12] (no obstante, en este punto se han dictado sentencias con disparidad de criterios)[13].

Si la empresa cuenta con varios centros de trabajo, será necesario constituir una comisión negociadora integrada por una representación proporcional de los distintos comités y delegados, elegidos en los distintos centros de trabajo, sometiéndose el acuerdo a la ratificación de la totalidad de los representantes. Igualmente se podrán realizar por el comité intercentros siempre que el convenio le atribuya tales funciones (STS de 25 de julio de 2000, Ar/7644); en ningún caso podrá negociarse por los representantes unitarios de un solo centro (SS.TS de 30 de septiembre de 2008 o de 7 de marzo de 2012, Rec. 37/2011; SS.AN de 11 y 16 de septiembre, de 18 de octubre o de 13 de noviembre de 2013).

Por último, señalar que, cuando se trate de convenios para un *grupo de empresas*, así como en los convenios que afecten a una pluralidad de empresas vinculadas por razones organizativas o productivas y nominativamente identificadas en su ámbito de aplicación, la legitimación para negociar en representación de los trabajadores será la que se establece para la negociación de los convenios sectoriales.

b.2) Representación empresarial

Del lado empresarial, el empresario o sus representantes (Art. 88.1 del ET). Una asociación empresarial no podrá negociar a este nivel, salvo que represente de forma voluntaria a un empresario.

---

[12] TC. 208/93 de 28 de junio. Los sindicatos carecen de legitimación para negociar convenios colectivos de empresa o ámbito inferior, y en todo caso, corresponderá a la representación legal o a las secciones sindicales.

[13] STS de 26 de septiembre de 2002, Ar/10658. Sólo las secciones sindicales y los sindicatos que sean de empresa (STS de 30 de abril de 1996, Ar/3623; las secciones sindicales y los sindicatos aunque no sean de empresa; SS.TS de 28 de febrero de 2000, Ar/2246 y de 16 de septiembre de 2004, Ar/7304).

3. Legitimación inicial e interviniente

A) Legitimación inicial

Legítimo, en sentido etimológico, es conforme a la ley[14]. Siguiendo a un amplio sector doctrinal, encabezado por Martín Valverde y García Murcia, entre otros, entendemos por *capacidad de negociación* una actitud genérica para negociar en un plano colectivo. Sin que ello sea bastante para negociar cualquier convenio, se requiere además que ostenten representación suficiente dentro de la correspondiente unidad de negociación. Esa especial relación con el ámbito de representación es lo que da lugar a la *legitimación inicial* para intervenir en la negociación (Art. 87 ET en relación con el Art. 6.3.b LOLIS). No obstante, lo dicho tiene una *excepción* en el Art. 87.4 ET: "Igualmente tienen legitimación para negociar a nivel estatal los sindicatos que tengan la condición de más representativos a nivel de comunidad autónoma conforme a las reglas del Art. 7.1 LOLIS", lo que denominaremos legitimación por irradiación (de aplicación a las asociaciones empresariales de la Comunidad Autónoma que reúnan los precitados requisitos).

Resumiendo lo expuesto, la capacidad negocial entronca en un primer nivel con "la representatividad"[15], pero se requiere además un plus cualificativo para estar legitimado: "la unidad de negociación". En ningún caso se deja abierta la posibilidad de negociar a los propios trabajadores[16].

B) Legitimación interviniente vs plena

La conexión entre legitimidad interviniente y representatividad es más estrecha en la legislación laboral que en otros ámbitos negociadores, debido al límite numérico que para la composición de la mesa exige Art. 88.4 TRET: "En los convenios sectoriales el número de miembros en representación de cada parte no excederá de quince. En el resto de los convenios no se superará el número de trece".

Tendrán *legitimación plena o interviniente* cuando los representantes se sientan en la mesa, y dado que la mesa es limitada, la representatividad entra en juego como factor selectivo para distribuir los puestos[17]. Lo expuesto determina que legitimación

---

[14] Iglesias Cabero, Manuel. *Negociación colectiva*. Madrid: Colex, 1997. ISBN 84-7879-318-6. De obligada referencia en la materia aquí tratada.

[15] Art. 37.1 de la Constitución, en relación con los Arts. 82 y 87, del Estatuto de los Trabajadores.

[16] STS, de 20 de septiembre de 1993. Imposibilidad de negociar un convenio colectivo directamente los trabajadores, aunque sea por la totalidad de la plantilla; en este caso eran ocho trabajadores. No obstante, tras la reforma existen situaciones en que los mismos –los trabajadores–, en caso de ausencia de representación, se pueden constituir como parte de la mesa negociadora, no para la negociación de un convenio, pero sí para negociar con el empresario la adopción de medidas colectivas, como, por ejemplo, descuelgues de convenio, expediente de regulación de empleo, entre otros supuestos.

[17] STC 137/91, de 20 de junio.

y legitimación interviniente son conceptos excluyentes de mayor a menor. Dicho de otra manera, la legitimación es un poder abstracto para negociar que se transforma en interviniente cuando se concreta en la mesa negociadora[18]. Sin embargo, en ese poder específico –como hemos anticipado– deberán concurrir primariamente dos requisitos: 1.º Que el ámbito de la negociación coincida o, al menos, esté comprendido dentro de su ámbito de representación, y 2.º Que acrediten en el mismo el suficiente grado de representatividad. En todo caso, dichos requisitos se subordinarán a la voluntad y estrategia sindical. No olvidemos que la libertad sindical también comprende un ejercicio negativo a no participar. Advertir por último que la exclusión de cualquier representación investida con legitimación suficiente supone conculcar la libertad sindical[19].

Resumiendo lo expuesto, el reparto de los miembros con voz y voto en el seno de la comisión negociadora, se efectuará en proporción a la representatividad de los sujetos legitimados, teniendo presente que el derecho a participar en la negociación incluye el derecho a no ser rechazado, pero no el derecho a ser llamado (TS-28-9-1998).

---

[18] STS, de 24 de julio de 1990, Art. 6346: "La participación en tales mesas de negociación es un derecho fundamental de las organizaciones sindicales. No se pueden excluir de la mesa de negociación organizaciones sindicales que cuenten con legitimación interviniente por muy elevado que sea el número, ni siquiera la de los más representativos por irradiación, pero sin presencia" (SSTS, de 25 de mayo de 1993 (Ar/5038), y 18 de julio de 1994 /Ar. 5847). Es importante, asimismo, la STSJ de Galicia de 5 de julio de 1995, que incluye dentro de la vulneración la libertad sindical, cuando no se convoca por parte de la Administración a un sindicato con legitimación negocial, a las reuniones que tienen por objeto el estudio y el análisis de cuestiones negociables –prenegociación– "...y ello, independientemente de que no sea una negociación y se trate de una ponencia técnica. A mayor abundamiento, otras sentencias sobre la materia: No podrá excluirse de la comisión negociadora a los sindicatos o asociaciones empresariales legitimadas (SS.TC de 24 de noviembre de 1987 y de 11 de noviembre de 1991), incluso si quien negocia tiene la mayoría absoluta exigida legalmente (STS de 18 de enero de 1993, Ar/94), aunque sí cabrán las autoexclusiones (SS.TS de 22 de septiembre de 1998, Ar/7422; de 9 de abril de 2003, Ar/4840; y de 20 de septiembre de 2006, Ar/8736); además de que este derecho a formar parte de la comisión negociadora no conlleva un derecho a ser llamado expresamente, sino que se entiende suficientemente garantizado cuando se acredita que todos los interesados tuvieron conocimiento suficiente de la negociación (STS de 24 de julio de 2008, Ar/4565).

[19] STSJ de Madrid, Sala de lo Contencioso, 20 octubre de 1987. En esta línea, conviene recordar aquí cómo el abandono de las negociaciones por parte de un sindicato, fruto de su libre y legítima estrategia sindical, no representa un atentado del derecho de libertad sindical, máxime si el acuerdo permite la adhesión al mismo de las organizaciones sindicales con legitimación negocial y no firmantes originalmente del mismo. Como hemos dicho, todas las secciones sindicales de empresa a las que se refiere el Art. 8.2 b) de la LOLS tendrán derecho a formar parte de la comisión negociadora y no podrá una representación sindical mayoritaria excluir a otras legitimadas (STS de 1 de julio de 1999, Ar/5272). De igual manera, el convenio colectivo no puede establecer la exigencia de que las secciones sindicales ostenten un determinado porcentaje de presencia en los órganos unitarios de la empresa para poder formar parte de la comisión negociadora, sino que es suficiente con que cuente con un solo miembro del comité de empresa o con un solo delegado de personal (STS de 5 de marzo de 2007, Ar/2128).

El TSJ de Canarias ha declarado que "no es aceptable conceder validez alguna a un acuerdo concertado por una parte minoritaria de un órgano unitario de representación, pues los presuntos acuerdos celebrados por las eventuales minorías que puedan organizarse en tales órganos no sólo no son convenios de eficacia limitada, sino que no alcanzan tan siquiera la categoría de pactos. Son acuerdos afectados de una nulidad radical al haber sido adoptados en vulneración de las reglas que informan la adopción de decisiones de esos órganos" (STSJ Canarias [Santa Cruz de Tenerife] 15-4-1994 [AS 1994, 1626]; STSJ Canarias [Santa Cruz de Tenerife] 29-6-1994 [AS 1994, 2316]).

4. Unidad de negociación: la mesa de negociación

A) Concepto

Para la participación en la determinación de las condiciones de trabajo de los trabajadores, se constituirán las mesas de negociación. Las mesas son, pues, órganos de composición mixta, encargados de llevar a cabo la negociación colectiva y la consulta[20]. Se podría definir la mesa como el conjunto de relaciones de trabajo que constituyen el ámbito potencial de subordinación de las condiciones de empleo. La palabra mesa de negociación es utilizada por el legislador, indistintamente, como unidad de negociación, comisión negociadora, etc.

B) Naturaleza

La mesa de negociación es un órgano de composición mixta, pero que en ningún caso tiene carácter colegial. Sobre dicha premisa, es conveniente fijar las siguientes precisiones:

1. La necesidad de distinguir en su seno la existencia de dos partes diferenciadas, representación de los trabajadores y los empresarios, cuya estructura y composición responde a principios y reglas distintas, habida cuenta del diverso carácter y origen de las mismas.
2. La necesidad de distinguir dos fases en el proceso de formación de la voluntad de la mesa negociadora, una interna de cada representación y otra de concurrencia de voluntades libremente manifestadas.
3. El régimen jurídico aplicable, inspirado por el ET (Título III "De la Negociación Colectiva y de los Convenios Colectivos" y Art. 6 y 7 de la LOLS)[21], así como por los reglamentos y normativa de desarrollo, sin perjuicio del espacio concedido a la autonomía de las partes, donde la norma lo permita.

---

[20] Manifestación de lo expresado en el ámbito público y referido al empleo, el Art. 7 del Convenio 151 de la OIT dice: "Deberán adoptarse, de ser necesario, las medidas adecuadas a las condiciones nacionales para estimular y fomentar el pleno desarrollo y utilización de procedimientos de negociación entre las autoridades publicas competentes y las organizaciones de empleados públicos, acerca de las condiciones de empleo, o cualesquiera otros métodos que permitan a los representantes de los empleados públicos participar en la determinación de dichas condiciones.

[21] Art. 82 y sgtes. del ET; Arts. 6.3.c) y 7 de la LOLS. En el ámbito de las Administraciones públicas, Ley 7/2007, de 12 de abril, del Estatuto Básico del Empleado Público. EBEP. Arts 32 y ss.

C) Caracteres

c.1) Autonomía, concurrencia e intervencionismo

El establecimiento de las unidades de negociación y su formación corresponde a la autonomía colectiva[22]. Al contrario de lo que ocurre en la administración pública, que se subordina a lo dispuesto en la ley. La libertad de elección de la unidad de negociación tiene los siguientes límites (STS 26 enero 2012, Rec. 185/2010):

a) Ha de tratarse de *unidades de negociación razonables y apropiadas (*SS.TS de 19 de diciembre de 1995, Art/9315, de 16 de noviembre y de 18 de diciembre de 2002, Art/2698 y 2344, doctrina que sigue vigente tras las últimas reformas), no cabiendo la arbitrariedad de las partes (STC de 17 diciembre de 1982).

b) No puede negociar un convenio colectivo *quien no esté legitimado* (STS 26 enero 2012, Rec. 185/2010): "Es cierto que el artículo 83.1 ET dispone que los convenios colectivos tendrán el ámbito de aplicación que las partes acuerden..., su capacidad negociadora queda limitada a sus posibilidades de representación y de legitimación para negociar" (SS.TS de 3 de mayo de 2006, Rec. 27/2005; de 21 de septiembre de 2006, Rec. 27/2005; o de 21 de diciembre de 2010, Rec. 208/2009).

c) Las reglas en caso de *concurrencia* aplicativa entre convenios colectivos estatutarios se regulan en los Art. 83 y 84 del ET: durante la vigencia de un convenio colectivo podrá negociarse otro de ámbito distinto sin que éste sea nulo, pero resultaría no obstante inaplicable por ser de preferente aplicación el convenio colectivo anterior (SS.TS de 27 de marzo y de 31 de octubre de 2003, Ar/2004/589 y Ar/5163; de 24 de abril de 2006, Ar/4708; 19 de septiembre y 13 de noviembre de 2007, Ar/9175 y Ar/2008/998). Dicho de otra manera, durante su vigencia, un convenio colectivo no podrá ser afectado por otro posterior de distinto ámbito (Art. 84 del ET). No obstante, hay excepciones a lo expuesto, como en el caso que el propio convenio colectivo admita la concurrencia de otro convenio colectivo (STS de 1 de octubre de 1998, Ar/7801).

d) Resulta relevante en la materia que nos ocupa la novedad introducida por la Ley 3/2012 de 6 de julio, estableciéndose respecto a los *convenios de empresa* (de grupo de empresas o de una pluralidad de empresas vinculadas) la posibilidad de negociarse durante la vigencia de convenios colectivos de ámbito superior, y teniendo además *prioridad aplicativa* respecto del convenio sectorial, estatal, autonómico o de ámbito inferior, en las siguientes materias (Art. 84.2 ET):

1) La cuantía del salario base y de los complementos salariales incluidos los vinculados a la situación y resultados de la empresa.

---

[22] Cabrera Bazán, José. *La titularidad y el ejercicio del interés colectivo en las relaciones colectivas de trabajo.* Sevilla: IGO, 1967, pág. 97.

2) El abono o la compensación de las horas extraordinarias y la retribución específica del trabajo a turnos.

3) El horario y la distribución del tiempo de trabajo, el régimen de trabajo a turnos y la planificación anual de las vacaciones.

4) La adaptación al ámbito de la empresa del sistema de clasificación profesional de los trabajadores.

5) La adaptación de los aspectos de las modalidades de contratación que se atribuyen por la presente ley a los convenios de empresa.

6) Las medidas para favorecer la conciliación entre la vida laboral, familiar y personal.

7) Aquellas otras que dispongan los acuerdos y convenios colectivos a que se refiere el Art. 83.2 del ET (acuerdos interprofesionales y convenios marco)[23].

e) No se pueden cambiar, limitar o modificar las unidades apropiadas existentes, salvo pacto.[24]

f) Las organizaciones sindicales deben adaptar su estructura al menos informalmente a las unidades de negociación, pactadas o legalmente establecidas.

c.2) Centralización

La cual se manifiesta en la rigidez con que se establecen las macrounidades de negociación en los distintos ámbitos.

c.3) Verticalidad (por actividad)

Las mesas de negociación se perfilan en función del tipo de actividad desarrollada y ámbito territorial, no en razón de los cuerpos, escalas, categorías o grupos de trabajadores.

c.4) Interdependencia

Contemplándose conexiones entre las mesas generales, y entre éstas y las sectoriales, dotando de poderes de articulación a las primeras en los procesos negociadores desarrollados por las segundas.

---

[23] En todo caso, los acuerdos interprofesionales y convenios marco a que se refiere el Art. 83.2 del ET, *"no podrán disponer de la prioridad aplicativa"* de los convenios de empresa, de grupo de empresas o de una pluralidad de empresas vinculadas por razones organizativas o productivas y nominativamente identificadas.

[24] Debe tenerse en cuenta lo expuesto de forma expresa por el Comité de libertad sindical OIT: "...las autoridades públicas deben abstenerse de intervenir, de forma que este derecho sea coartado o su legítimo ejercicio impedido". *La libertad sindical...*, op. cit., núm. 782, pág. 171.

D) Composición de las mesas de negociación

La comisión negociadora quedará válidamente constituida en los convenios de ámbito supraempresarial cuando las asociaciones empresariales con legitimación negocial representen como mínimo a empresarios que ocupen a la mayoría absoluta de los trabajadores afectados por el convenio, y del lado social, cuando los sindicatos federaciones o confederaciones con legitimación inicial representen como minino a la mayoría absoluta de los miembros de los comités de empresa y delegados de personal afectados por el convenio. En los convenios colectivos de empresa, la legitimación plena o interviniente es coincidente con la legitimación inicial; si intervienen las secciones sindicales, se requerirá que tales representaciones sindicales sumen la mayoría de los miembros del comité.

La comisión negociadora debe constituirse en el plazo máximo de un mes a partir de la recepción de la propuesta de negociar y la parte receptora debe responder a la propuesta, y entre ambas fijar un calendario de negociaciones. Las mesas de negociación deberán de ser bipartitas o duales, lo cual no implica necesariamente simetría en su composición, cualquiera de las voluntades negociadoras puede intervenir a través de un número menor de representantes. Como hemos advertido, el número de miembros de la mesa no podrá exceder de trece (convenios de empresa), ni de 15 (convenios de ámbito superior a la empresa).

En torno a la composición de la mesa y al cumplimiento de los requisitos establecidos legalmente para que el convenio colectivo sea válidamente aprobado, conviene tener en cuenta las siguientes premisas:

1) De conformidad con la línea jurisprudencial más reciente, la designación de los componentes de la comisión corresponderá a las partes negociadoras, y como se ha dicho de forma reiterada, el reparto de miembros con voz y voto en el seno de la comisión negociadora se efectuará con respeto al derecho de todos los legitimados en proporción a su representatividad[25]. Proporcionalidad que tendrá por fundamento los resultados obtenidos en las elecciones sindicales a representantes unitarios en la empresa; es decir, los puestos se han de distribuir en proporción al índice de *audiencia electoral*[26] (respecto al modo de cálculo es clarificadora las STS 19-11-2010).

---

[25] La reforma del Art. 87 consiste en una adaptación pura y simple a lo previsto en los artículos 6 y 7 de la Ley Orgánica de Libertad Sindical, introduciendo, respecto de los convenios colectivos de ámbito superior a la empresa, la legitimación de las organizaciones sindicales más representativas sin necesidad de acreditar una audiencia específica en el ámbito del convenio.

En aquellos sectores en los que no existan asociaciones empresariales que cuenten con la suficiente representatividad, se entenderá válidamente constituida la comisión negociadora cuando la misma esté integrada por las organizaciones empresariales estatales o autonómicas referidas en el párrafo segundo del artículo 87.3 c), criterio de aplicación cuando no existan representaciones empresariales.

[26] En la proporcionalidad sobre el criterio de la audiencia electoral prima la composición "electiva" frente a la composición "efectiva", teniéndose en cuenta que el cambio de afiliación no modificara la atribución de resultados.

2) Posibilidad de permiso. En todo caso, será de aplicación la consideración de permiso retribuido, el tiempo que dure la negociación (Art. 9.2 LOLS)[27] y con independencia del crédito sindical.

3) Las partes negociadoras, de mutuo acuerdo, podrán designar un presidente y contar con la asistencia en las deliberaciones de asesores, que intervendrán igual que el presidente, con voz pero sin voto. En caso de no designar presidente, las partes deberán consignar en el acta de la sesión constitutiva de la comisión los procedimientos a emplear para moderar las sesiones y firmar las actas que correspondan a las mismas (un representante de cada una de ellas, junto con el secretario; el nombramiento de secretario es preceptivo en base a lo establecido en el Art. 88.5 ET).

Respecto a la composición de la mesa, dejar constancia de los siguientes criterios jurisprudenciales, ad exemplum:

STS. de 11 de marzo de 1994, y de 23 de noviembre de 1993. La mayoría, a efectos de representatividad, se refiere al momento en que se inicia la negociación. Y más recientemente SSTS. 22 diciembre 2008 y 21 enero 2010, donde se reitera que el momento del cómputo de la representatividad, establecida para la aprobación del convenio, debe ser anterior a la firma del convenio; esto es, al momento de constituirse la comisión negociadora. Es el nivel de representatividad existente en ese tiempo el que debe tomarse en cuenta a los efectos indicados y no el que resultase del proceso negociador.

STS. de 18 de diciembre de 1995. Una ulterior baja en la mesa negociadora no puede afectar a la legitimación del banco social, ni a la suscripción del convenio. Si cesa el único delegado que lo suscribió, el convenio tiene vigencia.

SAN. 230/2013 de 17 de diciembre[28]. Estimándose la demanda, porque la proporcionalidad en la representación de la comisión negociadora del Convenio de empresa se predica del número de representantes elegidos y no del número de trabajadores a quienes representen.

---

[27] Art. 9.2 de la LOLS: Los representantes sindicales que participen en las comisiones negociadoras de convenios colectivos manteniendo su vinculación como trabajador en activo en alguna empresa, tendrán derecho a la concesión de los permisos retribuidos que sean necesarios para el adecuado ejercicio de su labor como negociadores, siempre que la empresa esté afectada por la negociación.

[28] El Art. 87.1 del ET ha sido interpretado por STS 19-11-2010, Rec. 63/2010, que confirmó SAN 22-02-2010, en la que dijo lo siguiente:

"*Conforme a* nuestra sentencia de 7-3-02 (Rec. 1220/01), *en la que se ampara la sentencia ahora recurrida, la Audiencia Nacional, siguiendo al Tribunal Central de Trabajo y en criterio corroborado por esta Sala, introdujo el sistema aritmético que respondía al de proporcionalidad con los resultados electorales obtenidos por cada sindicato en los puestos de representantes unitarios de los trabajadores..., (siendo ejemplo de ello la sentencia de esta Sala de 18 de enero de 1999). Dicho sistema consiste en dividir el número de representantes de los trabajadores establecidos en la Empresa entre el número de puestos de la parte social en la Mesa de Negociación. El cociente sirve para otorgar los puestos en la Mesa Negociadora dividiendo por dicho cociente el número de representantes obtenido por cada sindicato. Una vez establecidos estos resultados, si quedaran vacantes en el órgano de negociación se atiende a los llamados 'restos', dentro de los cuales pueden entrar incluso los Sindicatos que no alcanzan el mínimo preciso para la adjudicación directa*".

5. Clases de convenios

Muchas son las clasificaciones que por la doctrina se han establecido. Con fundamento en el contenido negociador podemos distinguir:

A) De contenido amplio

Que en base a los requisitos que concurren en los mismos permiten diferenciar entre:

1) Los convenios colectivos *estatutarios*: la regulación normativa de estos convenios colectivos se encuentra en el Título III del ET. (Arts. 82 a 92, ambos inclusive). Son aquellos que la doctrina define con cuerpo de contrato y alma de ley (al tener eficacia normativa y por tanto "erga omnes").
2) Los convenios colectivos *extraestatutarios*, esto es, los no regulados por el Titulo III del ET.

B) De contenidos específicos

Diferenciando por su ámbito de actuación:

1) Los acuerdos colectivos *interprofesionales estatales o autonómicos* marco o sobre materias concretas, regulados en el Art. 83 del ET.
2) Los acuerdos colectivos de ámbito *supraempresarial* según los casos:
   - Sobre acuerdos colectivos fin de huelga.
   - Sobre acuerdos colectivos que ponen fin a un conflicto colectivo.
3) Los acuerdos colectivos de ámbito empresarial. Existen diversos tipos de acuerdos de empresa:
   - Acuerdos colectivos fin de huelga y que ponen fin a un conflicto colectivo.
   - Los acuerdos colectivos sustitutivos de convenios colectivos estatutarios (Arts. 22.1, 24.1, 29.1, 34.2, 34.3 y 67.1 del ET).
   - Los acuerdos colectivos de inaplicación de condiciones laborales fijadas en convenio (Arts. 82.3 del ET, por remisión del Art. 41.6).
   - Los acuerdos de modificación sustancial de condiciones de trabajo establecidas en acuerdos (Art. 41.2 del ET). o pactos colectivos equiparados.
   - Los acuerdos colectivos en casos de fusión o absorción de sociedades.
   - Los acuerdos colectivos en materia de traslados (Art. 40 ET).
4) Acuerdos con fundamento en el perfil profesional.

Vamos a profundizar aquí en los denominados convenios estatutarios y extraestatutarios, de los cuales hemos hecho mención en nuestra primera clasificación, analizando finalmente los denominados convenios franja, como exponente de un acuerdo específico de empresa.

b.1) Convenios estatutarios

- Los *convenios marco* están referidos a un ámbito sectorial y a un ámbito territorial estatal o de Comunidad Autónoma, no pudiendo negociarse en ámbitos funcionales o territoriales más reducidos (Art. 83.2 del ET.). No regulan las condiciones de trabajo sino que modulan o estructuran la negociación colectiva, a través de principios informadores (STS de 10 de julio de 2007, Art. /7112), igualmente podrán fijar las reglas de concurrencia entre convenios de distinto ámbito y la solución de los conflictos de dicha concurrencia.
- Los convenios marco que regulan además condiciones de trabajo se denominan *mixtos*, y en todo caso su régimen jurídico está subordinado al Art. 83.3 ET.
- Los convenios *ordinarios*. Las partes negociadoras son libres para determinar dentro del convenio colectivo: el ámbito de aplicación funcional (intersectorial, sectorial, subsectorial, grupo de empresas, empresarial o de centro de trabajo); territorial (estatal, interprovincial, de Comunidad Autónoma, provincial, comarcal o local); y personal (colectivos o grupos de trabajadores) (Art. 83.1 del ET). Teniendo en cuenta los límites que hemos expuesto en el epígrafe "Mesas de negociación"(autonomía e intervencionismo).

b.2) Convenios extraestatutarios

Como primera aseveración, decir que el término extraestatutario no aparece en ninguna norma laboral y tanto su denominación como las características más destacables son fruto de la elaboración doctrinal y jurisprudencial. Nos referimos aquí a una línea de actuación frecuente dentro de la actividad negociadora, la cual adjetiva el acuerdo suscrito, como acuerdos colectivos, impropios, pactos o acuerdos extraestatutarios, que amparados en el Art. 37.1 de CE[29] se sitúan al margen del Título III del ET, a veces por una falta de legitimación, en otras, por voluntad de los propios interlocutores al no cumplir el resto de los requisitos exigidos en dicho Título.

La interpretación sobre la eficacia de esta modalidad de acuerdos no es pacífica por doctrina si el convenio colectivo estatutario posee eficacia inmediata con proyección erga omnes. La posibilidad abierta por el legislador de estos cauces negociadores, al margen de las previsiones estatutarias, abre el debate de su tratamiento[30]. Nuestra

---

29 Sala Franco (CCNCC), no hay que olvidar el reconocimiento del TC de la negociación colectiva como contenido esencial de la libertad sindical, y con ello, indirectamente los llamados convenios impropios.

30 Quintanilla Navarro, R.Y. *Los convenios colectivos irregulares*. Madrid: Consejo Económico y Social, 1998, pág. 35 y ss. ISBN 978-84-8188-080-9, citando las SSTC 73/1984, de 27 de junio y 98/11985 de 29 de julio.

doctrina se ha dividido a la hora de abordar esta cuestión. Siguiendo a Juan Escribano[31], se podrían distinguir tres grandes sectores: a) Aquéllos que propugnan la eficacia normativa de dichos pactos atípicos, encontrando fundamento en el Art. 37.1 del texto constitucional, haya o no ley ordinaria garantizadora. Estos autores identifican "fuerza vinculante" con fuerza normativa (Álvarez de la Rosa, De la Villa Gil, Palomeque López, Sala Franco, etc.). b) Los que mantienen que a estos pactos sólo puede atribuírseles una simple eficacia contractual (Alonso Olea, Borrajo Dacruz, Durán López, García Murcia, Rodríguez-Piñero, etc.), al entender que la Constitución española no reconoce un derecho a negociar convenios con eficacia normativa, sino que esta es un plus que establece la ley ordinaria, al garantizar tal derecho tan sólo respecto de determinados convenios. Bajo esta tesis, la eficacia obligatoria, al igual que en los contratos, deriva del reconocimiento de la eficacia de la voluntad contenida en los Arts. 1094 y 1254 a 1259 del Código Civil, surtiendo por tanto efecto entre quienes los concertaron, y careciendo en general de efectos más allá de las fechas pactadas (SSTS. 14 diciembre 1996 Rec. 3063/1995 y 25 enero 1999 Rec. 1584/1998). c) Los que sin adscribirse a ninguna de las concepciones anteriores se decantan por caracterizar la eficacia jurídica de los convenios irregulares como "real".

La jurisprudencia se ha inclinado por considerar que los convenios colectivos extraestatutarios poseen naturaleza contractual (SSTS. 12 de enero de 1994, 17 de octubre de 1994, 24 de octubre de 1995 ó 14 de diciembre de 1996), y más recientemente la STS 1 junio de 2007: "El presente es un convenio colectivo extraestatutario; estos pactos, denominados también atípicos, carecen de eficacia "erga omnes"; su campo de influencia se reduce a quienes negociaron el pacto y al personal representado por ellos, esto es, a las representaciones sindicales y empresariales pactantes ..."; en la misma línea, STSJ de Madrid de 12 de diciembre 2011[32] y SSTS. de 8 de febrero de 2012[33] y 14 de mayo de 2013.

Extensión a lo anterior son los denominados acuerdos de empresa, es decir, aquellos que sin cumplir los requisitos formales establecidos en el Título III, son suscritos por la mayoría de la representación unitaria o, en su defecto, por sindicatos que representan la mayoría de la representación unitaria. Respecto a los cuales, aun reconociendo su carácter extraestatutario, entiendo que son una expresión cualificada de la negociación

[31] Juan Escribano Gutiérrez, Juan. *Derecho colectivo del trabajo: vigencia de los convenios colectivos extraestatutarios y condición más beneficiosa*. En: Temas Laborales, núm. 105, 2010, págs. 183-193. ISSN 0213-0750.

[32] "...Y partiéndose –conforme sigue argumentando la primera de las citadas sentencias– de que dicho pacto extra-estatutario se rige por normativa civil de obligaciones, que su valor es meramente convencional u obligacional (no normativo), y que, por lo tanto, no se integra en el sistema fuentes de la relación laboral al no estar este tipo de convenios o pactos incluidos en art. 3.1 ET, no gozando del efecto de ultra-actividad propio de las cláusulas normativas de los convenios colectivos estatutarios (ex art. 86.2 y 3 ET), debe concluirse que dejó de surtir efectos en la fecha prevista como máxima para su duración".

[33] Impugnación de Acuerdo Marco: Sindicato no firmante del acuerdo. El acuerdo tiene naturaleza extraestatutaria, por lo que el hecho de no ser llamado o no firmar el acuerdo un sindicato con legitimación para negociar, no acarrea la nulidad del acuerdo. La fuerza vinculante del acuerdo se extiende exclusivamente entre las partes firmantes del mismo.

colectiva, debiendo gozar de eficacia general personal, aunque no de eficacia normativa[34] (STS 13-02-07, SAN 28-04-09, STS de 19-02-08).

Respecto a la eficacia en el tiempo de las condiciones establecidas por un convenio extraestatutario, la jurisprudencia más reciente (SSTS de 11 mayo 2009, 16 junio 2009 y 14 octubre 2009 y la precitada STSJ de Madrid de 12 de diciembre 2011) ha rectificado la anterior doctrina que había sostenido que su naturaleza contractual no permitía concluir con su limitación temporal las condiciones establecidas. Se afirma ahora que de los convenios extraestatutarios no nacen condiciones más beneficiosas que perduren más allá de la duración temporal del mismo, y de ahí que no haya razones para mantener más allá del periodo de vigencia los derechos conferidos por los mismos.

Problema clásico de la materia son los *límites* extraestatutarios y su posible interferencia o convivencia con el convenio estatutario. En este orden de cosas, es representativa la STS 1 de noviembre de 2003, la cual ha entendido que hay determinadas materias que no pueden ser asumidas por "un pacto que de suyo tiene fuerza normativa limitada", "es necesario abordar los contenidos susceptibles de integrar un pacto extraestatutario en contraposición a los que son materia de un convenio colectivo de los regidos por el Título III del Estatuto de los Trabajadores y en qué medida lo trascendente no sea el contenido sino el objetivo de eficacia que se persigue". Abundando en la problemática: SAN de 24 de enero de 2006, STS de 1 de junio de 2007. STS 09/03/2011 Recurso: 118/2010.[35]

Finalmente hacer alusión a la flexibilidad que goza la negociación extraestatutaria frente a la estatutaria del Titulo III del ET. El Tribunal Supremo reitera la doctrina según la cual "la singularidad más relevante de este modelo de negociación de eficacia limitada se cifra en la absoluta libertad de que goza la empresa a la hora de proceder a la selección de su interlocutor" (STS de 11-3-2003). En base a lo cual, la propia Sala afirma: "La firma de un convenio extraestatutario de la que se excluya a un sindicato no vulnera la libertad sindical –como ya se había dicho, por otra parte, en la STS de 12-12-2006– porque esa exclusión no merma las posibilidad de negociación de dicho sindicato al no impedir un ulterior convenio colectivo estatutario".

---

[34] Un sector de la doctrina defiende que los acuerdos colectivos, aunque carezcan de regulación legal específica, están autorizados por el Estatuto y gozan, por tanto, de eficacia personal general y jurídica normativa. Ver: Casas Baamonde, Mª E. (coord.). La Reforma del Estatuto de los Trabajadores. Madrid: La Ley-Actualidad, 1994, págs. 233 y ss. ISBN 84-7695-144-2; Iglesias Cabero, M. Negociación Colectiva, op. cit. págs. 125 y ss.

[35] "La razón estriba, como dijo la sentencia de 1 de junio de 2007 (RJ 2007, 6349), en que existen determinadas materias que por su naturaleza tienen un alcance general y requieren un efecto normativo que rebasa la capacidad de la negociación extraestatutaria, porque en estas materias la regulación pretendida no se va a limitar a disciplinar las condiciones de trabajo de unos trabajadores individualmente considerados, sino que a través de la organización de la acción preventiva en la empresa afectan a todos y requieren una regulación uniforme, y "en ese sentido ha de entenderse la referencia al convenio colectivo y a los acuerdos de la empresa con los representantes de los trabajadores".

b.3) Convenios franja

Por su importancia práctica y por su singular naturaleza, desarrollamos los mismos con un tratamiento diferenciado.

La reforma del 94 estableció la posibilidad de una nueva modalidad de negociación colectiva para la representación sindical que no cuente con la mayoría de los miembros del comité de empresa. Tal representación se legitima mediante mandato asambleario de los trabajadores en un número no inferior a la mitad más uno, es decir, será necesario que los trabajadores incluidos en ese ámbito hubiesen adoptado un acuerdo expreso de designación –derecho de asamblea del Art. 80 ET–. Lo expuesto pone de relieve el propósito del legislador en profundizar en la democracia sindical a través de la descentralización de las representaciones sindicales en materia de toma de decisiones a nivel de centro de trabajo[36]. Surge lo que en palabras de cierta doctrina ha denominado un nuevo ente o forma de representación de naturaleza impropia[37]. Cabe por tanto la posibilidad de que negocien por separado determinados grupos de trabajadores de una empresa, siempre que no se atente contra el principio de igualdad de trato, debiendo tener una justificación objetiva y razonable (Arts. 14 CE y 17 ET; STC 136/1987, de 22 de julio).

De la literalidad del Art. 87 del ET: "En los convenios dirigidos a un grupo de trabajadores con *perfil profesional específico*, ...", se desprende la necesidad de concurrencia de características homogéneas respecto a los trabajadores afectados por este tipo de convenios. La expresión, desde mi punto de vista, subordina la homogeneidad a las competencias profesionales de los mismos, y ello no debe entenderse únicamente como pertenencia a una determinada cualificación profesional y mucho menos pertenecer a un mismo grupo profesional.

La *implantación* no se corresponde con la necesidad de tener presencia en los órganos de representación unitaria, ya que basta la mera implantación de las secciones sindicales en el ámbito del convenio (grupo de trabajadores afectados), lo cual se acredita mediante la designación mayoritaria de los representados a través de votación personal, libre, directa y secreta. Hay que reseñar que en la nueva redacción dada por el legislador se omite en su literalidad la palabra "implantación", a diferencia de la redacción anterior, donde expresamente se hacía mención "...de las representaciones con implantación en tal ámbito".

Sobre la eficacia personal de estos convenios, es pacífico que sus efectos sólo se despliegan a los afiliados de los sindicatos que lo suscribieron y no a todos los trabajadores de la franja; sin embargo, más discutida es su *eficacia jurídica*, sobre la cual opinamos que no se puede otorgar más que la correspondería a un pacto civil, es decir carece de eficacia normativa por nacer con vocación extraestatutaria. Sin embargo, dicha naturaleza no obstaculiza la posibilidad de que una ulterior negociación colectiva

---

36 Para mayor abundamiento, conviene tener en cuenta la STS de 28 de febrero de 2000.

37 STS 28 de febrero del 2000.

dote al convenio franja de auténtica naturaleza estatutaria, por cumplir los requisitos del Titulo III del ET.

Finalmente, resaltar el hecho de que, aunque un sindicato se aparte y no firme un convenio franja, no excluye el derecho individual de los miembros del sindicato no firmante a adherirse al mismo, ya que la representación que a los fines de negociación colectiva asume cualquier sindicato en nombre de sus afiliados, no puede anular la voluntad de estos últimos.

6. Contenido del convenio colectivo

Con carácter general, nuestro Estatuto fija como materias objeto de negociación: "materias de índole laboral", "materias de índole sindical" y en general "cuantas otras afecten al ámbito de las relaciones de los trabajadores y sus organizaciones profesionales", "materias de índole económica" (Art. 85.1 del ET) y finalmente "materias de Seguridad Social" (Arts. 39, 191 y 192 de la LGSS).

- El *contenido mínimo* del convenio viene desarrollado en el Art. 85.3 del ET:

a) Determinación de las partes que los conciertan (Art. 87 y 88 ET).

b) Ámbito personal, funcional, territorial y temporal (Art. 85.2.b ET).

c) Procedimientos para solventar de manera efectiva las discrepancias que puedan surgir para la no aplicación de las condiciones de trabajo a que se refiere el Art. 82.3 ET, adaptando, en su caso, los procedimientos que se establezcan a este respecto en los acuerdos interprofesionales de ámbito estatal o autonómico conforme a lo dispuesto en tal artículo.

d) Forma y condiciones de denuncia del convenio, así como plazo mínimo para dicha denuncia antes de finalizar su vigencia.

e) Designación de una comisión paritaria de la representación de las partes negociadoras, para entender de aquellas cuestiones establecidas en la ley y de cuantas otras le sean atribuidas, así como establecimiento de los procedimientos y plazos de actuaciones de esta comisión, incluido el sometimiento de las discrepancias producidas en su seno a los sistemas no judiciales de solución de conflictos, establecidos mediante los acuerdos interprofesionales de ámbito estatal o autonómico previstos en el Art. 83 ET.

Respecto al ámbito personal, el convenio colectivo puede negociarse para todos los trabajadores de la empresa, pudiéndose negociar por separado las condiciones de determinados grupos de trabajadores de una empresa –convenios franja–, siempre que no se atente contra el principio de igualdad de trato, y debiendo tener una justificación objetiva y razonable (Arts. 14 CE y 17 ET; STC 136/1987, de 22 de julio).[38]

---

[38] Se admite la exclusión de los altos directivos de las empresas (STS de 15 de marzo de 1990), del personal directivo en sentido amplio o de determinadas categorías profesionales (STC 177/1993), siempre y cuando dichos

• Partiendo del *principio de libertad de negociación*, en cuanto a las materias a tratar, habrá que tener en cuenta las siguientes puntualizaciones (Art. 85.1 del ET):

- La libertad de negociación se subordina a la promoción de la igualdad de trato y de no discriminación por las causas enumeradas en los Arts. 4.2.c) y 17.1 del ET[39], y en particular entre mujeres y hombres (Art. 45 de la LOI)[40].
- Deberán respetar las normas legales y reglamentarias imperativas.
- Deberán respetar los derechos contractuales del trabajador y condiciones más beneficiosas –derechos consolidados que sean más favorables para el trabajador que las condiciones establecidas en el convenio (Art. 3.1.c) del ET–.
- Además, los convenios colectivos deberán respetar el principio de igualdad de trato.

Por su novedad e impacto, resaltar cómo la reforma del 2012 introdujo una limitación de hondo calado en materia de jubilación forzosa (Disposición Adicional Décima del ET, según redacción de la Ley 3/2012, de 6 de julio): "Se entenderán nulas y sin efecto las cláusulas de los convenios colectivos que posibiliten la extinción del contrato de trabajo por el cumplimiento por parte del trabajador de la edad ordinaria de jubilación fijada en la normativa de la Seguridad Social, cualquiera que sea la extensión y alcance de dichas cláusulas".

7. Procedimiento de negociación

Podrán *promover la negociación* cualquiera de las partes legitimadas para negociar en su correspondiente ámbito (Arts. 87 y 88 del ET), para lo cual se remitirá

---

trabajadores gocen por separado de la suficiente capacidad negocial para pactar colectivamente sus propias condiciones de trabajo (STS de 28 de julio de 2003, Ar/8721).
La exclusión de los trabajadores temporales es discriminatoria (STS de 5 de mayo de 2009), de la misma manera que la de los trabajadores adheridos a un pacto extraestatutario.

[39] No se ha considerado contrario al principio de igualdad el hecho de establecer por vía convencional una especial retribución por razón de la permanencia en la empresa (STS de 9 de marzo de 2005, Ar/3500), ni aquella diferencia retributiva que pudiera existir entre los antiguos empleados y los de nuevo ingreso, respetando, a título personal y como condición más beneficiosa, las retribuciones de anteriores convenios que no figuran pactadas en el nuevo (STS de 10 de octubre de 2006, Ar/10037). Lo afirmado no debe llevarnos a la conclusión de la inexistencia de limites a las denominadas dobles escalas salariales. En este orden de cosas, la STS 17 de julio de 2008 declara la existencia de discriminación en la doble escala salarial, cuando se establece en convenio colectivo que el complemento de antigüedad se percibirá en función de que antes de una determinada fecha, ya se percibiera el mismo. Autos del TS. 16 enero 2014, en materia de plus de antigüedad, y de 5 de febrero de 2014, con referencia a la fecha de ingreso.

[40] El deber de negociar planes de igualdad en las empresas de más de 250 trabajadores, se articulará en la siguiente forma: *"a) En los convenios colectivos de ámbito empresarial, el deber de negociar se formalizará en el marco de la negociación de dichos convenios. b) En los convenios colectivos de ámbito superior a la empresa, el deber de negociar se formalizará a través de la negociación colectiva que se desarrolle en la empresa en los términos y condiciones que se hubieran establecido en los indicados convenios para cumplimentar dicho deber de negociar a través de las oportunas reglas de complementariedad"* (Art. 85.2 ET).

comunicación por escrito dirigida a la otra parte (debiendo enviar una copia a la autoridad administrativa laboral competente a efectos de registro). La comunicación deberá contener los siguientes extremos, de forma detallada (Art. 89.1 del ET):

- La representación que se ostente.
- Los ámbitos de aplicación (territorial, funcional, personal y temporal) del convenio.
- Las materias objeto de negociación. Si la promoción de la negociación es el resultado de la denuncia de un convenio colectivo vigente, la comunicación deberá efectuarse simultáneamente al acto de la denuncia, debiendo enviar copia a efectos de registro a la autoridad laboral correspondiente en función del ámbito territorial del convenio (Art. 89.1 ET).

Se establece la obligación de *negociar bajo el principio de buena fe* (el cual implica la asistencia a las reuniones) por la parte receptora de la comunicación (Art. 89.1 del ET), la cual no podrá negarse a iniciar las negociaciones salvo por causa legal o convencionalmente establecida o cuando se trate de revisar un convenio en vigor[41]. Al respecto, entiendo que el deber que establece el Art. 89.1 del Estatuto de los Trabajadores se extiende a las unidades naturales, cuya existencia es ajena a la voluntad de los negociadores, pero el mandato legal no alcanza a las unidades artificiales de negociación originadas por la voluntad de una sola de las partes. En el plazo máximo de un mes a partir de la recepción de la comunicación, se procederá a constituir la comisión negociadora. En todo caso, la parte receptora de la comunicación deberá responder a la propuesta de negociación y ambas partes establecerán un calendario o plan de negociación (STS. de 11 de diciembre de 2012: "La obligación de negociar de buena fe establecida en el Art. 89 del ET, no implica el deber de reanudar las negociaciones del convenio fallido, salvo cuando el promotor de la negociación plantee una plataforma novedosa").

En el desarrollo de las negociaciones, los *acuerdos* necesitarán el voto favorable de la mayoría (entendida la misma como mayoría absoluta) de cada una de las dos *representaciones*, pudiendo las partes acordar la intervención de un mediador designado por las mismas. El convenio entrará en vigor en la fecha en que las partes lo acuerden.

Por representaciones, deberemos entender "partes negociadoras". Para determinar el *cómputo de la mayoría*, distinguiremos:

– Ámbito de la empresa: Si actúan los representantes unitarios, la doctrina judicial se decanta por el cómputo sobre las personas (TSJ Cataluña 15-11-1991). Si intervienen las secciones sindicales, el criterio se corresponde con el sistema de asignación: a) si los miembros se distribuyeron en función de la importancia representativa de cada sección sindical, se atenderá a los votos personales; b) de contrario, se determinará por

[41] Por ejemplo, la existencia de convenio extraestatutario no se ha considerado por la jurisprudencia causa legal justificativa de la negativa a iniciar negociaciones (STS de 30 de septiembre de 1999, Ar/8395).

el cómputo de los porcentajes representativos, por lo que la mayoría deberá ser igual o superior a la mitad más uno de la audiencia electoral (TS.22-09-2010). Sin embargo, la cuestión no es pacífica, ya que existen resoluciones en que, en ambos casos, se opta por el voto personal (AN 27-10-1998).

– Ámbito superior a la empresa: La jurisprudencia más reciente parece acoger el sistema de votos "per capita"(TS 5-11-2002). No obstante, existen pronunciamientos que se inclinan a favor del cómputo por porcentajes representativos (TS 4-10-2001)[42].

La controversia surge igualmente entre la doctrina, al contemplar la dialéctica votos personales frente a votos proporcionales, pues si el primero se acomoda a la negociación efectuada por la representación unitaria, no parece tan claro cuando se trata de representaciones sindicales.

Los convenios suscritos (tienen que adoptar la forma escrita, so pena de nulidad) deberán ser presentados ante la autoridad laboral competente, a los solos efectos de registro, dentro del plazo de quince días a partir del momento en que las partes negociadoras lo firmen. En el plazo máximo de veinte días desde la presentación del convenio en el registro, se dispondrá por la autoridad laboral (la cual podrá solicitar subsanaciones, previa audiencia de las partes, en especial cuando se pudiera conculcar el principio de no discriminación) su publicación obligatoria y gratuita (Art. 90 ET).

8. Duración del convenio. Ultractividad. Adhesión y extensión

Corresponde a las partes negociadoras establecer la duración de los convenios, pudiendo eventualmente pactarse distintos períodos de vigencia para cada materia o grupo homogéneo de materias dentro del mismo convenio. Durante la vigencia de un convenio las partes legitimadas podrán proceder a su revisión.

Tradicionalmente, un convenio colectivo mantiene las cláusulas normativas, perdiendo vigencia las cláusulas obligacionales. El tratamiento de la *ultractividad* tras la reforma sigue siendo objeto de debate, y nos estamos refiriendo al supuesto previsto en el Art. 86 ET, que establece la posibilidad de limitar la vigencia temporal del convenio de aplicación bajo los siguientes términos: "Transcurrido un año desde la denuncia del convenio colectivo sin que se haya acordado un nuevo convenio o dictado un laudo arbitral, aquél perderá vigencia, salvo pacto en contrario, y se aplicará, si lo hubiere, el convenio colectivo de ámbito superior que fuera de aplicación". Dos son los extremos sobre los que se centra la polémica: de un lado, cuál sería la norma de aplicación en caso de no existir norma sectorial y, de otro, cuál es la interpretación que hay que dar a

---

[42] Resulta de interés la STS 1-03-2010, referida al cómputo de los porcentajes representativos, sobre la mayoría de la mesa y no de cada uno de los bancos que la integran.

las cláusulas convencionales amparadas en la legislación anterior a la reforma. Respecto a la primera cuestión, parece que lo apropiado, en defecto de norma específica, deberá será de aplicación el Estatuto de los Trabajadores; menos pacífica es la respuesta a la segunda cuestión. Pendiente de pronunciarse el Tribunal Supremo, la jurisprudencia dictada en la materia es controvertida y contradictoria. Desde mi punto de vista resulta acertada la solución adoptada por el TSJ de Andalucía de 23 de enero de 2014 Rec. 2285/2013 (aun cuando se aleje de la postura manifestada por la Audiencia Nacional). En dicha sentencia se contempla el supuesto de un convenio colectivo, que contenía una cláusula específica de mantenimiento de la vigencia tras la denuncia, el tribunal falla en el sentido de no dar validez a los pactos anteriores a la reforma, a efectos de ultractividad[43].

En cuanto a la *adhesión*, el estatuto señala: "En las respectivas unidades de negociación, las partes legitimadas para negociar podrán adherirse, de común acuerdo, a la totalidad de un convenio colectivo en vigor, siempre que no estuvieran afectadas por otro, comunicándolo a la autoridad laboral competente a efectos de registro".

Por último, refiriéndose a la posibilidad de *extensión*, el Art. 91 ET contempla la posibilidad de la misma a instancia de parte y por quienes estén legitimados para promover la negociación colectiva: "El Ministerio de Trabajo y Asuntos Sociales, o el órgano correspondiente de las Comunidades Autónomas con competencia en la materia, podrán extender, con los efectos previstos en el artículo 82.3 de esta Ley, las disposiciones de un convenio colectivo en vigor a una pluralidad de empresas y trabajadores o a un sector o subsector de actividad, por los perjuicios derivados para los mismos de la imposibilidad de suscribir en dicho ámbito un convenio colectivo de los previstos en este Título III, debida a la ausencia de partes legitimadas para ello".

9. Administración del convenio

El conocimiento y resolución de las cuestiones derivadas de la aplicación e interpretación de los convenios colectivos corresponderá a la *comisión paritaria* de los mismos (teniendo como referencia en su interpretación los Arts. 3.1, 1281, 1282 y 1283 del Código Civil). Poner de relieve cómo la reforma del RD. Ley 3/2012 ha cercenado importantes funciones atribuidas a la comisión paritaria por el RD. Ley 7/2011.

Se constata así mismo en las últimas reformas la potenciación de la solución de discrepancias a través de establecimiento de procedimientos, como la *mediación y el arbitraje,* tanto para la solución de las controversias colectivas derivadas de la

[43] Los pactos anteriores a la reforma laboral no son válidos a efectos de la ultractividad a que hace referencia el artículo 86.3 del ET, pues no estaba ni podía estar en la mente de las partes negociadoras de dichos convenios, el pacto a que se refiere el nuevo régimen de la ultractividad con anterioridad a su propia existencia y al que los propios titulares de la negociación colectiva se han referido como un pacto expreso en el II Acuerdo para el Empleo y la Negociación Colectiva.

aplicación e interpretación de los convenios colectivos como para resolver eventuales situaciones de conflicto. El legislador no deja dudas sobre su eficacia al señalar expresamente que el acuerdo logrado a través de la mediación y el laudo arbitral[44] tendrán la eficacia jurídica y tramitación de los convenios colectivos (tanto cuando verse sobre la interpretación y aplicación del convenio, como en los contenidos derivados de los Arts. 83,2 y 3 del ET, siempre avalada con la legitimación suficiente prevista en los Arts. 87, 88 y 89 ET.

10. Descuelgue del convenio

a) Está regulado en el artículo 82.3 del ET, debiendo advertirse que la no aplicación de las condiciones de trabajo es predicable únicamente de los convenios colectivos estatutarios regulados en el Título III del Estatuto de los Trabajadores. Las *materias objeto de descuelgue* son enumeradas expresamente en el párrafo segundo del precitado artículo:

- Jornada de trabajo, por ejemplo, mediante la solicitud del incremento de la jornada pactada en cómputo anual.
- Horario y distribución de tiempo de trabajo, incluyéndose en este apartado, entre otras, las vacaciones y los días para asuntos propios.
- Régimen de trabajo a turnos.
- Sistema de remuneración y cuantía salarial. En este apartado tendrían cabida las inaplicaciones de las cláusulas de revisiones salariales previstas por convenio, reducciones de salario y complementos salariales. Quedarían excluidos, en consecuencia, los conceptos extrasalariales, conforme a los criterios establecidos en la reforma del 2014 (ver tema Seguridad Social).
- Sistema de trabajo y rendimiento.
- Funciones, cuando excedan los límites del art. 39 del ET sobre movilidad funcional.
- Mejoras voluntarias de la acción protectora de la Seguridad Social, como pueden ser los complementos de la incapacidad temporal derivada de contingencias comunes o profesionales.

---

[44] Los acuerdos y laudos serán susceptibles de impugnación por los motivos y conforme a los procedimientos previstos para los convenios colectivos. En los supuestos de conflicto colectivo relativo a la interpretación o aplicación del convenio, deberá intervenir la comisión paritaria del mismo con carácter previo al planteamiento formal del conflicto en el ámbito de los procedimientos no judiciales.
Específicamente cabe recurso contra el laudo arbitral, en el caso de que no se hubiesen observado en el desarrollo de la actuación arbitral, los requisitos y formalidades establecidos al efecto, o cuando el laudo hubiese resuelto sobre puntos no sometidos a su decisión.
Los procedimientos de solución de conflictos a que se refiere este artículo serán, asimismo, de aplicación en las controversias de carácter individual cuando las partes expresamente se sometan a ellos.

El descuelgue deberá estar fundamentado en causas económicas, técnicas, organizativas o productivas, remitiéndonos, en cuanto a su significado, a lo expuesto en materia de modificaciones sustanciales.

b) El *período de consultas* es obligatorio en los términos previstos en el Art. 41.4 del ET. Como se ha defendido por la jurisprudencia (por todas STS 30-06-2011) y por la doctrina judicial (por todas SAN 21-11-2012), las consultas son una manifestación típica de la negociación colectiva, cuya finalidad es tratar, en el momento en que se comunica la intención de la empresa de proceder a la inaplicación del Convenio, las causas motivadoras de la solicitud, así como la posibilidad de evitar o reducir las consecuencias de las medidas pretendidas respecto de los trabajadores afectados. En este sentido, la sentencia de la AN 128/2013 de 19 de junio dispuso: "La intervención de la CCNCC tiene por finalidad cerrar las discrepancias surgidas en el procedimiento de inaplicación de convenio, lo que no sucederá cuando no se pronuncie sobre vulneraciones relevantes producidas durante el período de consultas".

- En *caso de acuerdo* se presumirá que concurren las causas justificativas a que alude el párrafo segundo, y sólo podrá ser impugnado ante la jurisdicción social por la existencia de fraude, dolo, coacción o abuso de derecho en su conclusión. El acuerdo deberá determinar con exactitud las nuevas condiciones de trabajo aplicables en la empresa y su duración, que no podrá prolongarse más allá del momento en que resulte aplicable un nuevo convenio en dicha empresa.

- Con carácter previo a la valoración de la concurrencia de la causa, en *caso de desacuerdo*, la CCNCC (o órgano correspondiente de las comunidad autónoma) procederá al archivo de todas aquellas solicitudes que no cumplan con los requisitos referidos en el Art. 82.3 del Estatuto de los Trabajadores: intervención facultativa de la comisión paritaria a petición de una de las partes (siete días para pronunciarse), y con carácter preceptivo y previo, haber sometido la discrepancia al órgano de solución extrajudicial de conflictos, que establezca el acuerdo interprofesional autonómico o estatal de aplicación que vincule a la empresa.

La decisión de estos órganos (CCNCC u órgano que corresponda) podrá ser adoptada en su propio seno o por un árbitro/s designado/s al efecto por ellos mismos, y con las debidas garantías para asegurar su imparcialidad, se incorpora por el legislador algo atípico cual es el arbitraje obligatorio. La resolución debe dictarse en plazo no superior a veinticinco días a contar desde la fecha del sometimiento del conflicto ante dichos órganos (lamentablemente, al incorporarse los órganos administrativos el plazo se dilata más de lo deseado). Tal decisión tendrá la eficacia de los acuerdos alcanzados en período de consultas –eficacia de convenio colectivo– y sólo será recurrible conforme al procedimiento y en base a los motivos establecidos en el Art. 91.2 ET.

11. Autonomía individual y colectiva

El Art. 3.5 ET establece que los trabajadores no podrán disponer válidamente de los derechos reconocidos como indisponibles por convenio colectivo. Para un sector de la doctrina los derechos convencionales, salvo que se declaren expresamente disponibles, son indisponibles. Por el contrario, hay autores que entienden que sean disponibles todos los derechos, salvo los que se declaren expresamente indisponibles.

En este debate, la STS de 27 de abril de 1999 abre la posibilidad de la transacción entre empresario y trabajador sobre derechos reconocidos en convenio colectivo[45]. No cabe duda de que la sentencia es de gran importancia, porque supone la ampliación de la autonomía individual en un sistema de relaciones laborales construido sobre la primacía de la autonomía colectiva. Bajo esta línea de pensamiento se han desarrollado numerosas sentencias: "El convenio colectivo no puede cerrar por completo el espacio de la autonomía individual, ni puede impedir el establecimiento de condiciones de trabajo más favorables o beneficiosas para el trabajador, aunque difieran de las pactadas colectivamente (STS 16 de julio de 1993, RJ 5971). "La negociación colectiva no puede anular la autonomía individual, pues esta garantía de la libertad personal ha de contar con un margen de actuación incluso en unos ámbitos como los de la empresa en los que exigencias de índole económica, técnica o productiva reclaman una conformación colectiva de condiciones uniformes" (SSTC 58/1985, de 30 de abril, y 105/1992, de 1 de julio), "sin perjuicio de la necesidad de cohonestar 'los espacios de operación de la autonomía individual' con la preservación de la actividad de negociación que forma parte de la libertad sindical" (STC. 225/2001, de 26 de noviembre).

Considerando que el convenio colectivo debe ser derecho necesario en el momento de la constitución del contrato y durante su desarrollo, un sector de la doctrina refleja el peligro que supone dejar a merced de una transacción individual la adquisición de un derecho convencional, máxime en un sistema donde el convenio colectivo tiene fuerza normativa[46]. A mayor abundamiento, este sector distingue entre los principios de indisponibilidad e inderogabilidad, poniendo énfasis en la imposibilidad de que contractualmente se puedan fijar condiciones distintas al convenio colectivo cuando éstas sean contrarias o menos favorables a lo allí establecido. Abundando en lo dicho, la STC. 107/2000 de 5 de mayo[47] aborda, de un lado, los umbrales mínimos del deber de negociar, y en este sentido es contundente, dando una primacía a la ordenación jurídica colectiva sobre la individual como principio general, y de otro, la prevalencia del deber de negociar y la imposibilidad de sustituirlo, incluso frente a mejoras de las

---

45 En el supuesto que nos ocupa, se trata de la renuncia de un trabajador a una indemnización por el traslado, fijada en el convenio colectivo, a cambio de la elección de un lugar de destino sin tener preferencia para ello, considerando la sentencia objeto de comentario una lícita disposición condicionada de un derecho convencional.

46 Casas Baamonde, ME. *La individualización de las relaciones laborales*. En: Relaciones Laborales, núm. 2, 1991, págs. 402 y 421. ISSN 0213-0556.

47 Hay que ponerla en conexión con la 80/2000.

condiciones[48] de trabajo cuando se trata de materias que le son propias y está abierto el conflicto regulador[49]. A nuestro juicio, estando conforme con dicho contenido, en ningún caso nos debe llevar a una conclusión errónea, como sería negar el margen de la autonomía privada desarrollado, entre otras, en STC 34/84 o 208/1993.

[48] En este caso, son mejoras contra convenio. Al respecto, conviene traer aquí a colación la STC. 105/1992 (no había mejora sino régimen distinto, no cuantificable, y 208/1993. (A Juicio del Tribunal, no quedaba afectada la regulación colectiva, ni por contenidos ni por la transcendencia de las medidas; no existía, pues, acto contra convenio).
[49] La antisindicalidad se puede dar también si el acto unilateral del empresario tuviere como significado dar respuesta a la falta de consenso en la plataforma de negociación.

Parte IV

Seguridad Social

Tema 11

La Seguridad Social marco de referencia

1. Introducción
2. El sistema de la Seguridad Social en España
3. Régimen general

1. INTRODUCCIÓN[1]

Esta materia se caracteriza por una gran indeterminación y su desarrollo está en función de las necesidades e incertidumbres de cada momento, conforme a los estándares de protección que la normativa nacional e internacional van desarrollando en cada momento. Utiliza para ello técnicas diferenciadas tanto individuales (ahorro), colectivas (mutualidades), como específicas. Su normativa procede de varios campos del derecho, tanto en su vertiente pública (seguro público), como privada (seguro privado). El contenido está determinado por un conjunto de normas, procedimientos y técnicas que le dotan de una especial complejidad, lo cual se intensifica por la acelerada producción normativa y su diversidad, constituyendo una materia decisoria en materia de política económica –máxime en la coyuntura actual–. Al configurarse como una función de Estado, permite incluir en su ámbito no sólo a las prestaciones de carácter contributivo, sino también a las no contributivas.

Del seguro social se pasa en el devenir histórico a un concepto más ambicioso, "Seguridad Social", dentro del cual se integra la protección a la salud como elemento esencial del estado de bienestar. El punto de partida de las políticas de protección social en España ha de situarse, desde una perspectiva institucional, en la aparición de la Comisión de Reformas Sociales (1883), el Instituto de Reformas Sociales (1903) y el Instituto Nacional de Previsión (1908), mientras que en el plano legislativo destacan en este primer momento la Ley de Accidentes de Trabajo de 1900 y el Retiro Obrero Obligatorio, de 1919, donde se optó claramente por un sistema contributivo. El precedente constitucional inmediato se encuentra en el artículo 46 de la Constitución republicana de 1931, según el cual "la República asegurará a todo trabajador las condiciones necesarias para una existencia digna".

---

[1] RD 28/2003 de 29 de septiembre sobre Fondo de Reserva de la Seguridad Social.

La Constitución de 1978, producto del consenso social y político, no renuncia al sistema de Seguridad Social anterior, sino a su mantenimiento y perfeccionamiento. Sin renunciar al modelo contributivo, pone en evidencia su carácter público[2] y en base a ello propicia un equilibrio entre la demanda social y la sostenibilidad de su financiación (función del Estado). La materia que nos ocupa da contenido al actual Art. 41 CE, el cual se adapta al contenido del derecho comparado de la época, así como al de los tratados internacionales[3]. No obstante, siguiendo al Tribunal Constitucional, no se puede "hablar de un modelo único de Seguridad Social" (STC 37/1994), por lo que "no se cierran posibilidades para la evolución del sistema (…) hacia ámbitos desconocidos en la actualidad o hacia técnicas que hasta ahora no se han querido o podido utilizar" (STC 206/1997); como dice la STC 206/1997, aquello que sea la Seguridad Social "no es deducible por sí solo del tenor del artículo 41 de la Constitución Española"[4].

El Estado tiene competencia exclusiva sobre la legislación básica de la Seguridad Social, "sin perjuicio de la ejecución de sus servicios por las Comunidades Autónomas" (Art. 149.1.17 C.E.). El Tribunal Constitucional entiende por legislación la derivada tanto de la potestad legislativa como de la potestad reglamentaria; incluye, pues, los reglamentos ejecutivos, de desarrollo de la ley y los complementarios de la misma (STC 18/1982). Por legislación básica hay que entender los "criterios generales (los principios, bases y directrices) de regulación de un sector del ordenamiento jurídico o de una materia jurídica, que deben ser comunes a todo el Estado (STC 32/1981, 31/2010 de 28 de junio).

Es competencia exclusiva del Estado, ejercida a través de la Tesorería General de la Seguridad Social, la gestión de los recursos económicos y la administración financiera del sistema, es decir el Estado ejerce no sólo facultades normativas, sino también facultades de gestión o ejecución del régimen económico de los fondos de

---

[2] "Si bien, en el sistema español actual, se mantienen características del modelo contributivo, no es menos cierto que, al tenor del mandato constitucional (...), el carácter de régimen público de la Seguridad Social su configuración como función del Estado, y la referencia a la cobertura de situaciones de necesidad –que habrán de ser precisadas en cada caso– implica que las prestaciones de la Seguridad Social (...) no se presenten ya –y aun teniendo en cuenta la pervivencia de notas contributivas– como prestaciones correspondientes y proporcionales en todo caso a las contribuciones y cotizaciones de los afiliados, y resultantes de un acuerdo contractual. El carácter público y la finalidad constitucionalmente reconocida del sistema de la Seguridad Social supone que éste se configure como un régimen legal, en tanto que las aportaciones de los afiliados, como las prestaciones a dispensar, sus niveles y condiciones, vienen determinados no por un acuerdo de voluntades, sino por reglas que se integran en el ordenamiento jurídico y que están sujetas a las modificaciones que el legislador introduzca" (STC 65/1987).

[3] La Declaración Universal de los Derechos Humanos de 1948, el Convenio nº 102 de la OIT sobre norma mínima de Seguridad Social, de 1952 o la Carta Social Europea de 1961 y el Código Europeo de Seguridad Social de 1964, ambos del Consejo de Europa.

[4] "El art. 41 de la CE convierte a la Seguridad Social en una función estatal en la que pasa a ocupar una posición decisiva el remedio de situaciones de necesidad, pero tales situaciones han de ser apreciadas y determinadas teniendo en cuenta el contexto general en que se producen y en conexión con las circunstancias económicas, las disponibilidades del momento y las necesidades de los distintos grupos sociales" (STC 65/1987, y en el mismo sentido 51/2006 de 16 de febrero).

seguridad social destinados a los servicios o a las prestaciones de la Seguridad Social (dentro de cada Comunidad Autónoma) (SSTC 124/1989, 16/1996 y 66/1998 de 18 de marzo).

Por el contrario, las prestaciones que las Comunidades Autónomas puedan otorgar en materia de asistencia social no exigen ser caracterizadas por su integración en un sistema unitario y permanente ni en el tiempo ni en el espacio, pues la exclusividad de esta competencia permite a aquéllas optar por configuraciones diferentes en sus territorios respectivos (STC 239/2002); lo cual está en concordancia con lo dispuesto en el Art. 148.20° (Asistencia Social) y 21° (Sanidad e Higiene) CE. De igual manera, podría afirmarse cuando voluntad privada resulta determinante sobre los factores aludidos, sin salir del ámbito genérico de la "protección social", estando fuera igualmente en este supuesto del núcleo institucional de la Seguridad Social.

A) Legislación nacional

Seguro Obligatorio de Enfermedad (SOE) de 1942 y el Seguro Obligatorio de Vejez e Invalidez (SOVI) de 1947.

Ley de Bases de la Seguridad Social de 1963. Marca el tránsito desde los seguros sociales al sistema de Seguridad Social (De la Villa).

Ley de financiación y perfeccionamiento de la acción protectora del régimen general de la Seguridad Social de 1972.

Texto Refundido de la Ley General de la Seguridad Social de 1974.

Real Decreto ley 36/1978, sobre gestión institucional de la Seguridad Social, la sanidad y el empleo.

Ley 26/1985 de medidas urgentes para la racionalización de la estructura y de la acción protectora de la Seguridad Social.

Ley General de Sanidad de 1986, que extiende la asistencia sanitaria a todos los ciudadanos.[5] (Ver Nota: TSE Espacio Europeo).

Ley 8/1987, de regulación de los planes y fondos de pensiones, modificada parcialmente, entre otras, por la Ley 30/1995 de ordenación de los seguros privados y Ley 24/2001 de medidas fiscales administrativas y del orden social, de relevancia para la asistencia y prestaciones complementarias libres.

---

[5] La Tarjeta Sanitaria Europea (TSE) es un documento personal e intransferible que acredita el derecho a recibir las prestaciones sanitarias que resulten necesarias, desde un punto de vista médico, durante una estancia temporal en el territorio del Espacio Económico Europeo (1) o Suiza, teniendo en cuenta la naturaleza de las prestaciones y la duración de la estancia prevista, de acuerdo con la legislación del país de estancia, independientemente de que el objeto de la estancia sea el turismo, una actividad profesional o los estudios.

Ley 26/1990 de pensiones no contributivas de vejez y de invalidez a favor de las personas carentes de recursos.

Real Decreto legislativo 1/1994, por el que se aprueba el Texto refundido de la Ley General de la Seguridad Social es la vigente ley de Seguridad Social, y ha sido objeto de múltiples modificaciones.

Real Decreto 2064/1995 sobre cotización y liquidación de otros derechos de la Seguridad Social.

Real Decreto 84/1996. Reglamento General sobre Inscripción de Empresas y Afiliación, Altas, Bajas y variaciones de datos de los trabajadores.

Ley 24/1997, de consolidación y racionalización del sistema de Seguridad Social, de desarrollo de las recomendaciones del Pacto de Toledo de 1995.

Ley 39/1999 de conciliación de la vida laboral y familiar, que crea una nueva situación protegida y una nueva prestación económica de la Seguridad Social por riesgo durante el embarazo.

Real Decreto ley 1/2000, sobre mejora de la prestación familiar, que regula prestaciones por nacimiento de hijos y por parto múltiple.

Ley Orgánica 4/2000, de 11 de enero, sobre derechos y libertades de los extranjeros en España y su integración social.

Ley 35/2002, de 12 de julio, de medidas para el establecimiento de un sistema de jubilación gradual y flexible (jubilación parcial).

La Ley 45/2002, de 12 de diciembre, de medidas urgentes para la reforma del sistema de protección por desempleo y mejora de la ocupabilidad (Unión Europea).

La Ley 28/2003, de 29 de septiembre, reguladora del Fondo de Reserva de la Seguridad Social.

Ley 51/2003, de 2 de diciembre, de igualdad de oportunidades, no discriminación y accesibilidad universal de las personas con discapacidad.

Ley 52/2003, de 10 de diciembre, de disposiciones específicas en materia de Seguridad Social (acción protectora del sistema).

Real Decreto Legislativo 6/2004, de 29 de octubre, por el que se aprueba el texto refundido de la Ley de ordenación y supervisión de los seguros privados.

Real Decreto 1415/2004. Reglamento General de Recaudación de la Seguridad Social (Desarrollado por M.TAS./1562/2005).

Ley Orgánica 1/2004, de medidas de protección integral contra la violencia de género.

Ley 9/2005, de 6 de junio, Ley para compatibilizar las pensiones del Seguro Obligatorio de Vejez e Invalidez (SOVI) con las pensiones de viudedad del sistema de la Seguridad Social.

Ley 37/2006, de 7 de diciembre, de Inclusión en el Régimen General de la Seguridad Social y a la extensión de la protección por desempleo a determinados cargos públicos y sindicales.

Ley 39/2006, de dependencia.

Ley Orgánica 3/2007, para la igualdad efectiva de mujeres y hombres.

Ley 40/2007, de 4 de diciembre, de medidas en materia de Seguridad Social (acción protectora), fruto del diálogo social.

Dentro de las últimas reformas en materia de Seguridad Social, destacamos:

Ley 35/2010, de 17 de septiembre, de reforma laboral. RD 368/2010.

Ley 2/2011, de 4 de marzo, de economía sostenible.

Ley 27/2011, de 1 de agosto, sobre actualización, adecuación y modernización del sistema de Seguridad Social.

Ley 36/2011, de 10 de octubre, reguladora de la Jurisdicción Social.

Ley 23/2013, de 23 de diciembre, reguladora del Factor de Sostenibilidad y del Índice de Revalorización del Sistema de Pensiones de la Seguridad Social.

Real Decreto 1045/2013, de 27 de diciembre, sobre revalorización de las pensiones del sistema de la Seguridad Social y de otras prestaciones sociales públicas para el ejercicio 2014.

Real Decreto-ley 16/2013, de 20 de diciembre, de medidas para favorecer la contratación estable y mejorar la empleabilidad de los trabajadores.

La citada norma establece que la base de cotización para todas las contingencias y situaciones amparadas por la acción protectora del Régimen General, incluidas las de accidente de trabajo y enfermedad profesional, estará constituida por **la remuneración total**, cualquiera que sea su forma o denominación, tanto en metálico como en especie, que con carácter mensual tenga derecho a percibir el trabajador o asimilado, o la que efectivamente perciba, de ser ésta superior por razón del trabajo que realice por cuenta ajena.

Con este cambio, se incorporarán a la base de cotización tanto **los suplidos** (pluses de vestuario, desgaste de herramientas o quebranto de moneda) como las **retribuciones en especie** (seguros médicos, aportaciones del promotor a planes de pensiones o bonos de comida, entre otros).

Estarán **exentas de esta medida** las asignaciones para gastos de locomoción del trabajador que se desplace fuera de su centro habitual de trabajo para realizar el mismo en lugar distinto, cuando utilice medios de transporte público, siempre que el importe de dichos gastos se justifique mediante factura o documento equivalente. Igualmente estarán exentas las partidas anteriores cuando su cuantía no supere la establecida en la normativa estatal reguladora del IRPF. Tampoco afectará a las indemnizaciones por fallecimiento y las correspondientes a traslados, suspensiones y despidos, siempre en la cuantía máxima prevista en norma sectorial o convenio colectivo aplicable.

Este incremento de la base **será sufragado por empresa y trabajadores** en el porcentaje de aportación sobre la base que corresponde a cada uno. Por tanto, incrementarán los seguros sociales a pagar por la empresa en función de los nuevos conceptos a computar y a la vez la deducción a aplicar a los trabajadores en las nóminas, por lo que el líquido a percibir será menor.

Ley de Presupuestos Generales del Estado de 2014, que conlleva igualmente varias novedades en las cotizaciones a la Seguridad Social para 2014, actualizándose con sucesivas.

Real Decreto Ley 3/2014, de 28 de febrero, de medidas urgentes para el fomento del empleo y la contratación indefinida, y reducción de las cotizaciones empresariales por contingencias comunes a la Seguridad Social por contratación indefinida.

Real Decreto 637/2014, de 25 de julio, por el que se modifica el Art. 23 del Reglamento general sobre cotización y liquidación de otros derechos de la Seguridad Social, aprobado por el Real Decreto 2064/1995. Modifica el artículo 23 del Reglamento de cotización, para su adaptación al artículo 109 de la Ley General de la Seguridad Social. Este artículo recoge los conceptos retributivos que constituyen la base de cotización en el Régimen General de la Seguridad Social, estableciendo las reglas de valoración de las distintas percepciones en especie que forman parte de la remuneración.

Real Decreto 625/2014, de 18 de julio, por el que se regulan determinados aspectos de la gestión y control de los procesos por incapacidad temporal en los primeros trescientos sesenta y cinco días de su duración.

Regula determinados aspectos de la gestión y control de los **procesos por incapacidad** temporal (en los primeros trescientos sesenta y cinco días de su duración). Se introducen o mejoran los mecanismos establecidos en los procesos de incapacidad temporal con el fin de aligerar los trámites y cargas burocráticas existentes y de centrarlos en la protección del trabajador afectado y en su pronta recuperación.

De otro lado, se definen en el mismo la naturaleza jurídica y el funcionamiento las entidades que se denominarán **mutuas colaboradoras de la Seguridad Social**. Dentro de su estructura interna se regula, en especial, la figura del presidente; se definen las retribuciones del personal directivo y las funciones del gerente. En cuanto a la incapacidad temporal, las mutuas podrán hacer propuestas de alta que resolverán los servicios públicos de salud en 5 días y, en caso de desacuerdo, el INSS en 4 días.

RD-Ley 8/2014, de 4 de julio, de aprobación de medidas urgentes para el crecimiento, la competitividad y la eficiencia.

Real Decreto 681/2014, de 1 de agosto, por el que se modifica el Reglamento de planes y fondos de pensiones, aprobado por Real Decreto 304/2004, de 20 de febrero; el Reglamento sobre la instrumentación de los compromisos por pensiones de las empresas con los trabajadores y beneficiarios, aprobado por Real Decreto 1588/1999, de 15 de octubre; el Reglamento de Ordenación y Supervisión de los Seguros Privados, aprobado por Real Decreto 2486/1998, de 20 de noviembre, y el Real Decreto 764/2010, de 11 de junio, por el que se desarrolla la Ley 26/2006, de 17 de julio, de mediación de seguros y reaseguros privados en materia de información estadístico-contable y del negocio, y de competencia profesional.

Real Decreto 751/2014, de 5 de septiembre, por el que se aprueba la Estrategia Española de Activación para el Empleo 2014-2016.

Ley 18/2014, de 15 de octubre de medidas urgentes para el crecimiento, la competitividad y la eficiencia.

B) Legislación internacional y comunitaria[6]

Normativa de referencia:

Orden ministerial 27 enero 1982. Alcance de situación asimilada a la de alta de los trabajadores al servicio de empresas españolas trasladados al extranjero (BOE 16/02/82)[7].

Convenios OIT:

Convenio OIT número 16, Convenio sobre el examen médico de los menores.

Convenio OIT número 73, Convenio sobre el examen médico de la gente de mar.

Convenio multilateral Iberoamericano de Seguridad Social.

Convenios bilaterales (Chile, Colombia, Brasil, Australia, entre otros).

---

[6] Decisión nº 89 de 20 de marzo de 1973, relativa a la interpretación de los apartados 1 y 2 del artículo 16 del Reglamento CEE 1408/71 del Consejo referente a los miembros del personal de servicio de las Misiones Diplomáticas u Oficinas Consulares.
Decisión nº 181 de 13 de diciembre de 2000, de la Comisión Administrativa, relativa a la interpretación del apartado 1 del art. 14, del apartado 1 del art. 14bis y de los apartados 1 y 2 del art. 14ter del Reglamento CEE 1408/71.
Decisión nº A1 de 12 de junio de 2009, relativa al establecimiento de un procedimiento de diálogo y conciliación sobre la validez de los documentos, la determinación de la legislación aplicable y el abono de prestaciones.
Decisión nº A2 de 12 de junio de 2009, relativa a la interpretación del artículo 12 del Reglamento (CE) nº 883/2004 del Parlamento Europeo y del Consejo, sobre la legislación aplicable a los trabajadores desplazados y a los trabajadores por cuenta propia.

[7] Art. 1: Los trabajadores trasladados por la Empresa fuera del territorio nacional se encuentran en la situación asimilada a la de alta prevista en el número 2 del artículo 95 de la Ley General de la Seguridad Social, continuando la obligación de cotizar mientras permanezcan en el país de traslado, en los términos y condiciones que se establecen en la presente Orden.

Espacio Europeo:

Carta Social Europea 1961.

Código Social y Europea, Seguridad Social 1964.

Convenio Europeo de la Seguridad Social 1972. Los países que están adheridos o que han ratificado este Convenio son: Austria, Bélgica, España, Italia, Luxemburgo, Países Bajos, Portugal y Turquía.[8]

Normativa comunitaria.[9] La existencia de diferentes sistemas de Seguridad Social en la Unión Europea ha impulsado políticas comunitarias bajo dos líneas de actuación: a) *Coordinación*, como complemento necesario de la libre circulación de trabajadores, para que la Seguridad Social no se convierta en un obstáculo a la libre circulación. b) *Armonización* de los sistemas de Seguridad Social bajo la idea de acercamiento de las legislaciones para la equiparación por la vía del progreso, en las condiciones de vida y laborales de los trabajadores (arts. 151, 153 y 156 TFUE).

Ejemplo de lo dicho son las Directivas que están orientadas a la implantación de una efectiva igualdad de trato entre hombres y mujeres en materia de Seguridad Social (Directivas 79/7; 86/613, 86/378 y 2006/54); las que se relacionan con las garantías obligadas de protección social de los trabajadores en los casos de insolvencia de las empresas (Directiva 2008/94) o con el mantenimiento de derechos en caso de transferencia total o parcial de empresas (Directiva 2001/23/CE).

En materia reglamentaria destacar:

- Reglamento (CEE) 1408/71 del Consejo, relativo a la aplicación de los regímenes de seguridad social a los trabajadores por cuenta ajena, a los trabajadores por cuenta propia y a los miembros de sus familias que se desplazan.
- Reglamento (CE) 883/2004 del Parlamento Europeo y del Consejo de 29 de abril de 2004 sobre la coordinación de los sistemas de seguridad social.
- Reglamento (CE) 987/2009 del Parlamento Europeo y del Consejo de 16 de septiembre de 2009 por el que se adoptan las normas de aplicación del Reglamento (CE) 883/2004, sobre la coordinación de los sistemas de seguridad social.
- Reglamento (UE) nº 1231/2010 del Parlamento Europeo y del Consejo, de 24 de noviembre de 2010.

---

[8] Como norma general, los trabajadores desplazados están sometidos a la legislación del país en cuyo territorio están ejerciendo su actividad laboral. Ahora bien, si se trata de un traslado temporal, pueden mantener la legislación española de Seguridad Social en los términos y requisitos que se indiquen.

[9] Información sobre la coordinación de la seguridad social en Europa: http://ec.europa.eu/social-security-coordination; http://ec.europa.eu/social-security-directory; http://ehic.europa.eu; http://www.tress-network.org. Los Reglamentos 1408/71 y 574/72 son aplicables únicamente a los nacionales de terceros países (residentes legales en un Estado miembro de la UE, salvo Dinamarca) y únicamente en las relaciones de Seguridad Social de uno o varios Estados miembros de la Unión Europea (salvo Dinamarca) con el Reino Unido.

2. El sistema de la Seguridad Social en España

El sistema de la Seguridad Social se integra, bajo relaciones complejas, por un conjunto de normas y decisiones políticas o medidas públicas destinadas a la prevención y compensación de riesgos. El sistema normativo de la Seguridad Social en España desarrolla cuatro aspectos básicos:

- El *campo de aplicación*, con clara vocación universalista, en virtud del Art. 41 CE, es aplicable a toda la población y no exclusivamente a aquellos que realizan una prestación laboral.
- *La acción protectora*, es el conjunto de medidas técnicas o económicas que reconoce el sistema de la Seguridad Social para prevenir, reparar o superar el estado de necesidad ante una determinada contingencia. Dicha acción protectora se materializa a través de prestaciones como la asistencia sanitaria, la incapacidad temporal, la maternidad, etc.
- *La financiación*, para hacer frente a los gastos derivados del sistema (Art. 86.1 de la LGSS), se arbitra a través de una serie de mecanismos: aportaciones del Estado, cuotas de las personas asignadas, recargos, sanciones, frutos de los recursos patrimoniales o cualesquiera otros ingresos.
- *La gestión* por los organismos públicos.

Por razones de orden práctico, centraremos nuestro estudio en el régimen general y dentro del mismo en las prestaciones contributivas, teniendo en cuenta las siguientes consideraciones, con carácter previo:

A) Criterios personales y territoriales

El ámbito de protección de la Seguridad Social se extiende a:

– *Españoles residentes en España:*

Según el Art. 7.1 LGSS, la protección está referida a "...todos los españoles que residan y ejerzan normalmente su actividad en territorio nacional". La LGSS da una protección plena a los españoles en la modalidad contributiva con aplicación del principio de territorialidad, sobre la base de un criterio de profesionalidad, y en las no contributivas prima el criterio de territorialidad (de aplicación a extranjeros que residan de forma continuada).

– *Españoles en el extranjero:*

Conforme al Art. 7.4 LGSS, los españoles no residentes están excluidos como regla general de la Seguridad Social, sin perjuicio de las medidas de protección social que establezca el Gobierno de acuerdo con las características de los países de residencia (Art. 7.4 LGSS). Excepción a lo dicho (con determinadas particularidades) son: los desplazados y emigrantes en el caso de funcionarios y empleados de organismos internacionales, personal al servicio de la Administración y los trabajadores trasladados al servicio de empresas españolas[10].

– *Extranjeros que residan o se encuentren legalmente trabajando en España:*

A efectos de las prestaciones contributivas están equiparados sin necesidad de convenios internacionales, siempre que realicen su actividad en el territorio nacional, Art. 7.1. En las no contributivas, como ya hemos avanzado, se aplica *únicamente* el criterio de residencia continuada (ver Ley 45/1999, sobre desplazamiento de trabajadores en el marco comunitario; Ley Orgánica 4/2000, sobre derechos y libertades de los extranjeros; Art. 6 del Convenio 97 de la OIT, sobre trabajadores migrantes; Reglamento Comunitario 883/2004 de 29 de abril y 987/2009 de 16 de septiembre).

B) Campo de aplicación de la Seguridad Social (Art. 7.1 LGSS)

Trabajadores por cuenta ajena.

Trabajadores por cuenta propia o autónomos.

Socios trabajadores de cooperativas.

Estudiantes.

Funcionarios públicos civiles y militares.

C) Regímenes

– *Régimen General.* Incluye, a efectos de las prestaciones en su modalidad contributiva, a los trabajadores por cuenta ajena o asimilados comprendidos en el Art. 7.1. LGSS y los expresamente comprendidos en el 97.2 LGSS. Quedaron incluidos dentro del Régimen General por RD. 2621/1986, los extinguidos regímenes especiales de Deportistas, Representantes de Comercio, Artistas, entre otros. Dentro del Régimen General se incluyen, asimismo, los denominados *sistemas especiales* a los que alude el Art. 11 LGSS: "...podrán establecerse sistemas especiales exclusivamente en alguna o algunas de las siguientes materias: encuadramiento, afiliación, forma de cotización o recaudación". Ejemplo de lo dicho son: Trabajadores por cuenta Ajena Agrarios (desde 1-1-2012), Frutas, Hortalizas y Industria de Conservas Vegetales, Industria Resinera, Hostelería, Empleadas de Hogar (desde 1-1-2012), fijos discontinuos de cines, salas de baile, etc.

– *Regímenes Especiales,* Art. 10 LGSS: "Se establecerán Regímenes Especiales en aquellas actividades profesionales en las que, por su naturaleza, sus peculiares

[10] RD 2805/1979 de 7 de diciembre. RD 2234/1981 de 20 de agosto.

condiciones de tiempo y lugar o por la índole de sus procesos productivos, se hiciera preciso tal establecimiento para la adecuada aplicación de los beneficios de la Seguridad Social". Los regímenes especiales actualmente vigentes son el de los Trabajadores de la Minería del Carbón, Trabajadores Autónomos, Trabajadores del Mar y Seguro Escolar, además de los que se considere en cada momento por el Ministerio de Empleo y Seguridad Social.

3. Régimen general

A) Introducción

Como regla general se encuentran incluidos en él los trabajadores por cuenta ajena y asimilados, salvo que por razón de la actividad se encuentren en algún régimen especial. (Art. 97.1.a), en relación con el Art. 7 de la LGSS).

Incluye dentro del concepto de *trabajadores por cuenta ajena por asimilación* las siguientes figuras (Art. 97.2 LGSS):

- Los trabajadores por cuenta ajena y los socios trabajadores de sociedades mercantiles capitalistas, aun cuando sean miembros de su órgano de administración, si el desempeño de este cargo no conlleva la realización de las funciones de dirección y gerencia de la sociedad ni poseen su control en los términos establecidos en la LGSS.
- Conductores de vehículos de turismo al servicio de los particulares.
- Laicos o seglares que presten servicios en establecimientos o dependencias eclesiásticas.
- Trabajadores de instituciones benéfico-sociales o en establecimientos o dependencias de las entidades o instituciones eclesiásticas.
- Personal de notarías, registros y demás oficinas o centros similares.
- Miembros de las corporaciones locales y similares incluidos en el apartado j).
- Funcionarios en prácticas y funcionarios transferidos a Comunidades Autónomas.
- Funcionarios en prácticas que aspiren a incorporarse a cuerpos o escalas de funcionarios.
- Personal civil (no funcionario) al servicio de organismos y entidades del Estado o de la Administración local.
- Cargos representativos de los sindicatos (Ley 11/1985).
- Como asimilados a trabajadores por cuenta ajena, con exclusión de la protección por desempleo y del Fondo de Garantía Salarial, los consejeros y administradores de sociedades mercantiles capitalistas, siempre que no posean el control de

éstas en los términos establecidos en el apartado uno de la disposición adicional vigésimo séptima de la presente ley, cuando el desempeño de su cargo conlleve la realización de las funciones de dirección y gerencia de la sociedad, siendo retribuidos por ello o por su condición de trabajadores por cuenta de la misma.
- Cualesquiera otras personas que, en lo sucesivo y por razón de su actividad, sean objeto por Real Decreto a propuesta del Ministerio de Trabajo y Seguridad Social.

Exclusiones:

- Familiares del empresario, salvo prueba en contrario (parientes hasta segundo grado de afinidad o consanguinidad).
- Trabajos marginales y no constitutivos de medio fundamental de vida (a propuesta del Ministerio de Empleo).
- Servicios amistosos, benévolos o de buena vecindad.
- Trabajos incluidos en regímenes especiales.

B) Actos de encuadramiento

Dado que nos encontramos dentro del ejercicio de las competencias que tiene atribuida la Administración pública, nuestro marco de referencia está al amparo de la Ley 30/1992 de Régimen Jurídico de las Administraciones Públicas y del Procedimiento Administrativo Común. No estamos ante un contrato de seguro forzoso ni inserto en el Art. 1089 del CC.

b.1) Inscripción

Se trata de una obligación formal regulada en el Art. 99 de la LGSS y desarrollado en el RD 84/1996 (Arts. 10 a 20). El empresario que inicia sus actividades y como requisito previo a su relación con la Seguridad Social, necesita obtener autorización de apertura de centro o reanudación de actividades. La inscripción se realiza en la Dirección Provincial de la Tesorería mediante solicitud de la empresa. A la inscripción se acompañan otros actos de encuadramiento: deberá hacer constar la opción por la entidad gestora y/o entidades colaboradoras (Mutua de AT y EP), tanto para el aseguramiento de riesgos profesionales como para cubrir la prestación de la IT por contingencias comunes.

Mediante el acto administrativo de inscripción se asignará un número único de inscripción, que será considerado el primero y principal código de cuenta de cotización.[11]

---

[11] Ver: Posibilidad de realizar determinadas tramitaciones mediante medios electrónicos y telemáticos. Para todo el capitulo, en lo que sea de aplicación: www.seg-social.es (Seguridad Social Sede Electrónica). Sistema RED (Régimen General, obligación desde 1 de enero de 2011, con independencia del número de trabajadores en alta).

b.2) Libro de matrícula: Ex Art. 101 LGSS (no vigente)

Su finalidad era el control por la autoridad laboral, a través de la inspección, del cumplimiento de las obligaciones laborales y de seguridad social. Dicha finalidad tenía un carácter obligatorio y en caso de incumplimiento suponía una infracción grave; sin embargo, con la Ley de Presupuestos del 2002 desaparece la obligación.

b.3) Libro de visitas

Las empresas están obligadas a tener en cada centro de trabajo y a disposición de la Inspección de Trabajo y Seguridad Social y funcionarios técnicos habilitados, un libro de visitas, independientemente del régimen de la Seguridad Social aplicable. Esta obligación alcanza a los trabajadores por cuenta propia y a los titulares de centros o establecimientos. Ley 42/1997 Ordenadora de la Inspección de Trabajo. Resolución 11, de abril de 2006, en relación con la Ley 31/1995 de Prevención de Riesgos Laborales (Art. 9 y 43.3).

C) Afiliación. Alta y sus variaciones

c.1) Afiliación

Es el acto mediante el cual se reconoce a la persona la condición de incluida en el sistema de la Seguridad Social. Tiene carácter obligatorio. Es un acto único y para toda la vida. Es el título jurídico para la adquisición de los derechos de la Seguridad Social (Art. 6 RD. 84/1996).[12] (Hay que recordar que la obligación de mantener la documentación en materia de afiliación, altas, bajas o variaciones de datos de los trabajadores, cotización, así como de los recibos justificantes del pago de salarios, se redujo de cinco a cuatro años).

Debemos distinguir entre: a) afiliante: el empresario, b) afiliado: persona incluida en el campo de aplicación de la Seguridad Social, y c) afiliador: TGSS, que es la entidad a la que corresponde el reconocimiento del derecho a la afiliación.

c.2) Alta

Se trata de un acto por el que se establece la procedencia de la inclusión en uno o varios regímenes de seguridad social para que proceda la protección correspondiente (los efectos generales de afiliaciones y altas indebidas están contenidos en los Arts. 9 y 59 y 60 del RD 84/1996). El alta es real con el ingreso al trabajo, asimilada en supuestos de

[12] Reglamento General sobre inscripción de empresas y afiliación, altas, bajas y variaciones de datos de los trabajadores en la Seguridad Social.

suspensión del contrato de trabajo, excedencia forzosa, situación legal de desempleo... (Art. 125 LGSS)[13] y presunta (Art. 125.3 LGSS) cuando el empresario incumple su obligación, es decir, cuando no existe alta real y la ley establece la presunción legal de alta efectiva.

Es conveniente traer a colación la denominada alta especial, la cual se acomoda a las situaciones de huelga y cierre patronal, debiendo advertir que dicha situación no da derecho a la prestación de desempleo ni a la prestación por incapacidad temporal que pudiera iniciarse durante la huelga.

D) Gestión del sistema

El Capítulo VII de la LGSS (Arts. 57 y sgs), bajo el epígrafe "Gestión de la Seguridad Social" enmarca la estructura actual de Entidades Gestoras, Servicios Comunes y Entidades Colaboradoras.

– *Entidades Gestoras, Art. 57 LGSS:*

Instituto Nacional de la Seguridad Social INSS.

Instituto Nacional de Gestión Sanitaria (antiguo Insalud).

Instituto de Mayores y Servicios Sociales (Imserso).

Instituto Social de la Marina.

Servicio Público de Empleo Estatal SPEE.

– *Servicios Comunes, Art. 63 LGSS:*

Tesorería de la Seguridad Social (TGSS).

Servicio Jurídico de la Administración de la Seguridad Social.

Gerencia de Informática de la Seguridad Social.

– *Entidades Colaboradoras, Art. 67 LGSS y Art. 63 LGSS:*

Mutuas de accidentes de trabajo y enfermedades profesionales y empresas de acuerdo con lo establecido legalmente.

Asociaciones, fundaciones y entidades públicas y privadas, previa inscripción en un registro público.

[13] Conviene destacar los llamados convenios especiales, como situaciones asimiladas al alta (Orden Tas/2865/2003 y Orden TIN/ 3356/2011 de 30 de noviembre).

Tema 12

La cotización

1. Objeto y contenido
2. Bases de cotización

1. Objeto y contenido[1]

La necesidad de tener cubiertos determinados riesgos (contingencias protegidas) obliga a la empresa y, en su caso, a los trabajadores a efectuar cotizaciones a la Seguridad Social. El carácter fundamentalmente contributivo del sistema español de la Seguridad Social determina la importancia de la cotización. Estamos ante una auténtica *relación obligacional*, que vincula a las personas incluidas en su campo de aplicación, siendo sujeto activo de la misma la Tesorería General de la Seguridad Social y sujeto pasivo las personas físicas o jurídicas o entidades sin personalidad, a las que las normas reguladoras de cada régimen impongan el cumplimiento de dicha obligación (cotización). Estamos, por tanto, ante una fuente de financiación del sistema, cuyo sujeto responsable es el empresario, el cual deberá ingresar las aportaciones propias y las del trabajador (Art. 104 LGSS).

El empresario descontará a sus trabajadores, en el momento de hacerles efectivas sus retribuciones, la aportación que corresponda a cada uno de ellos; de no efectuarse

---

[1] A los efectos que aquí interesan, se deberá tener en cuenta el siguiente marco normativo, con las sucesivas actualizaciones que pudieran acontecer:

Ley 43/2006, de 29 de diciembre, para la mejora del crecimiento y del empleo.

Ley 27/2009, de 30 de diciembre, de medidas urgentes para el mantenimiento y el fomento del empleo y la protección de las personas desempleadas.

Ley 45/2002, de medidas urgentes para la reforma del sistema de protección por desempleo y mejora de la ocupabilidad.

Estatuto de los Trabajadores.

Ley de Presupuestos Generales del Estado 2014 y sucesivas.

Real Decreto Ley 18/2011, de 18 de noviembre, por el que se regulan las bonificaciones de cuotas a la Seguridad Social de los contratos de trabajo celebrados con personas con discapacidad por la Organización Nacional de Ciegos Españoles (ONCE).

Ley 11/2013, de 26 de julio, de medidas de apoyo al emprendedor y de estímulo del crecimiento y de la creación del empleo.

Real Decreto Ley 13/2013.

Real Decreto Ley 16/2013, de 20 de diciembre, de medidas para favorecer la contratación estable y mejorar la empleabilidad de los trabajadores.

el descuento en dicho momento, no podrá realizarlo con posterioridad, quedando obligado a ingresar la totalidad de las cuotas a su exclusivo cargo. Si el empresario ha efectuado tal descuento, pero no ingresa dentro de plazo la parte de cuota correspondiente a sus trabajadores, incurrirá en responsabilidad ante ellos y ante los organismos de la Administración de la Seguridad Social afectados, sin perjuicio de las responsabilidades penal y administrativa que pudieran proceder.

Será nulo todo pacto, individual o colectivo, por el cual el trabajador asuma la obligación de pagar total o parcialmente la prima o parte de cuota a cargo del empresario, de la misma manera habrá que considerar aquellos pactos que pretendan alterar las bases de cotización. Ejemplo de lo anterior son los denominados pactos sobre netos, en los cuales el trabajador pretende trasladar la carga fiscal y de seguridad social al empresario al efecto de mantener intangible el neto de su salario.

La obligación de cotizar nace en el mismo comienzo de la prestación del trabajo, incluido el periodo de prueba, y la solicitud de la afiliación o alta del trabajador al organismo competente surtirá en todo caso idéntico efecto. La obligación se mantendrá por todo el periodo en que el trabajador esté en alta en el Régimen General o preste sus servicios, aunque éstos sean de carácter discontinuo. Dicha obligación sólo se extinguirá con la baja en el Régimen General ante el organismo competente de la Administración de la Seguridad Social; sin embargo, dicha comunicación no extinguirá la obligación de cotizar si continuase la prestación de trabajo.

La obligación de cotizar se mantendrá igualmente en la situación de incapacidad temporal, cualquiera que sea su causa, en la de maternidad, en la de paternidad, en la de riesgo durante el embarazo y en la de riesgo durante la lactancia natural, así como en las demás situaciones previstas en el artículo 125 LGSS en que así se establezca reglamentariamente. No obstante lo anterior, la obligación se suspenderá durante las situaciones de huelga y cierre patronal (alta especial).

Los elementos básicos de la cotización son: la base, el tipo y la cuota, los cuales pasaremos a analizar en los epígrafes siguientes.

2. Bases de cotización

A) Introducción

La base de cotización para todas las contingencias y situaciones amparadas por la acción protectora del Régimen General, incluidas las de accidente de trabajo y enfermedad profesional, estará constituida por la remuneración total, cualquiera que sea su forma o denominación, tanto en metálico como en especie, que con carácter mensual tenga derecho a percibir el trabajador o asimilado, o la que efectivamente perciba de ser ésta superior, por razón del trabajo que realice por cuenta ajena. Las percepciones de vencimiento superior al mensual se prorratearán a lo largo de los doce meses del año.

La base de cotización en los diversos regímenes del sistema de la Seguridad Social, será la cantidad que resulte de aplicar las reglas que para los distintos regímenes se establezcan en la Ley de Presupuestos Generales del Estado para cada ejercicio económico, en el Reglamento General sobre Cotización y Liquidación de otros derechos de la Seguridad Social y en las normas que lo desarrollen y complementen.

En el Régimen General se determina en función de las retribuciones del trabajador, con unos límites dentro de cada grupo profesional, que son las bases máximas y mínimas.[2] Antes de entrar en la determinación de la base de cotización, conviene realizar las siguientes precisiones sobre las contingencias protegidas:

Contingencias comunes:

Con el fin de dar cobertura a las situaciones de necesidad que pudieran derivarse de: incapacidad laboral temporal por enfermedad común o accidente no laboral, las prestaciones de jubilación, incapacidad, muerte y supervivencia (prestaciones de viudedad, orfandad, auxilio por defunción, pensión y subsidio en favor de familiares), protección a la familia, prestaciones farmacéuticas, asistencia sanitaria, así como las situaciones de maternidad, paternidad, riesgo durante el embarazo y durante la lactancia natural.

Contingencias profesionales (AT y EP):

La cotización para esta clase de contingencias pretende la cobertura de los accidentes y enfermedades profesionales, siempre que se produzcan con ocasión o por consecuencia del trabajo que se ejecute por cuenta ajena.

Por el Art. 40, Cuatro y DFI 16 LMF (Ley 53/2002) a partir del 1 de enero del 2003, los trabajadores autónomos pudieron incorporarse voluntariamente a la protección por contingencias profesionales. La cobertura de esta contingencia es voluntaria, excepto para[3]:

- Los trabajadores autónomos económicamente dependientes (TRADE).
- Los socios de las cooperativas de trabajo asociado dedicados a la venta ambulante que perciban los ingresos directamente de los compradores.
- Los trabajadores autónomos que, sin ser socios de cooperativas, se dediquen a la venta ambulante (CNAE-09: 4781, 4782, 4789 ó 4799) en mercados tradicionales

[2] El tope máximo de la base de cotización al Régimen General será, a partir de 1 de enero de 2014, de 3.597 euros mensuales. Para el año 2015, los Presupuestos Generales del Estado fijan la Base máxima en 3.606 euros, con una revalorización del 0,25%.
A partir de la fecha indicada, el tope mínimo de cotización para las contingencias de accidente de trabajo y enfermedad profesional será equivalente al salario mínimo interprofesional vigente en cada momento, incrementado por el prorrateo de las percepciones de vencimiento superior al mensual que perciba el trabajador, sin que pueda ser inferior a 753,00 euros mensuales. Deberá actualizarse con la Ley de Presupuestos de cada año y Orden ESS correspondiente.

[3] La obligatoriedad de cotizar los trabajadores autónomos por contingencias profesionales estaba contemplada en la ley 27/2011 sobre actualización, adecuación y modernización del sistema de Seguridad Social. A la fecha está prorrogada su entrada en vigor hasta el 1 de enero del 2015.

o mercadillos durante un máximo de tres días a la semana, con horario de venta inferior a ocho horas/día, que no dispongan de establecimiento fijo propio ni produzcan los artículos o productos que venden.

- También será obligatoria para quienes realicen actividades con alto riesgo de siniestralidad.

Desempleo: Está gestionado por el INEM.

Fondo de Garantía Salarial:

Es un organismo que garantiza a los trabajadores la percepción de salarios, indemnizaciones por despidos o extinción de la relación laboral, pendientes de pago por insolvencia, suspensión de pagos, quiebra o concurso de acreedores del empresario, con las limitaciones que impone el Art. 33. ET.

Formación profesional: Fines de formación, reciclaje, rectificación.

Horas extraordinarias: Destinada a incrementar los recursos generales del Sistema de la Seguridad Social.

B) Determinación de las bases de cotización

Estará constituida por la remuneración total, cualquiera que sea su forma o denominación, que, con carácter mensual, tenga derecho a percibir el trabajador. Su cuantía está constituida por las siguientes partidas: *salario base*: unidad de tiempo o de obra (convenio colectivo o contrato individual); *complementos salariales*: personales (antigüedad, aplicación de títulos, etc.), de puesto de trabajo y por calidad o cantidad de trabajo (primas o incentivos, pluses de actividad, etc.); *de vencimiento periódico superior al mes:* gratificaciones extraordinarias, participación en beneficios, etc.; *en especie*: su cuantía se limita al 30% de las percepciones salariales (su valoración económica habrá de realizarse según ley de IRPF y su reglamento)[4].

b.1) Conceptos incluidos

TGSS Resol 6-5-14 (BOE 15-5-14). RDL. 16/2013. ART. 109 LGSS.

- *Vivienda*

- Propiedad de la empresa: 5% o 10% del valor catastral, en función de que dicho valor haya sido revisado a partir del 1/1/1994 o no, con el límite del 10% sobre el resto de remuneraciones.

---

[4] Ley 35/2006, de 28 de noviembre, del Impuesto sobre la Renta de las Personas Físicas y de modificación parcial de las leyes de los Impuestos sobre Sociedades, sobre la Renta de no Residentes y sobre el Patrimonio (Real Decreto 439/2007, de 30 de marzo, por el que se aprueba el Reglamento del Impuesto sobre la Renta de las Personas Físicas y se modifica el Reglamento de Planes y Fondos de Pensiones, aprobado por Real Decreto 304/2004, de 20 de febrero; Real Decreto 681/2014, de 1 de agosto, por el que se modifica el Reglamento de planes y fondos de pensiones, aprobado por Real Decreto 304/2004, de 20 de febrero).

– Si no es propiedad de la empresa: coste para el empresario, incluidos los tributos, sin que la valoración pueda ser inferior a la que correspondería si la vivienda fuera propiedad de la empresa.

• *Vehículo*

– Entrega: coste de adquisición por el empresario, incluidos los tributos.

– Uso: si es propiedad de la empresa, 20% anual del coste de adquisición, incluidos los tributos.

– Si no es propiedad de la empresa, 20% anual del valor de mercado de vehículo si fuese nuevo.

– Uso y posterior entrega: el valor de entrega será el valor de mercado resultante del uso anterior.

• *Plaza de garaje*

– Propiedad de la empresa: valor de mercado.

– Alquiler: coste para el empresario.

• *Préstamos* con interés inferior al legal: diferencia entre ambos tipos de interés.

• *Planes de pensiones:* en las contribuciones a planes de pensiones, a sistemas de previsión social alternativos o a seguros de dependencia, el importe satisfecho.

• *Manutención, hospedaje, viajes y similares:* coste para el empresario, incluidos tributos.

• *Primas de contrato:* coste para el empresario, incluidos tributos.

• *Gastos de estudios y manutención* (incluido familiares), excepto estudios exigidos por el trabajo: coste para el empresario, incluidos tributos.

• *Entrega de acciones a título gratuito o precio inferior al mercado:* coste para el empresario.

• *Porcentaje sobre los beneficios sociales:* derechos especiales de contenido económico que se reserven los promotores de una sociedad como remuneración (mínimo 35% del valor equivalente del capital social que permita la misma participación en los beneficios).

• *Asignaciones asistenciales concedidas por las empresas:* coste para el empresario, incluidos tributos.

• *Prestaciones de la Seguridad Social y sus mejoras* (salvo IT): coste para el empresario, incluidos tributos.

• Otros: coste para el empresario.

b.2) Conceptos excluidos

- *Gastos de estancia* **(1)**

– Importe justificado.

– Conductores de vehículos dedicados al transporte de mercancías por carretera, no precisan justificar los gastos de estancia que no excedan de los siguientes importes:

Desplazamientos en España: 15 €/día.

Desplazamientos al extranjero: 25 €/día.

- *Gastos de manutención y estancia* **(1)**

– En España: pernoctando, 53,34 €/día; sin pernoctar, en general 26,67 €/día y personal de vuelo 36,06 €/día.

– En el extranjero: pernoctando, 91,35 €/día, sin pernoctar, en general 48,08 €/día, y personal de vuelo, 66,11 €/día.

- *Gastos de locomoción* **(2)**

– Si se usa transporte público: importe del gasto justificado mediante factura o documento equivalente.

– Si se usa otro tipo de transporte, 0,19 €/km recorrido más gastos de peaje y aparcamientos justificados.

- *Indemnizaciones y prestaciones*

– Por fallecimiento, traslados y suspensiones, hasta la cuantía máxima prevista en norma sectorial o convenio colectivo.

– Indemnizaciones por despidos y ceses:

  - En general, en la cuantía establecida con carácter obligatorio en el ET, en su normativa de desarrollo o, en su caso, en la normativa reguladora de la ejecución de sentencias, sin que pueda considerarse como tal la establecida en virtud de convenio, pacto o contrato.
  - De contrato con anterioridad al acto de conciliación: los importes que no excedan del que hubiera correspondido en el caso de que el cese hubiera sido declarado improcedente, y no se trate de extinciones de mutuo acuerdo en el marco de planes o sistemas colectivos de bajas incentivadas.
  - Por causas económicas, técnicas, organizativas, de producción o por fuerza mayor o despidos colectivos: por el importe de la indemnización prevista para el despido improcedente.
  - El exceso se computa en los anteriores supuestos.

- *Mejoras de las prestaciones por IT* concedidas por las empresas, importe total.

• *Asignaciones asistenciales-gastos de estudios dirigidos a la actualización*, capacitación o reciclaje del personal a su servicio, cuando tales estudios vengan exigidos por el desarrollo de sus actividades o las características de los puestos de trabajo: importe total.

• *Horas extraordinarias*, salvo para la cotización por accidente de trabajo, enfermedades profesionales, sin perjuicio de su cotización adicional.

• *Cantidades percibidas por los trabajadores* que excedan de la base máxima que les corresponda, de acuerdo con su grupo profesional.

(1) Sólo están exentos los gastos de estancia y en su caso manutención generados en municipio distinto del lugar del trabajo habitual del perceptor y del que constituya su residencia.

(2) Están exentas únicamente las asignaciones al trabajador por gastos de locomoción cuando se desplace fuera de su centro habitual de trabajo para realizar el mismo en lugar distinto.

C) Cálculo de la base de cotización. Ordenación general

c.1) Contingencias comunes

c.1.1) Trabajadores de retribución mensual

Cómputo de retribuciones: Las devengadas en el mes a que se refiere la cotización.

Prorrateo: A la cantidad anterior se añadirá la parte proporcional de las gratificaciones extraordinarias establecidas y de aquellos conceptos con periodicidad en su devengo superior a la mensual o que no tengan carácter periódico y se satisfagan dentro del año. El importe anual se dividirá por 12.

Base mínima y máxima: Si la base de cotización que resulte no estuviese comprendida entre la cuantía mínima y máxima, se cotizará por la base mínima o máxima. La base mínima será de aplicación cualquiera que fuese el número de horas trabajadas diariamente.

c.1.2) Trabajadores de retribución diaria

Prorrateo: Su importe anual estimado se dividirá por 365.

Base mínima y máxima: Se cotizará por la base mínima o máxima según que la resultante sea inferior a aquélla o superior a ésta. La indicada base mínima será de aplicación cualquiera que fuese el número de horas trabajadas diariamente, salvo que por disposición legal se establezca otra cosa.

c.2) Contingencias profesionales (AT y EP)

Cálculo: se aplicarán las mismas reglas que para las contingencias comunes, incluyendo como concepto computable las horas extraordinarias.

Tope mínimo y máximo: la cantidad resultante no podrá ser superior al tope máximo ni inferior al mínimo, cualquiera que fuese el número de horas trabajadas diariamente, salvo que por disposición legal se establezca otra cosa. El tope mínimo será el SMI que se fije en cada momento, incrementado con las percepciones de vencimiento superior al mensual que perciba el trabajador, sin que pueda ser inferior a 753 € mensuales (2014); el tope máximo se establece en 3.597 € (2014).

Excepciones a lo dicho se presentan, entre otros supuestos, en el contrato para formación y aprendizaje donde existe una cuota única (Art. 44, OESS/2014).

D) Cotización en situaciones especiales

d.1) Bases de cotización en situación de desempleo[5]

Base para *contingencias comunes*: será equivalente al promedio de las bases de los últimos 6 meses de ocupación cotizada por dichas contingencias.

Base para *contingencias profesionales* (AT y EP): será el promedio de las bases de los últimos 6 meses, anteriores a la situación de desempleo o al momento en que ceso la obligación de cotizar.

En los *casos de suspensión temporal o por reducción temporal* de jornada, ya sea por decisión del empresario al amparo de lo establecido en el Art. 47 del texto refundido de la Ley del Estatuto de los Trabajadores, aprobado por el Real Decreto Legislativo 1/1995, de 24 de marzo, o en virtud de resolución judicial adoptada en el seno de un procedimiento concursal, la base de cotización de dichos trabajadores en que haya obligación de cotizar, será el promedio de los seis meses cotizados anteriores a la situación de desempleo o al momento que ceso la obligación de cotizar (Art. 8 OESS/2014[6]).

Durante la percepción del *subsidio de desempleo (desempleo asistencial)* para trabajadores mayores de 55 años, la entidad gestora deberá cotizar por la contingencia de jubilación. La base de cotización respecto de aquellos trabajadores por los que existe obligación de cotizar será el tope mínimo vigente en cada momento, con aplicación de los coeficientes reductores que, respecto de las correspondientes contingencias, fije

[5] Durante la percepción de la prestación por desempleo que proviene del contrato para la formación y el aprendizaje, se aplicarán las normas establecidas en los apartados anteriores, salvo en los supuestos recogidos en el apartado 2, en los que la cotización a la Seguridad Social se efectuará aplicando las cuotas únicas a que se refiere el artículo 44.1 y, en todo caso, lo previsto en el artículo 214 del texto refundido de la Ley General de la Seguridad Social.

[6] Ver Disposición Adicional Primera OESS/2014. Art. 47 ET, en relación con la Ley 42/2006 de 28 de diciembre y Ley 22/2013 de 23 de diciembre.

para cada ejercicio el Ministerio de Trabajo y Seguridad Social (el coeficiente reductor se deducirá de la cuota íntegra resultante)[7], (ver Art. 70, Reglamento General de Cotización y Liquidación, en adelante RGCL).

El trabajador asumirá su parte en la cuota, siendo ingresada directamente por el SPEE (Servicio Público Estatal de Empleo) previa deducción de la prestación por la entidad gestora. Sólo se cotizará –cuotas– por contingencias comunes (no las profesionales: accidentes y enfermedades profesionales, desempleo, fondo de garantía y formación profesional). El SPEE ingresará la parte de la aportación empresarial.

d.2) Bases de cotización en situación de alta sin retribución

Cuando el trabajador permanezca en alta en el régimen general y se mantenga la obligación de cotizar (como es el caso del trabajador que cumple deberes de carácter público o sindical y que no dan lugar a excedencia), sin que perciba de su empresa retribuciones computables, se tomará la base mínima (vigente en cada momento) correspondiente al grupo profesional en contingencias comunes, y el tope mínimo en contingencias profesionales (Art. 106; apartado 2, del Art. 9 RGCL).

d.3) Bases de cotización en situación de pluriempleo

➢ *Contingencias comunes*:

a) El tope máximo de las bases de cotización establecido en cada momento se distribuirá entre todas las empresas en proporción a las retribuciones abonadas en cada una de ellas.

b) Cada una de las empresas cotizará por los conceptos retributivos computables que satisfagan. Tendrán como límite la fracción del tope máximo que se le asigne.

c) La base mínima correspondiente al trabajador, según su grupo profesional, se distribuirá entre las distintas empresas y será aplicada para cada una de ellas en la forma señalada para el tope máximo. Si le correspondieran diferentes bases mínimas por su clasificación laboral, se tomará la base mínima de superior cuantía.

➢ *Contingencias profesionales* (AT y EP). El tope máximo de las bases de cotización vigente se distribuirá entre todas las empresas en proporción a la remuneración abonada. El tope mínimo se establece de forma análoga al tope máximo.

---

[7] Tendrán derecho al subsidio de desempleo: los parados que, figurando inscritos como demandantes de empleo durante el plazo de un mes, sin haber rechazado oferta de empleo adecuada ni haberse negado a participar, salvo causa justificada, en acciones de promoción, formación o reconversión profesionales, y careciendo de rentas de cualquier naturaleza superiores, en cómputo mensual, al 75 por 100 del salario mínimo interprofesional, excluida la parte proporcional de dos pagas extraordinarias, hayan agotado la prestación de desempleo, entre otras situaciones (Art. 215 LGSS).

La base de cotización se calculará para cada empresa conforme a las reglas generales ya enunciadas (Art. 1 OESS 2014). Los prorrateos indicados se llevarán a cabo a petición de la empresa, trabajador o de oficio por la Dirección Provincial de la TGSS.

d.4) Bases de cotización en supuestos de horas extraordinarias

La cotización adicional por horas extraordinarias, sea cual sea su naturaleza, será sobre la totalidad de las remuneraciones que se abonen por tal concepto, no sujeto a tope alguno.

Están sujetas a una doble cotización:

a) Como integrantes de la base de cotización para las contingencias profesionales, desempleo, Fondo de Garantía Salarial y Formación Profesional.

b) Como base de cotización independiente, están sujetas también a una cotización adicional, que no será computable para determinar la base reguladora de las prestaciones. Cotización que será distinta dependiendo que tengan fundamento en razones de fuerza mayor o que no tengan esa consideración (Art. 111 LGSS; Art. 24 RGCL).

- Se consideran horas extraordinarias por fuerza mayor (Tipo: 14%; 12% empresa, 2% trabajador), aquellas cuya realización está motivada por un acontecimiento extraordinario debido a causas ajenas al propio círculo y control de la actividad empresarial: incendio, inundación, explosión, etc.
- Las restantes horas extraordinarias que no están definidas y pactadas como tales son las denominadas horas extraordinarias normales, habituales u ordinarias (Art. 5 OESS/2014) (Tipo: 28,30%; 23,60% empresa, 4,70% trabajador).

La cotización adicional por horas extraordinarias estructurales que superen el tope máximo de ochenta horas establecido en el Art. 35.2 del Estatuto de los Trabajadores, se efectuará mediante la aplicación del tipo general de cotización establecido para las horas extraordinarias en la Ley de Presupuestos Generales del Estado correspondiente.

d.5) Bases de cotización en supuestos de abono de salarios con efecto retroactivo

Se liquidarán aquellas gratificaciones que no puedan ser objeto de cuantificación anticipada total o parcialmente a efectos del prorrateo, debiendo formalizar una liquidación complementaria por las diferencias de cotización relativas a los meses del año ya transcurridos, e incrementar en la parte que corresponda las cotizaciones pendientes de ingresar durante el ejercicio (disposición legal, acta de conciliación, sentencia, salarios tramitación, liquidaciones complementarias, etc.). Los plazos de ingreso de las liquidaciones complementarias se acomodarán a lo dispuesto en Art. 56.1.c) Reglamento General de Recaudación.

Se confeccionarán con detalle separado de cada uno de los meses transcurridos, conforme a los tipos, topes, bases y requisitos correspondientes a los meses a que los citados salarios correspondan.

d.6) Bases de cotización en supuestos de percepción de pagas extraordinarias

A las retribuciones computables para el cálculo de las bases de cotización mensuales, se añade la parte proporcional de las gratificaciones extraordinarias y aquellos otros conceptos retributivos que tengan periodicidad en su devengo superior a la mensual o que no tengan carácter periódico y se satisfagan dentro del año. Como mensualmente se efectúa el prorrateo y cotización correspondiente en concepto de pagas extraordinarias, no se efectuará deducción alguna en el momento del pago de las mismas.

Si la retribución tiene *carácter diario*, el importe anual se dividirá por 365, y el cociente que resulte se multiplicará por el número de días real que comprenda el mes de que se trate (30, 31, 29, 28).

En el caso de que la retribución que corresponda al trabajador tenga el *carácter mensual*, se dividirá por 12.

d.7) Contrato a tiempo parcial

RD 15/98 de 27 de noviembre; RD 144/1999, de 29 de enero, RDL. 5/2001, de marzo, Ley 12/2001 de Medidas Urgentes del mercado de Trabajo; RD. 1131/2002 de 31 de diciembre; Contrato a tiempo Parcial y Jubilación y RD 1132/2002 entre otras. Más recientemente, Ley 16/2013, de 20 de diciembre, para favorecer la contratación estable; RD Ley 11/2013 para la protección de los trabajadores a tiempo parcial; Ley 1/2014, de 28 de febrero, para la protección de los trabajadores a tiempo parcial y medidas urgentes en el orden económico y social.

Cuando presta sus servicios durante un determinado número de horas al día, semana, mes o año, inferior al considerado como habitual, es decir inferior a la jornada de trabajo de un trabajador a tiempo completo comparable.

Para los trabajadores por cuenta ajena en virtud de contratos a tiempo parcial y de relevo, el cálculo de la base de cotización en todas las contingencias y situaciones amparadas por la acción protectora del régimen de que se trate (incluidas las de desempleo, accidente de trabajo y enfermedad profesional y las demás que se recauden conjuntamente con las cuotas de Seguridad Social), se determinará conforme a lo establecido en el Art. 23 RGCL (conforme a la nueva redacción dada por el Real Decreto 637/2014, de 25 de julio), por las retribuciones efectivamente percibidas en función de las horas trabajadas en el mes de que se trate, y será siempre mensual.

➢ *Contingencias comunes*

Se computarán las remuneraciones devengadas en el mes, cualquiera que sea su forma o denominación (ordinarias y complementarias), con independencia de que hayan sido satisfechas diaria, semanal o mensualmente.

Se le adicionará la parte proporcional que corresponda de descanso semanal y festivos, pagas extraordinarias y aquellos con una periodicidad en su devengo superior a la mensual o que no tengan carácter periódico y se satisfagan dentro del año correspondiente (OESS/2014. Art. 36).

Si la base de cotización mensual calculada fuese inferior a las bases mínimas (Bases Mínimas de cotización aplicables a los Contratos a Tiempo Parcial, Art. 37 OESS/2014) o superior a las máximas establecidas con carácter general, se tomarán éstas o aquéllas como base de cotización.

La base mensual será el resultado de multiplicar el número de horas realmente trabajadas por la base horaria establecida en el mes a que se refiere la liquidación de cuotas.

➢ *Contingencias profesionales*

Para accidentes de trabajo y enfermedades profesionales: desempleo, Fondo de Garantía Salarial y Formación Profesional, se siguen los criterios establecidos para contingencias comunes y se adicionarán las horas extraordinarias[8] motivadas por fuerza mayor realizadas, no pudiendo exceder del tope máximo general ni inferior a la base mínima horaria que corresponda en cada ejercicio (Art. 37 O.ESS/2014; 4,54 € año 2014). Las horas extraordinarias realizadas quedarán sujetas a la cotización adicional ya explicada anteriormente; debiéndose tener en cuenta que con independencia de su inclusión en la base de cotización de desempleo, se excluirá en el cálculo de la prestación. (Notesé que están prohibidas las horas extraordinarias que no tengan la consideración de fuerza mayor).

➢ *Bases de cotización en supuestos de trabajo concentrado (periodos inferiores a los de alta),* respecto de los trabajadores con *contrato a tiempo parcial* y que hayan acordado con su empresa que la totalidad de las horas de trabajo que anualmente deben realizar se presten en determinados periodos de cada año, percibiendo todas las remuneraciones anuales o las correspondientes al periodo inferior de que se trate (en esos periodos de trabajo concentrado), existiendo periodos de inactividad superiores al mensual; además de permanecer en alta en el Régimen de la Seguridad Social que corresponda por razón de la actividad y mientras no se extinga su relación laboral, subsistirá la obligación de cotizar conforme a la reglas del punto 3 del Art. 65 RGCL (Art. 40 OESS/2014). Lo expuesto no será de aplicación a los trabajadores fijos discontinuos (Art. 15.8 del ET).

---

8 Será de aplicación a estos contratos lo dispuesto en el artículo 24 del RGLC sobre cotización adicional por *horas extraordinarias*, que se realicen en el supuesto a que se refiere el apartado 3 del artículo 35 del Estatuto de los Trabajadores.

➢ *Bases de cotización en supuesto IT, maternidad, paternidad, riesgo durante el embarazo y riesgo durante la lactancia*

En dichas situaciones, la base reguladora diaria de la prestación es el resultado de sumar las bases acreditadas en la empresa durante los tres meses inmediatamente anteriores a la fecha del hecho causante, entre el número de días efectivamente trabajados-cotizados en dicho periodo.

La base diaria de cotización servirá de base reguladora y deberá aplicarse únicamente a los días que hubiera estado obligado a prestar servicios efectivos de no hallarse en alguna de las situaciones anteriores.

➢ *Base de cotización en situación de pluriempleo*

Si el trabajador presta sus servicios en dos o más empresas en régimen de contratación a tiempo parcial, cada una de ellas cotizará en razón de las retribuciones percibidas por aquél. Si sobrepasase el tope máximo de cotización, éste se distribuirá en la misma proporción.

d.8) Bases de cotización en supuesto de contrato relevo (Art. 166 LGSS; RD. 5/2013)

Los trabajadores que hayan cumplido la edad a que se refiere el artículo 161.1.a) LGSS (haber cumplido 67 años de edad, o 65 años cuando se acrediten 38 años y 6 meses de cotización, sin que se tenga en cuenta la parte proporcional correspondiente a las pagas extraordinarias), en relación con la disposición transitoria vigésima y reúnan los requisitos para causar derecho a la pensión de jubilación, siempre que se produzca una reducción de su jornada de trabajo comprendida entre un mínimo del 25 por 100 y un máximo del 50 por 100, podrán acceder a la jubilación parcial *sin necesidad de la celebración simultánea de un contrato de relevo*. Los porcentajes indicados se entenderán referidos a la jornada de un trabajador a tiempo completo comparable.

Igualmente, siempre que con carácter *simultáneo se celebre un contrato de relevo* en los términos previstos en el artículo 12.7 del Estatuto de los Trabajadores, los trabajadores a tiempo completo podrán acceder a la jubilación parcial cuando reúnan los requisitos del apartado 2 del Art. 166 LGSS.

d.9) Bases de cotización en supuesto de jornada reducida por guarda legal o cuidado de un familiar (Art. 37 ET)

Por razones de guarda legal, quien tenga a su cuidado directo algún menor de 8 años –12 años con efecto 22-12-2013– o a un disminuido físico o psíquico o un familiar hasta el segundo grado de consanguinidad o afinidad, que no pueda valerse por sí mismo y que no desempeñe otra actividad retribuida, tendrá derecho a una reducción en la jornada de trabajo, con la disminución proporcional del salario, entre, al menos, un octavo y un máximo de la mitad de la duración de aquella. La cotización se efectuará en función de las retribuciones que perciban, sin que pueda ser inferior a la resultante de multiplicar el número de horas trabajadas (en el mes a que se refiere la cotización) por el importe de la bases mínimas horarias establecida en el contrato a tiempo parcial.

d.10) Bases de cotización en supuesto de contratos en prácticas

– La base de cotización estará constituida por el importe de los salarios realmente percibidos de conformidad con lo establecido en el contrato o convenio colectivo, sin ser inferior a la cantidad resultante de multiplicar las horas realmente *trabajadas por la base mínima de cotización* que corresponda (todo ello en proporción a la duración de la jornada de trabajo pactada).

Hasta que el nivel de desempleo en España se sitúe por debajo del 15% (RDL 16/2013), los contratos en prácticas con jóvenes menores de 30 años (aunque hayan transcurrido cinco o más años desde la terminación de los correspondientes estudios), de realizarse con beneficiarios del Sistema Nacional de Garantía Juvenil y hasta el 30 de junio de 2016, tendrán derecho a una reducción del 100% de la cuota empresarial a la Seguridad Social por contingencias comunes, correspondiente al trabajador contratado, durante toda la vigencia del contrato (RDL. 4/2013 y Ley 11/2013).

– Recordamos aquí el carácter formativo de las prácticas académicas externas, no derivándose de su realización, en ningún caso, obligaciones propias de una relación laboral, ni su contenido podrá dar lugar a la sustitución de la prestación laboral propia de puestos de trabajo. Asimismo, y en el caso de que al término de los estudios el estudiante se incorporase a la plantilla de la entidad colaboradora, el tiempo de las prácticas no se computará a efectos de antigüedad ni eximirá del período de prueba, salvo que en el oportuno convenio colectivo aplicable estuviera expresamente estipulado algo distinto.

Las prácticas curriculares externas realizadas por los estudiantes universitarios y de formación profesional (RD 1707/2011, anulado por sentencia del TS, Sala de lo Contencioso 21-5-2013), reguladas actualmente por el RD 592/2014, de 11 de julio, tienen el carácter exclusivamente de asimilados a trabajadores por cuenta ajena a efectos de su integración en el Régimen General de la Seguridad Social, teniendo una bonificación del 100% en la cotización a la Seguridad Social a partir del día 1 de agosto de 2014 (RD Ley 8/2014, de 4 de julio).

d.11) Bases de cotización en supuesto de contrato de formación/aprendizaje

La cotización a la Seguridad Social consistirá en una cuota única mensual tanto en los contratos en formación como en los contratos de aprendizaje. Dicha cuota única mensual lo será con independencia del número de días de alta en el periodo objeto de la cotización y de las remuneraciones percibidas durante el mismo.[9]

A través del RD-Ley 8/2014, de 4 de julio, de aprobación de medidas urgentes para el crecimiento, la competitividad y la eficiencia, las empresas y autónomos que contraten indefinidamente o por duración determinada, *a tiempo parcial* (hasta un 50% de la jornada a tiempo completo) con *vinculación formativa,* a jóvenes desempleados menores de 30 años beneficiarios del Sistema Nacional de Garantía Juvenil, tendrán derecho a:

- Reducción hasta un máximo de 12 meses de la cuota empresarial a la Seguridad Social por contingencias comunes del 100% si la empresa tiene menos de 250 trabajadores.
- Reducción hasta un máximo de 12 meses de la cuota empresarial a la Seguridad Social por contingencias comunes del 75% si la empresa tiene más de 250 trabajadores.

Podrá ser prorrogado por otros 12 meses, siempre que el trabajador continúe compatibilizando el empleo con la formación.

d.12) Bases de cotización en supuesto de huelga parcial

Por los salarios realmente percibidos, aun cuando su importe resulte inferior a la base mínima de cotización para la categoría profesional de que se trate; aplicando, en todo caso, la base mínima prevista por hora a tiempo parcial.

d.13) Bases de cotización en supuesto de abono de salarios de tramitación

Para los salarios de tramitación en los procesos por despido o extinción del contrato por causas objetivas, que el empresario está obligado a cotizar, se tomarán las bases, tipos y condiciones vigentes de los meses a que correspondan los salarios. Será de aplicación la misma regla en el caso de abono de salarios con carácter retroactivo. Todo ello sin perjuicio de reclamar al Estado el importe de dichos salarios en los términos previstos en el Art. 57 apartado 2 ET y el RD 924/1982, de 17 de abril, sobre reclamaciones al Estado (ver Art. 56 ET)[10].

---

[9] Al personal investigador del Decreto 63/2006, de 27 de enero, Art. 44 OESS/21014 punto 2, durante los dos primeros años, se aplicará la misma cotización que para los contratos en formación, consistente en una única cuota mensual, están excluidos de cotizar. Ver especialidades: Real Decreto 1493/2011, de 24 de octubre (personas que participan en programas de formación) y Real Decreto 1543/2011, de 31 de octubre, por el que se regulan las prácticas no laborales (actualizado RD. 592/2014 BOE. 30 de julio de 2014).

[10] Es importante tener en cuenta la novedad inserta en la reforma introducida en el RD. Ley 5/2002, de 24 de mayo sobre la reforma del sistema de protección de desempleo y mejora de la ocupabilidad; en esta norma desaparecen los salarios de tramitación, en el caso de despido o extinción procedente o improcedente, cuando se opte por la indemnización –en ambos casos se generaba el derecho a la protección por desempleo–; sin embargo, la Ley 45/2002, de 12 de diciembre, los restablece, permaneciendo dicha situación hasta la fecha.

d.14) Bases de cotización en supuesto de cumplimiento de deberes de carácter público o desempeño de representación sindical (siempre que no den lugar a excedencia forzosa)

Se toma como base de cotización la mínima correspondiente al grupo de su categoría profesional para contingencias generales y el tope mínimo para accidentes de trabajo y enfermedades profesionales.

d.15) Base de cotización de los empleados públicos encuadrados en el RGSS

Ver: Disposición adicional séptima del Real Decreto-ley 8/2010, de 20 de mayo, en relación con la disposición adicional cuarta (O.ESS/2014).

d.16) Bases de cotización en "situación" de: incapacidad temporal, maternidad, paternidad, riesgo durante la lactancia y durante el embarazo, subsidios de paternidad y maternidad (compatibles con periodos de descanso en régimen de jornada a tiempo parcial)

La situación de cotización permanece durante estas situaciones aunque supongan una suspensión de la relación laboral.

La base de cotización por las distintas contingencias se determina del siguiente modo:

➢ *Contingencias comunes:*

La base de aplicación será la correspondiente al mes anterior al de la fecha de la contingencia.

• En el supuesto de retribuciones que se satisfagan con *carácter diario*, hubiere permanecido o no en alta durante todo el mes natural anterior, el importe de la base de cotización de dicho mes se dividirá por el número de días a que se refiera la cotización.

$$\frac{\text{Base por contingencias comunes del mes anterior a la baja}}{\text{Número de días cotizados en dicho mes (28, 29, 30 o 31)}}$$

El cociente resultante será la base diaria de cotización, que se multiplicará por el número de días que el trabajador permanezca en las situaciones mencionadas (siendo extensible al disfrute de los periodos de descanso por maternidad o paternidad) para determinar la base de cotización durante dichas situaciones.

Cuando el trabajador tuviera *retribución mensual* y hubiese permanecido en alta durante todo el *mes natural anterior* al del inicio de la situación, la base de ese mes se dividirá por 30. Cuando el trabajador tuviera retribución mensual y no hubiera permanecido en alta durante todo el *mes natural anterior*, el importe de la base de dicho mes se dividirá por el número de días a que se refiere la cotización.

En ambos casos el cociente resultante se multiplicará por 30 de permanecer todo el mes en alguna de las situaciones descritas, o por la diferencia existente entre dicha cifra y el número de días que realmente haya trabajado en dicho mes.

- Cuando el trabajador hubiera ingresado en la empresa en el mismo mes, se aplicará a ese mes lo establecido en las reglas precedentes.

- Cuando se produzca una elevación de los salarios con carácter retroactivo por disposición legal, convenio colectivo o sentencia judicial, en fecha anterior a la del inicio de tal situación de incapacidad temporal, riesgo, etc., dicha elevación determinará una modificación de la base de cotización aplicable, naciendo la obligación de cotizar por las diferencias salariales y la consiguiente revisión del subsidio económico.

La base de cotización nunca podrá ser inferior a la base mínima que en cada momento esté en vigor, correspondiente al grupo profesional del trabajador (salvo disposición legal o reglamentaria). El subsidio se actualizará a partir de la fecha de entrada en vigor de la nueva base mínima de cotización.

➢ *Contingencias profesionales*[11]

Deducidas las horas extras a la base contingencias profesionales respecto a los días que corresponda dicha cotización. Se añadirá el promedio de las horas extraordinarias efectivamente realizadas y cotizadas durante el año natural inmediatamente anterior a la fecha de iniciación de las situaciones descritas.

El número de horas realizadas se dividirá por 12 o 365, según que las retribuciones, se satisfagan o no con carácter mensual.

$$\frac{\text{Base CP mes anterior - Horas extraordinarias}}{\text{N° días a que corresponde}} + \frac{\text{Horas extraord. Año anterior}}{\text{365 (diario) o 12 (mensual-360 d)}}$$

➢ Cuando se compatibilice la percepción del *subsidio por maternidad o paternidad*, con el disfrute de los periodos de descanso en régimen de jornada a tiempo parcial, la base de cotización estará integrada por la suma de:

a) Base reguladora del subsidio, reducida en proporción inversa a la reducción que haya experimentado la jornada laboral.

b) Remuneraciones sujetas a cotización, en proporción a la jornada efectivamente realizada.

---

[11] El tipo de cotización en las contingencias profesionales, durante los periodos de baja por incapacidad temporal y otras situaciones con suspensión (con obligación de cotizar) será el incluido en la tarifa de primas establecida en la disposición adicional cuarta de la Ley 42/2006, de 28 de diciembre, en la redacción dada por la disposición final décimonovena de la Ley 22/2013, de 23 de diciembre.

d.17) Base de cotización de los empleados por cuenta propia o autónomos (Régimen Especial)

Por su especial interés en materia de emprendimiento, exponemos aquí su encuadre legislativo.

En el Régimen Especial de los Trabajadores por Cuenta Propia o Autónomos, son sujetos responsables de la obligación de cotizar las personas que en razón de su actividad se encuentran obligatoriamente incluidas en su campo de aplicación (Art. 43 RGCL).

"Los sujetos de la obligación de cotizar son también responsables de su cumplimiento como obligados directos respecto de sí mismos, siendo responsables subsidiarios del pago las personas determinadas en los artículos 2.1 de la Ley 18/2007, de 4 de julio, y 3.a) del Decreto 2530/1970, de 20 de agosto, por el que se regula el Régimen Especial de la Seguridad Social de los Trabajadores por Cuenta Propia o Autónomos, con respecto a sus familiares incluidos, respectivamente, en los artículos 2.3 y 3.b) de la Ley y el Decreto antes señalados, así como las compañías a que se refiere el artículo 3.c) del citado Decreto con respecto a sus socios y sin perjuicio, en ambos casos, del derecho del responsable subsidiario a repetir contra el principal obligado al pago".

Los tipos de cotización aplicables se fijarán en la Ley de Presupuestos Generales del Estado para cada ejercicio económico (ver Art. 15 OESS/2014).

La inclusión dentro de este régimen especial llevará implícita la obligación de cotizar al menos sobre la cuantía de la base mínima, sin perjuicio del derecho del interesado a sustituir ésta por otra superior que elija entre las establecidas en el momento de su alta, dentro de los límites comprendidos entre las bases mínima y máxima.

3. El tipo de cotización

El tipo de cotización es el porcentaje que se aplica a la base de cotización, siendo el resultado la cuota o importe a pagar. Los tipos de cotización serán los que se establezcan cada año en la correspondiente Ley de Presupuestos Generales del Estado, incluyendo aquí los establecidos para el 2014.

a) Para contingencias comunes[12]

El tipo de cotización es único para todo el ámbito de cobertura del régimen general. Durante el año 2014 en el Régimen General será el 28,30, del cual el 23,60 corresponde

[12] Tipo de contingencias comunes (IT): trabajadores con 65 años de edad y 38 años y 6 meses de cotización ó 67 años de edad y 37 años de cotización: 1,60 por 100 (1,33 por 100 –empresa– y 0,27 por 100 –trabajador–). En los contratos temporales de duración efectiva inferior a siete días, la cuota empresarial por contingencias comunes se incrementa en un 36 por ciento. No se aplica a los contratos de interinidad, ni al Sistema especial para trabajadores por cuenta ajena agrario, incluido en el Régimen General.

a la empresa y el 4,70 al trabajador. Dicho tipo se actualiza anualmente a través de la Ley de Presupuestos.

b) Para contingencias profesionales (AT y EP)

Se modifica la Ley 42/2006, de 28 de diciembre, de Presupuestos Generales del Estado para el año 2007 (Tarifa de primas para la cotización por contingencias profesionales), en su Disposición adicional cuarta, "Tarifa de primas para la cotización a la Seguridad Social por accidentes de trabajo y enfermedades profesionales", mediante redacción dada por la disposición final décimonovena de la Ley 22/2013, de 23 de diciembre, de Presupuestos Generales del Estado para el año 2014, con efectos desde 1 de enero de 2014. "...Uno. La cotización a la Seguridad Social de los empresarios, cualesquiera que sea el régimen de encuadramiento, y, en su caso, de los trabajadores por cuenta propia incluidos en los Regímenes Especiales de Trabajadores del Mar y de Trabajadores por Cuenta Propia o Autónomos, por las contingencias de accidentes de trabajo y enfermedades profesionales, se llevará a cabo, a partir del 1º de enero de 2014, en función de la correspondiente actividad económica, ocupación, o situación, mediante la aplicación de la siguiente tarifa"[13].

Se separa en los distintos cuadros de la "tarifa" el porcentaje a cotizar por Incapacidad Temporal y por Incapacidad Permanente, Muerte y Supervivencia (IMS), formándose dos tipos que se suman para hallar el tipo total. Pueden establecerse primas adicionales por riesgo de enfermedad profesional.

c) Para horas extraordinarias motivadas por fuerza mayor, como ya hemos indicado, será del 14% (el 12% a cargo de la empresa y el 2% a cargo del trabajador). Para las horas extraordinarias que no tengan tal consideración, el tipo será del 28,30%, (23,60% a cargo de la empresa y el 4,70% a cargo del trabajador.

d) En materia de desempleo el tipo general es de un 7,05%, del que un 5,50% corre a cargo de la empresa y el 1,55% a cargo del trabajador (con las especialidades en contratos de duración determinada).

e) En cuanto al **FOGASA**, será del 0,20% a cargo exclusivo de la empresa, sobre la base de cotización para contingencias profesionales.

f) Por la **formación profesional**, el 0,70%, del que el 0,60% será a cargo de la empresa y el 0,10% a cargo del trabajador.

---

[13] Para la determinación del tipo de cotización aplicable en función a lo establecido en la tarifa contenida en esta disposición, se tomará como referencia lo previsto en su Cuadro I para identificar el tipo asignado en el mismo en razón de la actividad económica principal desarrollada por la empresa o por el trabajador por cuenta propia o autónomo, conforme a la Clasificación Nacional de Actividades Económicas (CNAE-2009), aprobada por Real Decreto 475/2007, de 13 de abril.

g) Por **incapacidad temporal** derivada de contingencias comunes en los supuestos del Art. 112 de la LGSS, será del 1,60%, del que el 1,33% será a cargo de la empresa y el 0,27% a cargo del trabajador (OESS 2014. Art. 30.1. Ver sucesivas).

4. Cuota, bonificaciones, reducciones y recargos

A) Cuota

La cuota es el resultado de aplicar el tipo de cotización o porcentaje que corresponda a la base de cotización y deducir, en su caso, el importe de las bonificaciones y/o reducciones que resulten aplicables, sin perjuicio de que pueda ser fijada directamente por las normas reguladoras de la cotización en los distintos regímenes del Sistema de la Seguridad Social. La cuota de la Seguridad Social expresa el importe de la obligación de cotizar durante un periodo reglamentariamente delimitado, denominado periodo de liquidación.

B) Bonificaciones y reducciones

- *Las bonificaciones* de la cuota sólo se producen respecto de la cuota empresarial, no sobre la cuota del trabajador. Pueden comprender tanto las contingencias comunes y profesionales como las de desempleo, Fondo de Garantía Salarial y Formación Profesional. Corren a cargo de los presupuestos del Servicio de Empleo Estatal.

- *Reducciones:* Se producen sobre la cuota empresarial por contingencias comunes, salvo en el caso del contrato para la formación y el aprendizaje, en cuyo caso la reducción opera sobre todas las contingencias empresariales y sobre las cuotas del trabajador. Sin entrar en la casuística, a título de ejemplo: readmisión de trabajadores incapacitados que adquieren plena capacidad, sustitución de trabajadores excedentes por cuidado de familiares. Corren a cargo de los presupuestos del Servicio de Empleo Estatal.

Gozan de importantes beneficios las empresas que contraten para la realización de sus actividades –cualquiera que fuese su naturaleza– a trabajadores:

1) Contratación indefinida inicial:

- Jóvenes desempleados entre 16 y 30 años.
- Desempleados inscritos en la oficina de empleo.
- Excluido sociales.
- Víctimas de la violencia de genero y doméstica.
- Personas con discapacidad superior o igual al 33%.
- Incapacitados permanentes readmitidos.

- Sectores turismo y comercio vinculado a turismo y hostelería.
- Contratación indefinida a tiempo completo o parcial (75%, 50% de la jornada), transformación de la contratación.
- Empresas de menos de 10 trabajadores (Programa de fomento de empleo y contratación indefinida).
- Contratación indefinida –incluidos fijos discontinuos–. Persona beneficiaria del Sistema Nacional de Garantía Juvenil.

2) Trasformación de contratos temporales en indefinidos: formación, aprendizaje, empresas usuarias de ETT, prácticas, relevo o sustitución (jubilación parcial), personas con discapacidad, etc.

3) Contratación temporales:

- Excluidos sociales.
- Víctimas de la violencia de género.
- Víctimas del terrorismo.
- Personas con discapacidad.
- Contratos formativos y de interinidad.
- Contrato de formación y aprendizaje.
- Contrato en prácticas.
- Interinidad.

4) Para el mantenimiento de la contratación.

- Trabajadores con 65 años y 35 años y 6 meses cotizados.
- Cambio de puesto de trabajo.
- Regulación temporal de empleo-suspensión y reducción de jornada.
- Trabajadores sustituidos en descanso por maternidad, paternidad o riesgo por embarazo.
- Sectores de turismo, comercio (vinculado al turismo) y hostelería.

5) Para la contratación de trabajadores en determinadas actividades o ámbitos geográficos.

6) Para trabajadores por cuenta propia.

7) Empleadas de hogar.

8) Incentivos para el fomento del empleo joven.

Resultando de interés las novedades introducidas por Ley 18/2014, de 15 de octubre, de aprobación de medidas urgentes para el crecimiento, la competitividad y la eficiencia, donde se recoge la implantación del Sistema Nacional de Garantía Juvenil. (Art. 87).

C) Coeficientes de reducción (Art. 19 y 20 O.ESS)

Son de aplicación en los siguientes supuestos:

1) Empresas autorizadas que prestan colaboración voluntaria en la gestión de IT por enfermedad común o accidente no laboral, en el abono de la prestación económica de incapacidad temporal derivada de contingencias comunes, percibirán el importe resultante de aplicar el coeficiente que cada año se establezca a la cuota íntegra por contingencias comunes de sus empresas asociadas (Art. 77.1.d LGSS)[14].

2) Empresas excluidas de alguna contingencia.

D) Bonus

Se trata de un sistema de incentivos, consistente en la reducción de las cotizaciones por contingencias profesionales, a las empresas que contribuyan eficazmente la reducción de la siniestralidad, realizando al efecto actuaciones en materia de prevención y accidentes de trabajo y enfermedades profesionales (Real Decreto 404/2010, de 31 de marzo).

E) Recargos

Tienen su origen en los ingresos realizados fuera del plazo reglamentario, distinguiéndose si se han presentado o no los documentos de cotización.

1) Recargos sobre cuotas:

a) Cuando los sujetos responsables del pago *hubieran presentado los documentos* de cotización dentro del plazo reglamentario: recargo del 20% de la deuda si se abonasen las cuotas debidas tras el vencimiento de dicho plazo.

b) Cuando los sujetos responsables del pago *no hubieran presentado los documentos* de cotización dentro del plazo reglamentario:

- Recargo del 20% de la deuda si se abonasen las cuotas debidas antes de la terminación del plazo de ingreso establecido en la reclamación de deuda o acta de liquidación.
- Recargo del 35% de la deuda si se abonasen las cuotas debidas a partir de la terminación de dicho plazo de ingreso.

2) Recargos sobre recursos distintos a cuotas:

---

[14] Para el año 2014, el coeficiente es 0.045. Art. 20 Orden ESS/106/2014 de 31/01 (BOE del 01/02).

Las deudas que tengan carácter de ingresos de derecho público y cuyo objeto esté constituido por recursos distintos a cuotas, cuando no se abonen dentro del plazo reglamentario que tengan establecido, se incrementarán con el recargo del 20% de la deuda, si se abonasen las cuotas debidas a partir del último día del mes siguiente a la recepción de la reclamación de deuda.

Finalmente, reiterar el Art. 123 de la LGSS respecto al recargo de prestaciones en caso de accidente de trabajo o enfermedad profesional: "...todas las prestaciones económicas que tengan su causa en accidente de trabajo o enfermedad profesional se aumentarán, según la gravedad de la falta, de un 30% a un 50%". Lo cual tiene fundamento en no observarse las medidas de seguridad, elementales de salubridad, malas condiciones de las instalaciones, etc., recayendo la responsabilidad directamente en el empresario y sin posibilidad de compensación o transmisión.

Tema 13

Régimen general. Prestaciones

1. Introducción. Marco normativo
2. Garantías de las prestaciones
3. Responsabilidad empresarial en orden a las prestaciones
4. Principio de automaticidad de las prestaciones
5. Financiación (RD. 1415/2004, de 11 de junio)
6. Clasificación y análisis de las prestaciones

1. Introducción. Marco normativo

La acción protectora de la Seguridad Social es el conjunto de prestaciones que el sistema de Seguridad Social otorga a los colectivos afectados. La Seguridad Social –como ya avanzamos– tiene como finalidad la protección de determinados sujetos ante riesgos o situaciones de necesidad. En este sentido, pueden definirse las prestaciones como el conjunto de medidas técnicas o económicas, que pone en funcionamiento el sistema de la Seguridad Social[1], para prever, reparar o superar situaciones de necesidad.

La LGSS, en su Art. 2.2, dispone: "El Estado, por medio de la Seguridad Social, garantiza a las personas comprendidas en el campo de aplicación de ésta, por cumplir los requisitos exigidos en las modalidades contributiva o no contributiva, así como a los familiares o asimilados que tuvieran a su cargo, la protección adecuada frente a las contingencias y en las situaciones que se contemplan en esta ley".

Con carácter general se regulan las prestaciones en los Arts. 120 y sgs. de la LGSS. En la percepción de las mismas se exigen y tienen en cuenta los siguientes criterios:

De carencia o cotización previa a lo largo de la vida laboral o en periodos específicos.

La tesis de los días-cuota (vía legal o jurisprudencial), cotizaciones no efectivamente realizadas y otorgamiento de periodos de cotización presuntos, supuestos de IT, excedencia, huelga, cierre patronal, etc. Ejemplo significativo de lo dicho fue la Ley 40/2007, de 4 de diciembre, de medidas en materia de Seguridad Social, que reforma la Ley General de la Seguridad Social, modificando los criterios de cómputo en materia

---

1 El importe de las prestaciones o del capital coste de las mismas deberá incluir los intereses de capitalización. Sentencia de TS, Sala 4ª, de lo Social, 30 de marzo de 2006. Mejoras voluntarias de prestaciones de la seguridad social. La liquidación de esas mejoras pactada en el Convenio de 1998 atribuyendo a cada uno de los beneficiarios como capitalización una cantidad alzada es lícita, en virtud del principio de modernidad del Convenio.

de pensiones de jubilación. En aplicación de la misma se eliminan, de forma expresa, los "días-cuota", al señalar que para el cómputo de los años cotizados no se tendrá en cuenta la parte proporcional de las pagas extraordinarias, computándose solamente las cotizaciones efectivamente realizadas o las asimiladas a ellas, legal o reglamentariamente. En base a lo expuesto, a partir del 1 de enero de 2008, y con la aplicación del periodo transitorio (efecto 1 de enero 2013), se exigen días reales y efectivos de cotización para acceder a la pensión de jubilación.[2]

Cómputo recíproco de cotizaciones: a) Se trata de una valoración de los sucesivos periodos trabajados y cotizados en diversas actividades. b) Se computan las cotizaciones efectuadas en regímenes históricos anteriores al sistema vigente. c) Totalización de periodos de permanencia en distintos regímenes incluso con regímenes periféricos Muface, Isfas (Decreto 2957/1973, de 16 de noviembre, sobre cómputo recíproco de las cotizaciones en el sistema de la Seguridad Social).

En este sentido, la LGSS, en su Art. 9.2, establece: "A medida que los regímenes que integran el Sistema de la Seguridad Social se regulen de conformidad con lo previsto en los apartados 3 y 4 del Art. 10 LGSS, se dictarán las normas reglamentarias relativas al tiempo, alcance y condiciones para la conservación de los derechos en curso de adquisición, de las personas que pasen de unos a otros".

2. Garantías de las prestaciones

A) Garantía de percepción íntegra[3]

La LGSS establece en el Art. 40 y sgs y 120 y sgs una serie de garantías de las prestaciones para *asegurar su intangibilidad* frente a los *actos de disposición* del *propio beneficiario*. Lo cual se traduce en la imposibilidad de embargar en lo que *no exceda del salario mínimo* interprofesional[4], y en la imposibilidad de ser objeto de cesión total o parcial, retención, compensación o descuento. La excepción se plantea en las obligaciones o responsabilidades frente a la Seguridad Social o cumplimiento de obligaciones

---

[2] STS de 10 de junio de 1974 había establecido que para el cómputo de los mismos había que tener en cuenta los llamados "días cuota" correspondientes a las pagas extraordinarias (60 días por año). Hay que precisar que la supresión del los "días cuota" como criterio de cómputo del periodo mínimo de carencia sólo se aplica para la pensión de jubilación, por establecerse así expresamente en la Ley, y no para otras prestaciones como la invalidez permanente o las pensiones de viudedad, orfandad o a favor de familiares.

[3] En el supuesto de anticipo de prestaciones se establece como cuantía máxima el doble del salario mínimo interprofesional.

[4] Escala:

Para la primera cuantía adicional hasta la que suponga el importe del doble del salario mínimo interprofesional, el 30%.

Para la cuantía adicional hasta el importe equivalente a un tercer salario mínimo interprofesional, el 50%.

Para la cuantía adicional hasta el importe equivalente a un cuarto salario mínimo interprofesional, el 60%.

Para la cuantía adicional hasta el importe equivalente a un quinto salario mínimo interprofesional, el 75%.

Para cualquier cantidad que exceda de la anterior cuantía, el 90%.

alimenticias. Por lo anterior podemos afirmar como criterio general que son indisponibles y no pueden ser objeto de transmisión ni intervivos ni mortis causa.

B) Garantía de mantenimiento del poder adquisitivo. Pensiones

El Art. 47 LGSS opta por un sistema discrecional de las pensiones por parte del Gobierno. "El importe inicial de las pensiones contributivas de la Seguridad Social por cada beneficiario, no podrá superar la cuantía íntegra mensual que establezca anualmente la correspondiente Ley de Presupuestos Generales del Estado". Hay que recordar que el Art. 50 de la Constitución impone la obligación a los poderes públicos de adecuar periódicamente las pensiones.[5]

La revalorización puede ser automática, establecida por ley o discrecional por parte del Gobierno. La reforma de las pensiones de invalidez y jubilación de 1985 se inclinó por la revalorización automática. Mediante Ley 23/2013, de 23 de diciembre, se regula el factor de sostenibilidad y el nuevo Índice de Revalorización de las Pensiones, que tendrá en cuenta la inflación pero, sobre todo, los ingresos y gastos del sistema cada año, y los déficit o superávit del propio sistema de la Seguridad Social tomando como referencia las medidas de once ejercicios para modular los datos y evitar cambios bruscos en el sistema. En su artículo 1, la Ley establece el factor sostenibilidad como un instrumento automático que vincula el importe de las pensiones a la evolución de la esperanza de vida de los pensionistas.

C) Garantía para evitar la pérdida de prestación

c.1) Prescripción

Conforme al Art. 43 de la LGSS, el derecho al *reconocimiento de las prestaciones* prescribirá a los 5 años, contados desde el día siguiente a aquél en que tenga lugar el hecho causante de la prestación de que se trate, sin perjuicio de que los efectos de tal reconocimiento se produzcan a partir de los 3 meses anteriores a la fecha en que se produzca la correspondiente solicitud. No prescriben las pensiones de jubilación, viudedad, orfandad y en favor de familiares.

El plazo de prescripción para el *pago de cuotas* de la Seguridad Social y recargos, prescribirá a los cuatro años, a contar desde la fecha en que finalice el plazo reglamentario de ingreso de aquéllas.

---

[5] Art. 50 CE: Los poderes públicos garantizarán, mediante pensiones adecuadas y periódicamente actualizadas, la suficiencia económica a los ciudadanos durante la tercera edad. Asimismo, y con independencia de las obligaciones familiares, promoverán su bienestar mediante un sistema de servicios sociales que atenderán sus problemas específicos de salud, vivienda, cultura y ocio.

c.2) Caducidad

El Art. 44 LGSS establece que el percibo de las prestaciones caduca al año a contar desde la notificación al interesado (prestaciones a tanto alzado y por una sola vez); las de vencimiento periódico, el derecho al percibo de cada mensualidad caduca al año de su respectivo vencimiento. Tener en cuenta caducidades especiales (desempleo, p.e.).

El Art. 42 de la Ley de acompañamiento 2002 (Ley 24/2001, de 27 de diciembre) modificó el Art. 71 del Texto Refundido de la Ley de Procedimiento Laboral, en cuanto a la necesidad de requerimiento previo ante de la entidad gestora antes de interponer demanda ante la Seguridad Social. La nueva ley de Jurisdicción Social (Ley 36/2011) mantiene la obligatoriedad del requerimiento previo (Arts. 71 y 140 LJS)[6].

D) Garantías frente a prestaciones indebidas. Remoción y reintegro

El Procedimiento Administrativo se iniciará en los supuestos establecidos en el Art. 146.2 de la Ley de Jurisdicción Social, siendo de aplicación el Procedimiento Administrativo General (Art. 80 del Real Decreto 1415/2004, de 11 de junio). Tendrá por fundamento rectificaciones de errores materiales o de hecho y los aritméticos, omisiones, protección por desempleo, cese de actividad de trabajadores autónomos y en materia de pensiones (caso de cobro de una pensión concurrente, p.e.), así como el cobro indebido por circunstancias derivadas de la aplicación de una norma legal que conlleve su modificación o extinción.

En cuanto a la prescripción de acciones, el Art. 45 de la LGSS, en su punto 3, establece: “La obligación de reintegro del importe de las prestaciones indebidamente percibidas prescribirá a los cuatro años, contados a partir de la fecha de su cobro, o desde que fue posible ejercitar la acción para exigir su devolución, con independencia de la causa que originó la percepción indebida, incluidos los supuestos de revisión de las prestaciones por error imputable a la entidad gestora”.

En los supuestos que no proceda el procedimiento administrativo, conforme al Art. 146.1 de la Ley de Jurisdicción Social, las entidades gestoras no podrán revisar por si mismas los actos declarativos de derechos en perjuicio de los beneficiarios, debiendo ser preceptivamente revisados por la jurisdicción social. En este sentido se manifestó nuestro Tribunal Constitucional en STC 155/1992).

---

[6] Art. 71 LJS: Será requisito necesario para formular demanda en materia de prestaciones de Seguridad Social, que los interesados interpongan reclamación previa ante la entidad gestora de las mismas. Se exceptúan los procedimientos de impugnación de las resoluciones administrativas expresas en las que se acuerda el alta médica emitidas por los órganos competentes de las entidades gestoras de la Seguridad Social al agotarse el plazo de duración de trescientos sesenta y cinco días de la prestación de incapacidad temporal.

3. Responsabilidad empresarial en orden a las prestaciones

El incumplimiento por parte de la empresa de las obligaciones de afiliación, alta y cotización como deber público por imperativo legal, genera un sistema pluralista de responsabilidades (Arts. 13 y 100 de la LGSS).

La responsabilidad, en orden a las prestaciones, tiene como objeto determinar a quien incumbe el pago de las mismas, debiendo distinguirse los siguientes tipos de responsabilidad:

Responsabilidad penal y civil.

Responsabilidad administrativa.

Responsabilidad en materia de prestaciones (Seguridad Social).

Responsabilidad penal y civil: Estas responsabilidades –indemnización que se determine– son concurrentes con el pago de la prestación, teniendo fundamento en el Art. 1902 del CC (culpa extracontractual) e ilícitos penales contenidos en los Arts. 311 y siguientes del Código Penal. Es decir, se estará obligado al pago de la prestación efectiva y la indemnización fijada por la jurisdicción competente. Hay que tener presente la posibilidad de incurrir en delito fiscal respecto a las cuotas no ingresadas (Art. 305 del Código Penal: "Cuando la cuantía de la cuota defraudada, el importe no ingresado de las retenciones o ingresos a cuenta o de las devoluciones o beneficios fiscales indebidamente obtenidos o disfrutados exceda de 120.000 euros"[7]).

Responsabilidades administrativas reguladas por el texto refundido de la Ley sobre Infracciones y sanciones de Orden Social RD 5/2000, LISOS (Arts. 21 y 23); RD 1415/2004, de 11 de junio (sobre Recaudación de los Recursos) (Arts. 1 y 12).

Responsabilidad en Seguridad Social: Consiste en determinar a quién corresponde el pago de una prestación. Este tipo de responsabilidad se imputa a las entidades gestoras: Mutuas de AT y EP o empresarios que colaboren voluntariamente en la gestión de la Seguridad Social. El Art. 126 de la LGSS (completado con los Arts. 94 y 97 de la LSS de 1967) declara que el empresario es responsable de las prestaciones en caso de falta de afiliación y/o alta, falta de cotización. Ténganse en cuenta, además, los supuestos especiales como subcontratas, cesión de trabajadores o sucesión de empresas o ETT (Art. 127 LGSS).

El incumplimiento de medidas de prevención de Riesgos Laborales (Art. 108.2 LGSS) también genera posibles recargos de cotización y podría entenderse como incumplimiento del deber de aseguramiento. También el incumplimiento en materia de reconocimientos médicos (Art. 197 LGSS) o de las órdenes de la Inspección de Trabajo de paralizar la producción (Art. 195 LGSS) puede traer consecuencias prestacionales.

---

[7] Artículo 305 CP, redactado por el apartado dos del artículo único de la L.O. 7/2012, de 27 de diciembre, por la que se modifica la LO 10/1995, de 23 de noviembre, del Código Penal en materia de transparencia y lucha contra el fraude fiscal y en la Seguridad Social ("BOE", 28 de diciembre). Vigencia: 17 enero 2013.

4. Principio de automaticidad de las prestaciones

En virtud de este, la normativa española establece mecanismos de garantía para el beneficiario en materia de prestaciones, que las desliga del cumplimiento o incumplimiento empresarial. Debiéndose distinguir los supuestos de falta de afiliación y alta de los trabajadores, falta de cotización y supuestos de infracotización. El principio de automaticidad de las prestaciones genera un vínculo entre la responsabilidad pública y privada. La entidad colaboradora o gestora anticipa la prestación de forma automática, sin perjuicio de reintegrarse posteriormente de la empresa.

En este orden de cosas conviene revisar las siguientes sentencias: STSJ de Cataluña de 18-9-2001, STS 85-1997, STS 28-9-1995, 11-12-1995, 19-6-2001, y en fechas más recientes: Sentencia TSJ Canarias 98/2013, de 31 de enero, Sentencia TS (Sala 4), de 18 de octubre de 2011.

El Art. 126.3 de la LGSS establece una serie de criterios respecto a la automaticidad, no pudiendo superar el anticipo dos veces y media el IPREM vigente en el momento del hecho causante o la declaración previa de insolvencia del empresario responsable para el ejercicio de acciones.

5. Financiación (RD. 1415/2004, de 11 de junio)

Nuestra Constitución, en su Art. 41, proclama: "Los poderes públicos mantendrán un régimen público de Seguridad Social para todos los ciudadanos, que garantice la asistencia y prestaciones sociales suficientes ante situaciones de necesidad, especialmente en caso de desempleo. La asistencia y prestaciones complementarias serán libres". El Art. 86.1 LGSS señala como fuentes de financiación:

- Las aportaciones progresivas del Estado.
- Las cuotas de las personas obligadas.
- Las cantidades recaudadas en concepto de recargos o sanciones.
- Los frutos, rentas o intereses y cualquier otro producto de sus recursos patrimoniales.
- Cualesquiera otros ingresos.

A) Recaudación de cuotas. Ideas preliminares. Claves

La gestión recaudadora corresponde a la Tesorería de la Seguridad Social.

La gestión recaudadora a nivel central está encomendada a los órganos directivos y en el ámbito provincial a las direcciones provinciales –salvo atribución expresa a otros órganos–, incluidas las administraciones y unidades de recaudación ejecutiva. Estas unidades son competentes para la ejecución forzosa del patrimonio del deudor en los términos establecidos en la LGSS y Reglamento de Recaudación.

Claves:

- El domicilio para el empresario será el que figura en la apertura de la cuenta de cotización (pudiéndose hacer constar un domicilio distinto a efectos de notificaciones).
- Es ineludible a efectos de compensación la presentación de los TC1 y TC2.
- Para que el pago tenga efectos extintivos debe hacerse sobre la totalidad de la deuda.
- El aplazamiento y fraccionamiento de deudas tendrá carácter discrecional.
- La obligación del pago de cuotas prescribe a los cuatro años.[8]
- Órganos recaudadores: Direcciones provinciales de la TGSS, administraciones de la seguridad social, unidades de recaudación ejecutiva.

B) Responsables

El empresario (persona física o jurídica) y los trabajadores están obligados a cotizar conforme a las especialidades dispuestas en cada régimen.

Responsable principal. Art. 104 LGSS: "El empresario es el responsable del cumplimiento de la obligación de cotizar e ingresará las aportaciones propias y las de sus trabajadores en la totalidad".

Responderán asimismo de las *obligaciones de cotizar*, solidaria, subsidiariamente o mortis causa, las personas o entidades sin personalidad a que se refieren los Arts. 15 y 127.1 y 2 de la LGSS. En este sentido, el Art. 15.3 de la LGSS, precisa: "En caso de que la responsabilidad por la obligación de cotizar corresponda al empresario, podrá dirigirse el procedimiento recaudatorio que se establece en esta Ley y su normativa de desarrollo, contra quien efectivamente reciba la prestación de servicios de los trabajadores que emplee, aunque formalmente no figure como empresario en los contratos de trabajo, en los registros públicos o en los archivos de las entidades gestoras y servicios comunes".

Responsables Conexos. Art. 127 LGSS: Se establece responsabilidad solidaria en las *obligaciones referidas a la Seguridad Social* en los supuestos del Art. 42 ET

[8] Artículo 42 Reglamento de Recaudación. Plazo de prescripción. 1. La obligación de pago de las cuotas de la Seguridad Social y de los conceptos de recaudación conjunta, así como de los recargos sobre unos y otras, prescribirá a los cuatro años, a contar desde la fecha en que finalice el plazo reglamentario de ingreso de aquéllas.

(subcontratas)[9] y Art. 44 ET (Sucesión de Empresa). Siendo determinante el concepto de propia actividad para el primero de los supuestos y el de unidad productiva autónoma en el segundo. Profundizando en el análisis del Art. 127, en su apartado 1, se alude a la posible insolvencia del empresario y responsabilidad –subsidiaria– del propietario de la obra o industria. En este sentido la STSJ de Murcia 201/2013, de 8 de marzo, establece: "En el caso del artículo 127 en relación con el 104 de la misma Ley de Seguridad Social, y para la misma clase de contratas y subcontratas que en el caso anterior, se establece la *responsabilidad subsidiaria* del propietario de la obra con respecto a la obligación de cotizar y al pago de prestaciones, caso de el empresario obligado a hacerlo fuese declarado insolvente; todo ello sin perjuicio de lo dispuesto en el artículo 42 del Estatuto de los Trabajadores. No existe pues una absoluta coincidencia entre las responsabilidades previstas en uno y otro precepto, ni en cuanto a los conceptos a que se extienden, ni tampoco en cuanto a las circunstancias que pueden exonerar de las mismas. Sin embargo, entiende esta Sala, contrariamente a lo resuelto por la sentencia ahora impugnada, que no puede marcarse una diferencia entre uno y otro tipo de responsabilidad por la circunstancia de que la obra o servicio subcontratado se refiera o no a la misma actividad propia del subcontratante, de forma tal que la responsabilidad solidaria del artículo 42 se limite a los supuestos en que así ocurra, mientras que la subsidiaria proclamada en los artículos 104 y 127 se refiera a los casos en que no existe esa identidad de actividad". De lo que se concluye que el régimen de responsabilidad en el pago de las cotizaciones o prestaciones de la Seguridad Social (Art. 127 LGSS) es complementario y acumulativo al del Art. 42 ET, arbitrando una fórmula que permita demandar al propietario de la obra el abono de las cotizaciones impagadas por el subcontratista declarado insolvente.

Finalmente, advertir que, cuando *la prestación* haya tenido como origen supuestos de hecho que impliquen responsabilidad criminal o civil de alguna persona, incluido el empresario, la prestación será hecha efectiva, cumplidas las demás condiciones, por la entidad gestora, servicio común o Mutua de Accidentes de Trabajo y Enfermedades Profesionales, en su caso, sin perjuicio de aquellas responsabilidades. En estos casos, el trabajador o sus derechohabientes podrán exigir las indemnizaciones procedentes de los presuntos responsables criminal o civilmente.

C) El pago

El pago de las deudas objeto de gestión recaudatoria deberá efectuarse directamente a los órganos de recaudación de la TGSS, siendo sujetos responsables del pago de aquellas los administradores de bienes, administradores judiciales y en general cualquier

---

9 El Real Decreto Legislativo 1/1995, de 24 de marzo, por el que se aprueba el Texto Refundido de la Ley del Estatuto de los Trabajadores, en su artículo 42, en relación con la subcontratación de obras y servicios, previene en su apartado 1.º que los empresarios que contraten o subcontraten con otros la realización de obras o servicios correspondientes "a la propia actividad" de aquéllos deberán comprobar que dichos contratistas están al corriente en el pago de las cuotas de la Seguridad Social.

persona, tenga o no interés en el cumplimiento de la obligación. Para que el pago tenga efectos extintivos deberá serlo por la totalidad de la deuda (en vía ejecutiva se aplicarán al pago la cantidades parciales entregadas por el deudor) y con arreglo a los requisitos que establece el Reglamento de Recaudación.

El pago de la deuda podrá realizarse mediante dinero legal, cheque, transferencia o domiciliación bancaria, así como cualquier medio autorizado por la TGSS, teniendo derecho quien efectúe el pago al justificante de pago correspondiente (documentos de cotización, recibos, certificaciones, etc.). Por Resolución de 4 de marzo de 2011, se autoriza la utilización de tarjetas tanto de débito como de crédito.

Todo justificante de pago deberá indicar, como mínimo, las siguientes circunstancias: a) Datos identificativos del sujeto responsable de pago. b) Concepto, importe y periodo a que se refiere el ingreso. c) Fecha de pago. d) Órgano recaudador o colaborador que lo expide.

c.1) Periodo voluntario

Se iniciará en la fecha del comienzo del plazo reglamentario de ingreso y se prolongará hasta la providencia de apremio, con la cual se iniciará el periodo de recaudación ejecutiva. Terminado el plazo reglamentario de ingreso, se aplicarán los recargos correspondientes y comenzará el devengo de los intereses de demora. Sin perjuicio de las sanciones que procedan.

Las cuotas de la Seguridad Social y los recursos que se recauden conjuntamente con ellas se ingresarán dentro del mes siguiente al que corresponda su devengo, salvo que se establezca otro plazo por las normas que regulan cada uno de los regímenes que integran el Sistema de la Seguridad Social (Art. 56 del Reglamento de Recaudación).

Los efectos de la falta de ingreso en el plazo reglamentario darán lugar a los recargos correspondientes:

c.2) Recargos sobre cuotas[10]

Cuando los sujetos responsables del pago hubieran presentado los documentos de cotización dentro del plazo reglamentario: recargo del 20 por ciento de la deuda, si se abonasen las cuotas debidas tras el vencimiento de dicho plazo.

Cuando los sujetos responsables del pago no hubieran presentado los documentos de cotización dentro del plazo reglamentario: recargo del 20 por ciento de la deuda, si se abonasen las cuotas debidas antes de la terminación del plazo de ingreso establecido

[10] La posibilidad de que la Administración de la Seguridad Social aplique la condonación de recargos ha sido eliminada por el Real Decreto 1415/2004, de 11 de junio, que en esta materia no reprodujo el apartado 3º del art.º 59 del anterior Reglamento de Recaudación aprobado por Real Decreto 1637/1995.

en la reclamación de deuda o acta de liquidación. Recargo del 35 por ciento de la deuda si se abonasen las cuotas debidas a partir de la terminación de dicho plazo de ingreso.

Recargos sobre recursos distintos a cuotas: Las deudas que tengan carácter de ingresos de derecho público y cuyo objeto esté constituido por recursos distintos a cuotas, cuando no se abonen dentro del plazo reglamentario que tengan establecido, se incrementarán con el siguiente recargo: recargo del 20 por ciento de la deuda, si se abonasen las cuotas debidas a partir del último día del mes siguiente a la recepción de la reclamación de deuda.

Los intereses: Se devengarán desde el día siguiente al vencimiento del plazo reglamentario de ingreso. El tipo de interés será el interés legal del dinero vigente en cada momento, incrementado en un 25% (salvo que la Ley de Presupuestos disponga otra cosa).

D) Procedimiento liquidatorio

Procederá la reclamación de deuda en los siguientes supuestos:

1) Falta de cotización respecto de trabajadores dados de alta cuando no se hubiesen presentado los documentos de cotización en plazo reglamentario o cuando, habiéndose presentado, contengan errores aritméticos o de cálculo que resulten directamente de tales documentos. Si estas circunstancias fuesen comprobadas por la Inspección de Trabajo y Seguridad Social, lo comunicará a la Tesorería General de la Seguridad Social con la propuesta de liquidación que proceda.

2) Falta de cotización en relación con trabajadores dados de alta que no consten en los documentos de cotización presentados en plazo reglamentario, respecto de los que se considerará que no han sido presentados dichos documentos.

3) Diferencias de importe entre las cuotas ingresadas y las que legalmente corresponda liquidar, debidas a errores aritméticos o de cálculo que resulten directamente de los documentos de cotización presentados.

Se entenderán comprendidas dentro de este apartado las diferencias originadas por los errores de hecho o de derecho en la aplicación de las compensaciones o deducciones en los documentos de cotización, así como, en su caso, las correspondientes a la omisión o incorrecta aplicación de recargo.

4) Deudas por cuotas cuya liquidación no corresponda a la Inspección de Trabajo y Seguridad Social.[11]

[11] Art. 62 RGRSS: Procederá también la reclamación de deuda cuando, en atención a los datos obrantes en la Tesorería General de la Seguridad Social y por aplicación de cualquier norma con rango de Ley que no excluya la responsabilidad por deudas de Seguridad Social, deba exigirse el pago de dichas deudas:
a) A los responsables solidarios, en cuyo caso la reclamación comprenderá el principal de la deuda a que se

La reclamación de la deuda será expedida por la Tesorería General de la Seguridad Social y deberá contener, al menos, los siguientes datos:

a) Datos identificativos correspondientes al sujeto o sujetos responsables del ingreso.

b) Naturaleza y periodo del descubierto.

c) Datos necesarios para la determinación de la deuda con indicación del importe reclamado así como de la cuantía del recargo aplicado, y con expresión, en su caso, del número de trabajadores a que se refiere la reclamación y de las bases y tipos de cotización aplicados.

d) Plazo y forma en que haya de ser pagada.

e) Consecuencias que se derivarán en caso de incumplimiento, con advertencia del devengo de interés de demora y plazo a partir del cual es exigible.

f) Fecha en que se expide.

g) Recurso que procede contra la reclamación de deuda, órgano ante el que ha de presentarse y plazo para interponerlo.

La Inspección de Trabajo podrá requerir al sujeto responsable el ingreso de su pago, absteniéndose en tal caso de iniciar expediente sancionador y liquidatorio, lo cual habitualmente se plasma en el Libro de Visitas de la Inspección de Trabajo y Seguridad Social o mediante notificación escrita. Si la autoridad laboral optara por iniciar el procedimiento liquidatorio, se extenderá la oportuna acta de liquidación de cuotas.

E) Actas de liquidación de cuotas: procedencia, claves e impugnación

1) Procedencia:

Las actas de liquidación de cuotas son extendidas cuando las deudas son originadas por:

a) Falta de afiliación o de alta de trabajadores en cualquiera de los Regímenes del Sistema de la Seguridad Social.

b) Diferencias de cotización por trabajadores dados de alta, cuando dichas diferencias no resulten directamente de los documentos de cotización presentados dentro o

---

extienda la responsabilidad solidaria, los recargos, intereses y costas devengados hasta el momento en que se emita dicha reclamación.

b) Al responsable subsidiario, por no haber ingresado éste el principal adeudado por el deudor inicial en el plazo reglamentario señalado en la comunicación que, en este caso, se libre a tal efecto.

c) A quien haya asumido la responsabilidad por causa de la muerte del deudor originario; en tal caso, la reclamación comprenderá el principal de la deuda, los recargos, intereses y costas devengados hasta que se emita.

fuera del plazo reglamentario. Se entenderán comprendidas dentro de este apartado las diferencias existentes entre las remuneraciones realmente percibidas sujetas a cotización y las bases estimadas que figuren en las reclamaciones de deuda emitidas por falta de declaración de bases del sujeto responsable.

c) Derivación de la responsabilidad del sujeto obligado al pago, cualquiera que sea su causa y Régimen de la Seguridad Social aplicable, y con base en cualquier norma con rango de Ley que no excluya la responsabilidad por deudas de Seguridad Social. En los casos de responsabilidad solidaria legalmente previstos, la Inspección podrá extender acta a todos los sujetos responsables o a alguno de ellos; en este caso, el acta de liquidación comprenderá el principal de la deuda a que se extienda la responsabilidad solidaria, los recargos, intereses y costas devengados hasta la fecha en que se extienda el acta.

d) Aplicación indebida de las bonificaciones en las cotizaciones de la Seguridad Social previstas reglamentariamente para la financiación de las acciones formativas del subsistema de formación profesional continua.

2) Claves:

a) El acta como liquidación provisional necesita de un acto administrativo expreso.

b) Requerimiento previo al acta extensible en el Libro de visitas.

c) Posibilidad de extender actas a los sujetos responsables solidarios solo a algunos de ellos.

d) Obligatoriedad de comunicación formal entre Inspección y Tesorería.

e) Posibilidad de garantizar la deuda por el obligado mediante aval, prenda, hipoteca o cualquier otra garantía personal o real.

3) Impugnación:

Contra los actos de gestión recaudatoria de la Tesorería General de la Seguridad Social, dictados tanto en periodo voluntario como en vía de apremio, podrán interponerse los recursos administrativos de alzada, reposición y revisión, y el recurso contencioso-administrativo, en los supuestos, forma, plazo y con los efectos previstos en la legislación común sobre procedimiento administrativo y en la legislación reguladora de la jurisdicción contencioso-administrativa.[12]

La interposición de la vía contenciosa no interrumpe en su caso el apremio, una vez dictado el título ejecutivo, salvo si el recurrente garantiza con aval o procede a la

[12] Contra la providencia de apremio solamente será admisible recurso de alzada basado en los motivos, debidamente justificados, que a continuación se especifican: a) Pago. b) Prescripción. c) Error material o aritmético en la determinación de la deuda. d) Condonación, aplazamiento de la deuda o suspensión del procedimiento. e) Falta de notificación de la reclamación de deuda, cuando ésta proceda, del acta de liquidación o de las resoluciones que éstas o las autoliquidaciones de cuotas originen La interposición de recurso suspenderá el procedimiento de apremio, sin necesidad de la presentación de garantía, hasta la notificación de su resolución (Art. 86. RGRSS).

consignación de la deuda; es decir pone a disposición de la TGSS el importe de la deuda exigible, los recargos, los intereses y las costas del procedimiento.[13]

6. Clasificación y análisis de las prestaciones

La Ley General de la Seguridad Social, en su Art. 2.2, dispone: "El Estado, por medio de la Seguridad Social, garantiza a las personas comprendidas en el campo de aplicación de ésta, por cumplir los requisitos exigidos en las modalidades contributiva o no contributiva, así como a los familiares o asimilados que tuvieran a su cargo, la protección adecuada frente a las contingencias y en las situaciones que se contemplan en esta ley".

La acción protectora de la Seguridad Social tiene como finalidad la cobertura de un "riesgo" (hecho futuro e incierto), que genera una determinada situación de necesidad en quien lo sufre "contingencia", lo que provoca el hecho causante objeto de la prestación. Por lo que las prestaciones se configuran como medidas para reparar el estado de necesidad, derivado del hecho causante. Caracteres comunes a todas las prestaciones serían: a) La indisponibilidad, en tanto no pueden ser objeto de retención, cesión total o parcial, compensación o descuento, salvo excepciones tasadas por la ley, como en el caso de las obligaciones alimenticias (Art. 40 LGSS); b) Prohibición de tasas y derechos (Art. 40.3 LGSS); c) Irrenunciabilidad (Art. 3 LGSS); d) Revalorización (Art. 48 LGSS), en este sentido la Ley obliga a la actualización de las pensiones en función del índice de revalorización previsto en la correspondiente Ley de Presupuestos Generales del Estado; e) Créditos privilegiados, es decir, las prestaciones que deban satisfacer los empresarios como consecuencia del incumplimiento de las obligaciones en materia de seguridad social, tendrán el carácter de crédito privilegiado en los términos previstos en el Art. 32 del ET.

La doctrina distingue en atención a: a) Las causas productoras: entre comunes y profesionales. b) Por su naturaleza: en especie o servicios, económicas, en dinero (rentas, capital, indemnizaciones...). c) Por su forma de pago: de tracto único o sucesivo; directas (salario) e indirectas (salario y cotización). d) Por la causa: pensión (periódico y vitalicio), subsidio (periódico y temporal), indemnización (un solo pago).

Con fundamento en el Art. 38 (LGSS), se pueden agrupar:

- Asistencia sanitaria, recuperación profesional y prestaciones farmacéuticas.
- Incapacidad temporal, maternidad, paternidad, riesgo durante el embarazo y lactancia, cuidado de menores (cáncer u otra enfermedad grave), invalidez, desempleo, jubilación.
- Supervivencia y muerte.

---

[13] Las actuaciones del procedimiento de apremio para el cobro de la deuda podrán prever un incremento sobre la cuantía exigible de hasta un 10 por ciento, en concepto de previsión de costas e intereses que puedan devengarse hasta el momento del efectivo cobro. La previsión de costas nunca podrá superar el 3 por ciento del importe de la deuda.

- Prestaciones familiares.
- Servicios sociales y asistencia social.

A) Incapacidad temporal[14]

Concepto: la incapacidad temporal es la situación de alteración de la salud del trabajador –cualquiera que sea su causa (común, profesional, accidente[15])– por la que recibe asistencia sanitaria de la Seguridad Social y le impide temporalmente el desempeño del trabajo. La duración máxima será de trescientos sesenta y cinco días prorrogables por otros ciento ochenta días, cuando se presuma que durante ellos puede ser dado de alta médica. Los periodos de observación por enfermedad profesional serán por seis meses prorrogables por otros seis, cuando sea necesario para el diagnóstico de la enfermedad.

Hay que tener presente que la extinción de la incapacidad temporal, anterior al agotamiento de los quinientos cuarenta y cinco días naturales de duración de la misma, sin que exista ulterior declaración de incapacidad permanente, mantendrá la obligación de cotizar mientras no se extinga la relación laboral o hasta la extinción del citado plazo de quinientos cuarenta y cinco días naturales, de producirse con posterioridad dicha declaración de inexistencia de incapacidad permanente (Art. 131 bis.2).

Beneficiarios: las personas integradas en el Régimen General de la Seguridad Social que se encuentren en cualquiera de las situaciones determinadas por el Art. 128 de la LGSS, siempre que reúnan, en el momento de producirse el hecho causante, las condiciones siguientes: Estar afiliado y estar dado de alta o en situación asimilada (salvo disposición de contrario).

Periodo previo de cotización: 180 días en los cinco años anteriores al hecho causante en enfermedad común (ninguno en caso de accidente de trabajo o enfermedad profesional).

Cuantía

Para la IT derivada de *accidente laboral y enfermedad profesional* será el resultado de aplicar el 75% a la base reguladora correspondiente, desde el día en que se produzca el nacimiento del derecho.

Para la IT derivada de *enfermedad común y accidente no laboral:* desde el cuarto día al vigésimo (ambos inclusive), el 60% de la base reguladora; del vigésimo primero en adelante, el 75% de la base.

---

[14] En 2013 el promedio mensual de bajas por incapacidad temporal (IT) fue de 262.345 frente a las 483.011 de 2007 (reducción de un 45,6%). En 2014 la tendencia vuelve a situaciones anteriores, que necesariamente no son indicativo de recuperación económica, ya que las bajas registradas este año ascienden a 330.427 en promedio mensual, un 25% más que en 2013.

[15] El concepto de accidente de trabajo y de enfermedad profesional se desarrollan en los Arts. 115 y 116 LGSS.

Duración

Como ya hemos indicado, tendrá una duración máxima de doce meses prorrogables por otros seis cuando se presuma que durante ellos pueda el trabajador ser dado de alta médica por curación.

A efectos del periodo máximo de duración de la IT derivada de cualquier contingencia, se computarán los de recaída y observación, entendiendo por recaída recaer en la misma dolencia (por la misma o similar patología) (Art. 131.bis LGSS).

Nacimiento del derecho al subsidio: forma de pago

Si la alteración de la salud está originada por *accidente laboral o enfermedad profesional*, el subsidio se abonará desde el día siguiente al de la baja del trabajador (estando a cargo del empresario el salario correspondiente al día de la baja). Responsable del pago será la entidad con la que se haya concertado la protección respecto a las contingencias profesionales (INSS o Mutua de AT y EP). En cuanto a la forma, se hará de forma delegada o por la entidad concertada.

Si la alteración de la salud procede de *accidente no laboral o enfermedad común:*

Los 3 primeros días no son objeto de cobertura, pero por convenio colectivo se suele imponer al empresario el pago.

Del día 4° al 15° (ambos inclusive y a contar desde la fecha de la baja en el trabajo), el subsidio se abonará y estará a cargo exclusivo del empresario, el cual no trasladará su carga a la Seguridad Social.

A partir del día 16°, el responsable será la entidad correspondiente con la que se haya formalizado la prestación por IT derivada de contingencias comunes –INSS o Mutua de AT y EP–. En cuanto a la forma: directamente por el empresario[16] (se resarcirá de las cantidades satisfechas descontándolas de las liquidaciones que deba efectuar) o por la entidad concertada en los supuestos previstos por la Ley.

Pérdida o suspensión del derecho al subsidio:

a) Cuando el beneficiario haya actuado fraudulentamente para obtener dicha prestación.

b) Cuando el beneficiario trabaje por cuenta propia o ajena tras ser declarado de baja, y siempre que esa baja exija no realizar ningún tipo de trabajo.

c) Cuando, sin causa razonable, el beneficiario rechace o abandone el tratamiento que le fuere indicado.

[16] El subsidio se abonará por los mismos periodos que los salarios y se hará efectivo en las mismas fechas que estos.

d) La incomparecencia del beneficiario, a cualquiera de las convocatorias realizadas por los médicos adscritos al Instituto Nacional de la Seguridad Social y a las Mutuas de Accidentes de Trabajo y Enfermedades Profesionales de la Seguridad Social, para el examen y reconocimiento médico, producirá la suspensión cautelar del derecho, al objeto de comprobar si aquella fue o no justificada. Reglamentariamente se regulará el procedimiento de suspensión del derecho y sus efectos.

Extinción del derecho al subsidio

a) Por el transcurso del plazo máximo establecido.

b) Por ser dado de alta médica con declaración de incapacidad permanente.

c) Por ser dado de alta médica sin declaración de incapacidad permanente: el alta puede darse por curación total o con lesión permanente no invalidante.

d) Por haber sido reconocido al beneficiario el derecho al percibo de la pensión de jubilación.

e) Por fallecimiento del beneficiario.

f) Incomparecencia injustificada a cualquiera de las convocatorias para los exámenes y reconocimientos establecidos por los médicos adscritos al INDD o mutuas de AT y EP.

El apartado f) trae a colación la nueva Ley de Mutuas RD 625/2014, de 18 de julio (BOE, 21 de julio 2014). Respecto a la cual consideramos de interés las siguientes novedades:

- Posibilidad que las Mutuas de AT/E insten revisiones directamente ante el INSS, en caso de silencio por parte del Servicio Público de Salud.
- Reducción de los plazos para decidir sobre el estado de salud del trabajador. El hecho de que la parte inicial de baja –si se trata de procesos de duración estimada inferior a 5 días naturales– se acompañe del alta, puede propiciar las IT de corta duración.
- El uso de tablas de duración óptima de los procesos –patologías– puede ser un instrumento de gestión útil especialmente para el control, por parte de la Inspección Médica y las Mutuas, de aquellas bajas cuya duración resulte aparentemente excesiva.
- El parte de baja se expedirá tras el reconocimiento del médico al trabajador. Debe destacarse la reducción en dos días del plazo de que disponen las empresas para remitir el parte de baja (comunicación por RED), siendo a partir de esta norma de 3 días hábiles. Siendo el plazo de tres días (a partir de su expedición) el otorgado al trabajador para entregar a la empresa del parte de baja.
- Mayor cooperación entre el Instituto Nacional de la Seguridad Social y mutuas. Acceso a informes médicos y pruebas diagnósticas relativos a la incapacidad

temporal, por facultativos de las mutuas, servicios públicos de salud e inspectores médicos.

B) Maternidad

Concepto: a efectos de la prestación, se consideran situaciones protegidas: la maternidad, la adopción y el acogimiento familiar (preadoptivo, permanente o simple), durante los periodos de descanso que por tales situaciones se disfruten. Art. 48.4 ET (Ver: STJ. País Vasco, Sala de lo Social, 15042014, nº 731/2014, rec. 530/2014, en donde la situación de acogimiento no se equipara a la guarda legal).

Beneficiario: Los trabajadores por cuenta ajena, cualquiera que sea su sexo, que estén afiliados y en alta al sobrevenir la contingencia.

Periodo previo de cotización: Menores de 21 años en la fecha de la contingencia (parto o adopción), no se exigirá periodo previo; si tiene entre 21 y menos de 26 años en la fecha de la contingencia, 90 días en los siete años inmediatamente anteriores a la fecha de inicio del descanso, o 180 días cotizados a lo largo de su vida laboral con anterioridad al inicio del descanso; cumplidos los 26 años en la fecha de la contingencia, 180 días en los siete años inmediatamente anteriores a la fecha de inicio del descanso o 360 días cotizados a lo largo de su vida laboral con anterioridad al inicio del descanso.

Cuantía: consistirá en un subsidio equivalente al 100% de la base reguladora correspondiente, y que será la misma que la establecida para IT derivada de contingencias comunes.

$$\text{Base Reguladora}^{17} = \frac{\text{Base C. Contingencias Comunes del mes anterior al inicio del descanso}}{\text{Nº días a que se refiere dicha cotización}}$$

Duración

Dieciséis semanas ininterrumpidas, ampliables por parto, adopción o acogimiento múltiple a dieciocho. En caso de discapacidad del hijo, se ampliará igualmente a dos semanas. En caso de hospitalización del neonato a continuación del parto, se podrá ampliar hasta un máximo de trece semanas.

El periodo de descanso se distribuirá a opción de la interesada, siempre que seis semanas sean inmediatamente posteriores al parto, pudiendo hacer uso de éstas el padre para el cuidado del hijo en caso de fallecimiento de la madre.

Si la madre y el padre trabajan, podrá aquélla, al iniciarse el periodo de descanso por maternidad, optar por que el padre disfrute de una parte determinada e ininterrumpida del descanso posterior al parto, bien de forma simultánea o sucesiva con el de la

[17] La base reguladora del subsidio nunca podrá ser inferior a la base de cotización mínima vigente, que en cada momento corresponda a la categoría profesional del trabajador.

madre. El otro progenitor podrá hacer uso del periodo de suspensión cedido, aunque en el momento previsto de reincorporación de la madre, ésta se encuentre en situación de incapacidad temporal. En el caso de disfrute simultáneo de periodos de descanso, la suma de los mismos no podrá exceder de las dieciséis semanas, o las que correspondan en caso de parto múltiple.[18]

Claves:

- Posibilidad de la maternidad a tiempo parcial para promover la conciliación con la vida familiar y personal; el disfrute será en todo caso ininterrumpido, aunque puede ser disfrutado de forma simultánea o sucesiva por ambos progenitores, adoptantes o acogedores Debe existir un acuerdo previo entre empresario y trabajador, será incompatible con los derechos previstos en los apartados 4 y 4.bis del Art. 37 ET el régimen de guarda legal, y excedencia por cuidado de familiares. Durante los periodos de descanso la base reguladora de la prestación se reducirá en proporción inversa a la reducción de la jornada.
- Posibilidad de cobertura de maternidad a los trabajadores a tiempo parcial.
- Si durante la jornada sobreviniera IT, se compatibilizaran los dos subsidios.
- Recordar que la madre puede revocar el permiso concedido al padre por ausencia, enfermedad o accidente y abandono.
- Si fallece el hijo, la beneficiaria tendrá derecho a los días que falten del periodo obligatorio.
- Si el recién nacido debe permanecer hospitalizado, la percepción del subsidio podrá interrumpirse una vez completado el descanso obligatorio, y se reanudará a partir de la fecha del alta hospitalaria del niño por el periodo que reste por disfrutar.

C) Paternidad (Art. 48 Bis ET; Art. 133 O.LGSS)

Situaciones protegidas: el nacimiento de hijo, la adopción y el acogimiento familiar.[19]

Requisitos: estar afiliados y en alta o en situación asimilada en algún régimen del sistema de la Seguridad Social. Tener cubierto un periodo *mínimo de cotización de* 180 días dentro de los 7 años inmediatamente anteriores a la fecha del inicio de dicha suspensión o permiso, o, alternativamente, 360 días a lo largo de su vida laboral con anterioridad a la mencionada fecha.

[18] El desarrollo de la actividad profesional de la madre será requisito pero no suficiente, requiriéndose simultáneamente de la opción y cesión materna. Ambos deberán reunir los requisitos exigidos.

[19] Se consideran jurídicamente equiparables aquellas instituciones declaradas por resoluciones judiciales o administrativas extranjeras con efectos y finalidad similar.

Beneficiarios: Los trabajadores por cuenta ajena o propia, incluidos los contratados para la formación y a tiempo parcial, cualquiera que fuera su sexo, que disfruten de los periodos de descanso o permisos, por nacimiento de hijo, adopción y acogimiento.

En el supuesto de parto: El derecho corresponde en exclusiva al *otro progenitor* si reúne los requisitos establecidos y disfruta el periodo de suspensión o permiso correspondiente.

En los supuestos de adopción o acogimiento: El derecho corresponderá sólo a uno de los progenitores, a elección de los interesados.

Cuantía: 100% de la base reguladora correspondiente, calculada conforme a los criterios expuestos en la prestación de maternidad.

Duración: Los trabajadores por cuenta ajena incluidos en el ET podrán ejercitar este derecho o bien desde la finalización del permiso retribuido previsto legal o convencionalmente (mínimo 2 días), por el nacimiento, adopción o acogimiento, y hasta que finalice la suspensión del contrato por maternidad, o bien inmediatamente después de la finalización de dicha suspensión por maternidad. La duración será equivalente a la del periodo de descanso que disfrute el trabajador, en los siguientes términos:

- 13 días naturales ininterrumpidos, ampliables en 2 días más por cada hijo a partir del segundo, en los casos de parto, adopción o acogimiento múltiples, si se trata de trabajadores a los que resulta de aplicación el Art. 48 bis del ET. El disfrute de estos periodos es independiente del disfrute compartido de los periodos de descanso por maternidad.
- 20 días naturales ininterrumpidos, cualquiera que sea la legislación aplicable, cuando el nuevo nacimiento, adopción o acogimiento se produzcan en una familia numerosa o que, por tal motivo, adquiera dicha condición, o cuando en la familia existiera previamente una persona con discapacidad, en un grado igual o superior al 33%.
- 20 días naturales ininterrumpidos, cualquiera que sea la legislación aplicable, cuando el hijo nacido o adoptado o el menor acogido tenga una discapacidad en un grado igual o superior al 33%.

Para el 1 de enero del 2015 se prevé la instauración del permiso de paternidad de cuatro semanas, diferido por la ley de Presupuestos Generales del 2014.

D) Riesgo durante el embarazo. Lactancia y enfermedades graves del menor

d.1) Riesgo durante el embarazo (Art. 134 LGSS)

Se considera *situación protegida* el periodo de suspensión del contrato de trabajo en los supuestos en que, debiendo la mujer trabajadora cambiar de puesto de trabajo por otro compatible con su estado, en los términos previstos en el Art. 26, apartado 3, de la Ley 31/1995, de 8 de noviembre, de Prevención de Riesgos Laborales, dicho cambio de puesto no resulte técnica u objetivamente posible, o no pueda razonablemente exigirse por motivos justificados.

La prestación correspondiente a la situación de riesgo durante el embarazo tendrá la naturaleza de prestación derivada de contingencias profesionales. La prestación económica consistirá en subsidio equivalente al 100 por 100 de la base reguladora correspondiente. La prestación se concederá a la mujer en los términos y condiciones previstos en esta ley para la prestación económica de incapacidad temporal derivada de contingencias profesionales.

Duración: El subsidio se iniciara el mismo día que se inicie la suspensión del contrato de trabajo por el riesgo durante el embarazo, durará el tiempo que sea necesario para la protección de la salud de la mujer trabajadora o del feto y finalizará el día anterior a aquél en que se inicie la suspensión del contrato de trabajo por maternidad o el de reincorporación de la mujer trabajadora a su puesto de trabajo anterior o a otro compatible con su estado.

d.2) Lactancia

Es la *situación* en que se encuentra la trabajadora durante el periodo de suspensión del contrato de trabajo por riesgo durante la lactancia natural de un menor de 9 meses, en los casos en que, debiendo cambiar de puesto de trabajo por influir éste negativamente en su salud o en la del hijo, a otro puesto compatible con su situación, dicho cambio no resulte posible o no pueda razonablemente exigirse por motivos justificados.

La *prestación económica* por riesgo durante la lactancia natural se concederá a la mujer trabajadora en los términos y condiciones previstos en esta ley para la prestación económica por riesgo durante el embarazo, y se extinguirá en el momento en que el hijo cumpla nueve meses, salvo que la beneficiaria se haya reincorporado con anterioridad a su puesto de trabajo anterior o a otro compatible con su situación.

La trabajadora deberá comunicar a la entidad gestora o Mutua de AT y EP la suspensión del contrato o actividad por riesgo durante la lactancia natural. El *derecho nace* el mismo día en que se inicia la suspensión del contrato de trabajo por riesgo durante la lactancia.

d.3) Cuidado de menores por cáncer u otras enfermedades graves (Art. 135 quáter. LGSS)

Se reconocerá una prestación económica a los progenitores, adoptantes o acogedores de carácter preadoptivo o permanente, en aquellos casos en que ambos trabajen, para el cuidado del menor/es que estén a su cargo y se encuentren afectados por cáncer (tumores malignos, melanomas y carcinomas), o por cualquier otra enfermedad grave, que requiera ingreso hospitalario de larga duración, durante el tiempo de hospitalización y tratamiento continuado de la enfermedad, acreditado por el informe del Servicio Público de Salud u órgano administrativo sanitario de la Comunidad Autónoma correspondiente.

E) Incapacidad permanente

Conforme al Art. 137 LGSS, se entenderá por profesión habitual, en caso de accidente (sea o no de trabajo), la desempeñada normalmente por el trabajador al tiempo de sufrirlo; en caso de enfermedad común o profesional, aquélla a la que el trabajador dedicaba su actividad fundamental durante los 12 meses anteriores a la iniciación de la incapacidad. Sería preferible hablar de profesión prevalente y no de profesión habitual, por responder mejor a la actual realidad del mercado laboral.

Concepto: Es la situación del trabajador que, después de haber estado sometido al tratamiento prescrito y de haber sido dado de alta médica, presenta reducciones anatómicas o funcionales graves, que disminuyen o anulan su capacidad laboral. La reducción deberá ser objetiva y previsiblemente definitiva.

Grados y baremos

Incapacidad permanente parcial: es una reducción de la capacidad de trabajo no inferior al 33% de su rendimiento normal para la profesión habitual, sin impedirle la realización de tareas fundamentales de la misma.

Incapacidad permanente total para la profesión habitual: es la que inhabilita al trabajador para la realización de todas o de las fundamentales tareas de su profesión, siempre que pueda dedicarse a otra distinta. El hecho causante surge tras haberse extinguido la incapacidad temporal de la que deriva, bien por agotamiento del plazo, bien por alta médica con propuesta de incapacidad permanente.[20]

Incapacidad absoluta permanente para todo trabajo: la que inhabilita por completo al trabajador para toda profesión u oficio.

Gran invalidez: es la situación del trabajador afecto de incapacidad permanente y que, como consecuencia de pérdidas anatómicas o funcionales, necesita la asistencia de otra persona para los actos más esenciales de la vida (vestirse, comer…). No es una

[20] *Los efectos económicos* se fijan en el momento de la calificación, es decir, en la fecha de la resolución del Director Provincial del INSS. No obstante, podrán retrotraerse a la fecha de extinción del subsidio de incapacidad temporal cuando la cuantía de la pensión de incapacidad permanente sea superior a la del subsidio que se venía percibiendo. *El incremento del 20%, en los casos de incapacidad permanente total cualificada*, produce efectos económicos desde la fecha de la solicitud, con una retroactividad máxima de 3 meses, siempre que concurran los requisitos necesarios para tener derecho al citado incremento.

agravación de la incapacidad absoluta, sino una situación de incapacidad permanente que puede nacer a partir de la incapacidad total o de la absoluta.

La incapacidad absoluta y gran invalidez tendrán un tratamiento separado en los siguientes epígrafes, centrándonos aquí en la permanente total y parcial.

Beneficiarios

Tendrán derecho a las prestaciones por incapacidad permanente las personas incluidas en el Régimen General que sean declaradas en tal situación (inválidos) y que, además de reunir la condición general exigida en el apartado 1 del Art. 124 LGSS (alta o asimilado al alta), hubieran cubierto el periodo mínimo de cotización que se determina en el apartado 2 de este artículo, salvo que aquélla sea debida a accidente, sea o no laboral, o a enfermedad profesional, en cuyo caso no será exigido ningún periodo previo de cotización (Art. 138 LGSS).

No se reconocerá el derecho a las prestaciones de incapacidad permanente derivada de contingencias comunes cuando el beneficiario, en la fecha del hecho causante, tenga la edad prevista en el apartado 1.a) del artículo 161 de esta ley (pensión de jubilación: 67 o 65 años) y reúna los requisitos para acceder a la pensión de jubilación en el sistema de la Seguridad Social.

Periodo previo de cotización (contributivas)

a) Derivada de cualquier tipo de accidente: no será exigible ningún periodo previo de cotización.

b) Derivada enfermedad común: Art. 138 LGSS.

b.1) Incapacidad permanente parcial (Art. 138.2 final LGSS).

- *Mas de 21 años en la fecha de baja:*

  De 1800 días de cotización comprendidos en los 10 años inmediatamente anteriores a la fecha en que se haya extinguido la incapacidad temporal de la que derive la incapacidad permanente.

- *Menos de 21 años en la fecha de baja*:

  Se exige una carencia equivalente a la suma de dos módulos (a+b): a) la mitad de tiempo entre los 16 años y el hecho causante. b) El plazo máximo de duración de la situación de incapacidad temporal incluida su prorroga (18 meses).

b.2) Incapacidad permanente total para la profesión habitual.

- *Si es menor de 31 años de edad:*
  - Periodo genérico de cotización: 1/3 del tiempo transcurrido entre la fecha en que cumplió los 16 años y la del hecho causante.

– Periodo específico de cotización: no se exige.

- *Si tiene 31 o más años de edad:*
  – Periodo genérico de cotización: 1/4 del tiempo transcurrido entre la fecha en que cumplió los 20 años y la del hecho causante, con un mínimo, en todo caso, de 5 años.
  – Periodo específico de cotización: 1/5 parte del periodo de cotización exigible deberá estar comprendida en los 10 años inmediatamente anteriores al hecho causante o en los 10 años inmediatamente anteriores a la fecha en que cesó la obligación de cotizar, si se accede a la pensión desde una situación de alta o asimilada, sin obligación de cotizar.

Para contratos a tiempo parcial, consultar Real Decreto Ley 11/2013, de 2 de agosto, y Ley 1/2014, de 28 de febrero (para la protección de los trabajadores a tiempo parcial y otras medidas urgentes en el orden económico y social).

Cuantía

a) Incapacidad permanente parcial

La base reguladora es la que determina la IT, es decir, la anterior al mes de la baja. La cuantía de la prestación es una cantidad a tanto alzado, equivalente a 24 mensualidades de la base reguladora que haya servido para determinar la prestación económica de incapacidad temporal (de la que se deriva la incapacidad permanente). Lo dicho, será de aplicación tanto para las contingencias comunes como para las contingencias profesionales (accidentes de trabajo /enfermedad profesional).

En los supuestos en que no existiera incapacidad temporal previa, por carecer de tal protección el beneficiario, se tomará como base reguladora la que hubiera correspondido por incapacidad temporal de haber tenido derecho a dicha prestación.

b) Incapacidad permanente total para la profesión habitual

Pensión vitalicia calculada mediante un porcentaje sobre una base reguladora. Se distinguen los siguientes supuestos, en función de su origen:

b.1) Accidente común: La base reguladora se calcula sobre los salarios percibidos en el año anterior.

La BR será el cociente que resulte de dividir por 28 la suma de las bases de cotización del interesado durante un periodo ininterrumpido de 24 meses. Dicho periodo será elegido por el beneficiario dentro de los 7 años inmediatamente anteriores a la fecha del hecho causante de la pensión.

El porcentaje a aplicar será el 55% de la base reguladora.

b.2) Accidente de trabajo o enfermedad profesional: La base reguladora se calcula sobre salarios reales, teniendo en cuenta que no pueden exceder del tope máximo de cotización ni ser inferiores al tope mínimo vigentes al sobrevenir la incapacidad. Será el cociente de dividir por 12 los conceptos salariales que determina la norma (sueldo y antigüedad; pagas extraordinarias; pagas de beneficios o participación y el cociente de dividir los pluses, retribuciones complementarias y horas extraordinarias percibidas en el año anterior al accidente, por el número de días efectivamente trabajados en dicho periodo (el resultado se multiplicará por 273, salvo que el número de días laborales efectivos en la actividad de que se trate sea menor, en cuyo caso se aplicará el multiplicador que corresponda).

El porcentaje a aplicar es el 55%.

En el caso de *enfermedad profesional*: Los reglamentos generales de desarrollo de la presente LGSS actualizarán la materia en cuanto a las peculiaridades y características especiales de dicha contingencia.[21]

b.3) Enfermedad común

Estará acorde con la edad del beneficiario:

– *Trabajadores mayores de 52 y menores de 65 años* (*periodo de cotización igual o superior a ocho años*. La base será el cociente de dividir por 112 las bases de cotización de los ocho años inmediatamente anteriores, teniendo en cuenta que los dos últimos se toman a su valor nominal y los anteriores actualizados al IPC (Art. 140.4 LGSS).

– *Trabajador menor de 52 años en la fecha del hecho causante (al que se exige un periodo de cotización inferior a ocho años, pero nunca inferior a cinco):* La base reguladora se obtendrá de forma análoga al supuesto anterior, pero el cociente se hallará dividiendo la suma de las bases mensuales de cotización en número igual al de meses de que conste el periodo mínimo de cotización exigible, sin tener en cuenta las fracciones de mes, por el número de meses a que dichas bases se refieran, multiplicando este divisor por el coeficiente 1,1666, y excluyendo, en todo caso, de la actualización las bases correspondientes a los 24 meses inmediatamente anteriores al mes previo a aquél en que se produzca el hecho causante.

Al resultado obtenido, conforme a lo establecido en los supuestos anteriores, se le aplicará el porcentaje que corresponda en función de los años de cotización, según la escala prevista en el apartado 1 del Art. 163 LGSS (cálculo cuantía de la pensión de jubilación), considerándose a tal efecto como cotizados los años que le resten al interesado, en la fecha del hecho causante, para cumplir la edad ordinaria de jubilación vigente en cada momento[22]. El importe resultante constituirá la base reguladora a la que, para obtener la cuantía de la pensión que corresponda, habrá de aplicarse el porcentaje previsto para el grado de incapacidad reconocido.

---

[21] En los casos de accidente de trabajo o enfermedad profesional, la prestación se aumentará según la gravedad de la falta, de un 30% a un 50%, cuando la lesión se produzca por máquinas, artefactos o en instalaciones.

[22] En el caso de no alcanzarse 15 años de cotización, el porcentaje aplicable será del 50 por 100.

– *Trabajador con 65 o más años en la fecha del hecho causante que no reúne los requisitos para la jubilación:* La BR será el cociente que resulte de dividir por 112 las bases de cotización del interesado durante los 96 meses inmediatamente anteriores al mes previo al del hecho causante, conforme a lo establecido en el Art. 139.5 LGSS apartado 1[23].

– *Trabajadores a tiempo parcial:* Cuando la incapacidad permanente derive de enfermedad común, para el cálculo de la BR se tendrán en cuenta las mismas reglas que para la pensión (ver por su interés STJUE 22 de noviembre 2012 (caso Elbal Moreno) y STC 61/2013, de 14 de marzo), así como modificaciones introducidas por el RD. 11/2013, de 2 de agosto, para la protección de los trabajadores a tiempo parcial.

En cuanto a la integración de lagunas: con efecto de 1 de enero de 2013, si en el periodo que haya de tomarse para el cálculo de la base reguladora aparecieran meses durante los cuales no hubiese existido obligación de cotizar, las primeras cuarenta y ocho mensualidades se integrarán con la base mínima de entre todas las existentes en cada momento, y el resto de mensualidades con el 50 por ciento de dicha base mínima.

Excepcionalmente, se puede sustituir por una indemnización a tanto alzado en caso de que el beneficiario tenga menos de 60 años y la petición se formule dentro de los tres años siguientes a la fecha de la resolución o sentencia firme, debiendo cumplirse además los siguientes requisitos:

a) cuando no vaya a haber modificación de la incapacidad que de lugar a la revisión de la misma

b) que el interesado acredite encontrarse desarrollando trabajos por cuenta ajena o propia (incluyendo que el importe de la indemnización se invierta en nuevas fuentes de ingresos como trabajador autónomo).

En caso de incapacidad permanente total para la profesión que ejercía el interesado (o del grupo profesional en que aquélla estaba encuadrada), la pensión vitalicia correspondiente será compatible con el salario que pueda percibir el trabajador en la misma empresa o en otra distinta, siempre y cuando las funciones no coincidan con aquellas que dieron lugar a la incapacidad permanente total.

F) Incapacidad permanente absoluta

Son beneficiarias las personas incluidas en el Régimen General declaradas en dicha situación. Se puede acceder a esta prestación desde la situación de no alta.

---

[23] "En los casos en que el trabajador, con sesenta y cinco o más años, acceda a la pensión de incapacidad permanente derivada de contingencias comunes, por no reunir los requisitos para el reconocimiento del derecho a pensión de jubilación, la cuantía de la pensión de incapacidad permanente será equivalente al resultado de aplicar a la correspondiente base reguladora el porcentaje que corresponda al periodo mínimo de cotización que esté establecido, en cada momento, para el acceso a la pensión de jubilación. Cuando la incapacidad permanente derive de enfermedad común, se considerará como base reguladora el resultado de aplicar únicamente lo establecido en la norma a) del apartado 1 del artículo 140" (Art. 139.5 LGSS).

Requisitos: Si se está en alta o asimilado al alta, se exigen los mismos requisitos que para la incapacidad permanente total (derivada de contingencias comunes o profesionales). Si no se está en alta o asimilado al alta, declarada la incapacidad permanente, se exige un periodo mínimo de 15 años de cotización, y otro específico, consistente en que 3 años (de los 15) deben estar dentro de los 10 años inmediatamente anteriores al hecho causante.

Para el **cálculo de la base reguladora**, deberemos distinguir:

- *Enfermedad común*: Se calcula igual que la incapacidad permanente total.
- *Contingencias profesionales*: La base reguladora viene dada por la remuneración efectivamente percibida en el momento del accidente o de la baja.
- *Accidente no laboral*: En caso de no estar en alta o asimilado al alta, la base se obtiene de la misma manera que para el supuesto de incapacidad permanente total por enfermedad común, sin aplicar el porcentaje referido (Art. 163 LGSS). En caso de estar en alta o asimilado al alta, se hará conforme a lo dispuesto para el caso de incapacidad permanente total.

Prestación (pensión vitalicia): 100% de la base reguladora[24]. Se abona la pensión en 12 pagas en caso de enfermedad profesional o accidente de trabajo, y resto de supuestos, en 14 pagas.[25]

G) Gran invalidez

Se exigen los mismos **requisitos** que en la incapacidad permanente absoluta para poder ser beneficiario.

La *base reguladora* es la misma utilizada para el cálculo de las pensiones de incapacidad permanente absoluta.

En los supuestos de gran invalidez, la pensión es igual a la prevista para la incapacidad permanente absoluta o incapacidad permanente total, con un complemento destinado a remunerar a la persona que atiende al invalido. *La prestación* económica estará constituida por una pensión vitalicia con arreglo a los siguientes criterios:

a) Porcentaje que corresponda al grado base de incapacidad reconocido.
b) Complemento destinado para remunerar a la persona que le atiende (suma del 45% de la base mínima de cotización vigente en el momento del hecho causante

[24] Las pensiones se incrementarán según la gravedad de la falta, recayendo el recargo en el empresario infractor. Caso de no poder acceder a la pensión de jubilación, por no reunir los requisitos (pero sí la edad), en caso de incapacidad permanente absoluta derivada de contingencias comunes, el porcentaje aplicable será el que corresponda al periodo mínimo de cotización que se establezca en cada momento. Actualmente, un 50%.

[25] Compatibilidad con el desarrollo de un trabajo por cuenta propia o ajena (compatible con el estado del invalido). A partir de la edad de jubilación, la pensión de incapacidad permanente absoluta y gran invalidez será incompatible con un trabajo, sea por cuenta propia o ajena.

y del 30% de la última base de cotización del trabajador correspondiente a la contingencia de la que derive la incapacidad –en ningún caso la suma será inferior al 45% de la pensión percibida, sin el complemento por el trabajador–).

El abono de la pensión se realiza igual que en la incapacidad permanente absoluta.

H) Protección de la salud (Ley 14/1986 de Sanidad)

Tiene su origen en el Seguro Obligatorio de Enfermedad (SOE), Ley 14, de diciembre de 1942, integrado a partir del 1 de enero de 1967 en la Seguridad Social. Nuestra Constitución de 1978 reconoce "la protección a la salud" en su Art. 43, configurándose la sanidad como un servicio público.

La asistencia sanitaria de la Seguridad Social tiene por finalidad la prestación de los servicios médicos y farmacéuticos necesarios para conservar o restablecer la salud de sus beneficiarios. Proporciona también los servicios destinados a la rehabilitación física precisa para lograr una completa recuperación profesional del trabajador.

En la cartera de servicios podemos destacar:

- Asistencia médica (primaria, especializada, urgencia...).
- Prestaciones farmacéuticas.
- Prestaciones complementarias: ortoprotésica, dietética, transporte sanitario, etc.
- Derecho a la elección de facultativo.
- Servicios de información y documentación sanitaria.
- Reintegro de gastos médicos.
- Etc.

Mediante Ley 16/2012, de 20 de abril, se producen modificaciones en la cartera de servicios para garantizar la sostenibilidad del Sistema Nacional de Salud y mejorar la calidad y seguridad de sus prestaciones. Las comunidades autónomas podrán aprobar sus respectivas carteras de servicios, si bien la cartera común de servicios se determinará por el Consejo Interterritorial del Sistema Nacional de Salud.

I) Jubilación

Esta prestación está consagrada en el Art. 50 de nuestra Constitución, concibiéndose como un deber de los poderes públicos, quienes deberán garantizar mediante pensiones adecuadas y periódicamente actualizadas la suficiencia económica de los ciudadanos durante la tercera edad. Tiene su origen en el Retiro Obrero regulado por Decreto de 11 de marzo de 1919, convirtiéndose en el Subsidio de Vejez por Ley 1 de septiembre de 1939 y posteriormente en el Seguro Obligatorio de Vejez e Invalidez (SOVI), por Decreto de 18 de abril de 1947. Actualmente la protección de la jubilación tiene dos

modalidades: Contributiva y no contributiva. Centráremos nuestro estudio en la primera, como en el resto de prestaciones desarrolladas anteriormente. Su regulación se establece en el Art. 160 y siguientes de la LGSS.

Concepto: Constituye un derecho de crédito a través del cual se pretende paliar, mediante una renta sustitutiva, la pérdida de la renta profesional como consecuencia del cumplimiento de una determinada edad a quienes acreditan un determinado periodo de carencia.

Normativa de referencia:

- **Ley 24 de 1997** de Consolidación y Racionalización del Sistema de la Seguridad Social.
- Acuerdo para la mejora y el desarrollo del Sistema de Protección Social de 9 de abril del 2001.
- **Ley 40/2007,** de 4 de diciembre, de Medidas en Materia de Seguridad Social.
- **Ley 27/2011,** de 1 de agosto, sobre actualización, adecuación y modernización del Sistema de la Seguridad Social; esta norma introduce modificaciones importantes con efecto al 1 de enero de 2013 en las siguientes materias:
    - Respecto a la edad de jubilación.
    - Sistema de cálculo de pensión. Base y porcentajes.
    - Integración de lagunas.
    - Gravamen en supuestos de jubilación parcial y anticipada.
    - Jubilación tardía o diferida.
    - Cláusulas de jubilación forzosa.
- **RDL 29/2012**, estableciéndose entre otras materias:
    - Las nuevas modalidades de jubilación anticipada.
    - La reducción del tope máximo de las pensiones de jubilación anticipada.
    - Las modificaciones relativas a contrato de relevo y jubilación parcial.
- **RDL 5/2013**. Incide en el tratamiento de:
    - Jubilación anticipada y jubilación a tiempo parcial.
    - Importe máximo de la pensión.
    - Compatibilidad entre pensión y trabajo.
- **Ley 23/2013**, reguladora del factor sostenibilidad e índice de revaloración.

Beneficiarios: esta pensión se extiende no sólo a los trabajadores por cuenta ajena, sino a las personas incluidas en el Régimen General. Los preceptores han de estar afiliados y dados de alta o asimilados al alta y, además, cumplir una serie de requisitos específicos: edad, periodo mínimo de cotización (no siendo necesario en la jubilación ordinaria), estar de alta o asimilado al alta[26].

No obstante (Art. 161.3 LGSS), la pensión de jubilación podrá causarse, aunque los interesados no se encuentren en el momento del hecho causante en alta o situación asimilada al alta, siempre que reúnan los requisitos de edad y cotización contemplados en el citado apartado 1 del Art. 161 LGSS.

Edad de jubilación

A partir de 1-1-2013, la edad de acceso a la pensión de jubilación depende de la edad del interesado y de las cotizaciones acumuladas a lo largo de su vida laboral. Las edades de jubilación y el periodo de cotización se aplicarán de forma gradual:

Año 2014: Periodo cotizado/Edad: 35 años y 6 meses o más /(65 años); menos de 35 años y 6 meses/(65 años y 2 meses).

Año 2027: Periodo cotizado/Edad: 38 años y 6 meses o más /(65 años); menos de 38 años y 6 meses/(67 años).

El trabajador tiene derecho a jubilarse a partir de esta edad en el momento en que libremente decida hacerlo.

Se mantiene la edad de 65 años para quienes resulte de aplicación la legislación anterior a 1-1-2013, de conformidad con lo establecido en la disposición final 12.2 de la Ley 27/2011, de 1 de agosto.

La edad mínima puede ser rebajada o anticipada sólo para trabajadores en alta o en situación asimilada a la de alta, en determinados supuestos especiales:

- Jubilación anticipada a partir de los 60 años por tener la condición de mutualista.
- Jubilación anticipada a partir de los 61 años sin tener la condición de mutualista.
- Jubilación parcial.
- Jubilación especial a los 64 años para quienes resulte de aplicación la legislación anterior a 1-1-2013, de conformidad con lo establecido en la disposición final 12.2 de la Ley 27/2011, de 1 de agosto.
- Jubilación del personal del estatuto minero, personal de vuelo de trabajos aéreos, ferroviarios, artistas, profesionales taurinos, bomberos y miembros del cuerpo de la Ertzaintza.
- Jubilación flexible.
- Jubilación de trabajadores afectados por una discapacidad igual o superior al 45% o al 65% (dependiendo del régimen adscrito).

---

26 Asimilado al alta (excedencia forzosa, convenio especial...).

En ningún caso la aplicación de los coeficientes reductores de la edad ordinaria de jubilación dará lugar a que el interesado pueda acceder a la pensión de jubilación con una edad inferior a 52 años.[27]

Periodo previo de cotización

Son exigibles dos periodos de cotización:

- Uno genérico: mínimo de 15 años (5.475 días desde 25-05-2010).
- Otro específico: al menos dos de esos 15 años han de ser inmediatamente anteriores al momento de causar el derecho jubilación o a la fecha en que cesó la obligación de cotizar, si se accede a la pensión de jubilación desde una situación de alta o asimilada (teoría del paréntesis) sin obligación de cotizar. En caso de estar en situación de no alta ni asimilada, los dos años han de estar comprendidos necesariamente dentro de los 15 años anteriores al momento de la solicitud de la pensión.[28]

Para el *cómputo* de los años y meses de *cotización* se tomarán años y meses completos, sin que se equiparen a un año o un mes las fracciones de los mismos; además, sólo computarán las efectivamente realizadas o asimiladas a ellas legal o reglamentariamente. A efectos del cómputo de los años cotizados, no se tendrá en cuenta la parte proporcional correspondiente por pagas extraordinarias. Además de los días efectivamente cotizados, se tendrán en cuenta:

- Los días que se consideren efectivamente cotizados como consecuencia de los periodos de excedencia que disfruten los trabajadores.
- Los días que se computen como periodo cotizado en concepto de beneficios por cuidado de hijos o menores acogidos.
- Los periodos de cotización asimilados por parto que se computen a favor de la trabajadora solicitante de la pensión de jubilación o incapacidad permanente.

Para causar pensión en el Régimen General y en otro u otros del sistema de la Seguridad Social, conforme a la previsión del apartado 4 del Art. 161 LGSS, será necesario que las cotizaciones acreditadas en cada uno de ellos se superpongan al menos durante quince años.

Base reguladora

Cálculo

a) A los beneficiarios que es de aplicación la *legislación anterior a 1/1/2013*, les será de aplicación, para el cálculo de la base reguladora, el cociente de dividir las bases

---

[27] Ésta limitación no afectará a los trabajadores de los regímenes especiales (de la minería del carbón y trabajadores del mar) que, en 01-01-08, tuviesen reconocidos coeficientes reductores de la edad de jubilación, a los que se aplicará la normativa anterior.

[28] Ver supuestos establecidos en la Disposición Final duodécima apartado 2 de la Ley 27/2011, de 1 de agosto, sobre actualización, adecuación y modernización del sistema de Seguridad Social.

correspondientes a los 180 meses (15 años), inmediatamente anteriores al mes previo del hecho causante, entre 210 (180 mensualidades ordinarias más 30, considerando dos pagas extras en 15 años). Reglas de cálculo:

- Los 24 meses anteriores al mes previo al del hecho causante a cuantía real.
- Restantes actualizados al IPC, hasta el mes inmediatamente anterior a aquél en que se inicie el periodo de bases no actualizables.

b) *Durante el año 2014* la base reguladora es el resultado de dividir las bases de cotización de 17 años, es decir las correspondientes a los 204 meses inmediatamente anteriores al mes previo al del hecho causante, entre 238. Reglas de cálculo:

- Los 24 meses anteriores al mes previo al del hecho causante a cuantía real.
- Restantes actualizados al IPC, hasta el mes inmediatamente anterior a aquél en que se inicie el periodo de bases no actualizables.

c) *Periodo transitorio*: Durante el 2014 la base reguladora es el resultado de dividir las bases de cotización de 17 años (204 meses inmediatamente anteriores al mes previo del hecho causante) por 238. Este periodo de referencia se va incrementando anualmente a razón de un año más hasta el 1-1-2022.

d) La base reguladora de la pensión de jubilación, en su modalidad contributiva, será *desde el 1-1-2022* (finalización del periodo transitorio general) el cociente que resulte de dividir por 350 (considerando las pagas extras durante esos 25 años) las bases de cotización del beneficiario durante los 300 meses inmediatamente anteriores al mes previo al del hecho causante. Las reglas para el cálculo están expresadas en el Art. 162 de la LGSS:

- 24 meses anteriores al mes previo al del hecho causante al valor nominal.
- Restantes actualizados al IPC, hasta el mes inmediatamente anterior a aquél en que se inicie el periodo de bases no actualizables.

e) Existe, finalmente, un *periodo transitorio especial* (Disposición transitoria 5ª-2,3 y RD 1716/2012 Art. 2), cuando sea más favorable que el general. Los requisitos exigidos se concretan en el cese del trabajo involuntariamente y haber experimentado a partir del cumplimiento de los 55 años una reducción de las bases de cotización al menos durante 24 meses.

Integración de bases en periodos no cotizados

Si en el periodo que haya de tomarse para el cálculo de la base reguladora aparecieran meses durante los cuales no hubiese existido obligación de cotizar, las primeras cuarenta y ocho mensualidades se integrarán con el 100% de la base mínima de entre todas las existentes en cada momento, y el resto de mensualidades con el 50% de dicha base mínima. Si en alguno de los meses a tener en cuenta la obligación de cotizar existe sólo durante una parte del mismo, procederá la integración en la parte que no exista obligación de cotizar, teniéndose en cuenta si la cantidad a integrar se corresponde con el 100% o el 50% de la base mínima (ver supuestos contemplados en Disposición final duodécima, apartado 2 de la Ley 27/2011).

Para la determinación de la base reguladora de la pensión de jubilación, *en su modalidad contributiva*, no se podrán computar los incrementos de las bases de cotización, producidos en los dos últimos años, que sean consecuencia de aumentos salariales superiores al incremento medio interanual experimentado en el convenio colectivo aplicable o, en su defecto, en el correspondiente sector. Todo ello con las excepciones que la Ley contempla en su Art. 162.2 LGSS (sin perjuicio de lo establecido en el Art. 120.2 LGSS).

Cuantía

A partir del 1-1-2013 se establece un nuevo sistema que utiliza el computo mensual y no anual, exigiéndose 37 años de cotización (exigencia que se impone de forma gradual, culminando el periodo transitorio en el 2027). La cuantía de la pensión de jubilación conforme a la normativa vigente, en su modalidad contributiva, se determinará aplicando a la base reguladora, calculada de acuerdo a lo dispuesto anteriormente, los porcentajes siguientes:

1) Por los primeros 15 años cotizados: el 50%.
2) A partir del año decimosexto, por cada mes adicional de cotización, comprendidos entre los meses 1 y 248, se añadirá el 0,19%, y por los que rebasen el mes 248, se añadirá el 0,18%, sin que el porcentaje aplicable a la base reguladora supere el 100%[29] (dichos porcentajes corresponden al año 2027, estableciéndose hasta dicha fecha una escala progresiva (Art. 163.1; Disposición transitoria 2ª LGSS).

El *factor de sostenibilidad* se aplicará una sola vez para determinar la cuantía inicial de las pensiones de jubilación que se causen a partir del 1-1-2019[30]. Dicho factor se aplicará a la cuantía resultante del cálculo actual de la pensión de jubilación con carácter automático. El objetivo es vincular el importe de las pensiones a la esperanza de vida de los pensionistas. El algoritmo matemático se establece teniendo en cuenta las tablas de mortalidad de los pensionistas.

Excepciones en el cálculo de la cuantía

• Cuando se acceda a la pensión de *jubilación a una edad superior a la que resulte de la aplicación* en cada caso y se hubiera reunido el periodo mínimo de cotización, se reconocerá al interesado un porcentaje adicional por cada año completo cotizado entre

---

[29] La excepción a lo dicho se presenta en el Art. 163.2 LGSS (jubilación a una edad superior a la que resulte de aplicación en cada caso).

[30] Ley 23/2013, de 23 de diciembre, reguladora del factor de sostenibilidad y del índice de revalorización del sistema de pensiones de la Seguridad Social. Téngase en cuenta que su disposición final quinta sobre entrada en vigor dispone que el factor de sostenibilidad se aplicará a las pensiones de jubilación del sistema de la Seguridad Social que se causen a partir del 1 de enero de 2019.

la fecha en que cumplió dicha edad y la del hecho causante de la pensión, según la siguiente escala, en la fecha que cumplió la edad:

- Hasta 25 años cotizados, el 2%.
- Entre 25 y 37 años cotizados, el 2,75%.
- A partir de 37 años cotizados, el 4%.

• *Jubilación anticipada* con aplicación de coeficientes reductores. Bajo esta modalidad distinguimos dos supuestos:

a) Jubilación anticipada involuntaria: Cuando para determinar la cuantía de una pensión de jubilación hubieran de aplicarse *coeficientes reductores por edad*[31] en el momento del hecho causante, aquéllos se aplicarán sobre el importe de la pensión resultante de aplicar a la base reguladora el porcentaje que corresponda por meses de cotización. El importe resultante de la pensión no podrá ser superior a la cuantía resultante de reducir el tope máximo de pensión en un 0,50% por cada trimestre o fracción de trimestre de anticipación. Dicho porcentaje no será de aplicación en los siguientes supuestos:

- Cuando se trate de jubilaciones causadas al amparo de lo establecido en la norma 2.ª del apartado 1 de la disposición transitoria tercera (mutualistas).
- En los casos de jubilaciones anticipadas conforme a las previsiones del apartado 1 del artículo 161 bis, en relación con los grupos o actividades profesionales cuyos trabajos sean de naturaleza excepcionalmente penosa, tóxica, peligrosa o insalubre, o se refieran a personas con discapacidad.

b) Jubilación anticipada voluntaria: Acreditados los requisitos generales y específicos para esta modalidad de jubilación, el importe de la pensión a percibir ha de resultar superior a la cuantía de la pensión mínima que correspondería al interesado por su situación familiar, al cumplimiento de los 65 años de edad.

Los coeficientes correctores poseen carácter cuatrimestral y son superiores en un 0,125 a los indicados para la jubilación anticipada involuntaria (ver nota 60).

Imprescriptibilidad

El reconocimiento al derecho de la pensión es imprescriptible en su modalidad contributiva.

Al respecto, es clarificadora la sentencia del TSJ Galicia 998/2013 de 15 de febrero: "...La citada STS/25, de marzo de 1993, aun relativa a una pensión de jubilación y a la específica interpretación del antiguo art. 156 LGSS –ahora Art. 164 LGSS–: "El

[31] Para la selección del coeficiente reductor aplicable, se consideran únicamente los años y meses cotizados en la fecha del hecho causante real. Estos coeficientes están en función del periodo de carencia acreditado y se aplican por cada trimestre o fracción de trimestre que, en el momento del hecho causante, le falte al trabajador para cumplir la nueva edad de jubilación ordinaria o legal (Art. 161 bis 2.A) LGSS).

derecho al reconocimiento de la pensión de jubilación, en su modalidad contributiva, es imprescriptible, sin perjuicio de que los efectos de tal reconocimiento se produzcan a partir de los tres meses anteriores a la fecha en que se presente la correspondiente solicitud, en los supuestos de jubilación en situación de alta", equiparable al ahora cuestionado art. 43.1 LGSS: "El derecho al reconocimiento de las prestaciones prescribirá a los cinco años, contados desde el día siguiente a aquél en que tenga lugar el hecho causante de la prestación de que se trate, sin perjuicio de las excepciones que se determinen en la presente Ley y de que los efectos de tal reconocimiento se produzcan a partir de los tres meses anteriores a la fecha en que se presente la correspondiente solicitud". Distinguiéndose en el contenido de la sentencia ambas acciones.

Anticipación de la edad de jubilación (RDL 5/2013)

Se distinguen dos situaciones en la nueva normativa, más restrictiva que la anterior, debiendo concurrir los siguientes requisitos:

a) La que deriva del cese en el trabajo *por causa no imputable al trabajador:*

- Tener cumplida una edad que sea inferior en cuatro años, como máximo, a la edad que en cada caso resulte de aplicación según lo establecido en el artículo 161.1.a) y en la disposición transitoria vigésima, sin que a estos efectos resulten de aplicación los coeficientes reductores por edad (Art. 161 bis.1 LGSS).
- Encontrarse inscritos en las oficinas de empleo como demandantes de empleo durante un plazo mínimo seis meses inmediatamente anteriores a la fecha de la solicitud de la jubilación.
- Acreditar un periodo mínimo de cotización efectiva de 33 años (carencia genérica), sin que, a tales efectos, se tenga en cuenta la parte proporcional por pagas extraordinarias; la carencia específica exige que del periodo de cotización requerido, al menos dos años deben estar comprendidos dentro de los 15 años inmediatamente anteriores al momento de causar el derecho o, en su caso, al momento en que cesó la obligación de cotizar. A los efectos anteriores, se computa como cotizado a la Seguridad Social el periodo de prestación del servicio militar obligatorio.
- Que el cese en el trabajo se haya producido como consecuencia de una situación de reestructuración empresarial que impida la continuidad de la relación laboral, es decir, el cese tiene un carácter involuntario, ampliándose en la actual normativa a los siguientes supuestos: el despido colectivo, el despido objetivo, la resolución judicial del contrato dentro del concurso de acreedores, muerte, jubilación o incapacidad y extinción por ser víctima de violencia de género.

b) *La que deriva de la voluntad del interesado:*

Desde el 17-03-2013, se establece de forma novedosa una modalidad de jubilación anticipada de carácter voluntario. Dicha modalidad tiene carácter general, siempre que se cumplan los siguientes requisitos:

- Tener cumplida una edad que sea inferior en dos años, como máximo, a la edad que en cada caso resulte de aplicación (en el 2015: 63 años si se acreditan 35 años y 9 meses cotizados o más, o 63 años y 3 meses si se acreditan menos de 35 años y 9 meses cotizados; se deberá tener en cuenta la escala gradual durante el periodo transitorio hasta el 2027).
- Cese en el trabajo por voluntad del interesado.
- Acreditar un periodo mínimo de cotización efectiva de 35 años, sin que, a tales efectos, se tenga en cuenta la parte proporcional por pagas extraordinarias. La carencia específica exige que al menos dos años deben estar comprendidos dentro de los 15 años inmediatamente anteriores al momento de causar el derecho o, en su caso, al momento en que cesó la obligación de cotizar.
- Una vez acreditados los requisitos generales y específicos de dicha modalidad de jubilación, el importe de la pensión a percibir ha de resultar superior a la cuantía de la pensión mínima que correspondería al interesado por su situación familiar al cumplimiento de los 65 años de edad. En caso contrario, no se podrá acceder a esta modalidad.

Dependiendo de la causa se aplicarán los coeficientes reductores dispuestos en el Art. 161.bis, en cada una de las modalidades, en función del periodo de cotización acreditado.

Jubilación flexible

Como principio general, la jubilación en su modalidad contributiva será incompatible con el trabajo del pensionista, con las excepciones legales y reglamentarias previstas. No obstante lo anterior, las personas que accedan a la jubilación podrán compatibilizar el percibo de la pensión con un trabajo a tiempo parcial en los términos que reglamentariamente se establezcan. Durante dicha situación, se minorará el percibo de la pensión en proporción inversa a la reducción aplicable a la jornada de trabajo del pensionista en relación a la de un trabajador a tiempo completo comparable.

Existen dos modalidades de jubilación flexible:

a) Jubilación parcial diferida (Art. 166.1 LGSS):

- Trabajadores que *cumplan la edad* y reúnan los requisitos para causar el derecho a la pensión de jubilación en su modalidad contributiva.
- Pactar con el empresario entre un mínimo del 25% y un máximo del 50% de la jornada. Estando el porcentaje referido a una jornada de trabajo de un trabajador a tiempo completo comparable.
- No es necesario ser trabajador a tiempo completo.
- No es obligatorio la celebración de un contrato de relevo, pudiéndose beneficiar de ella trabajadores a tiempo parcial.

b) Jubilación parcial anticipada. No cumplan el requisito de la edad, tengan jornada completa; con realización simultánea de un contrato de relevo (Art. 12.7 ET) y cumplan los siguientes requisitos:

- Cumplir las edades dispuestas en el Art. 166.2.a) LGSS.
- Acreditar un periodo de antigüedad en la empresa de, al menos, 6 años inmediatamente anteriores a la fecha de la jubilación parcial.
- Que la reducción de su jornada de trabajo se encuentre comprendida entre un mínimo de un 25% y un máximo del 50%, o del 75% para los supuestos en que el trabajador relevista sea contratado a jornada completa mediante un contrato de duración indefinida, siempre que se acrediten el resto de los requisitos (para los trabajadores a los que se les aplica transitoriamente la normativa vigente a 31-12-2012, pueden reducir entre un 25% y un 75% o incluso hasta un 85% si el relevista es contratado a jornada completa y mediante un contrato de duración indefinida).
- Acreditar un periodo de cotización de 33 años en la fecha del hecho causante de la jubilación parcial, sin que a estos efectos se tenga en cuenta la parte proporcional correspondiente por pagas extraordinarias. En el supuesto de personas con discapacidad en grado igual o superior al 33%, el periodo de cotización exigido será de 25 años.
- Que exista una correspondencia entre las bases de cotización del trabajador relevista y del jubilado parcial, de modo que la correspondiente al trabajador relevista no podrá ser inferior al 65% del promedio de las bases de cotización correspondientes a los seis últimos meses del periodo de base reguladora de la pensión de jubilación parcial.
- Los contratos de relevo que se establezcan como consecuencia de una jubilación parcial tendrán, como mínimo, una duración igual al tiempo que le falte al trabajador sustituido para alcanzar la edad de jubilación que le corresponda (Art. 12.7.b ET).

Sin perjuicio de la reducción de jornada, durante el periodo de disfrute de la jubilación parcial, empresa y trabajador cotizarán por la base cotización que, en su caso, hubiese correspondido de seguir trabajando éste a jornada completa. Sin embargo, esta medida se adopta de forma gradual, en virtud de la disposición transitoria 22 de la LGSS RD 5/2013, correspondiendo al año 2015 un 60% de la base de cotización.

La cuantía final de la pensión es el resultado de aplicar el porcentaje de reducción de la jornada a la pensión que correspondería según los años cotizados a la fecha del hecho causante.

Jubilación tardía o demorada

Mediante esta figura se pretende incentivar la continuidad en el trabajo cumplida la edad ordinaria de jubilación; el efecto es la demora en el reconocimiento de la prestación. Las medidas que acompañan a esta figura se concretan en los siguientes extremos:

- Incremento de las cuantías de las pensiones mediante el incremento del porcentaje de aplicación a la base reguladora.
- Exoneración de las cuotas de cotización de empresarios y trabajadores por contingencias comunes salvo IT.
- Posibilidad de conciliar la pensión de jubilación con una trabajo a tiempo parcial.
- Posibilidad de conciliar el 50% de la pensión de jubilación con la realización de cualquier trabajo o actividad en el sector privado (a tiempo completo o parcial), o trabajo por cuenta propia del pensionista.

J) Desempleo[32]

Ley 1/2014, de 28 de febrero.

Nuestra Constitución contempla esta contingencia en su Art. 41 CE: "Los poderes públicos mantendrán un régimen publico de Seguridad Social para todos los ciudadanos, que garantice la asistencia y prestaciones sociales suficientes ante situaciones de necesidad, especialmente en caso de desempleo". Su desarrollo lo encontramos en el Art. 203 y sgtes. de la LGSS. Existen dos niveles de protección a nivel contributivo y a nivel asistencial (Art. 204 LGSS), centrando nuestro desarrollo en el primer supuesto.

Ámbito de aplicación

Comprende a todos los trabajadores que, queriendo y pudiendo trabajar, hayan perdido su empleo total o parcialmente, viendo reducida su jornada ordinaria de trabajo en los términos previstos en el Art. 208 de la LGSS. Se entenderá por desempleo total, el cese total del trabajador en la actividad por días completos, continuados o alternos, durante, al menos, una jornada ordinaria de trabajo, en virtud de suspensión temporal de contrato, al amparo del Art. 47 del ET. El desempleo será parcial cuando la reducción temporal de la jornada diaria ordinaria de trabajo esté comprendida en un porcentaje entre un 10% y un máximo 70%, siempre que el salario experimente la misma reducción[33].

[32] El Art. 222 del TRLGSS en cuanto a las relaciones entre el desempleo y la IT, es modificado en la Ley de acompañamiento del 2002 en los siguientes aspectos: 1) Cuando el trabajador se encuentre en situación de IT y pase a situación legal de desempleo, continuará percibiendo esta prestación en la cuantía correspondiente a la prestación de desempleo (el tiempo de IT se descontara del desempleo). 2) Si a la finalización de la duración de la prestación por desempleo el trabajador estuviera en IT y esta fuere una recaída del proceso anterior, percibirá la cuantía que venia percibiendo; si no fuera recaída, seguirá percibiendo la prestación por IT en cuantía igual al 75% del SMI (Art. 34.10. LM. 2002. 3). En cuanto a la relación con la maternidad, el nuevo Art. 222.3) establece que cuando el trabajador se encuentre en situación de maternidad y durante la misma se extinga el contrato, seguirá percibiendo la misma, pasando a la desempleo una vez extinguida la misma (en este caso no se descuenta el tiempo de maternidad).

[33] En el caso de desempleo parcial, la consunción de prestaciones generadas se producirá por horas y no por días. A tal fin, el porcentaje consumido será equivalente al de reducción de jornada autorizada.

Las cotizaciones durante la prestación de desempleo se efectúan por las contingencias comunes de la Seguridad Social (jubilación, invalidez permanente, muerte y supervivencia, incapacidad temporal, protección a la familia, asistencia sanitaria y farmacéutica). La base de cotización para prestaciones por desempleo será la misma base reguladora de la prestación por desempleo, determinada según lo establecido en el Art. 211 LGSS, con respeto a la base mínima de contingencias comunes de cada grupo profesional. El SPEE ingresará las cotizaciones a la Seguridad Social, asumiendo la aportación empresarial, y la cuota que ha de abonar el trabajador se descontará de la prestación.

Requisitos (Art. 207 LGSS)

- Estar afiliado y en situación de alta o asimilada al alta en la Seguridad Social.
- Encontrarse en situación legal de desempleo.
- Acreditar disponibilidad para buscar activamente empleo y para aceptar una colocación adecuada, y suscribir un compromiso de actividad. El RD. Ley 5/2002, de 24 de mayo, estableció un nuevo concepto de la colocación adecuada para trabajador desempleado: 1) la que corresponda a su profesión habitual, aptitudes físicas y formativas o la coincidente con su última actividad, siempre que su duración hubiese sido igual o superior a tres meses. 2) Dicha colocación adecuada se entiende, incluso en los supuestos de movilidad geográfica (en un radio inferior a 30 km de la residencia habitual, salvo que el trabajador acredite que el tiempo mínimo del desplazamiento de ida y vuelta supera el 25% de la jornada diaria de trabajo o que el coste del desplazamiento supone un gasto superior al 20% del salario mensual o cuando tenga posibilidad de alojamiento en el nuevo lugar de trabajo).
- Tener cubierto un periodo mínimo de cotización de trescientos sesenta días dentro de los seis años anteriores a la situación legal de desempleo o al momento en que cesó la obligación de cotizar.
- No haber cumplido la edad ordinaria que se exija en cada caso para causar derecho a la pensión contributiva de jubilación.
- Estar inscrito como demandante de empleo en el servicio público de empleo competente.
- No estar incluido en alguna de las causas de incompatibilidad.

Nacimiento de la prestación

Nace desde que se produce el hecho causante de la misma, requiriéndose la solicitud del interesado dentro de los siguientes quince días hábiles a la situación de desempleo. La excepción se presenta para el supuesto que el trabajador tenga pendiente vacaciones por disfrutar, en cuyo caso el periodo precitado comenzará desde la finalización del periodo vacacional de referencia.

El ejercicio de la acción contra el despido o extinción no impide el nacimiento de la prestación.

Duración de la prestación

La duración de la prestación está en función de los periodos de ocupación cotizada en los seis años anteriores a la situación legal de desempleo o al momento en que cesó la obligación de cotizar, o, en su caso, desde el nacimiento del derecho a la prestación por desempleo anterior, con arreglo a la escala prevista en el Art. 210 LGSS. En dicha escala la prestación va desde 120 días para un periodo de cotización entre 360 días y 539, hasta un máximo de 720 desde 2160 cotizados.

En caso de desempleo parcial, el agotamiento de las prestaciones generadas se produce por horas, no por días. Es decir, el porcentaje consumido es equivalente al de la reducción de jornada decidida por el empresario.

Prestación económica

Está en función de la base reguladora de la prestación por desempleo que tenga el trabajador. La base reguladora será el promedio de las bases por dicha contingencia (excluida la retribución por horas extraordinarias), por las que se haya cotizado durante los últimos 180 días precedentes a la situación legal de desempleo o al momento en que cesó la obligación de cotizar.

El importe a percibir será: durante los 180 primeros días, el 70% de la base reguladora. A partir del día 181, el 50% de la base reguladora, cuando el derecho a la prestación por desempleo nazca después del 14 de julio de 2012.

Los importes así calculados no podrán ser superiores al tope máximo ni inferiores al tope mínimo establecidos.

Tope mínimo de la prestación

- Cuando el trabajador *no tenga hijos* a su cargo, el 80% del Indicador Público de Renta de Efectos Múltiples (IPREM) mensual vigente en el momento de nacimiento del derecho, incrementado en una sexta parte, siendo su importe de 497 euros/mes para prestaciones nacidas en el año 2014.
- Cuando el trabajador tenga al menos un hijo a su cargo, el 107% del IPREM mensual, incrementado en una sexta parte, siendo su importe de 664,74 euros/mes en el año 2014.

Tope máximo de la prestación

- Cuando el trabajador *no tenga hijos* a su cargo, el 175% del IPREM mensual vigente en el momento de nacimiento del derecho, incrementado en una sexta parte, siendo su importe de 1.087,20 euros/mes para prestaciones nacidas en el año 2014.
- Con hijos *menores de 26 años* a su cargo: con un hijo, el 200% del IPREM mensual vigente en el momento de nacimiento del derecho, incrementado en una

sexta parte, siendo su importe de 1.242,52 euros/mes para prestaciones nacidas en el año 2014.

- *Con dos o más hijos*, el 225% del IPREM mensual vigente en el momento de nacimiento del derecho, incrementado en una sexta parte, siendo su importe de 1.397,83 euros/mes para prestaciones nacidas en el año 2014.

En el caso de desempleo por pérdida de un trabajo a tiempo parcial o a tiempo completo, las cuantías máximas y mínimas de la prestación se determinarán teniendo en cuenta el IPREM calculado en función del promedio de las horas trabajadas durante el periodo de los últimos 180 días, ponderándose tal promedio en relación con los días en cada empleo a tiempo parcial o completo durante dicho periodo.

Pago de la prestación

El Servicio Público de Empleo Estatal, reconocida la prestación, remitirá al domicilio del solicitante la resolución adoptada, en la que se indica, entre otros datos, el periodo reconocido, la base reguladora, la entidad pagadora, la fecha de pago, etc. El pago de la prestación se realizará por meses vencidos, mediante el abono en cuenta, en la entidad financiera colaboradora indicada por el trabajador.

K) Muerte y supervivencia

- Auxilio por defunción: Art. 171.1.a y 173 LGSS.
- Pensión de viudedad: Art. 174 LGSS; Disp. Adic. 1ª.1 LO 1/2004; RD 1795/2003.
- Prestación temporal de viudedad: Art. 174 bis. LGSS.
- Pensión de orfandad: Art. 175 LGSS.
- Pensión a favor de familiares: Art. 176 LGSS; Art. 39 y 40 D. 3158/1966.
- Subsidio a favor de familiares: Art. 42 D 3158/1966; Art. 25 OM 13-02-1967.